普通高等医学院校药学类专业第二轮教材

医药消费者行为学

（供市场营销等专业用）

主　编　鲁汉玲　刘永忠

副主编　马蔚姝　李　彦

编　者（以姓氏笔画为序）

马蔚姝（天津中医药大学）

王秋颖（黑龙江中医药大学）

刘永忠（江西中医药大学）

李　彦（西南医科大学）

李晓东（南昌医学院）

沈　枫（广东药科大学）

荆春燕（浙江中医药大学）

柯　瑜（江西中医药大学）

傅书勇（沈阳药科大学）

鲁汉玲（广东药科大学）

燕　妮（湖北中医药大学）

中国健康传媒集团

中国医药科技出版社

内容提要

本教材是“普通高等医学院校药学类专业第二轮教材”之一，是在吸收国内外最新研究成果的基础上，结合医药消费的特殊性，系统介绍了影响医药消费者行为的认知、情感、态度、需要和动机等个体因素，以及影响医药消费者行为的商品、促销、环境和社会文化等外在因素，同时对医药消费者的购买行为以及决策等方面也进行了深入的阐述。

本教材在编排上体现了实用性、新颖性和前瞻性的要求。每章除正文外还有案例导入、课堂互动、知识链接、知识拓展以及形式多样的练习题等内容，以激发学生的学习兴趣和探索知识的欲望，帮助学生更好地理解知识和巩固知识。同时，为丰富教学资源，增强教学互动，更好地满足教学需要，本教材免费配套在线学习平台（含电子教材、教学课件、图片、视频和习题），欢迎广大师生使用。

本教材适用于医药院校市场营销等专业师生教学使用。

图书在版编目（CIP）数据

医药消费者行为学 / 鲁汉玲，刘永忠主编. —北京：中国医药科技出版社，2021. 11
普通高等医学院校药学类专业第二轮教材
ISBN 978-7-5214-2914-5

Ⅰ. ①医… Ⅱ. ①鲁…②刘… Ⅲ. ①药品-消费者行为论-医学院校-教材 Ⅳ. ①F763

中国版本图书馆 CIP 数据核字（2021）第 219767 号

美术编辑 陈君杞
版式设计 易维鑫

出版 **中国健康传媒集团** | 中国医药科技出版社
地址 北京市海淀区文慧园北路甲 22 号
邮编 100082
电话 发行：010-62227427 邮购：010-62236938
网址 www.cmstp.com
规格 889×1194mm 1/16
印张 15
字数 505 千字
版次 2021 年 11 月第 1 版
印次 2021 年 11 月第 1 次印刷
印刷 三河市航远印刷有限公司
经销 全国各地新华书店
书号 ISBN 978-7-5214-2914-5
定价 48.00 元

获取新书信息、投稿、为图书纠错，请扫码联系我们。

出版说明

全国普通高等医学院校药学类专业“十三五”规划教材，由中国医药科技出版社于2016年初出版，自出版以来受到各院校师生的欢迎和好评。为适应学科发展和药品监管等新要求，进一步提升教材质量，更好地满足教学需求，同时为了落实中共中央、国务院《“健康中国2030”规划纲要》《中国教育现代化2035》等文件精神，在充分的院校调研的基础上，针对全国医学院校药学类专业教育教学需求和应用型药学人才培养目标要求，在教育部、国家药品监督管理局的领导下，中国医药科技出版社于2020年对该套教材启动修订工作，编写出版“普通高等医学院校药学类专业第二轮教材”。

本套理论教材35种，实验指导9种，教材定位清晰、特色鲜明，主要体现在以下方面。

一、培养高素质应用型人才，引领教材建设

本套教材建设坚持体现《中国教育现代化2035》“加强创新型、应用型、技能型人才培养规模”的高等教育教学改革精神，切实满足“药品生产、检验、经营与管理和药学服务等应用型人才”的培养需求，按照《“健康中国2030”规划纲要》要求培养满足健康中国战略的药学人才，坚持理论与实践、药学与医学相结合，强化培养具有创新能力、实践能力的应用型人才。

二、体现立德树人，融入课程思政

教材编写将价值塑造、知识传授和能力培养三者融为一体，实现“润物无声”的目的。公共基础课程注重体现提高大学生思想道德修养、人文素质、科学精神、法治意识和认知能力，提升学生综合素质；专业基础课程根据药学专业的特色和优势，深度挖掘提炼专业知识体系中所蕴含的思想价值和精神内涵，科学合理拓展专业课程的广度、深度和温度，增加课程的知识性、人文性，提升引领性、时代性和开放性；专业核心课程注重学思结合、知行统一，增强学生勇于探索的创新精神、善于解决问题的实践能力。

三、适应行业发展，构建教材内容

教材建设根据行业发展要求调整结构、更新内容。构建教材内容紧密结合当前国家药品监督管理法规标准、法规要求、现行版《中华人民共和国药典》内容，体现全国卫生类（药学）专业技术资格考试、国家执业药师职业资格考试的有关新精神、新动向和新要求，保证药学教育教学适应医药卫生事业发展要求。

四、创新编写模式，提升学生能力

在不影响教材主体内容基础上注重优化“案例解析”内容，同时保持“学习导引”“知识链接”“知识拓展”“练习题”或“思考题”模块的先进性。注重培养学生理论联系实际，以及分析问题和解决问题的能力，包括药品生产、检验、经营与管理、药学服务等的实际操作能力、创新思维能力和综合分析能力；其他编写模块注重增强教材的可读性和趣味性，培养学生学习的自觉性和主动性。

五、建设书网融合教材，丰富教学资源

搭建与教材配套的“医药大学堂”在线学习平台（包括数字教材、教学课件、图片、视频、动画及练习题等），丰富多样化、立体化教学资源，并提升教学手段，促进师生互动，满足教学管理需要，为提高教育教学水平和质量提供支撑。

普通高等医学院校药学类专业第二轮教材
建设评审委员会

数字化教材编委会

主　编　鲁汉玲　刘永忠

副主编　王启凤

编　者（以姓氏笔画为序）

马蔚姝（天津中医药大学）
王秋颖（黑龙江中医药大学）
李　彦（西南医科大学）
沈　枫（广东药科大学）
柯　瑜（江西中医药大学）
鲁汉玲（广东药科大学）
王启凤（西南医科大学）
刘永忠（江西中医药大学）
李晓东（南昌医学院）
荆春燕（浙江中医药大学）
傅书勇（沈阳药科大学）
燕　妮（湖北中医药大学）

前言

随着社会的发展，人们对健康的重视程度越来越高，对医药商品及医疗服务的需求也在不断提高。为适应社会发展需要和满足医药行业对营销人才的需求，许多医药院校纷纷开设了市场营销专业。医药院校开设的市场营销专业一般定位于为医药行业培养营销人才，但由于医药产品和医疗服务的专业性和特殊性，使得医药商品和服务的消费在需求、购买动机、购买决策、消费影响因素等方面，都与普通商品和服务的消费有着巨大的差异。消费者行为学是市场营销专业的核心课程，医药院校的市场营销专业在研究消费者行为时必须要考虑医药商品和服务的特殊性，因此在探索消费行为一般性规律的基础上，有必要对医药消费行为进行专门的研究。本教材在借鉴和吸收了国内外消费者行为研究成果的基础上，坚持理论与实践相结合，以消费者行为学的基本理论、基本知识和基本技能为基础，在编写上以医药消费的特殊性为出发点，并通过增加知识链接、知识拓展、技能训练以及在教材中融入思政元素等方式，突出教材的可读性和启发性，以加强学生对知识的理解和运用，同时提高其职业素养。

本教材可供医药院校市场营销等专业教学使用，理论学时36学时。各章节的技能训练题可以作为实训或实践课程的内容，各院校可根据学校的实际情况安排学时。本教材为书网融合教材，即纸质教材有机融合电子教材、教学配套资源（PPT、微课、视频、图片等）、题库系统、数字化教学服务（在线教学、在线作业、在线考试）。

本教材由广东药科大学鲁汉玲教授任和江西中医药大学刘永忠教授任主编，天津中医药大学马蔚姝教授和西南医科大学李彦教授任副主编。各章的编写分工如下（以章节先后为序）：鲁汉玲编写第一章，马蔚姝编写第二章，李彦编写第三章，王秋颖编写第四章，柯瑜编写第五章，傅书勇编写第六章，李晓东编写第七章，荆春燕编写第八章，沈枫编写第九章，刘永忠编写第十章，燕妮编写第十一章，王启凤任数字化教材编委。

本教材的编写过程中，我们参考和引用了许多国内外相关研究者的成果。由于篇幅有限，加之有些宝贵的成果已经找不到出处，所以在此就不一一列出。我们谨以最诚挚的心情对所涉及的研究者表示衷心的感谢！

鉴于编者的水平所限，本书难免出现疏漏和不妥，在此表示歉意并请各位专家学者和广大读者批评指正！

编　者

2021年9月

目录

PPT 微课

第一章

绪 论

学习导引

知识要求

1. **掌握** 医药消费者行为学的基本概念。

2. **熟悉** 医药消费者行为研究的基本方法。

3. **了解** 医药消费者行为学发展的发展历程、市场营销观念、顾客管理理念以及消费者拥有的基本权益。

能力要求

1. 熟练掌握消费者、消费者行为等基本概念，能够运用这些基本概念正确理解消费者行为。

2. 学会应用医药消费者行为学的基本研究方法研究营销中的消费者行为问题。

素质要求

1. 树立正确的消费者行为研究观念，尊重消费者的隐私。

2. 熟悉消费者享有的基本权益，树立消费者权益保护的意识。

案例导入

白加黑的成功营销

【案例】非处方药（OTC）市场是极具吸引力的，每个制药厂家都在争相逐鹿，希望能在这个诱人的市场中分得一杯羹。然而市场是诱人的，竞争也是激烈的。想要在这个市场有所作为，出众的实力和出奇不胜的营销是必不可少的。白加黑就是通过创造独特的产品概念、满足消费者的诉求，进而成功占领感冒药OTC市场一席之地的典范。

感冒药市场一直以来就是一个竞争十分激烈的市场。在白加黑推出市场之前，就已经有大量品种繁多的国产、进口感冒药。除了国产的各类感冒药，1989年进入中国的康泰克和1993年进入中国的泰诺早已名声鹊起，占据了中国感冒药市场的半壁江山。而且，在这两个品牌中，康泰克凭借独有的缓释胶囊技术，第一个建立起了全国性强势品牌，其“早一粒晚一粒，远离感冒困扰”的广告，在当时普遍6小时吃一次的感冒药中，确立了“长效”定位；泰诺则定位于“快效”，依赖“30分钟缓解感冒症状”而诉求成功，与康泰克针锋相对。可想而知，1994年推出市场的白加黑面临着怎样的局面。

然而，面对强大的竞争对手，白加黑没有跟进康泰克或泰诺，而是在长效、快效之外，提出了“白天服白片，不瞌睡；晚上服黑片，睡得香”，暗示两位领先者为黑白不分的感冒药，自己则是黑白分明且最贴心的感冒药，广告传播的核心信息是“白天服白片，不瞌睡；晚上服黑片，睡得香。”广告口号也十分简洁清晰：“治疗感冒，黑白分明”，产品名称和广告信息都清晰地传达了产品概念。由于概念独特、产品符合消费者的诉求，白加黑上市仅180天销售额就突破了1.6亿元，在拥挤的感冒药市场分割了15%的份额，在中国营销传播史上，堪称奇迹，白加黑也因此进入了感冒药三强品牌之列。

白加黑创造了一个好产品，是个了不起的创意。它看似简单，只是把感冒药分成白片和黑片，并把感冒药中的镇静剂“扑尔敏”放在黑片中，其他什么也没做，技术上几乎没有难度。但白加黑看似简单实则不简单，它不仅在品牌的外观上与竞争品牌形成明显的区别，更重要的是它与消费者的生活形态相符合，因而在选择广泛的感冒药市场中被消费者选择也是在情理之中。

白加黑在产品研制之初就开始了营销策划，分析消费者、分析市场、分析竞争产品，最终推出了满足消费者心理空白、自然也是市场空白的出色产品，名称、特点、功效浑然一体，为产品设置了天然的竞争障碍。这是其成功的必然，值得所有的厂家，尤其是那些习惯于在产品生产出来后才开始研究消费者、研究市场的厂家学习。

【问题】

1. 从白加黑的成功营销中你得到了什么启发？
2. 医药企业可以从白加黑的营销中得到什么经验？

第一节　医药消费者行为学的基本概念及研究内容

一、医药消费者行为学的基本概念

要认识和理解医药消费者行为学的相关知识和理论，首先需要认识几个基本概念。

（一）消费

一般认为，所谓消费是指人类社会为满足需要而消耗各种物质产品和非物质产品的行为和过程。经济社会中，消费是一种普遍的现象，是生产和生活中不可或缺的内容。消费既是社会再生产过程中的一个重要环节，也是最终环节。

消费又有广义、狭义之分。广义的消费是指人类社会为满足生活和生产的需要，对物质资料和非物质资料的耗用，包括生产性消费和生活性消费。比如在生产过程中，对原材料、机械设备等生产资料的消耗和劳动力的使用，这种消费称为生产性消费；个体为满足自身需要而对各种生活资料、劳务和精神产品的消耗，称为生活性消费。现代社会几乎人人都离不开消费。生活性消费就是狭义的消费。本书所研究的消费就是指狭义的消费，即生活性消费。

（二）消费者

课堂互动

消费者就是指购买商品的人吗？

消费者是进行消费活动的主体。既然消费有广义、狭义之分，那么消费者同样也有广义、狭义之分。

广义的消费者是指所有消费各种产品或服务的主体，包括为生产需要而消耗各种产品或服务的组织，也包括为生活需要而消耗各种产品或服务的个体。狭义的消费者是指个体消费者。本书所研究的消费者也是指个体的消费者。

消费活动是一个动态的、复杂的过程，消费过程是寻找、选择、购买、使用以及评价产品或服务的统一过程，这一过程有时会发生在同一个人身上，有时又由不同的人来完成，凡是参与这一过程的全部活动或部分活动的人，都可称为消费者。

在现实生活中，消费活动是复杂的，每个人在消费活动中可能扮演着不同的角色，比如有些人自己决定、自己买、自己用，有些人可能只用不买，有些人可能只买不用，等等。因此，根据消费者在消费活动中所承担的角色，可以将消费者分为：

（1）发起者 首先提出或倡议购买某一商品或服务的人。

（2）影响者 对购买者的动机、观念、购买行为等有一定影响的人。

（3）决策者 在购买的时间、地点、品种、数量、规格等方面做出部分或全部决策的人。

（4）购买者 实际购买商品或服务的人。

（5）使用者 实际使用商品或服务的人。

了解每一消费者在消费中扮演的角色，并针对其角色地位与特性，采取有针对性的营销策略，就能较好地实现营销目标。

同时，由于消费者的消费状态不同，我们又可以将消费者分为现实消费者、潜在消费者和永不消费者。所谓现实消费者，指对某种商品或服务有现实需要，并进行实际消费的人；所谓潜在消费者，指当前尚无需要，更没有消费某种商品，但在未来可能对该商品产生需求从而进行消费的人；所谓永不消费者，指那些对某种商品或服务永远不会产生需求、也不会进行消费的人。

（三）消费者行为与消费者行为学

课堂互动

消费者行为就是指购买行为吗?

要明确消费者行为的概念，我们需要首先了解一下心理与行为之间的关系。心理和行为是两个密切联系的概念。心理活动和外在行为是密不可分的。心理是指人的内心活动，也就是人的“所思所想”；行为是指人的外在活动，即人的“所作所为”。人类的任何行为都不是无理由发生的，而是由隐藏的心理活动给予的指示。内在的心理活动最终会体现在外在的行为表现上，而外在的行为表现又是人内心活动的体现。心理是内隐的，而行为是外显的。要了解人的心理，需要观察其行为；而通过对人的心理的研究，又可以推测其行为表现。人类的一切行为都是由心理活动所支配的，消费行为也不例外。消费者心理特指人作为消费者时的所思所想。消费者行为则是指人基于内在的消费心理而产生的外在行为。把握消费者的心理活动，是准确理解和预测消费者行为的前提；研究消费者行为规律，也不能脱离分析和探究隐藏于行为之后的心理活动。因此，我们所说的消费者行为一词，既包括了消费者的内在心理活动，也包括了消费者的外在行为表现。消费心理和消费行为是融为一体、密不可分的。

消费行为是复杂的，消费者购买或使用商品只是消费活动的显性行为。消费者在购买前需要进行决策，确定买什么、在哪里购买、什么时候购买，等等，而这些决策又受到各种因素的影响。消费者在购买前是如何搜集信息并进行决策的、决策受到哪些因素的影响，这一过程是需要研究的；消费者在使用商品后又是如何评价及处置产品的，这对于消费者以后的行为产生极大的影响，因此对商品使用后产生的行为进行研究也是非常重要的。

综上所述，我们可以得出以下结论：所谓消费者行为，是指人们在寻找、选择、购买、使用、评价和处置商品或服务的一系列活动中所产生的内在心理活动过程和外在行为过程的总和。

由于不同消费者在需求、偏好以及选择产品的方式等各方面各有侧重，互不相同，同一消费者在不同时期、不同情境、不同商品的选择上，其行为也呈现很大的差异性；同时由于消费者在消费过程中还会受到各种环境因素的影响，因此，消费者的行为是多样化的、复杂的，需要我们深入研究的。

综上所述，所谓消费者行为学，就是研究人们在寻找、选择、购买、使用、评价以及处置商品或服务时产生的心理和行为规律的学科。

（四）医药消费者行为与医药消费者行为学

医药商品的特殊性决定了医药消费是一种特殊的消费活动，其消费行为也与普通商品的消费行为有所不同。现实生活中，人们都有防病治病和保健的需求，获得医药产品、保健品以及各类医疗服务的消费都属于医药消费，这类消费的主体就是医药消费者。医药消费者在消费过程中也会根据自身的需要和欲望而寻找、选择、购买、使用、评价及处置医药商品和服务并对商品和服务进行评价。在这个过程中，医药消费者行为具有所有消费者行为的共性，因此一般消费者行为的规律同样适用于医药消费者，但医药商品的特殊性使得医药消费过程和普通商品的消费存在明显的差异，遵循普通消费者行为的基本规律同时又能揭示医药消费者行为的特殊性，就是医药消费者行为学研究的目的。概括而言，医药消费者行为学就是研究人们为满足防病治病和保健的需求而寻找、选择、购买、使用、评价及处置医药商品和医疗服务时产生的心理和行为规律的学科。

二、医药消费者行为学的研究内容

研究医药消费者行为，就是揭示医药消费者行为的规律和行为产生的原因，根据其行为规律预测和引导医药消费者的行为，为企业营销战略和策略的制定提供依据。因此，在准确把握学科基本概念、了解学科发展动态、掌握学科研究方法的基础之上，我们着重从以下两个方面进行研究。

（一）医药消费者的心理活动过程和特点

医药消费者行为作为一种个体行为，首先会受到个体因素的影响。因此我们首先要对医药消费者行为的内在心理活动过程、特点和规律进行研究。从心理学角度，可以将人的心理划分为心理活动过程和个性心理两大部分，因此对医药消费者心理行为的研究也主要从这两方面进行。

1. 医药消费者的心理活动过程　人的心理活动过程可以分为三部分：认识过程、情感过程和意志过程。认识过程是消费者心理过程的第一阶段，是消费者其他心理过程产生的基础。人的认识过程主要是依靠人的感觉、知觉、记忆、思维、想象、注意等心理活动来实现的；医药消费者对于客观事物是否符合自己的需要而产生的一种主观体验，就是医药消费者的情感过程；医药消费者意志过程就是医药消费者在购买活动中有目的地、自觉地支配和调节自己的行动，克服各种困难，实现既定的购买目标的心理过程。对医药消费者来说，认识、情感、意志这三方面的心理过程是统一的，三者相互联系、相互渗透，共同支配着医药消费者的消费行为。因此，认识、情感、意志在消费活动中的规律和特点，是医药消费者行为学研究的重要内容。

2. 医药消费者的个性心理　人的一般的心理过程为人的共性，每个人均有这个心理过程。人的个性心理，为人的个性，每个人都不相同，正如古人所说："人心不同，各如其面"。所谓个性心理包含两方面的内容：一是个性倾向性，包括需要、动机、兴趣、理想、信念、世界观，一是个性特征，包括能力、气质、性格。个体在医药消费活动中表现出的不同特点是医药消费者行为研究的重要内容。同时，建立在个性心理特征基础上的角色心理特征和群体心理特征等也是医药消费者行为学研究的重要内容之一。

（二）影响消费者行为的客观因素

人们在消费过程中不仅受到个人认知、情感以及个性特征等主观因素的影响，还会受到各种客观因素比如自然环境和人文环境、商品的功能、商家的促销等因素的影响，这些因素也在一定程度上影响了消费者的购买行为。概括而言，影响消费者行为的客观因素主要有以下三类。

1. 环境因素　环境包括自然环境和社会环境。一方面，自然环境如气候、地域等因素在一定程度上影响着人们的消费行为。我国地域辽阔，南北以及沿海和内陆之间的自然环境差异很大，这些自然环境因素会对消费者产生一定的影响，比如两广地区气候炎热潮湿，对清凉类食品及去火的医药类商品的需求就更为突出一些。另一方面，消费者作为社会人，其行为必然又要受各种社会因素如文化、群体、家庭、社会阶层等的影响。如果一个企业的商品定位于某个群体，企业就必须了解这个群体特征，并通过影响群体中的意见领袖来带动商品的销售；家庭是社会中最重要的消费者购买群体，家庭成员对购买行为影响极大，研究消费者行为不能不考虑其家庭背景的影响；社会角色代表一种地位，反映了社会对这种地位的承认，人们常选择代表社会地位的产品，因此企业也要研究目标消费者所处的社会阶层，等等。除此之外，社会制度、国家政策、经济发展状况等都直接或间接地影响着医药消费者的行为。

2. 商品因素 商品因素是最直接影响消费者行为的因素。商品的功能、包装、商标、名称等直接作用于医药消费者的感官，是影响医药消费者购买决策的关键因素。商品的功能、包装、商标、名称等因素是如何影响医药消费者行为的，如何根据医药消费者的心理特点进行产品研发、商品命名、包装设计和商标设计，等等，都是医药消费者行为学要研究的内容。

3. 市场因素 商品的价格、广告、陈列方式、促销手段、销售环境等都会对医药消费者产生重要的影响，这些因素是如何影响医药消费者行为的，如何根据消费者的心理确定价格，如何促销，如何布局销售环境和陈列商品，等等，也都是医药消费者行为学研究的重要内容。

第二节 医药消费者行为学的发展历程

一、消费者行为学的发展历程

消费者行为学作为一门系统研究消费者行为的应用性学科，是在资本主义工业革命后，市场经济充分发展，商品供过于求的矛盾日益尖锐，企业竞争日益加剧的过程中形成和发展起来的。消费者行为学最初是市场营销学和心理学的一个分支，作为一个独立的学科出现，只是最近几十年的事。它的形成和发展大体上可以分为三个时期。

（一）早期萌芽阶段（1930 年以前）

这一时期是从 19 世纪末至 20 世纪 30 年代。其表现以市场中商品数量大增，企业之间竞争日趋激烈，买方市场逐步形成以及学术领域内关于消费心理理论初步明确为基本特征。

在这一时期中，最早从事这方面研究的是美国社会学家凡勃伦。1899 年凡勃伦出版了《有闲阶级论》一书，提出了炫耀性消费及其社会意义。他认为，人们对商品的过渡消费，源于向别人炫耀自己的社会心理。1901 年，美国心理学家斯科特第一次提出消费心理学的问题。1903 年，斯科特出版了《广告论》，该书的问世标志着广告心理学的诞生。同时期，美国心理学家盖尔出版了《广告心理学》，较系统地论述了在商品广告中如何应用心理学原理以引起消费者的注意和兴趣。1912 年，德国心理学家闵斯特伯格出版了《工业心理学》一书，阐述了在商品销售中广告和橱窗陈列对消费者的影响。

同一时期，许多学者在营销学、管理学等著作中也谈到了消费心理与行为的问题。其中，行为主义心理学家约翰·华生的“刺激—反应”理论揭示了消费者接受广告刺激与行为反应之间的关系，“刺激—反应”理论被广泛地运用于消费行为的研究中。

这一时期的研究重点是如何促进产品的销售，而不是如何满足消费者的需求。同时，消费者行为研究的范围比较狭窄，研究方法是从经济学或心理学中简单地移植而来，并且局限于理论阐述，未广泛用于营销活动，也未引起普遍重视。

知识链接

凡勃伦《有闲阶级论》中的炫耀性消费

所谓炫耀性消费（conspicuous consumption），指的是富裕的上层阶级通过对物品的超出实用和生存所必需的浪费性、奢侈性消费，向他人炫耀和展示自己的财力和社会地位。

（二）中期应用阶段（1930-1960年）

这一时期是从20世纪30年代至60年代。在这一时期，消费者行为研究得到迅速发展并广泛地应用于企业市场营销实践中。1929~1933年的资本主义经济危机使得产品大量积压。为了促进销售，减少产品积压，企业纷纷加强了广告、促销等方面的力量，对消费者行为研究成果表现出越来越浓厚的兴趣。在广告界，运用心理学原理与方法探测广告对顾客行为的影响日益普遍，由此使广告心理学得以发展。与此同时，关于顾客心理和销售心理的各种研究不断发展，为第二次世界大战以后消费者行为研究的发展奠定了基础。

第二次世界大战以后，随着第三次科技革命的深入，劳动生产率空前提高，产品供过于求的买方市场更趋明显，消费者行为日益多样化、个性化。在这种情况下，了解消费者需求特点，把握消费者行为的变化趋势，成为企业赢得竞争优势的重要前提。在此背景下，越来越多的心理学家、经济学家、社会学家加入到消费者行为研究的行列，并相继提出了许多理论。其中，20世纪40~50年代最著名的研究之一就是动机研究。美国加利福尼亚大学心理学家海尔教授关于速溶咖啡的购买动机的研究具有典型意义。20世纪50年代初，美国心理学家马斯洛提出需要层次论，把消费者的需要分为生理、安全、社会、尊重和自我实现五个层次，并指出消费者在较低层次的需要得到满足后，才会产生较高层次的需要。同一时期，盖斯特和布朗开始了品牌忠诚问题的研究，希望找到能促使消费者重复购买某一品牌的有效途径。此外，谢里夫、凯利和谢巴托尼等人开始了参照群体对消费者购买行为影响的研究，他们认为，参照群体具有规范和比较两大功能，前者为消费者的信念、态度、行为提供规范或价值标准，并要求遵守；后者为消费者关于自身地位、能力、信念、价值等的比较判断提供参照。

1960年，美国心理学会成立了消费者心理学分科学会，一般认为，这一学会的成立标志着消费心理学作为一门独立的学科从此诞生。同时，有关消费心理研究的文章迅速增加。这一时期消费心理与行为方面的研究，最突出的特点和最大的转变是，由研究企业的产品销售为中心，转变为以消费者需求为中心。这一转变促进了对个体动机、行为、态度、购物习惯、知觉风险等消费心理的研究。

（三）后期变革与发展阶段（1960年至今）

这一时期是从20世纪60年代至今。20世纪60年代以后，消费者行为研究呈现加速发展的趋势，消费者行为学作为一门独立的学科，其地位开始得到承认。据美国学者恩格尔统计，1968~1972年发表的关于消费者行为研究的成果，比1968年以前出版的全部研究成果还要多。1960年，哈佛大学的鲍尔在一篇论文中提出把消费者行为视为一种承担风险的行为的观点，激发了大量有关消费者知觉风险的研究。在60年代和70年代，罗杰斯关于创新扩散的研究，拉维吉和斯坦勒关于广告效果的研究，菲什拜因等人关于态度及其与行为关系的研究，谢恩等人关于组织购买行为和消费者权益保护问题的研究，等等，都产生了广泛而深远的影响。

二、消费者行为学的研究现状

20 世纪 80 年代以后，除了上述研究在广度和深度上得到进一步发展以外，还出现了一些新的备受关注的研究主题，如关于顾客满意、顾客价值、顾客关系及品牌资产等，这些研究都极大地丰富了消费者行为学的内容，使消费者行为学得到了空前的发展。目前，消费者行为学的研究呈现出以下发展特点。

（一）研究角度趋向多元化

消费者行为学在发展过程中受到了多种学科的影响，计算机、经济学、行为学、社会学、运筹学、市场营销学、管理学等学科的研究成果被广泛地运用于消费者行为研究中。现代信息处理方法的运用和消费者购买行为模型的建立标志着消费者行为理论的研究发生了根本性的变化，使消费者购买行为分析有了更加科学的方法和更加完善的理论。来自不同学科领域的研究人员，纷纷从各自的学科角度出发，基于不同的研究视点，对消费者行为展开了研究。这些研究领域取得的成果对于营销决策都是很有价值的。

（二）研究范围更具广泛性

消费者行为学发展到现在，其研究的领域已扩展到了更广的范围，消费文化、消费决策模式、消费生态、消费政策、消费者保护等，都统统纳入了消费者行为分析的视野。当然，由于研究范畴过于宽泛、复杂，近年来一些学者试图将消费者行为研究的已有成果和理论综合成一个全面、系统的理论体系的努力，迄今仍未取得实质性的进展。这就是说，到目前为止，在消费者行为领域尚未形成一个被普遍接受或被大多数人认同的理论体系。因此，消费者行为学还远不是一门成熟的学科，有着广阔的发展空间与前景。

（三）研究方法更加多样化

消费者行为学是多学科融合的结果，因此各学科领域不同的研究方法也被引入到消费者行为研究领域。运用统计分析技术、信息处理技术以及运筹学、动态分析等现代科学方法和技术手段，揭示各变量之间的联系，已成为消费者行为研究的常用手段。如源自自然科学领域的实验方法、调查技术和观察方法，以及源于社会科学领域的深度访谈、人种学方法和符号学方法等，目前在消费者行为研究中都有广泛的应用。此外，研究人员还开始综合运用定性和定量的研究来支持营销决策，他们运用定性研究加深对消费者的理解并获得新的创意，同时运用定量研究的结果预测消费者在一定的促销刺激下可能采取的行为反应。同时，从定性研究中得出的结论也会通过定量研究进行检验。

（四）研究地域更具普遍性

美国一直是消费者行为研究的中心，绝大多数研究在美国本土进行，并以美国消费者行为作为分析样本，因此消费者行为研究带有浓厚的美国色彩。由于消费者行为在相当程度上受社会文化、参照群体等外部因素的制约，不同社会文化背景下的消费者行为具有很大的差异性，因此，跨地域、跨文化的研究非常必要。20 世纪 80 年代以来，在消费者行为研究领域，各种跨文化的比较研究开始增多。随着经济的全球化和国际市场竞争的加剧，西欧、日本及一些新兴工业化国家和地区，在参与国际市场竞争的过程中，对研究消费者行为也表现出日益浓厚的兴趣，由此极大地推动了这些国家和地区的消费者行为的研究。

三、医药消费者行为学的产生

我国学习和引进消费者行为学是在 20 世纪 20 年代，国内学者开始翻译介绍国外有关消费心理和行为的概念和原理，并开始编写有关消费心理和消费行为的著作。如吴英国翻译出版了斯科特的《广告心理学》，潘菽撰写的《心理学概论》，孙科撰写了《广告心理学概论》等。中华人民共和国成立直到改革开放以前，我国处于计划经济时期，市场经济不发达，商品长期供不应求，导致这方面的研究终止。从20世纪80年代开始，才陆续出版了一些相关著作。20世纪90年代中期国内高等院校陆续开设了市场营销专业，消费者行为学作为市场营销专业的核心课程开始开始得到关注。20世纪90年代以后，市场经济发展迅速，商品供过于求，企业竞争加剧，为了生存和发展，企业开始转变经营观念，“以消费者需求为中心”的观念成为企业经营的指导思想。为此，企业界和学术界开始重视对消费者心理和行为的研究。

医药领域消费者行为的研究一直融合在一般消费者行为学的研究之中。2006年7月出版的《医药消费者行为学》，是我国第一本研究范围界定在医药领域的消费者行为学。医药消费者行为学从无到有，从粗到细的这个过程也是我国医药领域消费者地位从完全被动到逐渐主动的过程，是医药企业进入市场经济体制、引入竞争机制的必然结果。

四、研究医药消费者行为学的意义

人们追求健康、防病治病的医疗保健需求是现代社会经济发展到一定程度上的必然产物。医药市场是一个巨大的市场，也是一个竞争激烈的市场。医药企业要想在竞争中立于不败之地，就必须要尊重市场，而尊重市场的前提就是要了解医药消费者。因此，研究医药消费者行为对于医药企业的发展具有十分重要的意义，同时，医药消费者行为的研究结果对于国家制定医药政策、保护消费者权益也有着十分重要的意义。

（一）可以有效地帮助医药企业制定市场营销战略和策略

研究医药消费者行为可以有效地帮助医药企业制定营销战略和策略。无论是在市场细分与目标选择方面，还是在产品定位与营销组合方面，都需要将消费者行为的研究成果融入其中。同时，只有掌握医药消费者心理行为活动规律，才能帮助医药营销人员根据消费者的心理行为特点，开展有针对性的服务，满足不同消费者的现实需求及潜在需求，提高医药消费者的满意度。

（二）有利用保护医药消费者权益并促进企业可持续性发展

医药产品是专业化程度很高的产品，其规格、用量、用法、适用人群等都有十分严格的要求，稍有差池就可能引起严重的不良后果。因此，医药营销人员有义务帮助和引导消费者正确认识自身的消费行为，帮助他们辨别是非，走出误区，理性消费，从医药消费者的角度引导消费行为，保护他们的利益，只有这样才能够既保护了消费者，又为企业留下了好口碑，企业的可持续性发展也就有了基础。

（三）有利于国家宏观医药经济政策和法律法规的制定

经济政策是国民经济发展的重要保障，其制定必须以市场供应状况和消费者的需求为依据。只有深入了解医药消费者的消费心理和行为的规律及特点，把握影响医药消费者行为的各种因素，准确预测医药消费者需求变化的趋势，才能制定正确的有关医药方面的财政、金融、投资等各项政策和法律法规，实现医药产品供应与需求的平衡，保障人民的身体健康，促进国民经济持续、健康、稳定的发展。

第三节　医药消费者行为学的研究方法

一、医药消费者行为学的理论来源

消费者行为学是一门多学科交叉融合产生的学科，其中心理学、经济学、社会学、市场营销学等学科与消费者行为学的关系最为密切，这些比较成熟的学科的理论是消费者行为研究的理论基础。

（一）心理学理论

心理学是研究心理现象发生和发展规律的学科，是对消费者行为学影响最大的学科。在心理学学科体系中，普通心理学和社会心理学又是消费者行为学最重要的理论基石。普通心理学是研究心理学基本原理和心理现象的一般规律的学科，社会心理学是研究个体和群体的社会心理现象的学科，这两个学科中的很多理论如认知理论、情感理论、自我意识、态度、动机、学习、社会阶层、群体心理等，为消费者行为研究提供了最为重要的理论基础和方法指导。

1. 心理学的发展 心理学是一门古老而又年轻的学科。心理学的源头可以追溯到古代的哲学思想。哲学和宗教很早就讨论了身和心的关系以及人的认识是怎样产生的问题。而心理学作为一门科学是从1879年开始的。这一年，德国心理学家冯特在德国的莱比锡大学建立了世界上第一个心理学实验室，标志着心理学从此成为一门独立的学科。至今现代心理学已经经历了一百多年的历史。

知识链接

实验心理学之父

威廉·冯特（Wilhelm Wundt），德国生理学家、心理学家、哲学家，被公认为是实验心理学之父，他的心理学实验室主要研究感知觉心理过程，所用的主要是生理学的实验技术，所以他称自己的这种研究为“生理心理学”，也称为“实验心理学”。

2. 现代心理学的三大学派

（1）精神分析心理学 由奥地利维也纳精神病医生弗洛伊德（S. Freud）在1896年创立的。所谓精神分析是指一种临床技术，它通过释梦和自由联想等手段，发现患者潜在的动机，让患者精神得以宣泄，从而达到治疗疾病的目的。精神分析的理论主要来源于治疗精神病的临床经验。精神分析学重视异常行为的分析，并且强调心理学应该研究无意识现象。精神分析学认为，人类的一切个体的和社会的行为，都根源于心灵深处的某种动机，特别是性欲的冲动，它们以无意识的形式支配人，并且表现在人的正常和异常的行为中。这种欲望或动机受到压抑，是导致精神病的重要原因。

精神分析心理学是弗洛伊德在毕生的精神治疗实践中，对人的病态心理经过无数次的总结以及多年的累积而逐渐形成的。精神分析心理学最大的特点，就是强调人的本能的、情欲的、自然性的一面，它首次阐述了无意识的作用，肯定了非理性因素在行为中的作用，开辟了潜意识研究的新领域。

精神分析心理学在发展的过程中，受到原来追随弗洛伊德的心理学家的批评和反对，不再坚持弗洛伊德的“一切行为决定于性本能发展”的泛性论观点，加之受到社会学和人类学发展的影响，开始转向重视和研究人格发展过程中的社会文化影响的因素，这些观点和理论被称之为“新精神分析理论”。

（2）行为主义心理学 是20世纪初美国心理学家华生创立的一个心理学流派。华生创立的行为主义心理学理论体系在20世纪20年代风行一时，深刻地影响了心理学的进程。之后，行为主义心理学得到不断发展，其中以斯金纳影响最大。

华生认为人类的行为都是后天习得的，环境决定了一个人的行为模式，无论是正常的行为还是病态的行为都是经过学习而获得的，也可以通过学习而更改、增加或消除。华生认为，探明了环境刺激与行为反应之间的规律性关系，就能根据刺激预知反应，或根据反应推断刺激，达到预测并控制个体行为的目的。他认为，行为就是有机体用以适应环境刺激的各种躯体反应的组合，有的表现在外表，有的隐藏在内心。在华生眼里，人和动物没什么差异，都遵循着同样的规律。

行为主义心理学强调心理学应该只研究行为而不是意识，把行为与意识完全对立起来。在研究方法上，行为主义主张采用客观的实验方法，而不使用内省法。

（3）人本主义心理学　反对将人的心理低俗化、动物化，反对仅仅以病态人作为研究对象，把人看成本能牺牲品的精神分析学派，也反对把人看作是物理的、化学的客体的行为主义学派。人本主义心理学主张研究对人类进步富有意义的问题，关心人的价值和尊严，其代表人物有马斯洛和罗杰斯。

马斯洛认为人类行为的心理驱力不是性本能，而是人的需要，他将人的需要分为两大类、五个层次，它们好像一座金字塔，由下而上依次是生理需要、安全需要、归属与爱的需要、尊重的需要以及自我实现的需要。

罗杰斯主张让人领悟自己的本性，不倚重外来的价值观念，消除外界环境通过内化而强加给人的价值观，让人可以自由表达自己的思想和感情，由自己的意志来决定自己的行为，掌握自己的命运，修复被破坏的自我实现潜力，促进个性的健康发展。

人本主义心理学从人人都有存在和发展的需要出发，认为人人都要发展和完善自己，都有向良好方向发展的心理，这是人的正常合理需求的反映。人本主义心理学把人看成一个整体，着重研究人的发展需求的实现过程，即探讨人性自我实现的心理历程。

知识拓展

前景理论

前景理论是由丹尼尔·卡尼曼和阿莫斯·特沃斯基教授提出的，他们将心理学研究应用在经济学中。前景理论是由期望值理论和期望效用理论发展而来的。前景理论有三个基本原理，一是大多数人在面临获得时是风险规避的；二是大多数人在面临损失时是风险偏爱的；三是人们对损失比对获得更敏感。根据以上原理可以得出以下结论：人们在面临获得时往往是小心翼翼，不愿冒风险；而在面对失去时会很不甘心，容易冒险。人们对损失和获得的敏感程度是不同的，损失时的痛苦感要大大超过获得时的快乐感。

前景理论对在不确定情况下的人为判断和决策方面的研究作出了突出贡献。针对长期以来沿用的理性人假设，前景理论从实证研究出发，从人的心理特质、行为特征方面揭示了影响选择行为的非理性心理因素。卡尼曼教授因此获得了2002年度诺贝尔经济学奖。

前景理论的研究成果对于研究消费者决策心理也是极有意义的。

（二）社会学、人类学理论

社会学是研究社会结构及其内在关系与社会发展规律的学科。人类学是用历史的眼光研究人类及其文化的学科。消费问题既是一个经济问题，也是一个人类的社会问题。社会学、人类学的研究成果有的可以作为一种资料直接充实消费者行为学的内容，有的可以作为一种方法帮助研究消费者行为。社会学的独特研究视角和对文化、年龄、性别、婚姻、家庭、社会阶层、民族等的研究成果可以为消费行为研究提供许多方法和资料。

知识拓展

社会学的三种理论视角

在试图理解社会如何运转的问题上，不同的社会学家对于人类社会生活之基本特征，有着不同的假设，主要有三种理论视角：

功能主义的视角，强调这样一种模式，即社会的每一部分都对总体发生作用，由此维持了社会稳定。

冲突论强调人们因有限的资源、权力和声望而发生的斗争是永恒的社会现象，也是社会变迁的主要源泉。

互动论的视角更多地研究社会的微观方面，比如人们在日常生活中是如何交往的，他们又是如何使这种交往产生实质性意义的。

消费是联结经济与文化的社会活动。社会学的理论视角对于研究消费行为有着十分重要的意义。从社会学的不同视角出发去研究消费者行为，可以更为深刻地认识和理解消费者行为的内在动机。

（三）经济学理论

经济学是一门研究稀缺资源配置和利用的学科。经济学中的很多理论如边际效用价值、需求的价格弹性、各种收入假定、消费者均衡、恩格尔定律，等等，对消费者的消费倾向、消费结构、消费动机、消费决策，等等，有很好地解释预测功能。

（四）市场营销学理论

消费者行为的研究是为市场营销活动服务的，因此市场营销学的许多研究视角也是消费者行为学的主要研究视角，比如企业特别关心的包装、广告与促销的效果，都是消费者行为学要研究的内容。市场营销学中较为成熟的理论，如市场细分理论与方法，反过来也就成了分析影响消费者行为因素的依据和方法。

（五）医学、药学理论

医药消费者所消费的医药产品和医疗服务的专业性很强，因此研究医药消费者就必须要遵循基本的医学、药学规律。基础医学对人体的组织结构、功能与代谢、疾病发生发展过程以及药物与机体相互作用的规律和原理的研究结果，以及基础药学对药品生产、药品质量控制、药品流通，尤其是药品使用及药事管理等方面的研究结果，是医药消费者行为学研究的重要基础。

二、医药消费者行为学的研究方法

消费者行为学作为一门交叉学科，其研究方法也来源于与之相关联的其他成熟学科。这些成熟学科的研究方法都可以应用在消费者行为学的研究中，以下是消费者行为学中常用的方法。

（一）调查法

调查法是研究人员与被调查对象直接或间接地接触，从而搜集大量信息的方法。调查法由于适用面广、效率高，在消费者行为研究中被广泛地应用。调查法有多种方式，常见的有问卷调查法和访谈调查法。

1. 问卷调查法 是根据研究内容的要求，由调查者设计一份或多份调查表，由被调查者填写，然后由调查者汇总调查表并进行分析研究的一种方法。问卷调查又有邮寄问卷法、入户问卷法、拦截问卷法、集体问卷法，等等。

使用问卷调查法进行研究，问卷的设计很重要。问卷的类型有开放式问题和封闭式问题。

（1）开放式问题　指调查的问题并不列出所有可能的答案，而是由被调查者自由回答。这种问题主要有以下几种具体的形式。

1）自由回答法：即事先不给出答案，被调查者可以不受限制地回答问题。例如：

您认为这种产品应该选择哪种广告媒体进行宣传？

2）文字联想法：即让被调查者写出看到这个词时脑海中涌现的与之相关的文字。例如：

看到“芬必得”这个词，您会联想到什么？

3）语句完成法：即提出一些不完整的句子，由被调查者自愿填写完整。例如：

当我拉肚子时，我通常吃的药是________。

（2）封闭式问题　指调查表中提出的问题已设计了各种可能的答案，被调查者只要从从中选定一个或几个答案就可以了。这种问题主要有以下几种具体的形式。

1）二项选择法（也称是非法）：即由被调查者在预先给定的相互对立的两个答案中选择一项的方法。例如：

您认为感冒药有必要做广告吗？

a. 有必要（　　）　　　b. 没有必要（　　）

2）多项选择法：即由被调查者在已给定的两个以上的答案中选取一项或多项。例如：

您认为脑白金成功营销的原因是：

a. 广告做得好（　　）　　b. 产品包装好（　　）　　c. 产品效果好（　　）

d. 渠道给力（　　）　　e. 价格实惠（　　）

3）排序法：即要求被调查者将有关答案按重要程度排序。例如：

您购买某品牌感冒药的原因是：

a. 价格合适（　　）　　b. 疗效好（　　）　　c. 购买方便（　　）

d. 广告宣传好（　　）　　e. 包装好（　　）　　f. 他人推荐（　　）

2. 访谈调查法　是指调查者与被调查者进行面对面有目的的谈话、询问，以了解被调查者对所调查内容的态度倾向、人格特征等的方法。访谈法又可以分为结构式访谈和无结构式访谈、面对面访谈和电话访谈、个人访谈和小组访谈，等等。

（二）观察法

观察法是在自然情况下，有计划、有目的、系统地直接观察被观察者的外部表现，进而分析其心理活动和行为规律的一种方法。

运用观察法应有明确的目的，要制定观察计划，拟订详细的观察提纲。观察过程中要敏锐捕捉各种现象，并准确详细地记录，必要时辅以工具如录像机、照相机等记录，以便之后做科学、深入的分析。

1. 观察法的分类

（1）自然条件下的观察和人工条件下的观察　自然条件下的观察是指观察者在完全自然的环境里，对被观察者的行为进行观察；人工条件下的观察是指为了某一研究需要，在自然条件下无法完成或获得数据，需要创设一定的环境才能进行的观察。

（2）公开观察与隐蔽观察　公开观察是指观察者的身份是公开的，被观察者意识到自己的行为被观察；隐蔽观察是观察者的身份是隐蔽的，被观察者未注意到自己被观察。

（3）结构性观察和非结构性观察　结构性观察是指事先有明确的观察步骤和提纲，观察时按照提纲进行；非结构性观察是指对所有出现的行为都进行观察和记录。

2. 观察法的一般要求

（1）养成观察习惯，学会全面、准确、多角度地进行观察，形成敏锐的观察力。

（2）制定观察提纲，列出观察内容、起止时间、观察地点和观察对象等。为使用方便还可以制成观察表或卡片。

（3）实施观察时，作好详细记录，最后整理、分析、概括观察结果，做出结论。

3. 观察法应注意的问题

（1）研究人员在观察时要避免主观因素的影响，不带有任何看法或偏见。

（2）研究人员应选择具有代表性的观察对象和最合适的观察时间和地点，以避免由于选择的观察对象或地点不具有代表性或时间不当等造成研究结果无效的情况发生。

（3）因为很多时候观察的现象是转瞬即逝的，因此在观察过程中，观察人员应随时作好详细的记录。

（4）要注意被观察者的隐私权问题。观察的内容只作为研究所用，不能公开观察内容。如果涉及被观察者的个人隐私问题，必要时还需征得被观察者的同意。

观察法一般适用于以下情形：观察者所关注的行为是公开的；行为经常且重复出现或可以预测；行为发生在相对较短的时间跨度里。

观察法在消费者行为研究中应用广泛。现代科学技术的发展，为观察法的广泛运用提供了便利的条件，需要长时间进行的、隐蔽的观察，研究人员可以利用仪器进行。

（三）实验法

实验法是指有目的地控制或创造一定的条件，人为地引起人的心理现象产生，从而对这些心理现象进行研究的方法。实验法包括实验室实验法和自然实验法两种。实验室实验法是指在专门的实验室内，借助仪器、设备等进行研究的方法。这种方法因借助仪器会得到比较科学的结果，但对一些比较复杂的个性心理活动难以有效进行研究。自然实验法是指研究者有目的地创设一些条件，在比较自然的条件下进行实验的方法。

（四）投射法

投射法是心理学研究中根据无意识的动机作用探究人内心深层次心理活动的研究方法。这种方法的特别之处在于不直接对被研究者提出明确问题，而是给被研究者一些意义不确定的刺激，让被研究者想象、解释、描绘，使被研究者内心愿望、动机、态度、情感等在不知不觉中投射出来。在消费者行为研究中，投射法往往用于研究消费者在一般情况下不愿透露或自己也感到模糊的动机、态度、情感等心理现象。投射法是一组运用无意识的动机作用研究人心理的方法的总称，具体方法有角色扮演法、罗夏墨渍测验、词组联想、句子或故事完成法、主题统觉法、第三人称法，等等。

知识链接

主题统觉测验

主题统觉测验（thematic apperception test，TAT）是一种投射技术，是美国心理学家亨利·默瑞于1935年编制的一种心理测量工具。全套测验共有30张比较模糊的人物图片，其中有些是分别用于男人、女人、男孩和女孩的，有些是共用的。测验时让被试根据图片内容按一定要求讲一个故事，被试在讲故事时会将自己的思想感情投射到图画中的主人公身上。主题统觉测验所运用的投射原理是：当一个人解释一个含义模糊的社会情境时，他很容易将自己内心的真实情况暴露出来。被试所编造的故事有一部分固然受当时知觉的影响，但其想象部分却反映了他自己真实的内心世界。

三、医药消费者行为研究中应注意的问题

（一）研究方法的科学性

各种研究方法各有其优缺点和适用范围，在消费者行为研究中，有时需要综合使用几种方法，才能得出比较科学、准确的研究结论。而且消费者行为研究本身必须是客观的，不能有任何主观偏好。因此，

在研究手段和研究程序上，一定要科学规范，至少要注意以下几个问题。

1. 样本选择的科学性 由于时间和经费的限制，研究人员不可能调查每一位潜在的消费者，只能选择潜在消费者中的一部分进行抽样。抽样应十分慎重，特别是样本一定要具有代表性，如果抽样阶段出现错误就很难在研究的后期得到纠正。

2. 问卷制作的科学性 问卷本身的科学性主要体现在其中所隐含的信度和效度上。信度指的是量表的可靠性，即某一资料搜集工具是否能够一致无误地衡量相同的事物。具有可信性的结果表明在相似的测验条件下该结果具有可重复性。效度则是指研究或测验得到的信息精确地测量了研究者想要测量到的东西，即数据搜集工具和某些重要的绩效标准之间必须有确实的关系存在。一个有效的实验意味着研究者能把研究结果推广到更大的范围。一个好的问卷调查表必须同时具有高信度和高效度，二者缺一不可。

3. 数据判断的科学性 研究中获得的数据很重要，但对数据的分析判断则更重要。只凭数据本身就给出结论，结论往往是偏颇甚至错误的。分析不仅要分析数据本身，还要分析数据背后可能的原因。20 世纪 60 年代美国有机构做了调查，数据显示美国看电视的人很少，因此得出结论是投资电视机是不赚钱的。但实际情况却是，不是人们不爱看电视，而是电视节目太单调。随着电视节目编排日渐丰富，看电视的人越来越多了。因此，这里的数据反应的是电视节目和看电视人数的关系，而不是电视机和看电视人数的关系。也就是说，并不是电视机本身造成看电视的人数减少，而是电视节目的单调导致看电视的人数减少，最终的结果是电视机的购买量相应减少。因此，数据很重要，但对数据的科学判断更重要。

（二）医药消费者行为研究中的道德问题

课堂互动

在医药消费者行为的研究中有哪些可能违背道德的做法?

在消费者行为研究中，研究人员需要采取多种途径获取信息，在这个过程中就有可能触及消费者的隐私，违反道德规范。因此在研究过程中，研究人员应注意以下问题。

（1）维护被研究者的匿名性。研究人员应确保被研究者匿名接受研究，并保证研究中所获信息不向外透露，更不能挪作他用。

（2）避免对被研究者产生负面影响。在研究中应避免让被研究者陷入尴尬或压力中，如研究中不可避免，则应尊重被研究者的意愿，不能采用强迫的方式。

（3）在使用特殊设备时要小心，避免对被研究者造成伤害。

（4）如有必要采用欺骗手段时，必须是善意的，且确保不会对被研究者造成伤害。

第四节 市场营销与消费者行为

消费者行为的研究服务于企业的市场营销实践活动，企业的市场营销实践活动为消费者行为学的研究提供了研究视角和研究基础。消费者行为的研究要从企业的营销实践出发，从企业营销实践活动的需要开展研究。为此，了解企业的市场营销活动尤其是市场营销观念和顾客关系管理理念，树立消费者权益保护意识，对于消费者行为的研究是十分必要的。

一、市场营销观念

市场营销观念又称为市场观念、营销哲学，指在一定时期占统治地位的贯穿于企业整个市场营销活动的总体指导思想和行为准则。它是一种观念，一种态度，也是一种企业思维方式。市场营销观念也是企业在开展市场营销活动的过程中，在处理企业、顾客和社会三方利益方面所持的态度和指导思想。

（一）生产观念

生产观念是一种以生产为中心的经营指导思想，企业的主要精力用于增加生产和降低成本，很少或根本不考虑消费者的需求情况。生产观念在企业的经营管理中具体地表现为“能生产什么，就卖什么”。美国福特汽车公司T型小轿车的经营就是生产观念最为典型的代表。当时美国福特汽车公司生产的T型小轿车非常畅销，为了扩大生产获得最高利润，他们不需要考虑顾客对小轿车颜色、款式的兴趣和偏好，只要大批量生产就能盈利。可见，生产观念是一种典型的“以产定销”的经营观念。

生产观念是指导卖方行为的最古老的营销观念之一，这种营销观念在经济不发达、产品供不应求的卖方市场条件下比较盛行。

（二）产品观念

产品观念是一种以产品为中心的经营指导思想，奉行以质取胜，认为消费者总是喜欢那些质量高、性能好的产品，只要注重提高产品质量就一定会顾客盈门。产品观念是与生产观念相类似的经营思想，都是以生产为中心，不注重市场需求，不注重产品销售，认为只要产品质量高、功能多、有特色，就自然不愁卖。在产品导向型企业中，营销管理者过多地将注意力集中在企业现有的产品上，而将市场需求置于一边。最容易出现产品观念的情境，莫过于当企业发明一项新产品时。此时，企业最容易忽视市场而自我陶醉，深信“酒香不怕巷子深”“皇帝的女儿不愁嫁”，结果虽然产品质量优良，但由于不符合市场需求而导致产品滞销，使企业经营陷入困境。

产品观念的症结在于过分地夸大了产品的作用，忽视了市场的实际需求，最终因不能跟上市场需求的发展变化而导致经营失败。

（三）推销观念

推销观念是一种以推销为中心的经营指导思想，认为只有积极地进行大量的促销活动，消费者才会克服购买惰性或抗衡心理而足量购买某一产品。推销观念认为，顾客不会主动购买，更不会主动购买数量较多的产品，只有采取强有力的推销措施，顾客才会买更多的产品。产品销售能否成功，关键取决于企业的推销能力。推销观念在现代市场经济条件下被大量用于推销那些非渴求物品，营销人员使用各种技巧来寻找潜在客户，并采用高压方式说服他们接受其产品。许多企业在产品过剩时，也常常奉行推销观念。

推销观念与生产观念相比，是一个进步，但由于推销观念所重视的推销是现有产品的推销，因而二者不存在本质的区别。企业同样是生产什么就推销什么，生产之前不了解消费者需求，销售以后也不关心消费者的消费体验。所以推销观念和生产观念在本质上是一样的。

（四）市场营销观念

市场营销观念是以消费者为中心的营销观念，其基本内容是把满足消费者的需求作为企业一切活动的中心和最高准则，并贯彻到生产经营的全部过程中。市场观念认为顾客是企业营销活动的起点和终点，营销不是为自己的产品找到合适的顾客，而是为顾客设计适合的产品。市场营销观念是营销观念上一次巨大的突破，与以企业为中心的营销观念相比，具有以下特点。

（1）从以生产和销售为中心，转向以消费者需求为中心。

（2）从以强化销售职能、卖出产品实现利润为目标，转向通过全面地满足消费者需求从而获取利润。

（3）从通过短期刺激的推销手段获取大量短期销售利润，转向通过全面满足消费者需求而赢得长期稳定的利润。

（五）社会营销观念

即企业生产产品不仅要满足消费者的需求，而且应当符合社会长远利益，企业应当同时兼顾企业自身、消费者需求和社会利益。社会营销观念是对市场营销观念的进一步完善发展。以社会长远利益为中心的社会营销观念，是对市场营销观念的补充和修正。与市场营销观念相比，社会营销观念有以下特点：在继续坚持通过满足消费者和用户需求及欲望而获取利润的同时，更加合理地兼顾消费者和用户的眼前利益与长远利益，更加周密地考虑如何解决满足消费者和用户需求与社会公众利益之间的矛盾。

二、顾客关系管理理念

市场营销观念的出现，尤其是20世纪90年代以来，数字化革命降低了市场营销者的成本和行业进入障碍，也加快了新的竞争对手进入市场的速度。精明的市场营销者意识到，要想比竞争对手做得更好，就必须在每一位顾客身上实现全部的盈利潜能。为此，企业必须将顾客放在企业文化的中心并贯穿于企业经营的每一个环节，确保每一位员工都能将与顾客的任何交换视为顾客关系的一部分。在市场经营活动中，以顾客为中心，最大限度地满足顾客的需求，充分挖掘顾客价值，提高顾客满意度和忠诚度，是企业在市场竞争中立于不败之地的重要措施。可以说顾客价值、顾客满意与顾客忠诚是驱动在市场营销者和顾客之间营造成功关系的三大重要因素。

（一）顾客价值

顾客价值是指可意识到的利益（经济的、功能的与心理的）与用以获得这些利益所消耗的资源（金钱、时间、精力和心理）之间的比率。只有让顾客觉得物有所值，企业的价值创造才有意义，企业的价值交换才有可能。而价值来自于顾客的判断和感知，是顾客基于产品效用和支付成本之间的比较。比如同样是药店，大多数药店都是只卖药不提供其他服务，但某个药店不仅卖药还提供其他服务，比如代客煎药、送药，甚至为长期用药的慢性病患者建立档案并及时为顾客补充药品，那么这个药店所提供的价值就超出了其他药店所提供的价值。顾客花同样的钱，得到的利益却是不同的。顾客得到的利益越多，感知到的价值就越大，顾客再次光顾该药店的概率也就越大。

顾客价值理论是现代营销的基础理论之一，顾客价值被视为竞争优势的新来源。自20世纪90年代以来，顾客价值已成为营销学者和企业经理人共同关注的焦点。现代营销，攻心为上。只有那些能够及时洞悉市场变化，真正为顾客创造价值并令其倾心的企业才有可能立于不败之地。

（二）顾客满意

菲利普·科特勒认为，顾客满意“是指一个人通过对一个产品的可感知效果与他的期望值相比较后，所形成的愉悦或失望的感觉状态”。亨利·阿塞尔也认为，“当商品的实际消费效果达到消费者的预期时，就导致了满意，否则，则会导致顾客不满意”。

从上面的定义可以看出，满意水平是可感知效果和期望值之间的差异函数。如果效果低于期望，顾客就会不满意；如果可感知效果与期望相匹配，顾客就满意；如果可感知效果超过期望，顾客就会高度满意。

一般而言，顾客满意是顾客对企业和员工提供的产品和服务的直接性综合评价，是顾客对企业、产品、服务和员工的认可。顾客根据他们的价值判断来评价产品和服务。从企业的角度来说，顾客服务的目标并不仅仅止于使顾客满意，使顾客感到满意只是营销管理的第一步。在企业与顾客建立长期的伙伴关系的过程中，企业向顾客提供超过其期望的顾客价值，使顾客在每一次的购买过程和购后体验中都能获得满意。而每一次的满意都会增强顾客对企业的信任，从而使企业能够获得长期的盈利与发展。

（三）顾客忠诚

顾客忠诚是指顾客对特定品牌的重复购买的程度和对其所怀有的积极的态度倾向，以及在相同需求产生时，继续将该品牌作为唯一选择对象的倾向程度。顾客忠诚是顾客对企业产品或服务的依赖和认可，以及坚持长期购买和使用该产品或服务所表现出的在思想和情感上的高度信任和忠诚。顾客忠诚是企业核心竞争力的重要组成部分，也是品牌资产价值的集中体现。市场竞争，从某种意义上讲就是对顾客的竞争，争取和维持顾客是企业生存和发展的使命。

顾客忠诚之所以受到企业高度重视，是因为忠诚的顾客会重复购买。几乎在所有的商业情形中，赢得新顾客的成本都要高于维持已有顾客的成本。研究表明，只要稍微降低顾客流失率便可获得利润的明显上升，因为忠诚的顾客会购买更多的产品，对价格也不敏感，并且由于忠诚顾客熟悉企业的运作和产品的流程，因此企业的服务成本也比较低。此外，忠诚的顾客还会影响其他的顾客并对品牌产生积极的影响。在饱和的市场上，找到新顾客是非常困难的，因此，留住老顾客是企业持续发展的源泉。

顾客忠诚的程度是不同的。有学者将顾客忠诚分为四个层次。

（1）最低层次的忠诚　顾客对企业没有丝毫忠诚感。他们对企业漠不关心，仅凭价格、方便性等因素购买，一旦这些因素消失，他们便毫不犹豫地改变购买对象。

（2）第二层次的忠诚　顾客出于某种因素习惯于购买某一商品或服务。他们的购买行为主要是习惯驱使。因为习惯带来的好处一是便利，二是风险可控。一旦习惯被打破，购买行为便会改变。

（3）第三层的忠诚　顾客对某一企业产生了偏好情绪。这种偏好的产生与企业形象、企业产品和服务的高质量以及顾客的消费体验等因素相关。顾客由于在之前的多次消费中获得了较高价值和良好体验，因而对该企业或品牌产生了偏好，顾客和企业之间产生了情感联系。

（4）最高层次的忠诚　顾客对企业的产品或服务有着强烈的偏好与情感寄托，他们高度忠诚于该企业或品牌且不容易受到其他因素的影响而改变。顾客对企业的高度忠诚，是企业利润的真正源泉。

企业以顾客价值、顾客满意及顾客忠诚为中心的经营哲学是从市场营销观念中发展而来的，三者之间有着密切的联系。顾客满意来源于顾客对企业提供给他们的价值的感知，而顾客忠诚的前提是顾客满意，但二者之间又非简单的正相关关系。顾客的高度满意是形成顾客忠诚的必要条件，只有在每次服务中都让顾客得到良好的体验并与之建立起长期的良性互动关系，使顾客在情感上对产品或服务产生寄托和依恋，在行为上产生偏好，最终才可能成为企业的忠诚顾客。

三、消费者权益保护

消费者在市场上处于弱势地位，而消费者的弱势地位又成为消费者权益容易受到侵害的直接原因。保护消费者的权益，既是对消费者个人利益的尊重和保护，也是企业持续发展的基础和社会和谐安定的重要保障。作为消费者，应该明确自己的权利，树立权力意识；作为企业，更应该熟知消费者权益保护的范畴，自觉遵守国家消费者权益保护的法律法规，并承担起作为企业公民的社会责任；作为消费者行为的研究者，了解和熟悉消费者的权益，也是开展研究工作的前提条件。

知识拓展

消费者权益运动

在市场经济发展以来，消费者为了维护自身利益，展开了不同形式、不同内容的消费者运动，与各种各样损害消费者权益的行为进行了斗争，以争取社会公正、保护自己的合法利益。

消费者运动始于19世纪的英国，随后迅速波及西欧和北美。20世纪成为消费者运动的世纪。消费者权益的明确提出，是在1962年美国总统肯尼迪的国情咨文中，即安全的权利、知情的权利、选择的权利、意见被尊重的权利，以及后来补充的“索赔的权利”，这些权利被公认为是消费者的五项基本权利。

消费者运动在我国的兴起与发展的历史相对较短。1994年，中国《消费者权益保护法》颁布之后，中国的消费者运动进入了政府依法保护的阶段。中华人民共和国第十二届全国人民代表大会常务委员会第五次会议于2013年10月25日通过了《全国人民代表大会常务委员会关于修改〈中华人民共和国消费者权益保护法〉的决定》。修改后的法规充实细化了消费者权益的规定，加大了对欺诈行为的惩罚力度，进一步明确了经营者的义务与责任，规范了网络购物等新型消费方式，强化了消费者协会的作用，进一步明确了政府的监管责任。修改后的消费者权益保护法自2014年3月15日起施行。

消费者权益保护法是有关保护消费者在有偿获得商品或接受服务时免受人身、财产损害或侵害的法律规范的总称，是国家对基于消费者弱势地位而给予特别保护、维护市场秩序的法律。根据《中华人民共和国消费者权益保护法》，消费者享有以下权利。

（1）消费者在购买、使用商品和接受服务时享有人身、财产安全不受损害的权利。消费者有权要求经营者提供的商品和服务，符合保障人身、财产安全的要求。

（2）消费者享有知悉其购买、使用的商品或者接受的服务的真实情况的权利。消费者有权根据商品或者服务的不同情况，要求经营者提供商品的价格、产地、生产者、用途、性能、规格、等级、主要成分、生产日期、有效期限、检验合格证明、使用方法说明书、售后服务，或者服务的内容、规格、费用等有关情况。

（3）消费者享有自主选择商品或者服务的权利。消费者有权自主选择提供商品或者服务的经营者，自主选择商品品种或者服务方式，自主决定购买或者不购买任何一种商品、接受或者不接受任何一项服务。消费者在自主选择商品或者服务时，有权进行比较、鉴别和挑选。

（4）消费者享有公平交易的权利。消费者在购买商品或者接受服务时，有权获得质量保障、价格合理、计量正确等公平交易条件，有权拒绝经营者的强制交易行为。

（5）消费者因购买、使用商品或者接受服务受到人身、财产损害的，享有依法获得赔偿的权利。

（6）消费者享有依法成立维护自身合法权益的社会组织的权利。

（7）消费者享有获得有关消费和消费者权益保护方面的知识的权利。消费者应当努力掌握所需商品或者服务的知识和使用技能，正确使用商品，提高自我保护意识。

（8）消费者在购买、使用商品和接受服务时，享有人格尊严、民族风俗习惯得到尊重的权利，享有个人信息依法得到保护的权利。

（9）消费者享有对商品和服务以及保护消费者权益工作进行监督的权利。消费者有权检举、控告侵害消费者权益的行为和国家机关及其工作人员在保护消费者权益工作中的违法失职行为，有权对保护消费者权益工作提出批评、建议。

本章小结

消费者是进行消费活动的主体。根据消费者在消费活动中所承担的角色，可以将消费者分为发起者、影响者、决策者、购买者和使用者。根据消费者的消费状态又可以将消费者分为现实消费者、潜在消费者和永不消费者。消费者行为是指人们在寻找、选择、购买、使用、评价和处置商品或服务的一系列活动中所产生的内在心理活动过程和外在行为过程的总和。消费者行为学是研究消费者行为规律的科学，即人们为满足需要和欲望寻找、选择、购买、使用、评价及处置产品和服务时的心理和行为规律的学科。医药消费者行为学就是研究人们为满足防病治病和保健的需求而寻找、选择、购买、使用、评价及处置医药商品和医疗服务时的心理和行为规律的学科。

消费者行为学的发展经历了早期萌芽阶段、中期应用阶段以及后期变革与发展阶段。消费者行为学的研究呈现出研究角度趋向多元化、研究范围更具广泛性、研究方法更加多样化、研究地域更加普遍性的特点。

消费者行为研究的理论来源于心理学、社会学和人类学、经济学、市场营销学等。消费者行为研究的方法主要有调查法、观察法、实验法、投射法等。

市场营销观念经历了从生产观念、产品观念、推销观念、市场营销观念以及社会营销观念五个阶段。驱动在市场营销者和顾客之间营造成功关系的三大因素是顾客价值、顾客满意与顾客忠诚。

保护消费者的权益，既是对消费者个人利益的尊重和保护，也是企业持续发展的基础和社会和谐安定的重要保障。

练 习 题

参考答案 更多习题

一、名词解释题

1. 消费者
2. 消费者行为
3. 消费者行为学

二、选择题

1. 消费者行为学产生于（　　）
   A. 二十世纪三十年代　　B. 二十世纪六十年代
   C. 二十世纪八十年代　　D. 二十世纪九十年代
2. 当消费者不愿意正面回答、真实回答问题时，以下哪种研究方法最为合适（　　）
   A. 投射法　　B. 测量法　　C. 访谈法　　D. 实验法
3. 顾客对特定服务商的重复购买行为的程度和对其所怀有的积极的态度倾向，以及在对该项服务的需求增加时，继续将该服务商作为唯一选择对象的倾向，指的是（　　）
   A. 顾客价值　　B. 顾客满意
   C. 顾客忠诚　　D. 以上都不是
4. 美国福特汽车公司生产的 T 型小轿车不需要考虑顾客对小轿车颜色、款式的兴趣和偏好，其营销观念是（　　）
   A. 生产观念　　B. 产品观念
   C. 推销观念　　D. 市场营销观念
5. 一般来说，和尚对于梳子这类产品属于（　　）
   A. 现实消费者　　B. 潜在消费者
   C. 永不消费者　　D. 以上都不是

三、判断题

1. 购买者就是消费者。（　　）
2. 研究消费者行为就是研究消费者的购买行为。（　　）
3. 医药消费者就是患者。（　　）
4. 消费者行为学产生于德国。（　　）
5. 消费者享有自主选择商品或者服务的权利。（　　）

四、思考题

1. 学习医药消费者行为学有什么意义？
2. 消费者研究经历了那些阶段？
3. 消费者行为学的研究方法有哪些？这些方法有何优缺点？
4. 消费者权利保护的内容有哪些？

五、技能训练题

1. 奶奶发现宝宝体温有点高，告诉了妈妈，妈妈让爸爸去药店买一支体温计，爷爷说他某某药店有体温计卖。请问这些人谁是消费者？请你对他们的角色进行分析。

2. 去药店访问一位店员，要求他或她谈谈他们所接触到的医药消费者都有什么特点，同时请他或她谈谈了解消费者行为在改善其工作绩效方面所起的作用，这些回答在多大程度上反映了现代市场营销观念？

3. 从有关出版物或网站找到某一医药产品或服务失败的例子，分析该产品或服务的失败和企业缺乏对目标消费者的了解有关系吗？医药消费者行为学知识在哪些方面可能对该产品或服务的东山再起会有所帮助？

4. 一家大型医药公司负责营销的经理说，销售额是营销效率的最终目标，因此，必须把主要目光放在营销刺激手段（价格、广告宣传、折价销售等）和销售额的联系上。假设你是一位企业营销的指导者，你会提出哪些支持进行消费者研究的理由，说明只有销售额的数字并不足以对营销策略进行评估？

5. 以小组为单位，选择一个药店，观察消费者药店消费的行为，并用笔或其他工具记录，分析消费者的行为或评价药店的设计和服务。可以选择以下内容进行观察：

（1）消费者的年龄、性别、层次、人数；购买医药商品的类别、数量；购买决策的时间、影响因素等。

（2）消费者对货架、店内广告等的注意程度；在货架等地方停留的时间等。

（3）销售人员的服务方式和态度对消费者行为的影响。

（4）药店的空间设计和货架摆放是否有吸引力、是否便利消费者。

六、案例分析题

案例1

芬必得的情感化过程

20世纪90年代的中国，是众多国际药业巨头虎视眈眈的市场。然而，市场潜力并非轻易就能开发，品牌的使用在进入市场之初往往也会面对巨大的市场障碍。长久以来中国人对待疼痛和止痛的固有观念，以及市场上各种各样的本土产品和中药贴膏已经为一个西药止痛药的成功树立了很难逾越的障碍。在这种严峻而复杂的市场环境下，芬必得抓住了“情感化”这个突破口，最终成长为中美史克旗下最大的止痛药品牌，占据市场份额达60%之多。

通过调研发现，尽管芬必得在过去几年中在消费者教育领域投注了很大精力，之前的广告战役也主要以唤起对疼痛的关注为主，而实际上消费者仍然对使用止痛药有很大的抗拒心理，通常止痛药会和强副作用联系在一起，从安全角度给止痛药带来了很大障碍。消费者心理普遍存在的观点是“忍痛”和对止痛及止痛药知识的匮乏，这与中国的历史文化内涵恐怕有很大的联系，也成为芬必得必须要解决的问题。

芬必得确定了新的发展路线，同时在产品和情感层面上满足消费者的心理需求。在战略层面，芬必得定位为“有效安全缓解日常生活中各种疼痛”；在执行层面，则从消费者忍痛的事实出发，发展出一个强有力的消费者利益点，即“无须忍痛”，并以此为出发点，为芬必得定制了全新的主题广告——“庄泳篇”，从1995年2月开始投放。

“庄泳篇”选用游泳世界冠军庄泳作为品牌的代言人。广告没有在庄泳的成功上着墨太多，反而是从她的平常生活入手，选取她与丈夫温馨的生活片断，以一个冠军和妻子的口吻带出“芬必得帮助我对付成功背后的疼痛，使我无须忍痛”的概念，并配合对产品药效的有力说明，通过一个公认的止痛专家——庄泳的信任，来树立芬必得“止痛专家”的形象，“庄泳篇”广告在社会上取得了极大的成功，品牌知名度迅速飙升。1996年3月调研结果显示，芬必得在电视媒体环境中的能见度高达47%，是位列第二位竞争产品的三倍左右。而无提示广告知名度和无提示品牌知名度分别达到了65%和85%之多，约为第二名竞争对手的两倍。甚至于在若干年后的调研中，仍然有消费者可以回忆起这一广告，并将芬必得广告和庄泳形成了自然的联系。“庄泳篇”的成功不仅仅表现在增强品牌知名度和树立品牌形象上，它也证明了好的广告可以带来最终销售的增长，1996年芬必得销售额增长达37%，市场份额为24%。

“庄泳篇”播放两年后，芬必得拥有了一个强有力的品牌核心“无须忍痛”，如何进一步加强品牌内涵也是需要在新的“战役”中解决的问题。综合调研发现，在关节炎和肌肉劳损患者中有很大市场潜力，所以在策略上考虑如何吸引这一群消费者进行尝试。

在经历了七八年的发展以后，随着市场上的竞争品牌同样日趋成熟，芬必得的地位受到前所未有的威胁。同时，随着医疗体制改革的发展，消费者对于选择药品不再盲目，而是逐渐有了品牌意识，主动挑选适合自己的；而芬必得在医院渠道中优势地位也随着OTC药品分家和报销制度的解体遇到极大的挑战。如何才能延续芬必得品牌的优势，在变化的市场和消费者中间巩固并占领他们脑海中首选止痛药的位置，是公司面临的巨大挑战。

市场调研在芬必得每一次的战略中有不容忽视的重要性。经过调研发现，消费者变得越来越复杂，对待疼痛已经开始采取一种相对主动的态度，但对于究竟疼痛由何而来，人们并不是太关心。疼痛已超越了其简单的生理上的痛苦和不适，而是会给心理上带来压力，影响到情绪这些感情层面的因素。

在长达两年的“自我突破”的酝酿期，经历了三轮大规模的探索之后，2000年初，芬必得最终找到一个将疼痛与止痛最好结合的切入点，将产品利益提升到精神层面：创造一个“无痛世界”的概念——当你没有疼痛困扰时，你存在于一个无痛世界，在这个世界上，你可以尽情享受自由自在的快乐。

“无痛世界”不仅是感性诉求的突破，也代表了品牌内涵的加强。品牌不仅是认知和形象，更代表了一种主张和态度。这绝对是一次大胆的突破：长时间以来，药品广告一直以产品功能为主要信息，虽然也开始慢慢建立与受众的情感联系，但后者仅仅是通过故事来表现，在整个概念中只是一个陪衬的作用——毕竟是一个需要理性判断的产品，脱离产品而专注在情感层面还不曾有人尝试过。芬必得存在这样一个机会去尝试。第一，它是一个非常成熟的品牌，多年来不断有大众媒介投入和专业渠道的投资，使广大消费者对产品的功能和定位有很清楚的了解，芬必得这个名字就代表了“持续快速缓解疼痛”；第二，芬必得也是止痛药市场上的领先品牌，多年来的资产累计使芬必得有资格去发展并拥有一个更广义的品牌价值和品牌主张；第三，早在“庄泳篇”时，芬必得就已经开始建立与消费者的感性沟通，所以，今天它完全可以在此方向上加强并升华这种情感的联系。在将概念转化成创意执行时，以人与海豚的和谐共泳作为载体，通过与消费者在精神层面追求共鸣，充分表现出无痛世界中自由自在的意境。

（资料来源：http://ishare.iask.sina.com.cn）

分析：

1. 芬必得品牌如何建立起了与消费者之间的联系？
2. 品牌和消费者建立联系对品牌创建和巩固有什么意义？

案例2

康美培育新鲜人参消费习惯，打造舌尖上的美味中药

康美药业OTC事业部从2015年8月中旬正式启动新鲜人参销售。此前，人们对人参认知度高、消费量小、消费人群少、消费频率低且多是医生处方红参（人参的蒸熟炮制品）。至于新鲜人参在国内还没有消费习惯，消费还未开始。康美在四个省有人参GAP规范种植基地，可以提供充足的新鲜人参。康美药业决定打造一个新的品类——新鲜人参，为塑造人参的新鲜性这一差异性，开始了全面营销活动。

采用微信营销，全面介绍新鲜人参。在自己和连锁客户的微信公众号中发布新鲜人参软文和视频等，系统介绍其功效作用、与红参的差异、食用方法、适合人群、储藏方法、注意事项、生产储运等。

采用体验营销，培育新鲜人参消费市场。在各地连锁门店进行体验营销推广活动，通过煲新鲜人参鸡汤、泡人参酒、新鲜人参切片泡蜂蜜等方法，让消费者认识和接受新鲜人参。

采用活动营销，发动新鲜人参代言活动。在康美社区发起“我为康美新开河新鲜人参代言”话题，在连锁老总、经理、店长、店员、消费者、康美员工及其亲属中寻找最帅最美的康美新开河新鲜人参代

言人。

采用事件营销，开展寻参之旅活动。组织全国50多家连锁的老总走进新鲜人参GAP种植基地，观摩了解选参、挖参、装参、运参的整个环节。

康美药业打造“舌尖上的美味新鲜中药”，改变了消费者对中药难吃、难喝的印象，与连锁药店一起培育新鲜中药增量品类，获得“2015年中国医药十大营销案例”。

（资料来源：http://www.xinchaoshang.com）

分析：

1. 消费者新鲜人参的消费习惯是怎样的？
2. 康美药业是如何针对消费者习惯进行营销的？

第二章

PPT　微课

医药消费者的认识与情感过程

学习导引

知识要求

1. **掌握**　感觉、知觉、情感的基本概念。
2. **熟悉**　感觉、知觉、注意、记忆、情感等对医药消费者行为的影响及其在营销实践中的应用。
3. **了解**　医药消费者认识与情感过程的基本内容。

能力要求

1. 熟练掌握感觉、知觉、情感等基本概念，能够运用这些基本概念正确理解消费者行为。
2. 能够了解医药消费者的认识与情感过程，进而解释各种消费现象和企业营销活动的成败得失。
3. 能够运用医药消费者认识与情感过程相关理论开展营销沟通和制定相应的营销策略。

素质要求

尊重医药消费者认识与情感过程规律，培养严谨求实、一丝不苟的工作态度，养成良好的职业道德。

案例导入

戈里萨诺儿童医院设计

【案例】位于美国纽约州的戈里萨诺儿童医院是一栋8层楼高的建筑，面积约23000m^2。医院目前开放52间单人病房和68张新生儿重症监护室床位，主要服务纽约西部及周边17个县的家庭。这家医院从充满温暖感觉的“红房子”外观开始，为生病的孩子以及他们的家长创造一个充满积极能量的诊疗体验。

为了打破大体量医疗建筑的压迫感，医院建筑外墙设计引入了轻盈通透的玻璃材料，让光线和风景漫入医院内部空间。同时，通过玻璃材料的整体排布，将整栋建筑“分割”成一个个小单元，看上去有了家一般的温暖感。

在温暖又明亮的门诊大厅里，挑高的中庭确保视线的自由，避免产生压抑感。大厅特别地设计了一个吊顶照明灯，还有墙面的自然主题壁画和地面的圆形图案，这些有趣的设计让医院看上去一点儿也不可怕，能很好地分散他们的注意力，从而缓解孩子们的紧张和不安情绪。门诊大厅的等候空间，采纳了“湖泊”的主题，在平静的湖蓝色系中，人们更容易获得平静。

医院的每个楼层，从地面到墙壁，都融入了多层次的渐变色彩和充满活力的照片及图像，创造一种平静和愈合的氛围。每个楼层还设定了一个图形主题：草地、峡谷、花园、公园和城市。

沿着步行梯通往更高楼层，吊顶的树叶造型装饰轻易地就吸引了关注目光，让人联想到温暖的秋天。这些具有高度识别性的图形，不仅让医院内部空间充满了活力，而且能帮助患儿及其他人群在功能复杂的医院里不迷路。

悬吊的彩色装饰，地面上的海洋主题绘画，木纹墙面的交互式设施，还有童趣满满的儿童座椅……瞬间让阴郁的心情一扫而光。

【问题】

1. 戈里萨诺儿童医院如何巧妙地进行了视觉刺激?
2. 戈里萨诺儿童医院的环境设计对就诊儿童及其家长产生了怎样的心理影响?

第一节　医药消费者的感性认识过程

当各种商品、服务等外部信息对消费者产生刺激，消费者通过大脑对外部信息加以接收、整理、加工、贮存，从而形成对商品或服务的认知，这一过程就是心理活动的认识过程。认识过程是消费者心理过程的起点和第一阶段，也是消费者行为的主要心理基础。各种消费心理与行为现象，诸如消费动机的产生、消费态度的形成等，都是以认识过程为先导的。消费者的认识过程是通过一系列心理功能的活动共同完成的，构成认识过程的心理功能包括感觉、知觉、注意、记忆、思维等。

消费者在认识客观事物时，首先通过机体的感觉和知觉对刺激物产生直观、表象的反应，在储存刺激信息、进行初步辨认中形成认识的初级阶段，并将从感性认识发展到理性认识，从而形成消费者认识的完整体系。感觉和知觉属于感性认识阶段，而注意、记忆、思维等属于理性认识阶段。

一、医药消费者的感觉

（一）感觉的概念

感觉是人的大脑对直接作用于其感官的客观事物个别属性的反应。在消费活动中，当消费者与医疗服务发生接触时，会借助于眼、耳、鼻、皮肤等感官感受商品的物理属性（如颜色、形状、大小、重量等）、化学属性（如气味、味道等）和服务者的态度（医生、护士的态度），并通过神经系统传递至大脑，从而形成对医疗服务的各种感觉。例如，消费者走进药店看到药品的陈列，听到营业员的问候，由此产生对这家药店的感觉；就医者走进某医院，在就医过程中，对医院工作人员的态度、技术水平、工作效率等方面的感觉。

感觉是一种简单的心理现象，是人脑对客观事物外部特征和外部联系的直觉反应，消费者通过感觉获得的是有关商品或其他外部刺激表面、个别、孤立的印象。但是，感觉却是消费者获取外部原始信息的必经过程，因此通常被看作知觉过程和其他心理活动的基础和起点。通过感觉，消费者才能进一步认识商品，形成知觉、记忆、思维、想象等较复杂的心理活动，从而获得对商品属性全面、正确的认识。从一定意义上说，感觉是消费者一切知识和经验的基础。

感觉具有特殊的表现形态和作用方式，具体包括感受性、感觉适应、联觉等。

1. 感受性　人的感觉器官只能对一定范围的刺激做出反应，只有在这个范围内的刺激，才能引起人的感觉。感受性是指感觉器官对刺激物的主观感受能力。它是消费者对商品、广告、价格等消费刺激有无感觉及感觉强弱的重要标志。感受性通常用感觉阈限的大小来量度。

2. 感觉适应　消费者的感受性会受到时间因素的影响，随着刺激物持续作用时间的延长，消费者因接触过度而造成感受性逐渐下降，这种现象叫作感觉适应，是一种普遍的感觉现象。如消费者长时间看同一个广告，会产生厌烦感。显然，感觉适应对增强刺激效应、不断激发消费者的购买欲望是不利的。要改变这一现象，使消费者保持对消费刺激较强的感受性，就要调整消费刺激的作用时间，经常变换刺激物的表现形式。

课堂互动

如何改变人们对广告“视若无睹”的状况?

3. 联觉　人体各感觉器官的感受性不是彼此隔绝的，而是相互影响的。一种感觉器官接受刺激产生感觉后，还会对其他感觉器官的感受性产生影响，这种现象就是联觉。消费者在同时接受多种消费刺激时，经常会出现感觉间相互作用引起的联觉现象。例如，在优雅柔和的音乐声中挑选商品，对色泽的感受力会明显提高；进餐时，悦目的菜肴会使人的味觉感受增强。联觉对消费者行为有直接影响。例如，现在医院儿科诊室的医生护士都穿粉色的工作服，就是因为科学证明粉色比白色会给婴儿带来更多的安全感。

（二）感觉的类别

生活中到处都充斥着色彩、声音、形状、气味等刺激因素，消费者可以通过视觉、听觉、嗅觉、触觉和味觉五种感官来感知这些刺激或信息，几乎所有的商品都与消费者感觉器官的满足有关。

1. 视觉　企业在产品、品牌、包装、广告、店面设计、商品的陈列和展示等方面都必须重视视觉因素的处理。消费者对产品或品牌的理解，相当程度上都是建立在这些视觉信息的基础上的。例如，产品的规格、形状、大小、风格、色彩、明亮度等，都可以通过视觉系统获得，并向消费者传递有关产品属性的特色和价值的信息。

在各种视觉因素中，色彩往往具有特别的应用价值。研究发现，看到红、橙、黄等暖色能使人血压升高，心率加快、出汗；反之，看到绿、蓝等冷色则有相反的效果。把这些研究结果应用到商业实践中，人们发现，快餐店里的橙色装饰可以引发饥饿感；医院里的蓝色和粉色可减轻患者的焦虑。热带国家某快餐店的墙壁原为淡蓝色，给人以凉爽宁静的感觉，顾客浅斟慢酌，流连忘返，影响了餐桌周转率。后来店主将墙壁刷成橘红色，顾客进店后感到燥热不安，吃完饭立刻离去，从而使餐桌周转率明显提高。

颜色可引起人的心理错觉，这是设计师可采用的技巧之一。例如，1940 年，纽约的码头工人因搬运的弹药箱太重而举行罢工。一位颜色专家出了个主意，把弹药箱的颜色改漆为浅绿色，尽管弹药箱的重量并未改变，但颜色的改变使工人觉得它变轻了，罢工终于停止了，颜色提高了劳动效率。又如，人们认为等待红色或黄色网页加载，比等待蓝色页面加载更令人心烦。这种烦乱的心绪让他们失去耐心，所以会认为黄色和红色页面加载的时间比蓝色页面要长，实际上两者的实际加载速度相同。

产品、包装、品牌的设计中颜色的选择也是关键。颜色的选择必须与产品的性质和定位保持一致。例如，如果将一种治疗癌症的口服药（片剂、胶囊或口服液）及其包装做成红色，恐怕就不太适合。如果能够选择合适的颜色，并配合以持久、有效的营销传播，可以使某些颜色或颜色组合与特定的公司建立密切的联系，以至于人们只要看到这些颜色（或其组合）就能联想起它的品牌或公司。例如，IBM 公司与蓝色之间的关系如此紧密，以至于它赢得了“蓝色巨人”的雅号。

2. 听觉　音乐和声音对于企业来说也很重要。消费者对音乐的喜爱本身就创造了一个巨大的市场。这个市场包括音响设备、演唱（奏）会、音乐贺卡、音乐 APP 等。传统的制造业和零售业也在运用音乐进行产品和服务的促销，如利用现场的广播广告帮助消费者接受营销信息。伦敦曾有一家百货商店做过一项实验，在一组商品上用文字标签进行介绍，而另一组商品旁边装上微型扩音器，用声音进行介绍。结果发现，能比较准确说出商品性能的是听声音的消费者，这是因为用眼睛看比用耳朵听费力。通过经常在广告中利用音乐增加广告的吸引力并激发观众积极的感情反应，零售店利用背景音乐为顾客营造更好的购物气氛，酒店以背景音乐或现场演奏给顾客一种浪漫、温馨的感觉等。英国一项关于音乐节拍对实际的和感知的就餐时间、餐费支出的影响的研究表明，当播放慢速音乐时，英国消费者就餐的时间要比播放快速音乐的时间长很多；同时，缓慢的音乐节拍增加了消费者在餐馆里的消费支出。

3. 嗅觉　是对气味的感觉。人的嗅觉很敏感，能闻出成千上万种不同的气味。人们倾向于用情感化的感觉（如令人愉悦的）来描述气味。气味能够激发强烈的情感，也能够产生平静的感觉。它们可以唤醒记忆，也可以缓解压力。美国市场上最畅销的三款香水都带有婴儿粉的味道，这些香水的吸引力与其说来自于浮华的促销活动，不如说缘于婴儿粉气味所带来的温暖的感觉。

气味还在很多方面影响着消费者的反应。心理学家发现，苹果的香味有镇定作用，包括苹果在内的很多食物的气味都可使人的呼吸变得轻松，从而使他们的血压降低。因而 4 种芳香剂被添加到各种产品中，以使消费者产生美好感受，刺激消费。在一项研究中，两种不同的香味被加入到同一种面巾纸上，消费者感知其中一种是上等的和昂贵的，而另一种被认为是在厨房中使用的。英国一家公司根据人的嗅觉位于大脑的情感中心，气味可通过情感中心直接对人的态度和行为产生强烈影响的原理，专门为商店提供可以给人带来宁静感的气味，以便使顾客延长停留时间，产生购买欲望。伦敦一家超市，在店里释放一种人造草莓气味，引起了消费者的注意，把超市里的顾客都吸引到食品部，结果连橱里的草莓样品都被抢购一空。许多潮流品牌服饰店会在店内点放线香，营造独特、神秘氛围，而童装服饰专卖店可能会点缀果香香气，带给消费者甜蜜可爱的感觉。

4. 触觉　对人的感知也有重要作用。例如，做过按摩的婴儿比不做的长得快 50%，说明触觉在儿童的心理和身体发育中起着重要的作用。持续的抚摸使心跳速度降低，具有镇静作用，因此各妇幼保健院通过提供新生儿的抚触按摩促使他们更好地成长。

消费者的许多购买行为都依赖于通过触觉渠道获得的信息。例如，在购买布料、服装、沙发、床等产品时，很多消费者都是在获得一定的触觉信息后才做出购买决定的，不能亲手触摸商品也成为阻碍消费者网上购物的原因之一。对于消费者来说，触觉信息是有象征意义的。消费者一般会将触觉信息与产品属性联系起来。他们会根据对布料、家具或室内装饰材料的触摸感觉来判断这些产品的属性、档次和质量。例如，像丝般光滑、细腻的织物会被认为具有豪华、高档的品质；斜纹棉布粗糙的感觉会被认为结实耐用；轻柔且精致的织物更富有女性气息；用稀有材料制成的布料，或是光滑、精致，需要进行复杂工艺处理的织物也会被解释为高级品。

5. 味觉　在人体验物品的过程中功不可没。但是味觉是相当主观的，具有很大的个体差异和文化差异。全国各地的风味菜肴的特色均不一样，如东部沿海讲究咸鲜，四川等地则讲究麻辣等。

味觉并不是独立的，常与其他感觉相互影响，口味只是产品的属性之一。当同样的产品标识不同品牌时，消费者的味觉明显受到品牌偏好的影响。例如，有一家公司为 4 种新品牌的啤酒设计了 4 种不同风格的商业广告，并声称这些啤酒是为不同性格饮酒者专门酿造的。在 250 位啤酒爱好者品尝了这 4 种啤酒后，给他们充分的时间观看每一种广告，并写出他们所喜爱的啤酒品牌。结果大多数人都选择他们认为符合其个性特点的品牌，同时，绝大多数人又指出了 4 种品牌的啤酒中起码有一种不适合自己喝。而实际上，这 4 种牌子的啤酒都是同一种啤酒，仅仅是标识的品牌不同而已。

总之，有关消费者视觉、听觉、嗅觉、触觉和味觉反应的研究均可以为营销者提供有价值的信息。但是，必须牢记的是，上述五种感官刺激各自所产生的反应只是代表了消费者感觉的一部分。不仅各个感官系统的反应之间存在联系和影响（构成消费者的联觉），而且感情与知觉、态度、行为以及众多的消费者个体变量之间也都具有交互作用的关系。因此，孤立地看待消费者的某种感觉反应，就有可能导致错误的判断和决策。可口可乐改变配方的失败就是一个著名的教训，因为它仅仅考虑了消费者在蒙眼测试中对新配方口味的积极评价和反应。1985 年 4 月，为了应对来自竞争对手的口味挑战，可口可乐将约翰·彭伯顿先生的经典配方视作突破口，推出了一款“新可口可乐”，取代原先的经典可口可乐。上市后的短短几天内，愤怒的投诉电话便暴风而至。公司还收到不少粉丝来信，要求把他们钟爱的经典可口可乐还给他们。

知识链接

梅奥诊所

梅奥诊所贡达大楼的设计顾问塞萨尔·贝利说："我希望设计出的大楼能让患者感觉到，迈进诊所的大门就预示着康复的开始。"一位对梅奥诊所充满感激之情的患者这样写道："当我来到梅奥诊所时，我希望可以有好的医疗护理。可让我吃惊不已的是，梅奥诊所拥有如此美妙的艺术环境——大楼里布置了很多当代艺术家的作品。谢谢你们不仅关爱我的身体，还呵护我的心灵。"梅奥诊所莫拉莫大楼顶部有一个3度8音阶的乐钟，自1928年这座钟初到后，梅奥诊所便专门雇用了一位钟乐家定期地演奏曲目，每星期6次，一般是在中午或者傍晚时段演奏，因为那时候大部分的患者和员工都在楼外。钟乐家吉米·德蒙德从1928年至1957年这段时间一直在梅奥工作，他慷慨激昂地说道："梅奥用科学服务患者，美轮美奂的建筑和优美动听的音乐也至关重要。"

（三）感觉阈限

并不是对所有的刺激消费者都能够感觉得到。感觉阈限是指能引起某种感觉的持续一定时间的刺激量，如定强度和时间的光亮、色彩、声音等。感觉阈限包括绝对感觉阈限和差别感觉阈限，对于市场营销有重要意义。

1. 绝对感觉阈限　如果要产生感觉，刺激必须达到一定的强度或"剂量"。例如，菜里的食盐放少了，吃的人就会觉得太淡，感觉不到盐的咸度；如果电视广告中的文字出现的时间太短，只是闪烁几下，观众也可能感觉不到。绝对感觉阈限是指刚刚能够引起感觉的最小刺激量。绝对感觉阈限不仅因感觉类型的不同而不同，而且也会因人而异，人们在视觉、听觉、味觉、嗅觉、触觉等方面的能力均存在很大的差别。绝对感觉阈限是确定营销刺激时需要考虑的因素。例如，一幅广告牌如果印刷字体太小，以至于过往的行人根本无法看清广告牌上的文字，再精彩的广告也是白费。

知识链接

阈下广告实验

有研究者认为存在阈下知觉，即处于感觉阈限以外的刺激可以无意识地影响消费者。20世纪50年代开始就不断有关于市场营销人员使用潜意识广告来影响消费者的报道。1957年，美国新泽西的一个电影院做了阈下广告效果的实验。在电影播放的过程中，每隔5秒钟以1/3000秒的速度插入"吃爆米花"和"喝可口可乐"的标语，这个速度快得让观众无法意识到他们看见过此信息，但在6周的实验中爆米花的销量增加了近58%，可口可乐的销量增长了18%。这一实验引起了轰动，然而后续做的很多实验都不能重复该实验的结果。研究者对于阈下刺激的研究达成了这样的共识，人们能够感知意识以下的刺激，但是没有发现他们会被阈下刺激支配做出购买行为。

2. 差别感觉阈限　在刺激引起感觉之后，如果刺激量发生变化，但变化很小，则不易被消费者察觉。只有在刺激量加大到一定程度时，才能引起感觉上的差异。例如，一种商品的价格上涨或下降1%～2%时，消费者可能毫无察觉；但是，如果调幅达10%以上，消费者就可能察觉到了。这种能够使个体感觉到的最小刺激变动量被称为差别感觉阈限。各种商品因效用、价格等特性不同，而有不同的差别感觉阈限值。例如，一盒“东北野生人参”价格上调三五元至十几元，往往不被消费者注意，而一盒“去痛片”提价三五元，消费者就会比较敏感了。了解消费者对产品各种属性的差别感觉阈限，对合理调整刺激量，吸引消费者的注意和购买都是有重要作用的。

知识链接

韦伯定律

19世纪，德国生理学家韦伯发现，感觉的差别阈限随原来刺激量的变化而变化，原始刺激越强，则引起察觉所需的刺激变化越大，刺激强度变化量ΔI与原刺激强度I之比是一个常数（K）。即$\Delta I/I=K$，这就是著名的韦伯定律。韦伯定律在营销中有许多应用，最常见的就是价格差异感受，同样是节省5元，对于20元的文具来讲感觉占了大便宜，而对于200元的文具则感觉不值一提。对于在差别感觉阈限以下的改进（降价、改进包装、性能提升、扩充尺寸）或者放弃，或者放大；对于可能给用户带来负面感受的变化（提价、尺寸变小、性能降低），应努力降低到差别感觉阈限以下。

二、医药消费者的知觉

（一）知觉的概念

在认识过程中，消费者不仅借助感觉器官对商品的个别属性进行感受，而且能将各个个别属性联系、综合起来，进行整体反映。这种人脑对直接作用于感觉器官的客观事物个别属性的整体反映，就是知觉。知觉是比感觉更为复杂深入的心理活动，是心理活动的较高阶段。知觉必须以感觉为基础，消费者在购买医疗服务时对某一服务的知觉是建立在质量、价格、包装、企业（医院）的知名度、医疗技术水平甚至他人的推荐等种种感觉的基础上形成的。

感觉与知觉既有联系又有区别。首先，知觉以感觉为基础，缺乏对事物个别属性的感觉，知觉就会不完整。其次，一旦刺激物从感官所涉及范围消失，感觉和知觉就停止了。再次，知觉是对感觉材料的加工和解释，但它并不是对感觉材料的简单汇总。最后，感觉是直接的反应，而知觉则要借助于过去的经验，知觉过程中还有思维、记忆等的参与，因而知觉对事物的反映比感觉更深入、完整。

（二）知觉的特性

知觉过程受到消费对象的特征和个人主观因素的影响，从而表现出某些独特的活动特性，具体表现在选择性、理解性、整体性、恒常性、偏差性等方面。

1. 知觉的选择性　消费者并非对所有刺激都做出反应，而是有选择地把其中一部分刺激作为信息加以接收、加工和理解，这种在感觉基础上有选择地加工、处理信息并加以知觉的特性，就是知觉的选择性。引起消费者知觉选择的原因，首先源于感觉阈限和人脑信息加工的限制。凡是低于绝对感觉阈限和差别感觉阈限的较弱小的消费刺激，均不被感觉器官所感受，因而也不能成为知觉的选择对象。只有达到足够强度刺激，才能被消费者所感知。而受人脑信息加工能力的限制，只能对其中一部分加以综合解释，形成知觉。消费者自身的需要、欲望、态度、偏好、价值观念、情绪、个性等，对知觉选择也有直接影响。凡是符合消费者需要、欲望的刺激物，往往会成为首先选择的知觉对象，而与需要无关的事物则经常被忽略。例如减肥广告对青年女性往往很有吸引力，但60岁以上的老年人看到这样的广告时往往置若罔闻。

2. 知觉的理解性　消费者在以往的生活实践中积累了对一定商品的知识和经验，只有借助这些知识和经验，才能对各种感觉到的信息加以选择和解释，认知为可以理解的确定的事物。知识经验在知觉理解中的作用主要通过概念和词语来实现。概念和词语是知觉对象的标志，如电视机、软饮料、降压片、B超等。人们借助于各种概念和词语的命名，把商品的个别属性联合成为整体。相反，如果缺乏必要的知识经验和相应的概念、词语，消费者就不能形成对商品的正确知觉。消费实践和知识经验水平的不同，造成了消费者之间在知觉理解能力和程度上的差异。知识经验的不足，将直接导致消费者对商品的知觉迟缓和肤浅。因此药品生产企业在给产品命名的时候应把握几个原则：①易读、易懂、易记、易传播，如“克咳”；②产品与市场目标人群统一，如“好娃娃”；③吉祥优美，不产生谐音忌讳，如“康必得”；④独特，不似曾相识，如“白加黑”；⑤反映药品的功能，如“肠虫清”“肝复康”。

3. 知觉的整体性　研究表明，尽管知觉对象由许多个别属性组成，但是，人们并不把对象感知为若干个相互独立的部分，而是趋向于把它知觉为一个统一的整体。在认知商品的过程中，消费者经常根据消费对象各个部分的组合方式进行整体性知觉。之所以如此，是由于通过整体知觉可以加快认知过程，同时获得完整、圆满、稳定的心理感受。这一特性的具体表现形式有：在空间位置上接近的刺激物容易被视为一个整体；刺激物在形状和性质上相似，容易被当作一个整体；刺激物在空间和时间上具有连续性时，容易被感知为一个整体，等等。除了根据消费对象各部分的组合方式进行整体认知以外，知觉的整体性还表现在对消费对象各种特征的联系与综合上。人们通常把某种商品的商标、价格、质量、款式等因素联系在一起，形成对该商品的整体印象。在评价一家医疗机构时，就医者依据的不是某一单项因素，而是对该机构的级别、服务质量、服务环境、医院信誉等多种因素进行综合考虑。

4. 知觉的恒常性　由于知识经验的参与和整体知觉的作用，人们对客观事物的认知更加全面和深刻。即使知觉的条件发生变化，留在人们头脑中的印象仍能保持相对不变，即具有恒常性。知觉的这一特性使消费者能够避免外部因素的干扰，在复杂多变的市场环境中保持对某些商品的一贯认知。有些传统商品、名牌商标、老字号商店之所以能长期保持市场份额，而不被众多的新商品、新企业所排挤，其重要原因之一就是消费者已经对它们形成了恒常性知觉，在各种场合和条件下都能准确无误地加以识别，并受惯性驱使连续进行购买。知觉的恒常性可以增加消费者选择商品的安全系数，减少购买风险，但同时也容易导致消费者对传统商品的心理定势，阻碍新商品的推广。在这方面，许多医疗服务机构都有体会。北京同仁堂利用消费者的知觉的恒常性成功地保持住了中成药市场中“老大哥”的地位。北京协和医院也是许多重病患者心目中最值得信赖的地方。

5. 知觉的偏差性　知觉的上述特征为消费者正确、全面地感知商品提供了保障。但是，在现实当中，消费者并不总是能够准确无误地认知商品。由于某些因素的作用，人们的知觉经常会偏离事物的本来面目，发生歪曲，导致知觉的偏差。

常见的知觉偏差情况主要有以下几种。

第一，第一印象效应。人们会对最先出现的刺激物在理解过程中赋予更大权重，且记忆较深。人们送礼品的时候很容易想到脑白金，因为脑白金是医药保健品中第一个打送礼牌的商品，尽管其他的保健品随后也打“送礼”概念，但赠送礼品的时候人们还是很自然地想到“送礼要送脑白金”。

第二，晕轮效应。指人们对刺激物好与不好的知觉印象均会被自觉或不自觉地扩大到其他的一些方面。如接触到某企业生产的感冒片，消费者觉得质量很好，以后可能就会进一步认为该企业生产的其他产品的质量都好，而实际上可能并非如此。

第三，受提供信息者的威望影响。当人们接收到的信息是来自权威机构或某著名人士时，通常会增加知觉的分量和对信息内容的认可。这也是许多企业选请名人代言的原因所在。而在许多医疗服务广告中，穿着白大褂的医生、戴眼镜的科研人员的出现会增加消费者的信任感，也是这个道理。

（三）错觉

错觉是歪曲的知觉，即由于某些特定因素的影响，人们对外界事物的感知并不都是正确的。在现实生活中，消费者在消费活动中同样会发生许多错觉。常见的错觉有以下几种。

1. 形体错觉　如形体肥胖的人穿着竖条纹衣服，看上去会显得苗条一些。

2. 轻重错觉　如 1000 克铜材感觉起来就比 1000 克钢材要轻。

3. 大小错觉 同样的两个圆，一个放在大圆边上，另一个放在小圆边上，人们会觉得后面一个圆要大一些。

4. 面积错觉 一些面积狭小的商店通常在墙壁上装满镜子，通过折射会使消费者产生店堂宽敞、商品琳琅满目的感觉。

5. 容积错觉 两瓶同样容积的酒，扁平包装要比圆柱形包装显得容量多一些。

6. 色彩错觉 同样两件商品，采用黑色包装要比浅色包装显得小一些。

7. 图形错觉 闭合的图形面积比开口图形显得小一些。

知识链接

色彩错觉

日本三叶咖啡店的老板发现，不同颜色会使人产生不同的感觉，但选用什么颜色的咖啡杯好呢？于是他做了一个有趣的实验：邀请了30多人，每人各喝4杯浓度相同的咖啡，4个咖啡杯分别是红色、咖啡色、黄色和青色。最后得出结论：几乎所有人都认为红色杯子里的咖啡调得太浓了，认为咖啡色杯子里的咖啡太浓的人约有2/3；大家感觉黄色杯子里的咖啡浓度正好，而青色杯子里的咖啡太淡了。从此以后，三叶咖啡店一律改用红色杯子盛咖啡，既节约了成本，又使顾客对咖啡质量和口味感到满意。

第二节 医药消费者的理性认识过程

消费者对商品的认识，通常经过由现象到本质、由简单到复杂的一系列过程。例如，消费者接收到某种商品信息后，首先会对包装、价格、品牌、服务等表层信息做出直觉反应，产生外部印象，然后集中注意力，进一步观察、了解该商品的内在质量和性能；最后还要运用已有的知识和经验，对已获得的商品信息进行分析综合，去粗取精，去伪存真，在此基础上得出对该商品全面的认识和结论。注意、记忆、想象、思维等是消费者认识的理性阶段。

一、医药消费者的注意

（一）注意的概念

在消费活动中，消费者把心理活动指向并集中于特定对象的状态就是注意。与认识过程的其他心理功能不同，注意不是一个独立的心理活动，而是各个心理功能活动的一种共有状态或特性。当人的注意力集中于某一事物的时候，其他的心理活动会受到相应的抑制。在市场营销实践中，市场营销人员的努力都是为了引起消费者对商品及商品相关信息的注意。消费者的关注直接决定一个企业、一个品牌的经济效益，因此有人提出“注意力经济”，市场营销人员为了能引起消费者对商品的注意想尽了各种办法。

（二）注意的功能

作为心理活动的一种共同特性，注意在消费者认知商品的过程中具有一系列重要功能。

1. 选择功能 即选择有意义的、符合需要的消费对象加以注意。面对形形色色的商品，消费者不可能同时对所有的对象做出反应，只能把心理活动指向和集中于少数商品或信息，将它们置于注意的中心，而使其他商品或信息处于注意的边缘或范围之外。

2. 维持功能　即把对选择对象的心理反应保持在一定方向上，并维持到心理活动的终结。由于注意的作用，消费者在对消费对象做出选择后，能够把这种选择贯穿于认知商品、制定决策乃至付诸实施的全过程中，而不致中途改换方向和目标，由此使消费者心理与行为的一致性与连贯性得到保证。

3. 加强功能　即排除干扰，不断促进和提高消费者心理活动的强度与效率。在注意的情况下，消费者可以自动排除无关因素的干扰，克服心理倦怠，对错误和偏差及时进行调节和矫正，从而使心理活动更加准确和高效率地进行。例如，在注意感知时，消费者对商品的感受性会大大增强，产生错觉的可能性则有所降低。

（三）注意的形式

消费者在认知商品的过程中，往往表现出不同的注意倾向。有时漫无目的，有时目标专一；有时主动注意，有时被动注意。根据消费者有无目的以及是否需要意志努力，可以将注意分为无意注意、有意注意、有意后注意三种形式。

1. 无意注意　又称随意注意，是没有预定目的，不加任何意志努力而产生的注意。消费者在浏览、观光时，经常会于无意之中不由自主地对某些消费刺激产生注意。刺激物的强度、对比度、活动性、新颖性等，是引起无意注意的主要原因。例如，包装色彩鲜艳的商品，散发诱人香味的食物，形体巨大的广告，与背景反差明显的商品陈列，旋转不停地电动器具，闪烁变换的霓虹灯，造型奇特或功能新颖的新产品等，都会因其本身的独有特征形成较强的刺激信号，引起消费者的无意注意。此外，消费者的潜在欲望、积极情绪等，也是形成无意注意的重要诱发条件。

2. 有意注意　又称不随意注意，是有预定目的，需要经过意志努力而产生的注意。在有意注意的情况下，消费者需要在意志的控制之下，主动将注意力集中起来，直接指向特定的消费对象。因此，有意注意通常发生在需求欲望强烈、购买目标明确的场合。例如，急需购买某品牌汽车的消费者，会刻意寻找、收集有关信息，并在众多的同类商品中，把注意力直接集中于期望的品牌。这期间需要消费者付出意志努力，采取积极主动的态度，克服各种困难和障碍。与无意注意相比，有意注意是一种更高级的注意形态。通过有意注意，消费者可以迅速地感知所需商品，准确地做出分析判断，从而缩短对商品的认知过程，提高购买效率。

3. 有意后注意　又称随意后注意，指有预定目的，但不经意志努力就能维持的注意，它是在有意注意的基础上产生的。消费者对消费对象有意注意一段时间后，逐渐对该对象发生兴趣，即使不付出意志努力，仍能保持注意，此时便进入有意后注意状态。在观看趣味性、娱乐性广告或时装表演时，人们就经常会出现有意后注意现象。这种注意形式可使消费者不致因疲劳而发生注意力转移，并使注意保持相对稳定和持久，但通常只发生在消费者感兴趣的对象和活动上。

以上三种注意形式并存于消费者的心理活动中。它们之间既交替作用，又相互转化，如无意注意可以转化为有意注意，有意注意进一步发展便转化为有意后注意。在交替与转化中，三种注意形式共同促进消费者心理活动的有效进行。

（四）注意的影响因素

消费者在市场环境中被各种刺激包围，要想让其注意到所有的刺激是不可能的，因此如何使企业的广告、促销、活动等信息引起消费者的注意就非常关键。

1. 刺激的强度　在其他条件相同的情况下，消费者更倾向于注意到强烈的刺激。例如，一道强光、一声巨响、一种浓烈的气味、一种鲜艳的颜色都会吸引消费者的注意。

2. 对比的方法　刺激物在强度、形状、大小、颜色和持续时间等方面与其他刺激存在显著差别时，会引起消费者更多的注意。例如在彩色杂志上面放一张黑白的图片会更醒目；喧闹的大街上，大声说话不一定会引起他人的注意，但在寂静的夜晚轻声地耳语就可能引起他人的注意。

3. 活动和变化　活动和变化的刺激物比不活动、无变化的刺激物更容易引起消费者的注意。例如，理发店门口的霓虹灯招牌一亮一暗地闪烁，很容易引起消费者的注意。

4. 意外或新颖性　千篇一律、刻板、多次重复的事物很难吸引消费者的注意，出乎意料的刺激才能引起消费者的注意。

5. 大小或规模 在其他条件相同的情况下，大的东西比小的东西更有吸引力。例如，高速公路旁边大的广告牌比小的广告牌更能引起司机的注意。同样，超市里大的商品堆头更容易让顾客注意到。

知识链接

设计界的 0.2 秒法则

日本设计专家笹田史仁曾在他的著作《0.2 秒的设计力》中提到，其实顾客在走进商店前，很少先想好买哪个品牌的产品。这就意味着消费者的购买决策是在货架前决定的。而让商品映入眼帘的时间，只有 0.2 秒，想要在这个瞬间让顾客惊叹一声“哇”，并且愿意驻足停留，抢眼的包装起着关键作用。这个设计力法则，无非是说包装不仅是商品的附加物，它对消费者形成商品的第一印象非常重要。很多品牌都在包装上大动脑筋，其目的就是想努力通过包装设计来吸引消费者的注意。

二、医药消费者的记忆

（一）记忆的概念

记忆是过去经验在人脑中的反映。具体地说，记忆是人脑对感知过的事物、思考过的问题或理论、体验过的情绪或做过的动作的反映。与感知相同，记忆也是人脑对客观事物所做的反映活动。两者的区别在于，感知是人脑对当前直接作用的事物的反映，而记忆是人脑对过去经验的反映；也就是说，记忆中保留的是人的经验。在消费实践中，消费者感知过的广告、使用过的商品、光顾过的商店、体验过的情感及操作过的动作等，并非完全消失记忆，而是在大脑皮层留下兴奋过程的印迹。在引起兴奋的刺激物离开之后，在一定条件的影响下，这些印迹仍然能够重新活跃起来。这样，消费者就能重新再现已经消失的消费对象的表象（过去感知过的事物在头脑中再现出来的形象）。众多的广告和营销推广都是为了让消费者记住相应的产品，并能够在适当的场合唤醒消费者的记忆。

（二）记忆的过程

消费者对过去经验的回忆是经历一定过程的。心理学研究表明，这一过程包括识记、保持、回忆、再认四个基本环节。

1. 识记 是一种有意识的反复感知，从而使客观事物的印迹在头脑中保留下来成为映像的心理过程。整个记忆过程是从识记开始的，它是记忆过程的第一步。

2. 保持 是过去经历过的事物在头脑中的映像得到巩固的过程。保持并不是对过去经验的机械重复，它是对识记的材料进一步加工、存储的过程。即使存储起来的信息材料也不是一成不变的，随着时间的推移和后来经验的影响，保持的识记在数量和质量上会发生某些变化。一般来说，随着时间的进展，保持量呈减少的趋势，也就是说人对其经历过的事物总是要忘掉一些的。此外，存储材料的内容、概要性、完整性等，也会发生不同程度的改变。

3. 回忆 又称重现，是对不在眼前的、过去经历过的事物表象在头脑中重新显现出来的过程。例如，消费者购买商品时，往往把商品的各种特点与在其他商店见到的，或自己使用过的同类商品在头脑中进行比较，以便做出选择，这就需要回想。这个回想的过程就是回忆。

4. 再认 对过去经历过的事物重新出现时能够识别出来，就是再认。例如，消费者能够很快认出购买过的商品、光顾过的商店、观看过的广告等。一般来说，再认比重现简单、容易，能重现的事物通常都能再认。

上述四个环节彼此联系，相互制约，共同构成消费者完整统一的记忆过程。其中，没有识记就谈不上对消费对象内容的保持，而没有识记和保持，也不可能对接触过的消费对象回忆或再认。因此，识记和保持是回忆和再认的前提，而回忆和再认则是识记与保持的结果及表现，同时，通过再认和回忆还能进一步巩固加强对消费对象的识记和保持。消费者在进行商品选择和采取购买行动时，就是通过识记、保持、回忆和再认来反映过去的经历和经验的。

（三）记忆的类型

1. 根据记忆的内容或映像的性质划分　记忆的类别根据记忆的内容或映像的性质划分，可分为形象记忆、逻辑记忆、情感记忆和运动记忆。

（1）形象记忆　是以感知过的事物形象为内容的记忆。这些形象可以是视觉形象，也可以是听觉、嗅觉、味觉等形象。例如，消费者对商品的形状、大小、颜色等方面的记忆就是形象记忆。

（2）逻辑记忆　是以概念、公式、定理、规律等为内容的记忆，是通过词语表现出来的对事物的意义、性质、关系等方面内容的记忆。例如，消费者对某种商品的制作原理、广告宣传等方面的记忆就是逻辑记忆。

（3）情感记忆　是以体验的某种情感为内容的记忆。例如，购买某品牌的商品后，在使用过程中感到满意和愉悦。

（4）运动记忆　是以过去做过的运动或动作为内容的记忆。例如，看电视“家庭生活”栏目了解如何制作鲜荷叶粉蒸肉，制作方法的记忆就是运动记忆。

2. 根据记忆保持时间长短或记忆阶段划分　用信息加工的观点看待人的认知活动，认为人的认知活动也可以看作是对信息进行加工的过程。它把记忆也看作是人脑对输入的信息进行编码、存储和提取的过程，并按信息的编码、提取方式、存储时间长短的不同，将记忆分为感觉记忆、短时记忆、长时记忆3个阶段。同时，记忆的3个阶段又称为3种记忆系统，它们是相互关联的。

（1）感觉记忆　又称瞬时记忆，是指当客观刺激物停止作用后，感觉信息在人脑中还能继续保持一个很短时间的记忆。进入瞬时记忆的信息在头脑中保持的时间为0.25~2秒。在瞬时记忆中被登记的信息，如果受到注意，它就转入第二个阶段，即短时记忆阶段；如果没有受到注意则很快消失。

（2）短时记忆　又称操作记忆，是指信息保持大约为1分钟的记忆。短时记忆在消费者活动中是必不可少的。例如，消费者了解广告信息等，是离不开短时记忆的。短时记忆的容量（也称记忆广度）有限。美国心理学家米勒提出，人的记忆广度为7±2个组块。因此商品推广信息的设计要考虑消费者的短时记忆容量，宣传用语要精练，重点要突出，或者用人们熟悉的成语、俗语，编成顺口溜，减少记忆的组块，从而使消费者在相同的时间内记住更多的内容。短时记忆中的信息经适当处理，一部分会转移到长时记忆系统，另一部分则会被遗忘。

（3）长时记忆　是指信息经过充分的和有一定深度的加工后，在头脑中长时间保留的记忆。它保存的时间长，从1分钟以上直到许多年乃至终身不忘。长时记忆是对短时记忆加工、复述的结果。只要有足够的复述，长时记忆的容量是相对无限的。有时强烈的刺激给人造成深刻的印象，也能一次形成长时记忆。利用这一规律分析，企业首先应引起消费者注意，进而使瞬时记忆进入短时记忆和长时记忆，从而使消费者持久地记忆自己的品牌。

（四）消费者的遗忘

在实践中，无论是哪一种类型的记忆，都难以做到永久保持。这是因为在记忆过程中，存在着另一个重要的心理机制，即遗忘。对识记过的事物不能再认或回忆，或者表现为错误的再认或回忆，称为遗忘。遗忘是与记忆保持相反的过程，其实质是记忆过的材料不使用或受别的信息的干扰，导致记忆中保持的材料丧失。遗忘可能是永久性的，即不再复习时就永远不能再认或重现。例如，对许多文字或电视广告，倘若不加注意，很可能会完全忘记。遗忘也可能是暂时的，消费者叫不出熟悉药品的名称，想不起使用过的医疗器械的操作程序，这些都属于暂时性的遗忘。消费者的遗忘是有规律的，根据心理学家艾宾豪斯的研究，消费者的遗忘过程曲线大致如图 2-1 所示。

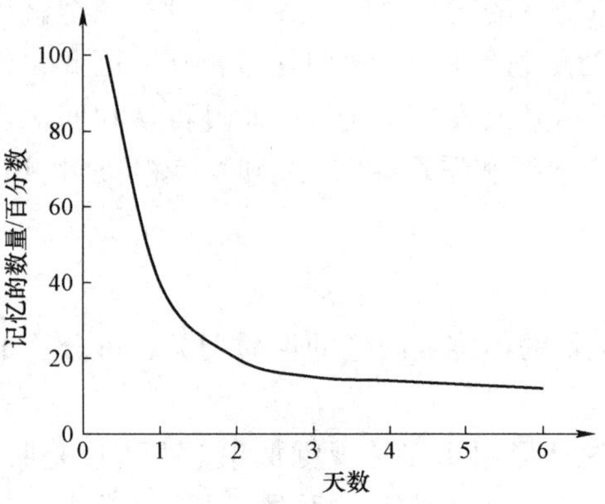

图 2-1　遗忘曲线

从遗忘曲线可以看出，消费者在识记后保持在头脑中的材料随着时间的推移而递减，这种递减在识记后的短时间内特别迅速，即遗忘较多。一项实验表明，某广告最后一次重复之后，只相隔四个星期，消费者记住它的百分数就下降了 50%。此后，随着时间的推移，遗忘的速度缓慢下来，保持渐趋稳定的下降，可见，遗忘的进程是先快后慢。了解消费者遗忘的这一规律，对医疗服务机构具有重要的启示。

（1）由于独特的、不寻常的信息较少受遗忘的干扰，具有更大的记忆潜力，因此，医疗广告等消费信息必须具有鲜明的主题和色彩。

（2）由于呈现信息的顺序会影响对它的保持，如信息的中间部分最容易被遗忘，因此，在提供消费信息时，应尽可能将最重要的部分放置在开头与结尾。

（3）由于重复可能增加信息在短时记忆中停留的机会，因此，不断地重复有助于将短时记忆转化为长时记忆。所以，在传递消费信息时，应尽可能多次重复有关内容，但要注意表现形式的多样化和重复时间的间隔性和节奏性，以避免引起消费者的乏味和厌烦情绪。

（4）遗忘的恢复依赖于某些线索，这些线索反过来又会促进对识记材料的回忆。商品的包装、陈列及广告设计等，都应考虑利用相同的线索来帮助消费者回忆已经遗忘的信息材料。

课堂互动

生活中你会接触到很多广告，哪个广告让你记忆深刻？它是如何做到的？

三、医药消费者的想象

（一）想象的概念

想象是人脑对已有表象进行加工改造，创造出新形象的过程。表象是人脑中的知觉痕迹经信息加工后的再现。人脑在反映客观世界时，不仅能产生知觉形象和表象，而且还能创造出新的形象。这种新的形象不是表象的简单再现，许多内容是“超现实”的，是对客观现实的超前反映。然而无论想象如何新颖，想象都不是凭空产生的。因为构成新形象的一切材料如同心理过程一样都是来自客观现实。想象也是人脑对客观现实反映的一种形式，只不过是以独特的方式表现出来的。想象是在实践活动中产生、发展起来的。同时，想象也要受到时间的检验。

在消费活动中，消费者对商品的要求是非常高的，有时甚至是非常挑剔的。但也正是由于消费者的这种心理，极大地促进了消费者的创新与发展。这种心理现象就是消费者的想象，它是消费者在原有感知的基础上创造新形象的心理过程。

（二）想象的种类

1. 无意想象与有意想象　根据想象是否有目的性，可以将想象分为无意想象和有意想象。

（1）无意想象　是没有特殊目的、不自觉地想象，又叫不随意想象。它是想象之中最简单、最初级的形式。人的梦是一种不由自主的奇异想象，是无意想象的极端情况。当消费者在外部刺激的作用下不由自主地想象某种消费对象的形象时，就是消费者的无意想象。

（2）有意想象　是带有一定的目的性与自觉性的想象，也叫随意想象。在进行有意想象时，人给自己提出想象的目的，按一定的任务进行想象活动。消费者按照自己的某种消费需要和意向有目的地想象时，它所表现出来的想象形式就是有意想象。

2. 再造想象、创造想象和幻想　根据有意想象的内容是否具有新颖性、独立性以及创造性，可以将其分为再造想象、创造想象和幻想。

（1）再造想象　是根据语言的描述或图样的示意，在人脑中形成相应新形象的过程。根据消费者想象内容的新颖性程度，消费者的再造想象是指消费者依据某种消费品的特性和实物描述，产生新表象的心理过程，它是创造想象的基础。

（2）创造想象　是不依赖现成的描述而在人脑中形成相应形象的过程。消费者的创造想象是指消费者在某种消费品的刺激作用下，独立的构思某种消费品全新表象的心理过程。

（3）幻想　是一种与生活愿望相结合，并指向未来的想象。有很多卡通玩具、动漫中的形象就属于幻想。从想象与幻想的关系看，除幻想以外，还有空想和未来理想等多种表现形式。

（三）想象对消费实践的影响

想象作为在感知的基础上改造旧表象，创造新形象的心理过程，是以时间为基础，为实践所制约的。人们在实践中常常会遇到一些困难，也产生一些新的需要，这些困难和需要促使人们去改变客观现实，从而创造新的东西，想象就是在这种实践活动的要求下发展起来的。想象在市场活动中不仅对消费者的消费行为产生影响，对经营者也会产生影响。

1. 想象可以引发消费者的美好联想　消费者的想象与个人其他心理过程都有深刻的内在联系——想象以记忆为基础，记忆表象是想象的素材；想象过程总会伴随着一定的情感体验；想象可以成为意志过程的内部推动力。所以，消费者在评价、购买商品时常常伴随着想象活动。他们买或不买某种商品也与购买商品是否与想象中的追求相吻合有关，相吻合就购买，不相吻合则拒绝购买。很多女顾客在购买服装、床上用品时，想象的闸门大开，产生美好的联想。另外，一则好的广告必定蕴涵着丰富的想象力财富，能给消费者带来无穷的遐想空间。当消费者发挥想象力领悟其中的精髓时，一定会会心一笑，这时消费者也就记住了产品和品牌。

许多企业的名称、品牌的名称和企业的广告语都能引起消费者一定的想象。比如，“联想”“长虹”“百事可乐”等品牌名称，中国人寿保险公司的“不曾相见，但永远陪伴”的广告语，可口可乐“欢迎进入可乐生活”，百事可乐“要爽由自己”等广告语都会引起消费者美好的想象和对产品的良好情感。总之，只要消费活动存在，消费者想象就必然会发挥作用。

2. 想象在一定程度上支配消费行为　企业利用消费者想象心理，使某些产品建立其特定的象征意义，成为吸引消费者购买的关键因素。比如，人们会把佩戴名贵钻石戒指和手表的人想象为成功人士，把驾驶“奔驰”车的人想象为企业老板，或者有较好职业，收入较高的人。因而商品的设计与生产，都必须切实注意到消费者的这种心理活动，使商品无论在功能设计，外观式样上，还是在商品命名上，都能引发消费者的美好想象，使其促进购买行为的发生。

3. 培养销售人员的丰富想象力　销售人员的工作需要有一定的想象力。销售人员在顾客服务的过程中想象的作用不可忽视。成交率的高低在很大程度上取决于与消费人员的再创想象有无差错。优秀的销售人员应该能想象出哪种商品更适合被接待的顾客的需要。此外，销售人员在摆放商品、陈列橱窗、介绍商品、展示商品等业务中都可以发挥其创造想象的作用。

4. 利用广告中的暗示激发消费者的想象力　企业在做商业广告时，怎么激发和调动消费者的想象力呢？往往是通过暗示的画面。比如，沃尔沃汽车的广告画面是一个核桃，暗示坚固。还有一则牛奶的广告画面是一个杯子被握住之后出现了几个手印，暗示喝了它之后将有无穷的力量，身体强壮。

四、医药消费者的思维

（一）思维的概念

思维是人脑对客观现实的概况的间接的反应，是揭示事物的本质特征的理性认识过程，是人认识活动发展的高级阶段。具体地说，思维就是推理、判断、决策和解决问题。

（二）思维的特征

消费者在购物时往往要经过紧张的思维活动。一方面，由于所要购买的商品在满足需要上的特性不同，或者是为了实现购买还必须克服某些困难；另一方面，由于消费者个体的差异，在思维方式上往往表现出不同的特点。

1. 独立性 有的消费者在购物中有自己的主见，不轻易受外界的影响，而是根据自己的实际情况权衡商品的性能和利弊等，独立做出购买决定；缺乏思维独立性与批判性的消费者，则容易受到外界的影响，缺乏自己的思考，容易追随他人，易被偶然暗示所动摇。

2. 灵活性 有的消费者能够依据市场的变化，运用已有的经验，灵活地进行思维并及时地改变原来的计划，做出某种变通的决定。有的消费者遇到变化时，往往呆板，墨守成规，不能做出灵活的反应或不能变通。

3. 敏捷性 有的消费者能在较短的时间内发现问题和解决问题，遇事当机立断，能迅速做出购买决定。相反，有的消费者遇事犹豫不决，不能迅速地做出购买决定而错失良机。

4. 创造性 有的消费者在消费活动中，不仅善于求同，更善于求异。能通过多种通道收集商品信息，在购买活动中不因循守旧，不安于现状，有创新意识，有丰富的创造想象力。

由此可见，消费者经过对商品的思维而做出的购买行为是一种理智的消费行为，是建立在对商品的综合分析基础上的。正因为消费者的思维能力有强弱的差异，从而使得他们具有不同的决策速度与行为方式。

（三）思维的分类

可以站在不同的角度对思维进行分类，在这里介绍两种分类方法。

1. 根据思维活动的性质和方式分类 可以把思维分为动作思维、形象思维和逻辑思维三类。

（1）动作思维 又称实践思维，是以实际动作来解决直观、具体问题的思维，它是在实际的活动中进行的。消费者在实际的购买活动中需要有动作思维的参与。

（2）形象思维 是指利用事物的直观表象来进行分析、比较、综合、抽象、概括等内部的加工，从而解决问题。例如，消费者在购买家具时，会把眼前家具的颜色、款式与自己居室的颜色、摆放位置是否协调等进行形象思维，思维的结果影响其购买行为。

（3）逻辑思维 又称抽象思维，使用抽象的概念和判断、推理的方式解决问题的思维。消费者的购买活动同样离不开抽象思维的参与。

2. 根据思维的主动性和独创性分类 可以把思维分为常规思维和创造性思维。

（1）常规思维 又称习惯性思维，它是用常规方法来解决问题的一种思维。这种思维缺乏主动性和独创性，功能固着。聚合思维等均属于常规思维。

（2）创造性思维 是创造活动中的一种思维。它是用新的方案或程序，创造新的思维产品的思维活动。正如管理大师彼得·德鲁克所说："不创新便死亡。"创造性思维是人类思维活动的高级过程，是一种复杂的心理活动，需要人们对已有的知识经验进行改组或重建，并在头脑中产生新的思维和想象。不论是企业的经营管理，还是企业的市场营销等都要用创造性思维做指导，不然会在竞争的市场败下阵来。

第三节 医药消费者的情感过程

消费者购买商品时，由于受环境、自身购物时心境，以及价值观、为人处世的态度、对商品和销售人员的要求等因素的影响，消费者购买过程中会出现不同的感情色彩，消费者心理活动的这一过程称为情感过程，包括情绪和情感两个方面。

一、情感

情感是指与人的社会性和意识紧密联系的内心体验，如理智感、荣誉感、道德感、美感等。它是人们在长期的社会实践中受到客观事物的反复刺激而形成的内心体验。情绪一般指与生理需要和较低级的心理过程（感受、知觉）相联系的内心体验，一般由当时特定的条件所引起，并随着条件的变化而变化，所以情绪表现的形式是比较短暂和不稳定的，具有较大的情景性和冲动性。某种情景一旦消失，与之有关的情绪就会消失或减弱，因而情感与情绪相比，具有较强的稳定性和深刻性。从某种意义上说，情绪是情感的外在表现，情感是情绪的本质内容。因此，在日常生活中，两者常作同义词用。

1. 情感的类型 按照情绪发生的强度、速度、持续时间的长短划分，情感有以下四类。

（1）激情 是一种爆发迅速、猛烈、持续时间短暂的情绪体验，如狂喜、暴怒、恐怖、绝望等。当消费者激情状态时其理解力、自制力会明显下降，有时会发生非理性的冲动式购买行为。

（2）热情 是一种强有力的、稳定而深刻的情感体验，如对某一品牌的忠诚。热情具有持续性、稳定性和行动性的特点，它能够控制人的思想和行为，推动人们为实现目标而长期不懈的努力。

（3）心境 是一种比较平静而持久的情感体验，如闷闷不乐。心境具有弥散性、持续性和感染性的特点，在心境产生的时间里，它能影响人的整个行为表现，保持它的积极或消极影响，使一切都带着快乐或不悦的情绪色彩。

（4）挫折 是一种在遇到障碍又无法排除时的情绪体验，如怨恨、懊丧、意志消沉等。挫折具有破坏性、感染性的特点，当消费者处于挫折状态时，会对医疗服务的宣传、促销劝说等采取抵制态度，甚至于迁怒于工作人员或采取破坏行动。

按照社会内容的性质划分，情感有以下三类。

（1）道德感 即消费者根据一定的社会道德标准，对他人或自身行为进行道德评价产生的情感。它是一种高级形式的社会情感，如消费者对制造假药的企业，对乱收费的医疗机构有憎恶的情感。

（2）美感 即消费者依据一定的审美标准审视一定的事物所获得的真善美或假恶丑的情感体验。美感受社会生活条件、个人文化修养水平及习俗等的影响很大，即使对同一件事物，不同的人有可能获得不同的美感。

（3）理智感 即人在追求求知欲望得到满足时产生的高级情感。理智感与人的求知欲、好奇心、热爱真理等相联系，在道德感和美感中，都有着理智感的渗透。理智感对消费者购买过程中的情绪变化起着重要的推动作用。

2. 情感的发展过程 消费者情感变化的外部表现有：面部表情、语调、声音、体态等方面的变化。消费者购买活动中情感的发展过程可以分为5个阶段。

（1）喜欢阶段 这是情绪过程的初始阶段，建立在消费者具有需求，且对商品有初步认识的基础上，随之形成的对商品的态度倾向。若消费者对商品不喜欢，除极个别特殊情况外，一般就不会有以后的发展阶段，消费者的购买行为一般也就不会发生。

（2）激情阶段 这是指消费者因对商品的喜欢而引起的强烈购买欲望和购买热情阶段。消费者的激情程度取决其对商品的喜欢满意程度。处于这一阶段的消费者往往表现出对商品强烈的兴趣、反复询问、观察、比较。

（3）评价阶段 这是消费者在经过激情阶段之后，对商品的态度已趋于基本肯定，产生了较明确的购买意愿，于是开始对商品进行全面比较、评价的阶段。消费者对商品的评价，可能是消费者个人意见的表达，也可能是其同其他消费者共同商量，还可能会征求售货人员意见的结果。

（4）选定阶段 这是消费者在经过对商品的全面综合评价，理智和感情逐渐趋于统一后，最终完成购买决策过程，从而导致购买行为发生的阶段。

（5）购后评估阶段 这是消费者在购买医疗产品后所体验的情感过程的阶段。如果产品符合消费者购前预想的意愿，得到周围人的称赞，消费者必定会获得喜悦、满意的感受；反之，消费者则会后悔、烦恼或懊丧不已。这种情感体验将促使消费者采取相应行动，如退货、索赔等，还会为下一次的购买行为做出一定的心理准备。

在购买活动中，医疗服务的质量、价格、品牌、态度等因素对消费者情感的形成与变化有直接作用，进而影响消费者的购买决策和购买行为，比如消费者倾向于选择名字吉利的医疗服务，或倾向于到态度和蔼的医生那里就诊。

二、影响医药消费者情感的因素

（一）产品

消费者购买商品的目的是为了满足自己的需要。因此，产品是决定消费者情绪和情感形成与变化的一个最基本的因素。产品作为一个整体，其外在特征、功能价值和象征价值往往会使消费者的情绪或情感处于积极、消极或矛盾的状态之中。例如，消费者在购买产品时，如果觉得产品与自己过去经验中所形成的期望相一致，就会产生积极的情绪或情感；反之，则会产生消极的情绪或情感。因此，在企业的经营活动中，应当尽量为消费者提供能充分满足其需要的产品，促使消费者积极情绪或情感的形成与发展。

（二）服务

消费者的情绪和情感除了会受到产品的影响外，还会受到服务的影响。一般来讲，高质量的服务可使消费者产生安全感、信任感、自尊感，给消费者带来积极的情绪或情感体验。

服务的内容极其丰富，除了友好服务、诚实待客、贫富不嫌、童叟无欺这些基本的要求外，还需要通过价值的沟通、附加利益的提供，能够真正为顾客创造价值。还要重视整体服务流程，即从消费者购买行为之前一直延伸到使用较长时间之后，甚至无期限的各种咨询服务，与顾客保持长期的情感联系。这种情感联系依靠服务质量来维持，既包括现场服务员的服务质量，也包括商家或厂家的售后服务质量。为了规范售后服务工作，商家或厂家应该开通投诉渠道，如设立投诉电话、领导接待岗等，接受消费者的抱怨和投诉。这样做的好处在：一是可以及时解决问题，减少矛盾扩大；二是有助于建立与消费者的沟通渠道，有针对性地提高自身的管理水平。

例如，药品是一种与生命健康密切相关的商品。这类商品的特殊性要求药店不仅要提高以对症售药为原则的售中服务水平，同时也要加强售前和售后服务力度，以提高公众的自我药疗水平，消除用药安全隐患。如开展健康教育活动和药学咨询服务，以提高顾客的健康意识和自我药疗水平；开展近效期药品的回收和投诉热线服务等。

课堂互动

药品营销过程中如何应用情感营销？

（三）环境

消费者的购买活动总是在一定的环境中进行的，各种环境因素的变化，如温度、照明、色彩等，都会对消费者情绪或情感反应的产生及发展构成重要影响。从消费者的购买活动来看，影响消费者的情绪和情感的环境包括购物环境、用餐环境、娱乐环境、旅游环境等。如果消费者在优雅舒适的环境中选购商品，就容易产生积极的情绪或情感反应；反之，则会产生消极的情绪或情感反应。例如，购物环境合适的温度令人感到舒服，所以，中高档商业中心都安装了空调设备来保证舒适的温度。过于拥挤的环境会激发部分消费者消极、烦躁的情绪，降低购买的满意度，并经常以逃避的方式减少购买。而过于松散的环境也不利于调动消费者的情绪，因此控制消费环境的拥挤度显得非常重要。轻松柔美的背景音乐能使消费者心情愉快、联想丰富、流连忘返，从而促进消费。相反，嘈杂的声音使人情绪烦躁、心情压抑、注意力分散，甚至会引起头痛、耳鸣等。

（四）心态

消费者购物时原有的心理状态也会影响他的情绪和情感反应。一般来讲，消费者的兴趣越浓、需要被唤醒水平越高、动机越强烈、购买目标越明确，其情绪或情感反应被激发的水平就越高。反之，其情绪或情感反应的激发水平就越低。

此外，消费者的个性、感觉能力、消费经验、知识结构、态度和价值观等，也都会对消费者的情绪和情感反应形成直接或间接的影响。例如，对于“活跃型”（或感性）消费者来说，他们的购买比较受感性的影响，他们也知道自己需要什么。对于这类顾客，商家只要提供他们所需要的产品或服务，他们就会很直接和干脆地去购买这种产品。换言之，他们并不是非常在意与销售人员之间的人际关系或商家的亲和力。他们也比较固执，即一旦作出购买决定，别人就很难说服他们改变想法。所以，他们最讨厌销售人员强迫式地对他们做出一些推销行为，如果销售人员试图这样做，就会激起他们的反感。而对另一种“完善型”的顾客来说，他们往往需要比较多的时间来思考，收集信息，然后才能作出决定。因此，销售人员为他们提供的产品信息越多、越详细，他们越感到放心，也能够越早地作出购买决定。

知识链接

三九感冒灵颗粒的情感营销

三九感冒灵颗粒的一则广告讲述了几位主人公经受了生活的灰暗面，而在转折处，陌生人的关心与帮助让主人公的情绪从寒心升至暖意，与现实世界来了一场温暖的释怀，并告诉大家：“这个世界并没有那么糟糕，总有人偷偷爱着你。”三九感冒灵品牌这个创意点非常巧妙，深深抓住了观众的情感需求，先展现了生活中的负能量，再进行转折，持续向受众传递情感、信任、可靠、友谊、爱这些关键词，无意中戳中了观众的泪点；精心打造的场景，一个接着一个地唤起了观众的记忆，也许，在某一天、某一时刻，自己也会经历像主人公那样的事情，代入感极强；而且选择在感恩节那天发布，可谓是“天时、地利、人和”，将产品的真正含义“这个世界，总有人偷偷爱着你”表现得淋漓尽致，也让消费者深深记住了这个品牌传递的情感和价值观，有了寒冷的对比才更感到暖，透过屏幕都能感受到这个世界上的每一点正能量。

本章小结

感觉是人的大脑对直接作用于其感官的客观事物个别属性的反应。感觉是消费者一切知识和经验的基础。知觉是人脑对直接作用于感觉器官的客观事物个别属性的整体反映。知觉具有选择性、理解性、整体性、恒常性、偏差性等特性。感觉与知觉既有联系又有区别。

注意、记忆、想象、思维等是消费者认识的理性阶段。注意是消费者把心理活动指向并集中于特定对象的状态。刺激的强度、对比的方法、活动和变化、意外或新颖性、大小或规模等都会对消费者的注意产生影响。记忆是人脑对感知过的事物、思考过的问题或理论、体验过的情绪或做过的动作的反映。记忆过程包括识记、保持、回忆、再认四个基本环节。想象是人脑对已有表象进行加工改造，创造出新形象的过程。思维是人脑对客观现实的概况的间接的反应，是揭示事物的本质特征的理性认识过程，是人认识活动发展的高级阶段。

情感是指与人的社会性和意识紧密联系的内心体验，如理智感、荣誉感、道德感、美感等。影响医药消费者情感的因素包括产品、服务、环境、心态等。

练 习 题

参考答案　更多习题

一、名词解释题

1. 感觉
2. 知觉
3. 情感

二、选择题

1. 刚刚能够引起感觉的最小刺激量是（　　）
   A. 绝对感觉阈限　B. 差别感觉阈限　C. 相对感觉阈限　D. 最小感觉阈限
2. 受人脑信息加工能力的限制，只能对其中一部分加以综合解释形成知觉，体现了知觉的（　　）
   A. 理解性　B. 选择性　C. 整体性　D. 偏差性
3. 有预定目的，但不经意志努力就能维持的注意是指（　　）
   A. 有意注意　B. 无意注意　C. 随意注意　D. 有意后注意
4. 以概念、公式、定理、规律等为内容的记忆属于（　　）
   A. 形象记忆　B. 逻辑记忆　C. 情感记忆　D. 运动记忆
5. （　　）是人脑对客观现实的概况的间接的反应，是揭示事物的本质特征的理性认识过程
   A. 注意　B. 记忆　C. 思维　D. 想象

三、判断题

1. 注意属于感性认识阶段。（　　）
2. 知觉是消费者一切知识和经验的基础。（　　）
3. 晕轮效应属于一种知觉的偏差。（　　）
4. 短时记忆的容量是相对无限的。（　　）
5. 情感的表现形式是比较短暂和不稳定的，具有较大的情景性和冲动性。（　　）

四、思考题

1. 感觉具有的特殊的表现形态和作用方式有哪些？
2. 知觉的特性有哪些？
3. 注意的影响因素有哪些？在营销上有哪些应用？
4. 想象对消费实践的影响有哪些？
5. 影响医药消费者情感的因素有哪些？

五、技能训练题

1. 访问一家零售店，观察该零售店店内的布置和陈列，从感觉、知觉、注意、记忆和情感角度指出其长处和不足，并提出改进建议。

2. 分组统计每组在限定时间内记住的品牌名称，然后小组之间进行对比，并讨论这些品牌的记忆特征。

六、案例分析题

案例 1

色彩疗法

1982 年，位于美国加州的圣迭戈州立大学护理学院的一项研究显示，暴露在蓝色灯光下可以大大减

轻罹患风湿性关节炎妇女的痛苦。1990 年，美国的一项研究也揭示，闪烁的红色灯光可以在 1 小时内让剧烈的偏头痛得到缓解。美国佛罗里达州健康和和谐中心的色彩治疗师埃琳娜·德·迪奥尼修说，色彩疗法还经常被用于治疗诵读困难症、阿尔茨海默症以及注意力缺陷。迪奥尼修女士认为："未来的药物将是颜色、声音和光线的结合。"

色彩疗法的实践还证明，在阳光的七色光谱中，蓝色对治疗失眠症、高血压有帮助；绿色有助于缓解神经紧张；黄色有助于治疗便秘，提高自信心；橙色对治疗抑郁症和哮喘有效；紫色有助于减轻上瘾症和偏头痛；青色则有助于治疗关节毛病和静脉曲张；红色被认为有助于改善怠惰乏力和性欲不振。

（资料来源：http://news. sohu. com/20060916/n245371189. shtml）

分析：

1. 你认为色彩疗法有效吗？为什么？
2. 举例说明色彩在营销实践中的应用。

案例 2

丽珠得乐借情感营销强化品牌温度

2020 年父亲节，丽珠得乐用一支名为《我的吹牛老爸》的情感广告吸引住了人们的眼球。全片采用前后反转的方式，生动塑造了一个"反差萌"的老爸形象。最初，老爸是一个喜欢"吹牛"的男人，总是说包在我身上，结果却都没有兑现承诺。随着故事推进，我们才知道老爸那些看似不尽人意的礼物，其实已经是他拼尽全力的结果。于是观众恍然大悟，回想起最初的吹牛，反而觉得这个老爸更加可爱和感人了。广告把沉重的父爱呈现得淋漓尽致，让许多网友边看广告边回想着与自己爸爸的点点滴滴，更是掀起了一番关于父爱的讨论。

为了承接广告片的热度，丽珠得乐更是发起了活动，向粉丝征集#老爸最感动你的秘密#，并以此为核心，制作出官方海报，让话题的热度得以完成二次引爆，完成更具广度的圈层扩散。以网友原生内容为核心的精品海报，使得广告内容更具说服力和亲切感。不但丰富了丽珠得乐"胃痛、反酸、烧心，其实，男人更需要关怀"的传播主题，更是成功为品牌赋予了更多感性价值和人文价值。

（资料来源：根据 https://www. sohu. com/a/404522694_120181749 整理）

分析：

1. 丽珠得乐是如何开展情感营销的？
2. 情感营销在医药营销实践中还有哪些应用？

PPT 微课

第三章 医药消费者的个性心理

学习导引

知识要求

1. **掌握** 消费者个性、气质、性格和能力的概念及基本类型以及在购买活动中的表现。
2. **熟悉** 自我概念、生活方式概念，以及它们如何影响消费者的购买行为。
3. **了解** 自我概念与产品的象征性之间的关系。

能力要求

1. 能正确认识不同消费者的不同气质、性格和能力在消费过程中的表现。
2. 能够根据消费者的不同气质、性格和能力等个性心理表现做出正确的营销决策。

素质要求

树立正确的医药消费者个性研究观念，尊重医药消费者的个性，正确恰当地引导消费者。

案例导入

意见征询函反映出的消费者特性

【案例】 在中国质量万里行活动中，不少制造、销售伪劣商品的工商企业被曝光，消费者感到由衷的高兴。3月15日，正值世界消费者权益日，某大型零售企业为了改善服务态度，提高服务质量，向消费者发出意见征询函，调查内容是“如果您去商店退换商品，售货员不予退换怎么办”，要求被调查者写出自己遇到这种事是怎么做的。

其中，有以下几种答案供选择：

(1) 耐心诉说　尽自己最大努力，苦口婆心慢慢解释退换商品的原因，直到得到解决。

(2) 自认倒霉　向商店申诉也没用，商品质量不好又不是商店生产的，自己吃点亏下回长经验。

(3) 灵活变通　找好说话的其他售货员申诉，找营业组长或值班经理求情，只要有一人同意退换就可望解决。

(4) 据理力争　绝不求情，脸红脖子粗地与售货员争到底，不行就各大媒体曝光，再不解决向工商局、消费者协会投诉。

【问题】

1. 这个调查内容能否反映出消费者的个性心理特征的本质差异？
2. 上述四种答案各反映出消费者哪些气质类型？

消费者的个性心理特征包括气质、性格、能力和自我概念等，由于遗传基因和社会生活实践的差别，人与人之间会形成各自不同的心理与行为特点，而心理过程又通过实际消费活动在个人身上具体表现出来，它体现了每个消费者独特的风格、独特的心理活动以及独特的行为表现。研究医药消费者个性心理的形成和发展，深入研究消费者的需求差异，对于揭示不同医药消费行为的内部原因，预见和引导消费者的购买行为具有重要的意义。

第一节　医药消费者的个性概述

一、个性的概念与特征

（一）个性的概念

“个性”一词源于拉丁语 Persona，它有两层含义：第一，原指演员在舞台上所戴的假面具，后引申为一个人在生命舞台上所扮演的角色；第二指的是能独立思考、具有独特行为特征的人。在西方个性又被称人格，许多心理学者从自己研究的角度对个性进行不同的解释。人格心理学家奥尔波特认为“人格是一种倾向，可借以预测一个人在给定的环境中的所作所为，它是与个体的外显行为与内隐行为联系在一起的。”美国心理学家吴伟士认为“人格是个体行为的全部品质。”

个性是在个体生理的基础上，在一定的社会条件下，通过参加社会实践活动并受外界环境的作用逐渐形成和发展的。因此个性可以解释为，人在先天因素的基础上，在社会生活实践中形成的相对稳定的心理特征的总和。个性的形成既受先天因素（生理和遗传）的影响，又与后天因素（如家庭环境、教育环境、社会环境、成长经历）有关系，它包括个性倾向性和个性心理特征两方面。

1. 个性倾向性　指人在与客观现实交互作用的过程中，对事物所持有的态度、看法和意识倾向。具体包括需要、动机、兴趣、爱好、态度、理想、信念和价值观等，体现了人对社会环境的态度和行为的积极特征。医药消费者个性倾向性主要表现在对医药产品的心理选择过程、对医药产品的消费的态度和消费行为模式上。

2. 个性心理特征　是指区别于他人并在不同环境中表现出来的稳定的心理特征。主要包括气质、性格和能力，是多种心理特征的独特组合，集中反映了人的心理面貌的差异。比如在观察事物时，有的人粗枝大叶，有的人细致入微；在接人待物时，有的人冷漠矜持，有的人热情洋溢，这是个性心理特征的不同表现。在行为方面，有的人活泼好动，有的人热情友善，有的人沉默寡言，有的人冷漠无情，这是气质和性格方面的差异。在能力方面，有的人有绘画方面的才能，有的人有音乐方面的才能，有的人有数学才能，这是能力方面表现出来的差异。

（二）个性的特点

个性作为反映个体基本精神面貌本质的心理特征，具有以下五个基本特点。

1. 整体性　指构成个性的各种心理成分和特质，如能力、气质、性格、情感、动机、态度、价值观、行为习惯等，在一个现实的个人身上它们并不是孤立存在的，而是密切联系构成一个完整的功能系统。比如，某一消费者的气质是多血质，其性格往往表现为开朗善谈，精力充沛，其应变能力、交际能力和活动能力都比较强。

2. 稳定性　指消费者经常表现出来的、具有一贯性和持久性的心理特征。俗话说，“江山易改，秉性难移”，即形象地说明了个性的稳定性。例如，一个人经常地、一贯地表现得冷静、理智、处事有分寸，我们才能说这个人具有“自制”的性格特征。那些偶然出现的、不稳定的心理特征不能称之为个性。如一个比较理智的消费者偶然表现出冲动的购买行为，就不能简单地把他看成是冲动型的购买者。

3. 可塑性　个性具有稳定的特点，但个性的稳定性也不是一成不变的。随着环境的变化，年龄的增长和消费实践的不断改变以及突发事件，都可能会引起消费者在个性上不同程度的改变，因此消费者个性的稳定是相对的，个性是可塑的。

4. 独特性 个性的独特性是指人与人之间的心理和行为是各不相同的。由于个性组合结构的多样性，使得每个人的个性都有其自己的特点。比如同是沉默寡言的特征，有的人冷眼看世界，不是知音不与谈；有的是胸无点墨，故作高深。正是这些独特的个性，使得不同医药消费者的个性带有明显的差异性。

5. 社会性 个性从其形成和表现的形式上看，既受社会历史的制约，又受个人生理特征的影响，每个人的人格都打上了他所处的时代和社会的烙印。如需要、理想、信念、价值观、性格都受社会影响而形成的，使个性带有明显的社会性。例如，在一定的社会中，同一民族、同一阶级的人们在共同的生活条件下生活，逐渐掌握了这个社会的风俗习惯和道德观念，就会形成某些共同的人格特点。

课堂互动

谈谈你对“月光族”的看法?

二、个性对医药消费行为的影响

个性作为人稳定的心理特征，影响着消费者的消费需求，从而影响了医药消费者的消费行为。

1. 消费者个性的独特性决定医药消费者需求的多样性 消费者个性具有独特性，即个体之间存在差异，这决定了消费者在购买动机、购买方式及购买习惯等方面的差异，从而使得他们的消费行为复杂多样。例如，有的人怀旧心理浓厚，对日新月异的新产品难以接受，而有的人喜欢追逐潮流，喜欢标新立异，对新产品总是跃跃欲试，抢先消费，甚至超前消费。消费者需求的多样性是企业进行市场细分和选择目标市场的基础。在中国咽喉药市场上，“广西金嗓子”以6亿元的年销售收入和30%的市场份额稳居市场龙头老大的位子。紧随其后的是“西瓜霜”含片及喷剂，占13%的市场份额。“江中草珊瑚”在市场上位居老三，占6%的市场份额。剩下的“良咽”“慢严舒柠”“华素片”这几个产品的年销售收入不足1亿元，靠自身优势占市场每年4000万~8000万元的份额。虽然它们无法与前三强中的任何一个抗衡，但却共同占据了过半的市场份额。“良咽”针对“吸烟引起的喉部不适”，曾一度进入同类产品的前五名；桂龙药业的“慢严舒柠”则是从疗效方面切入；“华素片”明确提出“可以消炎的口含片”，立即引起了消费者的共鸣。

2. 消费者个性的稳定性决定医药消费需求的稳定性 消费者个性的稳定性决定了消费者对某些商品和服务的需求在一定时间内的依恋、忠诚，有的甚至一生不变对其钟爱。例如，一些消费者因为喜欢一种品牌，会一直重复购买，甚至几十年保持这一习惯。因此企业应重视市场的培育，培养忠诚的客户，有目的、有计划地提供满足消费者稳定需要的商品。在中国，谈及到脑白金可以说无人不知，“今年过节不收礼，收礼只收脑白金”广告语深入人心，这也让脑白金成为中国保健品市场的领头羊。

3. 消费者个性的可塑性决定医药消费者需求的可诱导性 消费者个性在外部环境诱因和内部主观激励的刺激下具有一定的可塑性，从而决定了消费者的需求具有一定的可诱导性，为企业提供了巨大的市场潜力和市场机会。企业通过卓有成效的营销策略，变无需求为有需求，潜在需求为现实需求，未来需求为当前需求，促成消费者的消费行为。从而使企业由被动适应消费者需求转化成积极地引导、激发和创造需求。

4. 消费者个性的社会性决定了医药消费者需求的可接受性 人在社会关系中逐渐形成一定的社会风俗习惯、行为方式，这决定了消费者在消费的过程中必须顾及周围生活环境中他人的评价，并力求使自己的消费需求在社会关系中被接受。例如，一个人购买的一件衣服，如果其周围的人都持一种否定评价，他穿这件衣服的概率就会大大降低，从而也降低了他人购买的可能性。这也就要求企业在推出新产品和进行产品更新时应考虑到社会环境、社会文化对其的接受程度。

知识拓展

品牌人格化（brand personification）

品牌人格化是将消费者对产品或者服务等本身的一系列特性转化为具有人性的特征，并将产品特性与人物特性或个性相互联系。通俗地说就是将品牌当成一个人，让品牌以一个人的身份进行运作。有些营销者发现将品牌人格化非常有用，通过人格化将消费者对产品或服务各种特性的理解看法转化成人性的特征。许多消费者在表达对产品或品牌的看法和感觉时都会借助熟知的人类个性特征。于是，识别现有品牌和人格之间的关系，并将新产品与人的个性特点相联系成了营销者的重要工作。

第二节　医药消费者的气质与购买行为

气质是在先天生理机制的基础上，通过后天的生活实践，在外界的影响下逐渐形成的，因此在气质类型上不同个体存在着不同的差异，这种差异将直接影响个体心理与行为，从而形成个体消费行为的独特风格与特点。

课堂互动

请谈谈气质对消费行为有哪些影响?

一、气质的概念与特征

（一）气质的概念

气质是指个体心理活动的典型的、稳定的动力特征。这些动力特征主要表现在心理过程的强度、速度、稳定性、灵活性以及指向性上，例如情绪体验的快慢强弱、思维的敏捷性、知觉的敏锐度、注意力集中时间的长短，注意力转移的难易程度及心理活动倾向外部世界还是内心世界等。

（二）气质的特征

1. 典型的个体心理动力特征　气质是在先天生理机制的基础上，通过后天的生活实践，在外界的影响下逐渐形成的。因为先天遗传因素的差异以及后天生活环境的不同，在气质类型上不同个体存在着不同的差异。这种差异将直接影响个体心理与行为，从而导致个体消费行为的独特风格与特点。如一个平时情绪容易冲动的人到商场购买商品，碰到自己喜欢的产品会爱不释手，迫不及待地想带走。但是如果这种气质的人一旦碰到收银时候要排很长的队就会显得焦躁不安、抱怨甚至大动肝火。而一个平日里沉默寡言的人到商店买东西，一般不爱多说多问，对周围环境的影响和刺激反应淡漠，结账排队等候或遭冷遇都能默默忍耐。当然消费者的气质特点不是一进药店就鲜明地反映出来，是在其一系列的购买行为中就会逐步显露出来。

2. 稳定的个体心理动力特征　这种稳定的心理特征一旦形成，个体将一直保持下去，并对人的心理及行为产生持久的影响。虽然随着后天环境的熏陶，个体的气质会有所改变，但变化是相当缓慢的，渐进的，所以在一定时期内，个体将保持一种典型气质，而且在日常的消费活动中，不同气质类型的消费者也会具有不同的消费行为，正是由于这一特性的存在，人们在消费行为学研究中对气质进行分析和研究才具有意义。

二、关于气质的学说

长时间以来，不论是心理学家还是行为学家都对个体气质这一心理特征进行了广泛深入的研究，从不同的角度提出了不同的气质学说，并且按照不同的分类标准对气质进行了分类。

（一）阴阳五行说

在中国古代并没有专门的心理学，但在春秋战国的医术著作中却有一些思想体现出了类似气质分类的学说。例如中医名著《黄帝内经》以阴阳立论的“阴阳五行说”，在《黄帝内经》中对人的气质主要有两种分类方法，一种分类方法是按阴阳的强弱分为太阴、少阴、太阳、少阳、阴阳平和五种，另一种分类方法是按照五行分为金形、木形、水形、火形、土形五类。

1. 阴阳五态气质分类

（1）太阴之人　孤独、喜怒不形于色，外貌谦和而内怀疑虑，行动迟缓、对世事不赶时髦、不喜欢兴奋的事情，谨慎，不果断。

（2）少阴之人　冷静，善于思考而少外露，能自制，谨慎细心，做事有计划，有妒忌心，好贪小便宜。

（3）太阳之人　傲慢，自用，主观，冲动，有魄力，急躁易怒，坚持自己的观点，有进取心，敢冒风险。

（4）少阳之人　善交际，朋友多，敏捷机智，灵活，做事不易坚持，好动。

（5）阴阳平和人　情绪稳定，从容谨慎而有尊严，喜怒形于色，居处安静。

2. 五行气质分类

（1）金形人　方面小头、面色白皙，行动轻快，办事精明利索，动则兴奋，静则抑制，禀性清廉，善为官吏。

（2）木形人　头小、面长、两肩广阔、背部挺直、身材小巧，手足灵活，才能卓越，体力不强，多忧虑，勤劳。

（3）水形人　色黑，大头小肩，性格阴沉，做事摇摆不定，喜要手段，意志柔弱不坚定，喜欢一个人静静地做事，细心。

（4）火形人　肤呈赤色，背脊肌肉宽广，面瘦，头小，骨骼发育均匀，手足不大，步履稳重，着地无声，对事物理解和领会敏捷，背肌丰满，作为有气魄，不看重钱财，缺乏信心，多顾虑，明事通理，爱美，心急。

（5）土形人　肤现黄色，面圆，头大，肩背发育壮健，腹部宽大，手足不大，肌肉丰满，均匀，步履稳重，着地无声，行路举足不高，内心安定，助人，不喜权势。

（二）体液说

该学说最早是由古希腊著名医生希波克拉底提出的，认为人体状态是由体液的数量和类型决定的。他根据临床医学实践指出，人体是由血液、黏液、黄胆汁和黑胆汁四种体液组成，根据四种体液在人体内所占的比例，可以形成四种不同的气质类型，分别为血液在体内占优势的多血质型，黏液在体内占优势的黏液质型，黄胆汁在体内占优势的胆汁质型，黑胆汁在体内占优势的抑郁质型。该学说对气质的成因解释并不正确，也缺乏必要的科学证据，但由于其理论易于理解，所以现在仍比较流行这一学说的分类方法。

（三）气质体型说

1925年德国精神病学家克瑞奇米尔根据对精神病患者的临床观察与研究，认为人的气质特点与人的体型存在关系。它认为，人的体型可以分为三种类型。

1. 肥胖型　它们的气质特点是：好社交，通融，健谈，活泼，好动，表情丰富，情绪不定，具有狂躁气质。

2. 瘦长型　气质特点是不善交际，内向，孤僻，神经质，害羞沉静，寡言多思，具有分裂型气质。

3. 筋骨型　其气质特点是正义感强，一丝不苟，情绪具有爆发性，遵守纪律和秩序，具有黏着性气质。

（四）血型说

日本学者古川竹二等人认为，气质是由不同的血型决定的，血型有 A 型、B 型、AB 型、O 型，与之相对应，气质也可分为 A 型、B 型、AB 型与 O 型四种（表 3-1）。

表 3-1　血型与气质特征

血型	气质特征
A 型血气质	内向、保守、多疑、焦虑、富感情、缺乏果断性、容易灰心丧气
B 型血气质	外向、积极善交际、感觉灵敏、轻诺言、寡信、好管闲事
O 型血气质	胆大、好胜、喜欢指挥别人、自信、意志坚强、积极进取
AB 型血气质	兼有 A 型和 B 型的特征

这种观点在日本较为流行，但仍缺乏科学根据，因为血型说仍旧搞不清楚血型为什么能够决定人的气质和性格，以及他们之间到底存在什么内在联系。

（五）活动特性说

美国心理学家巴斯用活动性、情绪性、社交性和冲动性四种反应活动的特性，作为划分气质的指标，由此得出四种气质类型。近年来用活动特性来区分气质类型是一种气质研究的新动向，但是活动特性的生理基础却没有揭示出来。

（六）激素说

生理学家柏尔曼认为人的气质特点与人体的内分泌腺活动存在着紧密联系，某种激素水平高，人的气质就带有某种特点，此理论根据人体内的哪种内分泌腺活动占优势，将人的气质分为甲状腺型、脑下垂体型、肾上腺分泌型等。但是激素说过分强调激素的重要性，忽视了神经系统尤其是高级神经系统对个体气质的影响，具有一定的片面性。

（七）巴甫洛夫高级神经活动类型说

苏联心理学家巴甫洛夫经过对高等动物的解剖实验发现，大脑两半球皮层和皮层下部位的高级神经活动在心理、生理机制中占据重要地位。巴甫洛夫根据两种神经过程的三大基本特性（强度、平衡性、灵活性）的相互结合，提出了高级神经活动类型的概念，并基于此提出了高级神经活动的四种基本类型（兴奋型、活泼型、安静型、抑制型），同时指出气质就是高级神经活动类型的特点在动物与人的行为中的表现（表 3-2）。

表 3-2　高级神经活动类型与气质类型对照

神经活动的基本特征			高级神经活动的类型	气质类型	气质特征
强度	平衡性	灵活性			
强	不平衡	—	兴奋型（不可遏制型）	胆汁质	直率，热情，精力充沛，情绪易冲动，心境变化剧烈，外倾
强	平衡	灵活	活泼型（灵活型）	多血质	活泼好动，敏感，反应迅速，注意力容易转移，兴趣容易改变，外倾
强	平衡	不灵活	安静型	黏液质	安静，稳重，反应迟钝，情绪外露，注意力难转移，内倾
弱	不平衡	—	弱型（抑制型）	抑郁质	孤僻，行动迟缓，情绪体验深刻，善于察觉他人细节，内倾

由于该结论是在解剖实验的基础上得出的，并且得到后人的研究证实，因此具有较强的科学依据。由于高级神经活动类型的表现形式同传统的体液说存在着一定的对应关系，因此在研究中通常把两者结合起来，以体液说作为气质类型的基本形式，以高级神经活动类型说作为气质类型的生理学依据。

课堂互动

气质对消费行为有哪些影响?

三、气质的分类及其购买行为

（一）胆汁质

胆汁质气质类型的人的高级神经活动类型属于兴奋型。

胆汁质气质类型的人兴奋度高，精力旺盛，反应迅速，直爽热情，表里如一，情绪体验强烈，有顽强拼劲和果敢性；但缺乏耐心，灵活性不够，抑制能力差，易冲动，脾气暴躁，整个心理活动笼罩着迅速而突发的色彩，具有外倾性。

这类消费者表情外露，心直口快，选购商品时言谈举止显得匆忙，一般对所接触到的第一件合意的商品就想买下，不愿意反复选择比较，因此，往往是快速地，甚至是草率地做出购买决定。在消费行为上比较急于完成购买任务，如果等候购买时间稍长或医院工作人员、营销人员的工作速度慢、效率低，可能会激起其烦躁情绪。他们在与医生或者营销人员的接触中，其言行主要受感情支配，态度可能在短时间内发生剧烈变化，挑选药品时以直观感觉为主，不加以慎重考虑。

（二）多血质

多血质气质类型的人的高级神经活动类型属于活泼型。

多血质气质类型的人情绪兴奋度高，感情易表露，活泼好动，思维灵活，反应迅速，动作敏捷，外部表现明显，易适应环境，喜欢交往，乐观开朗，兴趣广泛，可塑性强；但往往不求甚解，注意力易转移，情绪不稳定，做事粗枝大叶。

多血质的消费者善于交际，有较强的灵活性，能以较多的渠道得到商品信息。因为对购物环境及周围人物适应能力强，热情、开朗，愿意与医生、营销人员交换意见或者与其他患者攀谈。有的会主动告诉别人自己购买某种药品的原因和用途；喜欢向别人讲述自己的使用感受和经验；自己不知道的，也希望从别人那里了解到。但有时其兴趣与目标往往因为可选择的药品种类过多而容易转移或一时不能取舍，行为中常带有浓厚的感情色彩，兴趣常发生变化，体现出想象型和不定型的购买行为特点。

（三）黏液质

黏液质气质类型的人的高级神经活动类型属于安静型。

黏液质气质类型的人情绪兴奋度低，安静沉稳，喜欢沉思，注意稳定，善于克制忍耐，做事富有理性，慎重细致，具有韧性；但反应缓慢，灵活性不足，比较刻板且执拗，不易习惯新环境、新工作，情绪不易外露。

黏液质的消费者在购物中比较谨慎、细致、认真。大都比较冷静，不易受广告宣传、商标、包装等干扰，很少受他人的影响，喜欢通过自己的观察、比较做出购买决定。对自己熟悉的商品会积极购买，并持续一段时间，对新药往往持审慎态度，体现出理智型的购买行为特点。

（四）抑郁质

抑郁质气质类型的人的高级神经活动类型属于抑制型。

抑郁质气质类型的人感受性高，耐受性低，速度慢，刻板而不灵活，内倾性特别明显，行动缓慢，有较强敏感性，能察觉他人不易察觉的事物，富于幻想，胆小。

抑郁质的消费者在购物中往往考虑比较周到，对周围的事物很敏感，能够观察别人不易察觉的细枝末节。其购物行为拘谨，拖泥带水，谋而不断，一方面表现出缺乏购物主动性，另一方面对他人的介绍不感兴趣或多疑不信任，体现出谨慎型、敏感型的购买行为特点。

应当指出的是，上述4种类型是气质的典型形态，不同的消费者的购买行为主要通过这几种典型的气质类型表现出来，但是在现实的销售环节中，属于某一种典型气质类型的人不是很多，多数人都是兼具几种气质类型，也就是属于混合型气质类型（表3-3）。作为销售工作者，要学会根据不同气质类型的消费者在购买活动中的行为表现，有针对地采用不同的销售技巧和方法，更好地满足消费者的需要，带来实际的销售成效。

表3-3　四种气质类型的消费表现

类型	消费表现
胆汁质	购货迅速，不善于比较和挑选，要求服务态度好
多血质	乐于攀谈，咨询，好沟通，但容易移情别恋，喜新厌旧
黏液质	购物精挑细选，品牌忠诚度高
抑郁质	购买动作拘谨，优柔寡断，附和营业员

四、不同气质类型的销售策略

医药消费者不同的气质类型，会直接影响和反映到他们的消费行为中，使之显现出不同的甚至截然相反的行为方式、风格和特点。那么针对这些不同类型的气质类型顾客，应该采用哪些应对的销售策略？

（一）胆汁质型消费者

胆汁质的消费者容易感情冲动，经常凭借个人兴趣、偏好以及商品外观的好感选择商品而不过多考虑商品的性能与实用性。他们喜欢追求新产品，容易受广告宣传及购买环境的影响。

这种类型的消费者在购买决策上和胆汁质的消费者有点类似，比较果断，心直口快，言谈举止比较匆忙，一旦见到自己满意的商品，往往会果断地做出购买决定，并迅速实施购买。

接待这类消费者要求销售人员动作快捷、态度耐心、应答及时。可适当向他们介绍商品的有关性能，以引起他们的注意和兴趣。另外，还要注意语言友好，不要刺激对方。

（二）多血质型消费者

多血质的消费者通常主动与销售人员进行接触，积极提出问题并寻求咨询，有时还会主动征询其他在场顾客的意见，表现十分活跃。

接待这类消费者，需要销售人员主动介绍、与之交谈，注意与他们联络感情，以促使其购买；在交谈中应加以引导，使他们专注于商品，缩短购买过程。

（三）黏液质型消费者

黏液质的消费者比较冷静慎重，能够对各种商品的内在质量加以细致地选择比较，通过理智分析做出购买决定，同时善于控制自己的感情，不易受广告宣传、外观包装及他人意见的影响。

他们对购买和使用商品的心理感受十分敏感，并直接影响到心境及情绪，在遇到不满意的商品或遭受到不良服务时，经常有强烈的反应。

接待这类消费者要避免过多的提示和热情，否则容易引起他们的反感；要允许他们有认真思考和挑选商品的时间，接待时更要有耐心。

（四）抑郁质型消费者

抑郁质的消费者比较消极被动，通常需要销售人员主动进行询问，而不会首先提出问题，因而不太容易沟通。这类型的消费者在挑选商品时和黏液质的消费者有点类似，显得犹豫、优柔寡断，十分谨慎，动作比较缓慢，挑选的时间也较长，在决定购买后易发生反复。

接待这类消费者要注意态度和蔼、耐心；对他们可做些有关商品的介绍，以消除其疑虑，促成购买；对他们的态度反复应予以理解，同时务必注意说话的方式，避免引起他们不必要的敏感反应而拒绝购买。

第三节　医药消费者的性格与购买行为

同一件事情，不同的人常有不同的反应方式，这种现象在很大程度上是由行为的个性差异造成的。诸如外向或内向、自信或自卑、倔强或顺从、独立或依赖、合群或孤高、主动或被动、急躁或冷静、勇敢或胆小，等等，都是人的性格特征。医药消费行为就是因为每个人的性格差异而形成了多种不同的消费行为。

课堂互动

“江山易改，秉性难移”与“近朱者赤近墨者黑”是否矛盾？

一、性格的概念与特征

（一）性格的概念

“性格”（character）一词原意为“刻印”“特色”“标志”的含意。在现代心理学中，性格是指个人对现实的稳定态度和与之相适应的习惯化的行为方式。性格是个性心理特征中最重要的方面，它通过人对事物的倾向性态度、意志、活动、言语、外貌等方面表现出来，是人的主要个性特点即心理风格的集中体现。性格一方面反映人的行为方式，它可以从外在行为上表现出来，另一方面，性格还可反映出一个人的动机和态度，如一个小气的人与一个勤俭的人，在行为方式上很相近，但动机和态度不一样。

性格具有明显的社会型，因为性格是在个人生理素质的基础上，在家庭、集体、社会的影响下，在和周围环境相互作用的过程中，通过个人的认识、情感和意志等在社会实践中逐渐形成和发展起来的。由于后天所处的社会环境及教育条件千差万别，因此，人们的性格存在着明显差异，而且这种差异性是绝对的。

性格和气质相互制约，相互影响。气质可以按照自己的动力方式，给性格染上独特的色彩。在购买活动中，同是认真的性格，多血质的消费者挑选商品时动作干脆利索，情感溢于言表；黏液质的消费者挑选商品时却是默默无言，动作缓慢。所以，相同气质类型的人，性格可能有所不同；不同气质类型的人，也可能形成同样的性格特征，性格对气质具有重要的调控作用，它可以在一定程度上掩盖或改造气质，使气质的消极因素受到抑制、积极因素得到发挥。

（二）性格的特征

1. 态度特征　主要体现在处理各种社会关系方面表现出来的一种稳定的、倾向性的特点。具体表现在三个方面。

（1）对社会、集体、他人的态度　对社会、集体、他人的态度所构成的性格特征，主要有善交际，富于同情心，为人正直，诚实等；相反有的人缺乏对社会的责任感，且孤僻、拘谨、虚伪等。

（2）对工作、学习、劳动的态度　在对学习、工作、劳动的态度方面，有些人表现为勤奋、认真、细致、首创和节俭等良好的性格特征；有些人则表现出懒惰、粗心、保守、浮华、浪费等不良的性格特征。

（3）对自己的态度　在对自己的态度方面，多数人具有严于律己、谦虚、自信、自尊、大方等良好的特征；有些人具有自负、自傲、自卑、羞怯等不良的性格特征。

这些态度特征的有机结合，构成个体起主导作用的性格特征，性格的态度特征属于人的道德品质的范畴，它是性格的核心。

2. 意志特征　是指个体在调节自己的心理活动时表现出的心理特征。自觉性、坚定性、果断性、自制力等是主要的意志特征。

（1）自觉性　是指在行动之前有明确的目的，事先确定了行动的步骤、方法，并且在行动的过程中能克服困难，始终如一地执行。与之相反的是盲从或独断专行。

（2）坚定性　坚持预定的目的，百折不挠地克服困难与障碍，不怕挫折与失败，不达目的誓不罢休。与此相反的性格特征，常常表现为行动的摇摆，经不住挫折和困难，在困难面前灰心丧气，一蹶不振。

（3）果断性　指在紧急的情况下，能判明情况，做出正确的决策。与果断性相反的是优柔寡断或武断、冒失。

（4）自制力　这是表现在支配和控制自己行动方面的性格特征。如冷静，沉着等，与此相反的性格特征表现为任性、懦弱和易冲动等。

3. 情绪特征　是指人的情绪的强度、稳定性和持久性以及情绪的积极性等方面。比如，个人受情绪感染和支配的程度，情绪反应的强弱、快慢。性格的情绪特征按其活动的情况可分为以下四个方面。

（1）强度特征　表现为情绪对人的行为活动的感染程度，以及情绪受意志控制程度，如有的人情绪高涨，精力旺盛，富于激情，而有的人情绪体验比较微弱，情绪安宁、冷漠。

（2）稳定性特征　表现为一个人情绪受外界条件变化而起伏和波动的程度。如有的人在重大事件面前，情绪比较平稳，对情绪易控制；而有的人容易激动，情绪的控制力弱，情绪起伏很大。

（3）持久性特征　表现为情绪活动时间和对身体、工作和生活影响的久暂性。如同样遇到悲伤事件，有的人持续的时间短，对身体、工作和生活的影响也较短。

（4）主导性心境特征　是指不同的主导心境在一个人身上表现的稳定程度。例如，有的人情绪外露，有的人则情绪内藏，不易被觉察；有的人易激动，有的人总是很冷静；有的人开朗，总处于愉快的心情中，有的人却多愁善感，整日闷闷不乐，等等。

4. 理智特征　也称认知特征，是指人们在感知、记忆、想象和思维等认知方面的个体差异。它表现为不同的个体心理活动的差异。

（1）在感知方面　有的人是主动观察型的，有的人是被动观察型的，有的人是详细分析型，有的人是快速型或精确型的。

（2）在记忆方面　有的人是主动记忆型，有的人是被动记忆型。

（3）在想象方面　有的人是狭窄想象型，有的人是广阔想象型。

（4）在思维方面　有的人善于提出问题，创造性地解决问题，也有的人是回避问题，依赖现成且缺乏创造性。

二、消费者消费行为的类型

（一）根据消费的态度分类

1. 随机型　这类型的消费者在购买时缺乏主见、没有固定目标，或者缺乏对购买物品的选购常识。他们很少研究产品的牌号、商标，缺乏产品知识和购买经验，容易接受售货员的意见，碰到什么就买什么。只要卖者态度热情，推销积极，便能很快达成交易。当然，对价格较高的耐用消费品而言，这种类型的消费者就不多见。

2. 理智型　这类型的消费者在购买时头脑冷静，善于思考，有一定购买知识。他们在购买行为发生之前，经过了仔细比较和考虑，对产品的品质、用途、价格高低等有自己的见解，善于控制自己的情绪，冷静、慎重、沉着、老练，不易受包装、商标、广告宣传或旁人的影响，挑选认真，交易过程比较缓慢。他们在购买过程中会注意收集信息，用自己的价值指标去衡量，从而指导购买的消费者。比如理智型消费者在购买药物时，关注的主要因素依次为疗效、价格、品牌等。由于消费者购买时注重疗效，而疗效很大程度上来源于对品牌的认同度，因此树立高品质品牌形象对影响这部分消费者的购买作用非常明显。

3. 经济型　这类型的消费者对价格反应敏感，一心寻求最经济合算的商品，并由此得到心理上的满足。这类消费者以价格的高低作为选产品的主要标准。他们的购买行为有两种表现：一是喜欢选购价格低的产品，二是认为价格便宜的产品经济实惠。

4. 求新型 求新型消费者讲究的是产品的新颖和时尚。凡有新产品应市，凡是最新流行的消费品或服务项目，他们都迫切地购买。

5. 求名型 求名型消费者选购商品时，特别注重产品的商标、产地以及产品在社会中的声誉。他们对著名的厂家、商标和获奖产品有特殊的偏爱，非名牌商品不买。只要是名牌产品，不论价格多高，也能引起他们的购买欲望。

（二）根据人的个性心理活动倾向性分类

1. 外向型 这类型的消费者心理活动倾向于外露。内心活动易通过语言、表情、动作明显地表现出来，活泼、开朗、善于交谈。外向型消费者购买过程中，热情活泼，喜欢与营销人员交换意见，主动询问有关商品的质量、品种、使用方法等方面的问题，易受商品广告的感染，言语、动作、表情外露，这类消费者的购买决定比较果断，买与不买比较爽快。

2. 内向型 这类型的消费者心理活动不倾向于外露，生活沉静，对外界事物反应迟缓，适应环境的能力较差。内向型性格的消费者在购买活动中沉默寡言，动作反应缓慢，不明显，面部表情变化不大，内心活动丰富而不露声色，不善于与销售人员交谈，挑选商品时不希望他人帮助，对商品广告冷淡，常常凭自己的经验购买。

3. 独立型 这类型的消费者能够独立发现和处理问题，善于动脑，遇事不乱，能独当一面。个人信念判断的坚定性和行动的果敢性都比较强，在购买活动中处于主动地位，积极提出问题，思考问题，有较强的自信心，谨慎从事，不盲从，但难免带有一定的主观性、片面性。

4. 依赖型 这类型的消费者对他人的依赖强烈，缺乏主观意识和办事能力，遇事无主见。依赖性的消费者在购买活动中，常常注意其他消费者对商品的购买态度和购买方式，会主动听取营业员的商品分析和他人的购买意见，从众心理比较明显，人买亦买，人不买亦不买，自己缺少主见。

知识链接

破解消费购买行为的心理密码

在激烈的商战中，谁能真正了解消费者，破解消费购买行为的密码，谁就是商战的赢家。破译消费者购买行为心理密码的密匙就是“SMILE”，即“微笑”。

（1）“S”就是指“serve”，即服务。营销就是服务，优质的服务可以取得消费者的支持，使商家从老客户那里像滚雪球似的得到更多新客户。为此，要注意服务的心态、素质与技巧。

（2）“M”就是指“mind”，即理智、智能。现在的消费者已进入成熟状态，这表现在消费者从“量的消费”发展到“质的消费”；从关心产品的功能到关心产品的品质及服务；从产品的实用性到给生活带来的品味、充实、美感；从对产品做出好与坏的判断到做出满意与否的判断。要求厂商认真了解顾客的购买心理，理智地分析顾客的需要，以产品对顾客的真正效用为导向与顾客进行交谈，真诚地满足消费者不断变化的需求，根据其要求创造新产品，持续提高服务质量，以行动消除消费者的疑虑和不信任感。

（3）“I”就是指“information”，即信息。在营销过程中要收集并筛选顾客的信息，不管是开发新产品，还是改进服务方式都要以顾客的信息为基础。

（4）“L”就是指“learn”，即学习。厂商要主动向消费者学习，一是学习顾客的立场、观点、思维方式，因为我们要站在顾客的立场，用顾客的思维方式去思考问题；二是学习顾客与众不同的观察力和灵敏的分析能力。通过学习，使厂商能够用消费者眼光去发现自己存在的问题，从而改进工作，弥补拓展新业务时的不足，提高顾客稳定性。

(5)“E”就是“evaluate effect”，即效用。即厂商要站在消费者立场评估产品对消费者的真正效用，并且在整理对产品效果的陈述的基础上，按消费者认为重要和满意的指标来评估产品效果，不作自以为是的估计和分析。

第四节　医药消费者的能力

一、能力的概念

能力是完成一定活动的本领，是一种力量。是指人们顺利地完成某种活动所必须具备的、并且直接影响活动效率的个性心理特征。任何一种活动都要求参与者具备一定的能力，而且能力直接影响着活动的效率，因此能力的另外一种解释是在工作中取得绩效所需的基本技能、知识和态度。例如，搞外交工作，要具有灵活而敏捷的思维、较好的语言表达、较强的记忆等能力；从事管理工作，要具备一定的组织、交际、宣传说服等能力。只有在能力上足以胜任工作，才能取得良好的工作绩效，否则工作就不能顺利进行。

课堂互动

人的学历越高，掌握的知识越多，能力就越强，这句话对吗?

二、消费者能力的构成

购买活动是一项范围广泛、内容复杂的社会实践活动。消费者想要实现预期的消费目标必须具备一定的消费能力，这是消费者达到消费满意的前提条件。消费者要在消费的过程中，综合运用各自的消费能力，才能在市场环境中保持自由度和自由性，从而达到消费过程中的最大满足。借此可以把消费者的消费能力归纳为以下几个方面。

(一) 商品感知能力

商品感知能力是消费者对商品的外观款式和外部特征的直接反映能力。通过感知，消费者可以了解到商品的外观款式、气味、色彩以及整体风格，从而形成对商品的初步印象，并作为进一步做出分析判断的依据，因此，感知能力是消费行为的第一步。具有不同感知能力的消费者在对商品感知能力的强弱和感觉的敏锐程度的高低上表现不同，有的消费者感知能力非常敏锐，比如品酒师可以直接从酒的气味判断酒的原料和产地，甚至年份。消费者的感知辨别技能对最终的消费体验构成直接的影响，往往感知辨别能力越强的消费者对商品的期望水平越高，对商品越发的挑剔。

(二) 商品分析能力

商品分析能力就是指消费者收集各种商品信息，并对其进行整理加工，分析综合，比较评价，进而对商品的优劣好坏作出准确判断的能力。不同的消费者在处理收集到的商品信息时，表现出不同的能力水平。有些消费者思维灵活、独立、抽象概括能力强，能对收到的信息去伪存真，去粗取精，进行客观的分析和评价，对于商品广告也有比较全面而正确的认识，对于购物场所中的一些正常的和不正常的促销手段有相当的判断能力。当然也有部分消费者缺乏综合分析能力，难以从众多信息中择取有用信息，并迅速做出清晰、准确的评价判断。

（三）商品购买决策能力

商品购买决策能力指的是在对商品感知和分析基础之上，能否果断和正确地做出购买决定的能力。在消费过程中，购买决策能力是把购买意图转变为购买行为的关键一环，消费者通过前面理性的感知和分析，果断做出决策，才能把消费从潜在状态变为现实状态。这里要指出的是消费者个性、性格、气质类型对购买决策能力有着直接的影响，比如，一个性格内向，反应迟缓，意志力较差的消费者，在做出购买决策时容易犹豫不决，难以做出决定。还有对商品的卷入程度也是影响决策能力又一重要因素，消费者对于某种商品的卷入越深，对商品的特性越熟悉，使用经验越丰富，习惯性购买驱动越强，决策过程就越果断、越迅速，决策能力也相应加强；反之决策能力会相对减弱。在特殊的消费环境中，消费者的购买决策能力也会受到环境因素的影响，比如在商场促销，顾客抢购的情况下会减少消费者的购买决策时间，迅速做出消费决策。

（四）消费者自我保护能力

消费者保护自己的消费利益的能力，是消费能力中很重要的一种能力。在市场经济条件下，商品的购买和消费过程中还存在着许多侵犯消费者权益的问题。为保证消费者的权益不受损害，除依靠政策法令、社会舆论，消费者组织的约束监督外，客观上要求消费者自身不断提高自我保护的能力，在各种侵犯消费者权益的问题即将发生或已经发生的时候，消费者能够设法维护本人的消费利益。在实际消费活动中，消费者要善于利用有效的法律手段来保护自己的合法权利，比如保护好现场、保存好各种资料、采取正确的投诉渠道等。

三、消费者能力类型

消费者的消费能力差异必然使他们在购买和使用商品的过程中表现出不同的行为特点，销售人员可以根据消费者在购买活动表现出来的能力高低，采取不同的销售方式。具体可以分为以下三种类型。

（一）成熟型

这类消费者对于所购商品不仅非常了解，而且拥有长期的甚至长年的消费经验，对商品的性能、质量、价格、生产情况等极为熟悉，其内行程度甚至超过了销售人员，当然这类消费者也很有可能是这类商品的专家。比如，一个音响发烧友对于音响器材品牌的了解程度，远胜于一个刚刚参加工作的，或对音响器材兴趣较少的销售人员。因此这类型的消费者购买目标明确，购买要求具体，能专业地评价商品的各个方面，在购买的过程中表现得非常自信，不会轻易接受广告的宣传，购买的自觉性比较高，能够按照自己的意志独立作出决策。比如，一个长年使用冠心病药物的老年消费者，对于市场上各种冠心病的药品非常熟悉，服务人员热情的推荐有可能使他们偶尔去试试新型药品，而真正打动他们并吸引他们长期购买则需要较长的心理时间。

（二）普通型

相对于成熟型的消费者，在消费过程中，大多数的消费者都是属于普通型。这类型消费者有比较明确的购买目标，对于商品的价格、质量、性能等方面比较熟悉，但是缺乏相应的消费经验，主要通过广告宣传、他人介绍等途径来了解认识商品，因此了解深度远不及成熟型消费者。这类型的消费者一般不排斥销售人员和广告宣传所提供的有关的商品信息，同时也会主动分析和判断这些商品信息。经常主动向销售人员或其他消费者进行咨询，以便全面地汇集信息。由于对商品知识了解不足，他们会显现出缺乏自信和独到见解，需要在广泛征询他人意见的基础上作出决策，因而容易受外界环境影响。

（三）欠缺型

这类消费者的能力构成和水平均处于缺乏状况，他们不仅不了解有关商品知识和消费信息，而且不具备任何购买经验。当然这种缺乏是相对而言，主要相对消费者对某一种商品的分析、判断、决策能力而言。而且这种情况很多都出现在购买一种全新的商品或者市面上从未出现过的商品的购买上。在购买过程中，由于缺乏商品相关的知识和购买、使用的经验，从而很难做出正确的购买决策。这类型的消费者在购买过程中很容易受到广告宣传、环境以及销售人员的影响，其购买行为常常带有很大的盲目性和随意性。比如有些望子成龙的父母，给未成年的子女购买大量的高级营养品和滋补性药品，有些营养品与滋补品中含大量的激素成分，孩子服用之后，造成早熟、身体畸形的现象。

以上三种分类，都是一个相对的概念，不论何种能力及行为类型都是相对的。一个消费者可能在某一类商品的消费中表现为成熟型，而对于另一类商品的消费又是普通型。在消费能力的高低方面，消费者的兴趣和主动培养自身消费技能的意识起着重要的作用。随着生活经验的积累，以及个人有意识地自我培养，消费者的能力水平也会不断提高。

知识拓展

提高顾客购买能力的意义

1. 提高顾客的购买能力对提高厂商产品、品牌的知名度、美誉度有重要的作用。
2. 提高顾客识别假冒伪劣商品的能力就能切实维护正当经营企业的合法权益和顾客切身利益。
3. 大大减少顾客购买活动中由于不妥当购买决策导致要求商品退货调换等不必要的麻烦。
4. 顾客对商品了解充分，也增强了对自己购买行为的信心与对供货厂商的信任。

第五节　医药消费者的自我概念与生活方式

课堂互动

消费者的自我概念，生活方式与消费行为有什么关系？

一、自我概念

“自我”这一概念起源于心理学，在西方心理学领域中把自我分为两个不同但又相似的单词：即 self 和 ego。在 1890 年，哈佛大学的心理学家威廉·詹姆斯在《心理学原理》一书中首次提出自我意识和自我概念，他认为人们对于自己就像是通过镜子关注自己的影像一样，即映像一词。自我（ego）一词是弗洛伊德在其精神分析理论中提出来的，他将人格分为本我（id）、自我（ego）和超我（super ego）三个方面。他认为自我是在现实环境中由本我发展而来的，如果对于本我的各种需求无法得到满足时，那么个体就需要学会如何在现实环境中实现这些需求。

知识链接

人格结构理论

弗洛伊德认为人格由本我（id）、自我（ego）和超我（superego）构成。

（1）本我（id） 是人格结构中最原始部分，从出生之日起即已存在。构成本我的成分是人类的基本需求，如饥、渴、性三者均属之。本我中之需求产生时，个体要求立即满足，故而从支配人性的原则而言，支配本我的是唯乐原则。例如婴儿每感饥饿时即要求立刻喂奶，决不考虑母亲有无困难。

（2）自我（ego） 是个体出生后，在现实环境中由本我中分化发展而产生，由本我而来的各种需求，如不能在现实中立即获得满足，他就必须迁就现实的限制，并学习到如何在现实中获得需求的满足。从支配人性的原则看，支配自我的是现实原则。此外，自我介于本我与超我之间，对本我的冲动与超我的管制具有缓冲与调节的功能。

（3）超我（super ego） 是人格结构中居于管制地位的最高部分，是由于个体在生活中，接受社会文化道德规范的教养而逐渐形成的。超我有两个重要部分：一为自我理想，是要求自己行为符合自己理想的标准；二为良心，是规定自己行为免于犯错的限制。因此，超我是人格结构中的道德部分，从支配人性的原则看，支配超我的是完美原则。

人格结构中的三个层次相互交织，形成一个有机的整体。它们各行其责，分别代表着人格的某一方面：本我反映人的生物本能，按快乐原则行事，是“原始的人”；自我寻求在环境条件允许的条件下让本能冲动能够得到满足，是人格的执行者，按现实原则行事，是“现实的人”；超我追求完美，代表了人的社会性，是“道德的人”。

（一）自我概念的概念与形成

1. 自我概念的概念 自我概念也称自我形象，是指个人对自身一切的知觉、了解和感受的总和。换言之，即自己如何看待自己。自我概念回答的是“我是谁”和“我是什么样的人”一类问题，它是个体自身体验和外部环境综合作用的结果。

1950年以来，商品的同质化现象导致消费者不再唯一关注商品的功能性属性，而将注意力集中在商品的象征性属性。心理学家罗杰斯认为，“自我概念是个体表达自己的一种特殊方式”。1959年学者列维（Levy）也指出，“商品的象征性价值对消费者决策行为的影响比商品的功能性价值对其影响更显著”。1982年，J. M. 瑟吉在核心期刊《消费者研究学刊》上发表的论文中将自我作为理解消费者的新工具，使消费者行为研究进入新的阶段。

（1）消费者自我概念与社会心理因素之间的关系 主要包括通过测量与产品对应的自我概念来区分消费者的社会阶层。

（2）产品形象/自我形象的一致性 研究各类品牌（产品）所投射出的消费者自我概念或自我形象，用自我形象一致性理论预测消费行为，并延伸至自我概念与品牌行为的关系研究。

（3）从消费者自我及行为结果投射到品牌（产品）形象 主要包括消费者的自我实现与品牌（产品）形象认知的相关性。

（4）自我概念对消费者行为的直接影响，以及消费者行为对自我概念的影响。

基于J. M. 瑟吉的观点，自我概念在理解消费者的行为中扮演着重要的角色，在医药消费领域也是如此。

2. 自我概念的形成

（1）反映评价 也称反射性评价，是个人从他人那里得到的有关自己的信息，即以他人的看法作为衡量人们自我概念的标准。但有一些研究表明虽然他人的评价、看法影响着自我概念的建构，但自我概念与他人看法并不十分一致。另外，由于社会文化的限制在人际交往中人们似乎已约定俗成了一种应对别人“多称赞少批评”“尽量为别人留面子”的社会规范。加之评价者与个体的亲近、熟悉程度也会影响着个体对他人评价的接受程度。实验表明一个人如果在小的时候得到肯定的评价越多，越有可能会有一个良好的自我概念。相反，如果评价是否定的，自我概念就可能感到很糟糕。比如在学期开始时，如果老师对一个学生说：“你行，你一定会成为一个好学生”。这位学生听了以后一定会以好好学习作为回应；如果老师说：“你以后没有什么发展”，学生就有可能消极起来，反正自己不行，懒惰一点也无所谓。

（2）社会比较　在生活和工作中，人们往往通过与他人比较来确定衡量自己的标准。但个体所得出的关于自己的结论在很大程度上依赖于和谁进行比较。许多研究表明人们在进行社会比较时往往会出现“向上比较”或“向下比较”的倾向。比如在学校时，考试卷子下来，就问一下自己的同桌是多少分数，自己的朋友是多少分数；走到社会上，又和同事比，人家比自己有钱，比自己生活得好；当自己有了孩子，就比自己的孩子好还是别人的孩子好。无论什么人从出生到长大，从家庭到社会，从学习到工作，都是在社会比较中发展和充实自我概念。

（3）自我知觉　自我意识是个体实践活动的反映。个体在实践活动中的行为表现和取得的成果也会成为一面镜子。通过这面镜子能反映出自己的体力、智力、情感、意志品德等特性，从而使之成为自我认识、评价的对象。如果能从成功的经历中获得自信，自我感觉就会变得更好，自我概念就会改进。

（4）内省　也称自省。古语有云“吾日三省吾身”，就是说要通过自我分析来认识自己。通过自省来判断自己的行为是否符合社会所接受的标准，并以此形成自我概念。比如把有的行为归入社会可接受的范畴，把有的行为归入社会不可接受的范畴。人们对自己的行为进行反复不断的观察、归类和验证，就形成了有关的自我概念。

（二）自我概念的构成

自我概念可以划分为四个基本部分，实际的自我概念、理想的自我概念、个人的自我概念和社会的自我概念（表 3-4）。

（1）实际的自我概念（actual self-concept）指“我现在是什么样”。

（2）理想的自我概念（ideal self-concept）指“我想成为什么样”。

（3）个人的自我概念（private self-concept）指“我如何做自己”或“我对自己有什么想法”。

（4）社会的自我概念（social self-concept）则是指“别人怎样看待我”或“我希望别人怎样看我”。

表 3-4　不同维度的自我表现

不同维度的自我形象	具体表现
实际的自我概念	是真实的、客观的自我，就像别人看我们一样。这种定义有一个问题，因为别人永远也不会知道完整的故事，这意味着实际的自我可能并不是呈现给世界的那个我
理想的自我概念	是所希望的自我。它与马斯洛所确定的自我实现需要相联系。这个自我通常在个人试图填补自我形象和理想的自我之间的鸿沟时发挥作用
个人的自我概念	是主观的自我，就像我们看自己那样。个人的自我很可能与实际的自我有明显差异，但从某种程度上来说，它是根据来自其他人的反馈逐渐调整的
社会的的自我概念	是别人眼中的自我，或我们认为别人如何看我们。这个自我并不总是与人们实际上如何看我们相吻合，因为我们不能读懂他人的想法。来自他人的反馈会受到一定的限制，因此，我们不可能总是知道其他人对我们的真实想法

（三）自我概念的测量

在医药市场营销中要运用自我概念，就要知道如何测量自我概念，这里介绍一种自我测量的方法。

即马赫塔语意差别量表。

马赫塔提出了15对相对的形容词，是一种既可以测量自我概念，有可以衡量产品形象的语意差别量表。我们可以尝试运用这一量表，确定实际的自我、理想的自我和社会的自我概念（表3–5）。

表3–5　测量自我概念、产品概念和品牌概念的量表

1	粗犷的								精细的
2	易激动的								沉着的
3	不适的								舒适的
5	主宰的								服从的
5	节约的								奢侈的
6	愉快的								不快的
7	当代的								非当代的
8	有序的								无序的
9	理性的								情绪性的
10	年轻的								成熟的
11	正式的								非正式的
12	正统的								开放的
13	复杂的								简单的
14	黯淡的								绚丽的
15	谦虚的								自负的

马赫塔提出的这一量表在描述自我概念以及产品与品牌形象方面非常有用，每组形容词均被用来描述被评价对象。例如，形容词的一极是“愉快的”，与之对应的另一极是“不快的”。消费者越是在靠近“愉快的”一极这端做记号，表明被评价对象越令人愉快；反之则表明令人不快；如果消费者在量表的中间位置做记号，则表明被评价对象既非令人愉快，也非令人不快。例如，在与塞雷娜·威廉姆斯（Serena Williams）签订长期合同时，耐克公司无疑考虑到了年轻女性所期望的自我概念与耐克女性运动服系列的理想形象，以及塞雷娜的形象之间的匹配关系。

（四）自我概念与企业营销

大量实践表明，消费者在选购商品时，不仅仅以质量优劣、价格高低、实用性能强弱为依据，而且把商品品牌特性是否符合自我形象作为重要的选择标准，即判断商品是否有助于表达和提升自我形象。消费者会选择与其自我概念相一致的产品和服务，避免选择与其自我概念相抵触的产品和服务。很多情况下，人们购买商品不仅仅是为了获得商品的功能效用，而是要获得其所代表的象征价值。

课堂互动

消费者如何运用象征品传递自我概念？这对营销者有何启示？哪些产品最有可能成为传递自我概念的符号或象征品？

1. 自我形象/产品形象一致理论　20世纪80年代，J. M. 瑟吉提出自我形象/产品形象一致理论，该理论认为包含形象意义的产品通常会激发包含同样形象意义的自我概念，消费者的自我概念与自我形象一致是影响购买动机的重要因素，自我形象/产品形象一致理论奠定了消费者研究中自我概念理论的应用基础。

自我形象一致模型（self-image congruence models）认为当产品的属性与自我的某些方面相符合的时候，该产品就会被选择。该模型假定了一个产品属性和消费者自我形象间的认知匹配过程（图3-1）。

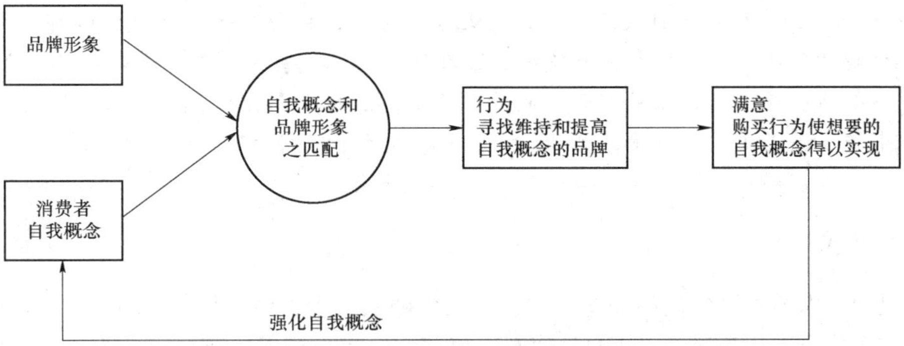

图3-1 消费者自我概念与品牌形象

从这个模型可以看出，作为医药销售人员在销售过程中应该努力介绍和塑造产品形象，使得产品和医药消费者的自我概念保持一致。比如一些消费者的自我概念是消费国货，那么国内的本土公司的品牌和产品就更容易得到这类型的消费者。消费者不仅以消费某种品牌的产品来强化自我概念，还会以避免消费某种产品来保持自我概念。例如，一个自认为气质不凡、情趣高雅、具有较高欣赏品位的消费者购买服装时，绝不会倾心于那些款式陈旧、质地差的服装。因此消费者购买某种品牌的产品与他们的自我概念是比较一致的，消费者购买某种产品，不仅是为了满足特定的物质或精神需要，同时还出于维护和增强自我概念的意愿。从这个意义上来讲，购买商品成为加强自我概念的手段，自我概念则成为控制购买行为的核心要素。

2. 消费者自我概念在营销中的作用

（1）运用自我概念帮助企业进行产品的精准定位 商品（或劳务服务）除了具有使用价值以外，还有一种象征性的价值。消费者评价、选择一件商品，不仅看其使用价值如何，还要看它是否有助于“使我成为我想象或期望的那样的人”以及“我希望他人如何看待我”。比如购买豪华汽车的消费者显然不只是购买一种单纯的交通工具。一些学者认为，某些产品对拥有者而言具有特别丰富的含义，它们能够向别人传递关于自我的重要信息。因此消费者总是购买那些自认为与其自我形象相一致的商品，而不去买与自我形象不一致的商品。有的时候虽然在别人看来某种商品对他不合适，但只要消费者自认为是符合自我形象的，或者可以显示出他与众不同的个性特征的时候，他就会购买。大多数消费者都希望自己所购买的商品能反映自己的自我形象，或者突出其形象的某一方面，国外有些研究表明，一些消费者力求购买“威望类”产品，如高档服装、珠宝首饰、豪华轿车、私家游艇等，就是要加强和突出个人的自我形象，或实现由实际自我向理想自我的转变。

（2）运用自我概念帮助企业寻找市场机会 市场机会就是未被满足的消费者需要。要了解医药消费者哪些需要没有被满足或没有完全被满足，通常涉及对市场条件和市场趋势的分析。那么我们就可以对医药消费者生活方式，医药消费者的收入水平变化进行分析，从而找到医药消费者中还有哪些需要没有被满足，从而开发出新的产品或者进行新的广告宣传与产品定位。比如国家放开三胎政策，一些适龄的女性，非常在意产后的康复和外在形象，企业和医院就可以满足这类女性自我形象追求的需要，开发产后康复、美容健身产品和服务。

知识拓展

延伸自我

1988年贝尔克提出的延伸自我概念。贝克认为，延伸自我由自我和拥有物两部分构成。换句话说，人们倾向于根据自己的拥有物来界定自己的身份。某些拥有物不仅是自我概念的外在显示，它们同时也是自我身份的有机组成部分。某种意义上，消费者是什么样的人是由其使用的产品来界定。如果丧失了某些关键拥有物，那么，他或她就成为了不同于现在的个体。

二、生活方式

生活方式是一个内容相当广泛的概念，它包括人们的衣、食、住、行、劳动工作、休息娱乐、社会交往、待人接物等物质生活和精神生活的价值观、道德观、审美观等，可以理解为在一定的历史时期与社会条件下，各个民族、阶级和社会群体的生活模式。

（一）生活方式的概念以及个性、自我概念区别与联系

1. 生活方式的概念 关于生活方式的说法很多，是消费者对时间、金钱以及消费方式的选择，简言之，如何扮演自我概念，如何生活。具体来说就是指人们在衣、食、住、行、劳动工作、休息娱乐、社会交往、待人接物等物质生活和精神生活中的活动模式。生活方式可以通过个人的活动、兴趣和意见来加以辨别。

2. 生活方式与个性、自我概念区别与联系 个性是客观的，是人的本来面目，自我概念是个体对自己的感知、认识和评价，自我概念是主观的。个性和自我概念两者都侧重从内部来描述个体，更多地反映个体的思维、情感和知觉特征，具有内隐性。生活方式是人的活动模式，由人的主观意志来选择，以客观的形式表现出来，关心的是人们如何生活、花费、消磨时间等行为，侧重从外部来描述个体，具有外显性。

三者的联系是个性会影响一个人的生活方式，比如一个具有保守、拘谨性格的人，其生活方式不大可能喜欢登山、跳伞、丛林探险之类的活动。当然也要指出的是，虽然生活方式相似的消费者对产品和服务的期望、态度和偏好是相同的，但是生活方式所反映的信息也会超越个人的出生、社会阶层和消费者的个性，比如一群收入不同、年龄不同、性别不同的消费者受到某一个广告的影响会去购买同一产品和服务。

课堂互动

谈谈你心仪的生活方式？

（二）生活方式的测量

生活方式受诸多因素的印象，通过一定的工具测量和描述消费者的生活方式显得格外重要，由此来进行市场细分确定目标市场和制定营销策略，适应满足消费者生活方式的需要。下面介绍两种测量生活方式的方法。

1. AIO分析法 这一方法又称为活动、兴趣、意见测试法，其基本思想是通过问卷调查的方式了解消费者的活动、兴趣和意见，以区分不同的生活方式类型。研究人员从消费者中抽取大量样本，以问卷的方式向被调查者提出一系列长长的问题和答案，请被调查者以文字表述或选择答案的方式回答。

1974年普卢默（Plummer）又将人口统计变量引入AIO量表中，修正后的AIO量表包含4个主要维

度及 36 个子维度（表 3-6）。

第一个主要维度是活动方面的问题，包括消费者做什么、买什么、怎么样打发时间等。

第二个主要维度是兴趣方面的问题，包括消费者的偏好和考虑的事物。

第三个主要维度是意见方面的问题，包括消费者的世界观、道德观、人生观、对经济和社会的看法等。

第四个主要维度是人口统计项目方面的问题，包括性别、婚姻、年龄、职业、教育程度和每月平均收益。表 3-6 就是 AIO 测试项目表的主要维度。

表 3-6　消费者态度、兴趣和意见测量表

态度	兴趣	意见	人口统计项目
工作	家庭	自我表现	年龄
爱好	住所	社会舆论	性别
社会活动	工作	政治	收入
度假	交际	业务	职业
文娱活动	娱乐	经济	家庭规模
俱乐部会员	时尚	教育	寓所地理区域
社交	食品	产品	教育
采购	媒介	未来	城市规模
运动	成就	文化	生命周期阶段

我们可以看出，通过了解人们怎样支配时间，人们认为对什么感兴趣，什么对他们是重要的，他们如何看待自己及周围的世界等方面的问题，用统计数据“浓缩”出生活方式来。AIO 分析法在设计量表时，首先要从活动、兴趣、意见三个主要维度发展出子维度。子维度并没有一个固定的指标，应视研究目的和研究所涉及的领域及其性质来决定。然后再根据子维度来设计不同的衡量问题。对子维度问题的考察主要通过问卷来完成，即用一份清单式的问卷对消费者子维度问题进行访谈，这份清单由大量的陈述句组成，消费者可以表达对这些陈述的同意或不同意的程度（一般用 5 级或 7 级李克特量表），从而得到消费者对调查项目的活动、兴趣、意见方面的信息。消费心态分析方法帮助营销者识别产品的频繁使用者，从而更好地理解消费者。比如跑鞋制造商了解到消费者在购买跑鞋时的不同心态，有的是为了锻炼，有的是为了上班走路方便，有的纯粹是为了好玩，在了解到消费者的这种消费心态之后，跑鞋制造商们开始针对不同群体开发不同类型的鞋。

2. VALS 分析法　又称为价值观和生活方式调查（value and lifestyle survey，VALS）。它是斯坦福国际研究院（SRI）1978 年基于对约 1600 户美国家庭的调查研究提出的。最初设计的是一个把消费者放在九个生活方式群体系统中的量表，这九个生活方式分别是求生者、维持者、归属者、竞争者、成就者、我行我素者、体验者、社会良知者和综合者。VALS 系统现已被多家公司和广告代理商运用于营销实际活动中。

但是这种方法太过于依赖人口统计数据，使得很多营销人员放弃使用这种方法。1989 年 SRI 对 VALS 做出较大修改，推出 VALS2 新系统。VALS2 比 VALS 有着更加广泛的心理学基础，更加侧重于消费者的活动和兴趣，与消费者购买性行为关系更加直接，更多地选择那些相对具有持久性的态度和价值观来反映消费者的生活方式。

VALS2 以动机和资源两个层面为基础进行市场细分和生活方式的测量，要求被试者在 42 个陈述句上表明其同意或不同意的程度。目前 VALS2 使用 39 个项目（35 个心理学项目和 4 个人口统计学项目），VALS2 所测量的第一个层面，即动机层面。VALS2 根据被试者对量表问题的回答，识别出三种主要动机。

（1）理想动机　此类消费者根据其信念和原则，而不是根据个人情感或是社会对他们的认可和期待来做出决定。他们追求产品的功能性和可靠性。

（2）成就动机　此类消费者为获取社会地位而奋斗，非常容易受到他人行为及他人意见的影响。他们追求身份的象征。

（3）自我表现动机　此类消费者是行动导向，通过选择来表现自己的个性。他们追求的是体验。这三个方面决定了消费者所追求的目标和行为的类型。

表3-7具体描述了每一类型动机的目标、动机和行为趋势。

表3-7　VALS体系不同动机类型的区别

	基本动机		
	理想动机	成就动机	自我表现动机
他们是	寻找信息	目标导向	自发的
他们做	基于原则进行选择	为强化地位而选择	为了情绪体验的选择
他们买	动能性和可靠性	成功的象征	经历
他们寻求	理解	社会的认同	冒险、刺激、创意
他们追求	自我发展	自我完善	自力更生
他们坚持	冲动	冒险	自主权
他们问	我该做什么	他人想要我做什么	我喜欢做什么

VALS2所测量的第二个层面，即资源层面。反映了个人追求他们占支配地位的自我取向的能力，涉及心理、体能、人口统计特征和物质手段等各个方面。从青春期到中年阶段个体资源处于上升期，然后保持相对的稳定，随着个人的衰老，资源将逐步减少。

（三）消费者生活方式与企业营销

1. 生活方式决定消费行为　不同的人选择不同的生活方式，而生活方式又是由消费者过去的个性特征、自我概念、价值观和生活经历、处境所影响和决定的。而个人追求的生活方式影响需求与欲望，进而影响购买和使用行为。随着全球气候的变暖，绿色环保出行越来越受人们的关注，绿色消费也成为了一种时尚的消费方式。受到这种生活方式的影响，共享单车的出现就充分地体现了企业对消费者的这种生活方式的满足（图3-2）。

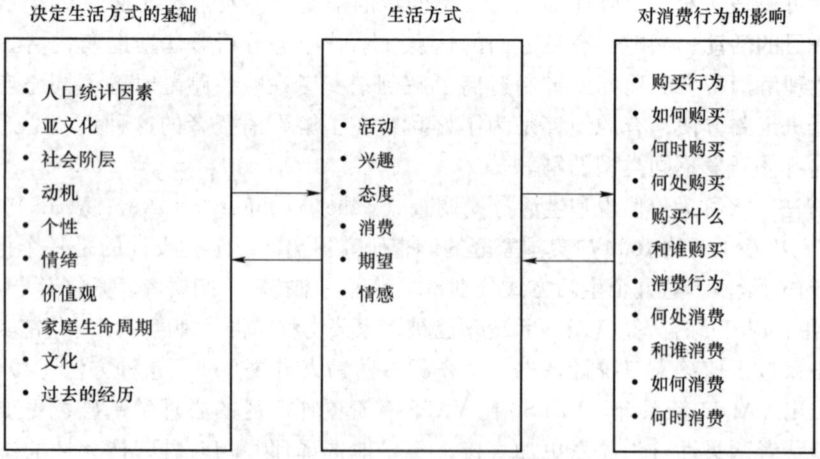

图3-2　生活方式和消费过程的相互影响

2. 消费者的生活方式分类在营销中的作用　生活方式决定了一个人的许多消费决策，而这些决策反过来强化或改变其生活方式。医药销售人员可以运用生活方式细分市场，开展特定市场的精准定位。

（1）利用生活方式分类有助于寻找目标市场　通过人口统计数据和产品的使用描述，加上消费者使用某种产品的频率的统计数据，可以把消费者区分开来，从而确定更加清晰的目标市场，而且还可以把消费者的个性、自我概念、人口统计特征和生活方式结合起来进行分析，能更加细致地了解不同类型的消费者。因此，一些研究人员建议，销售人员应先根据生活方式细分市场，然后再分析每一细分市场内消费者在个性上的差异，这样可使销售人员识别出大量具有相似生活方式特征的消费者。

（2）利用生活方式分类有助于制定更加合理的市场营销策略　企业可以按照生活方式细分，更加清楚地掌握消费者使用产品的情况。反过来审视企业的消费策略是否符合消费者的生活方式，或者满足消费者实现自己所选择的生活需要。如果不匹配，企业就需要尽快调整营销策略。

知识链接

生活方式营销

“生活方式营销”就是以消费者所追求的生活方式为诉求，通过将公司的产品或品牌演化成某一种生活方式的象征甚至是一种身份、地位的识别标志，而达到吸引消费者、建立起稳定的消费群体的目的。

生活方式是每个人在生活中都不可避免的，当然很多人并没有在意自己的生活方式，但是无论一个人是怎么生活的，都会有自己的生活原则和处理事情的方式，应该说这些生活中原则的总和就是一种生活方式，因此生活方式在推广中的运用是十分广泛的，但是从总体上来说，往往是一些比较感性化的行业使用这种方式更有效，而且从一定意义上来说，也更合理。比如化妆品行业中，可以诉求“美丽是一种生活状态”；在减肥保健品中，可以诉求“减肥是一种生活态度”；而在商场促销中，可以诉求“消费是一种生活方式”；在房地产行业中也可以诉求“简约是一种生活原则”。因此，可以说任何行业的品牌或产品都可以从生活方式着手进行诉求，即使是一些比较牵强的行业，比如生活用具等，也可以从舒适或者色彩以及布局等方面去进行一些生活方式的营销。

比如十年前还没有药妆品的概念和这一品类，但是现在很多消费者已经习惯到药店去买药妆品，解决自己的问题皮肤，而不仅仅是到商场去购买一般的化妆品和护肤品。消费习惯是慢慢会改变的，一是和经济发展水平有关，二是和商家的引导有关。

本章小结

个性是指个人带有倾向性的、本质的、比较稳定的心理特征的总和。它包括消费者的具体品性、兴趣、爱好、性格、特质、行为方式等许多方面。兴趣激发购买动机，气质影响行为活动的方式，性格决定行为活动的方向，而能力标志着行为活动的水平。由于消费者具有不同的兴趣、气质、能力、性格等个体性心理特征，使得其购买行为呈现复杂多样、变化多端的状况。

自我概念是指一个人所持有的关于自身特征的信念，以及他对这些特征的评价。实际生活中每一个消费者都可能有多重的自我，从而形成了多种不同的自我概念，包括实际的自我、理想的自我、社会的自我等。在不同的条件下，消费者可能选择不同的自我概念来指导其态度和行为。许多时候，消费者通过一定的产品或服务来延伸和改变自我。

生活方式对应一个人的消费模式，反映了他（她）怎样使用时间和金钱。营销人员广泛地使用 AIO 细分方法和 VALS 市场细分方法测量消费者的生活方式。运用生活方式进行消费者细分确实是一种更有深度和更有效的方法。

研究消费者的个性心理的构成、特点及区分消费者的不同类型，对于深入研究消费者的需求差异，制定营销措施、策略，引导消费行为，具有重要的意义。

练习题

参考答案　更多习题

一、名词解释题

1. 个性
2. 气质
3. 性格
4. 自我概念
5. 生活方式

二、选择题

1. 在选购商品时，有的消费者审慎考虑，独立决策；有的则盲目冲动，缺乏主见。这些不同的行为表现，是消费者（　　）心理作用的结果

A. 个性　　B. 自我概念　　C. 生活方式　　D. 认知

2. 在购买过程中，（　　）的消费者比较冷静慎重，能够对各种商品的内在质量加以细致的选择比较，通过理智分析作出购买决定

A. 胆汁质　　B. 多血质　　C. 黏液质　　D. 抑郁质

3. 消费者在选购商品时，不仅以质量优劣、价格高低、使用性能强弱为依据，而且把商品品牌特性是否符合（　　）作为重要的选择标准

A. 自我概念　　B. 气质　　C. 兴趣　　D. 个性

4. 刘女士欲购买一种新减肥药，她对这种药品方面的信息并不了解，对这类购买行为，企业可采取的营销措施是（　　）

A. 提供热情的咨询服务，耐心介绍药品知识
B. 不要有过多的询问和特别的关注
C. 注重药品的包装和柜台陈列等
D. 注意推荐低价格、效果不错的药品

三、判断题

1. 消费者个性的可塑性决定消费者需求的可诱导性。（　　）

2. 在生活中，我们经常评价某人气质优雅或气质粗俗，即个性心理特征中所指的气质。（　　）

3. 活泼好动，反应迅速，动作敏捷，思维灵活，但往往不求甚解，注意力易转移，情绪不稳定，这些都是抑郁质气质类型的典型特点。（　　）

4. 对“慢性子”的消费者，营销人员要有充分耐心，千万不能因为消费者选购商品的时间长而沉不住气，更不能急躁，显出不耐烦的表情。（　　）

四、思考题

1. 什么是个性？个性心理特征包括哪些方面？

2. 消费者典型的气质类型有哪些？各自有哪些具体表现？针对不同气质类型的消费者，营销人员应采取哪些策略促使其坚定购买信心，采取购买行动？

3. 消费者的性格有哪些类型？其各自的购买行为有哪些具体表现？企业可采取哪些销售策略？

4. 什么是自我概念，自我概念对消费者行为有何作用

5. 什么是能力？在购买活动中，顾客应具备哪些一般能力？

五、技能训练题

1. 了解自我

（1）探索自己的自我意识（个人对自己的身体、智慧、性格特征的全部认识和体验）是如何形成的。

（2）了解自己的长处和不足，学习接纳自己、欣赏自己，并增强改变自己的自觉性。

（3）具体操作。

1）寻根。追寻自我意识的发展历程，自制第一个表格（包括现在状况、生理特征、气质、性格、未来希望、人际关系、现实环境），要求尽量详细深刻。

①父母眼中的我

②同学朋友眼中的我

③老师眼中的我

④自己理想中的我

⑤现实生活中的我

2）我是一个独特的人（承认自我，接纳自我）。自制第二个表格，内容如下：

①我的长处，怎么来的，受了谁的影响，对今后发展的好处。

②我的短处，怎么来的，受了谁的影响，对今后发展的障碍。

3）在自愿的基础上与其他同学相互交流和共享，让其他人发现和挖掘你的优点。

2. 列出10位熟悉的名人，看看他们和我们所熟知的品牌之间有什么内在的联系？

六、案例分析题

案例

把握消费者的购买心理

场景一

一位穿西装打领带的年轻人漫步走入店内，在店内柜台前边走边看，一会儿停下来看看柜台内的药品，一会儿又抬起头好像在考虑什么。店员走近他身边打招呼：“您好，请问您需要点什么？”那位顾客也不答话，快步离开了这个柜台。走了没几步，他又停在保健品柜台前，开始翻看那些促销宣传品。店员见状，又走过来招呼“是要买保健品吗？”话没说完，顾客扔下一句“随便看看”，就快步走了。店员被甩在那里，嘴里嘟囔着“又是一个只看不买的主儿”。

场景二

一位顾客正在挑选一种补钙产品，店员介绍说：这种产品效果好，价格也比同类其他产品便宜，比较实惠。顾客回答说：我以前吃过这种药，效果是不错。我听说你们最近在做活动，买两盒送一小盒赠品。店员扭头大声问柜台内的同事：现在＊＊＊产品还有没有赠品送，这里有个想要赠品的顾客。店员这一叫，店内所有的顾客都把目光投向了这个顾客，她不好意思地低下了头，还没等店员的答复就逃似地离开了药店。

场景三

顾客A和B结伴来到店内。顾客A为选择一种减肥产品而拿不定主意，邀请B顾客当参谋。

A顾客：到底哪种好呢，我觉得甲产品好一些。

B顾客：还是乙产品好一些，我们公司的同事都说效果不错。

店员极力推荐丙产品：我们店内丙产品卖得最好了，甲和乙不如丙，甲和乙虽然广告比较多，但是效果却不如丙，买东西不能光看广告。

顾客B打断店员的话：那我们再看看其他地方的。说完拉着顾客A出门了。

分析：

1. 以上三个场景中，消费者个性心理特征是什么？

2. 药店店员在把握消费者的购买心理中都出现了什么样的问题？

PPT　微课

第四章

医药消费者的需要与购买动机

学习导引

知识要求

1. **掌握**　需要和动机的基本概念，需要的分类、动机的特征。

2. **熟悉**　医药消费者需要的影响因素，医药消费者购买动机的分类。

3. **了解**　早期动机理论与现代动机理论，动机与医药营销策略。

能力要求

1. 能够运用基本概念正确理解需要的分类和动机的特征，进而熟悉医药消费者需要的影响因素和医药消费者购买动机的分类。

2. 学会应用早期动机理论与现代动机理论去探索医药消费者的购买动机进而开展医药营销策略，深入研究医药营销中的消费者需要与动机问题。

素质要求

1. 树立正确的医药消费观念，科学合理地满足医药消费者的需求。

2. 将动机理论与医药营销策略相结合，正确引导医药消费者的购买行动。

案例导入

从叶酸片到婴儿车——预测顾客未来的需求

【案例】美国零售商Target的分析师Pole开发了一个“妊娠预测模型”。通过分析妇女购买的商品来分析其是否怀孕，是否会在未来一段时间里购买哪些产品。例如，如果有顾客购买了叶酸片，将来你向她推送什么产品的广告？

叶酸通常是孕妇吃的；孕妇在怀孕期间除了补充叶酸之外，还会吃含有镁、钙、锌等微量元素的营养片，如善存等；除此之外，孕妇为了防止化学物品伤害胎儿，还会改用无香味护手霜和无香味乳液。

孕妇买了这些东西，过了大约6个月之后，估计婴儿快要出生了，可以向她推送婴儿床、奶瓶奶嘴、婴儿尿布等产品。再过两个月婴儿可能就出生了，此时很可能要推婴儿奶粉。婴儿奶粉是分年龄段的，如果顾客第一次买的是“初生婴儿奶粉”，4~5个月之后最好是推荐“6个月大婴儿奶粉”，10~11个月之后就应该推荐“一岁婴儿奶粉”。

除了奶粉呢？还可以推荐婴儿装，然后沿着时间轴推延，在未来的不同时间点可以推荐6个月大的婴儿装。一岁的婴儿装、两岁的幼儿装……我们都知道小孩子的衣服是很快就穿不下的。还有尿布、奶瓶、婴儿床、婴儿车，还有玩具，不同年龄段婴幼儿适用的不同玩具……

【问题】

1. “从叶酸片到婴儿车”的案例中你得到了什么启发？

2. 如何识别和预测消费者的购买需求？

第一节 医药消费者的需要

满足人民群众不断增长的医药消费需要是医药企业生产经营活动的根本目的所在。同时，掌握医药消费者的需要心理，并制定相应的产销策略去满足这些需要，也是医药企业能在激烈的市场竞争中得以取胜的关键。否则，如果不研究医药消费者需要心理的变化，不了解市场行情，不及时根据市场需要的变化而调整产销策略，顾“产”不顾“销”就可能造成很大的经济损失，从而在激烈的市场竞争中败下阵来。

一、需要的含义

菲利普·科特勒在其经典的《营销管理》中指出，需要是指“没有得到某些基本满足的感受状态”。个体在其生存和发展过程中会有各种各样的需要，如饿的时候有进食的需要，渴的时候有喝水的需要，在与他人交往中有获得友爱、被人尊重的需要，等等。需要是和人的活动紧密联系在一起的。人们购买产品，接受服务，都是为了满足特定的需要。一种需要满足后，又会产生新的需要。因此，人的需要绝不会有被完全满足和终结的时候。

需要虽然是人类活动的原动力，但它并不总是处于唤醒状态。只有当消费者的匮乏感达到了某种迫切程度，需要才会被激发，并促使消费者有所行动。比如，绝大多数消费者可能都有到国外旅游的需要，但由于受经济条件和其他客观因素的制约，这种需要大都只是潜伏在消费者心底，没有被唤醒，或没有被充分意识到。此时，这种潜在的需要或非主导的需要对消费者行为的影响力自然就比较微弱。

由于医药商品的特殊性，消费者医药消费需求的产生基本上来自于内在的生理上的反应，即人们由于疾病带来的生理病痛和心理压力，不得不去看病买药。另外，外部各方面对疾病症状的描述也可能会激发消费者对医药的需求，同时外部的刺激往往会左右人们具体的消费决策，比如当消费者对某感冒药广告“白天服白片不瞌睡，晚上服黑片睡得香”印象特别深刻，一旦感冒可能会买这种感冒药。

二、需要的分类

消费者的需要是丰富多彩的，需要可以从多个角度予以分类。了解和掌握这些分类，有助于经营企业和营销人员更好地认识和把握消费者的需要。

（一）按照需要产生的原因划分

1. 生理需要 维持个体生存和人类繁衍而产生的需要，如对食物、氧气、水、睡眠等的需要。生理需要是消费者为维持和延续生命而对衣、食、住、行、安全等基本生存条件方面的需要。

2. 社会需要 是指消费者在社会生活中形成的、带有人类社会特点的某些需要。比如人们的社会交往、求知求美、获得荣誉等方面的需要。人们的社会需要受社会环境影响，往往具有时代、阶级、文化的印记，因为社会需要是由人类的心理特征决定的，因而又称为心理需要。

（二）按照需要的对象划分

1. 物质需要 是指消费者对以物质形态存在的具体有形商品的需要。显然，这种需要反映了消费者生物属性上的欲求，满足其生理需要。

2. 精神需要 作为人类特有的需要，是指消费者对于观念、智力、道德、审美、交往等方面的需要，如获得知识、寻求友谊、艺术欣赏和政治进取等方面的需要。显然，这种需要更多地反映了消费者在社会属性上的欲求，满足其心理需要在对消费者物质需要和精神需要的把握上，需要强调两点。

首先，不能将消费者的物质需要简单地对应于生理需要。随着社会的进步和发展，人类对物质产品的需要也正日益增多地体现着消费者个体的个性、成熟和个体的社会地位等消费者社会、精神需要的内涵。

其次，消费者精神需要的满足往往要依赖一定物质基础或通过一定物质载体来实现，比如要满足消费者获得知识的需要，就必须满足一定的书籍、文化用品等方面的物质需要；要满足消费者追求健康的需要，就需要在保健食品、药品、健身器材等方面予以满足。

总之，物质需要和精神需要的区别是相对的。在对其进行分类时，不能将二者绝对对立起来。

（三）按照需要实现的程度划分

1. 已实现的需要 是指消费者在需要的驱使下已经完成了对某种商品的购买，达到了最初的目标，满足了需要。已实现的消费需要仍然是营销活动的一个重要环节，也是很容易被人忽视的环节。事实上，由于不少商品在消费中有连带关系，如修理、购买配件和接受各种服务。已实现的消费需要是市场营销活动中应该重视和研究的内容之一。

2. 现实的需要 又称待实现的需要。这是指具有支付能力并已做出购买决策而尚未发生购买行为的市场需求。这种需要是市场营销的直接对象。完成消费者购买活动的种种条件，如交通、运输和购买者的闲余时间等因素，将直接影响待实现的消费需要能否转化为已实现的消费需要，以及实现这种转化的时间。

3. 潜在的需要 又称待开发的需要。这是指消费者有支付能力但尚未有具体商品作为购买目标，或指消费者支付能力暂时不足，但可以通过某种方式予以弥补解决的市场需求。潜在的需要通常是由某种消费条件不具备所致。例如，市场上缺乏能满足需要的商品消费者的经济能力不足、缺乏充分的商品信息、消费意识不明确、需求强度低等。上述条件一旦具备，潜在需要可以立即转化为现实的需要。

（四）按照需要的适宜性划分

1. 合理需要 是指消费者现实的消费需要与由消费者实际生理或心理上的不平衡而引发的、与客观消费需要相一致的需要状态，这是一种合理的需要状态。

2. 不合理需要 与合理需要相反，它是指消费者现实的消费需要超越了由消费者实际生理或心理上的不平衡而引发的对某种商品的客观消费需要，或者说消费者的消费需要处于一种过度需要的状态。这种不合理的消费需要可能源自消费者认识上的偏差，也可能是由供应商的不合理诱导引起。

应该说，不合理需要的大量存在将导致社会资源的极大浪费，因此社会各方面必须采取措施加以控制。对于生产和经营企业而言，则应注意自己的经营道德，避免对消费者的需要进行不合理的诱导。

（五）按照需要的层次分类划分

美国心理学家马斯洛在1943年提出了需要层次理论，在马斯洛的需要层次理论中，将人的需要分为5个层次：即生理需要（physiological need）、安全需要（safety need）、爱与归属的需要（love and belongingness）、自尊的需要（self-Esteem）、自我实现的需要（self-Actualization）（图4-1）。

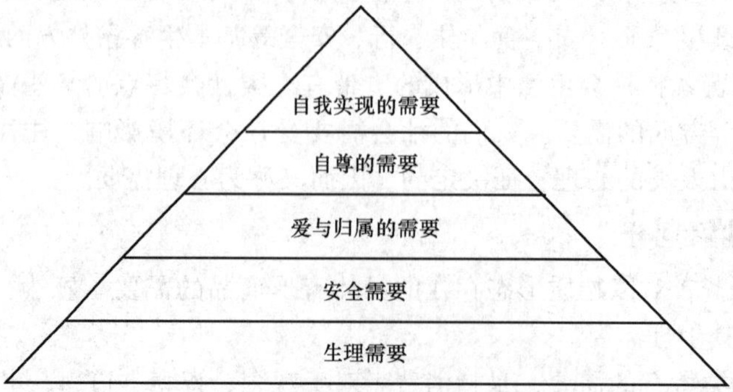

图4-1 马斯洛的需要层次划分

1. 生理需要 是指为维持个体生存和发展而对基本生活资料的需要。比如人们对衣、食、住等最基本生存条件的需要。

2. 安全需要　是指个体希望自己在生理和心理方面免受伤害、获得保护、照顾和安全感等方面的需要。比如对身体健康、职业稳定、环境安全等的需要。

3. 爱与归属的需要　是指个体希望给予和获得他人友谊、关怀和爱护，得到家庭、朋友及社会团体的接纳和承认等方面的需要。

4. 自尊的需要　是指个体希望受到家庭、朋友或社会团体的尊重、获得好评并取得一定社会地位的需要。

5. 自我实现的需要　是指个体希望充分发挥自己的能力，实现自己的理想和抱负的需要。

在上述关于人类需要的5个层次中，前2个层次的需要主要涉及人的身体需要或生理需要，是人的最基本或最低级需要；后3个层次的需要主要涉及人的社会或精神、心理方面的需要，是人类的较高层次的需要。根据马斯洛的需要层次理论，上述需要的5个层次是逐级上升的：当低级层次的需要被满足之后，人们又会产生更高级的需要。一般而言，人的低级需要是有限的，一旦得到满足，便不再激发人的行为动力，而高级需要则几乎永无止境。马斯洛得出结论：没有满足的需要，是消费者行为的真正动力。

知识链接

需要层次理论在营销实践中的应用

营销实践中，我们可以根据五个需求层次划分出五个消费者市场：

- 生理需求：满足最低需求层次的市场，消费者只要求产品具有一般功能即可。
- 安全需求：满足对“安全”有要求的市场，消费者关注产品对身体的影响。
- 社交需求：满足对“交际”有要求的市场，消费者关注产品是否能提高自己的交际形象。
- 尊重需求：满足对产品有与众不同要求的市场，消费者关注产品的象征意义。
- 自我实现：满足对产品有自己判断标准的市场，消费者拥有自己固定的品牌。

例：根据需求层次理论划分保健品市场。

- “生理需求”市场：消费者关注“产品确实是保健品”，选择价格最便宜的保健品。
- “安全需求”市场：消费者关注“保健品质量好”，在价格相差不是很大的情况下，选择质量较好的保健品。
- “社交需求”市场：消费者关注“产品对于交际的影响”，比如精美的包装、成分天然、无添加以及品牌的形象都能让消费者愿意付出更高的价格。
- “尊重需求”市场：消费者关注的是“获得别人认可”，把产品当作一种身份的标志，优良的制药技术、稀缺的产品、养生保健的功能，甚至包括最高的价格都是他们选择的理由。
- “自我实现”市场：消费者已经拥有1~4层次的各种需求，他们对保健品的认识转变为某个品牌对其生活的影响，在精神上认可了某个品牌。也就是保健品的品牌精神内涵对于他们的选择影响很大。

三、医药消费者需求的基本内容

课堂互动

医药消费者需求有什么特殊性？

由于收入水平、文化程度、职业、性格，年龄和生活习惯等不同，消费者对同一类药品甚至是对同一种药品的需求、关注内容也是千差万别的。消费者需求的基本内容可以概括为以下几个方面。

（一）对医药产品基本功能的需求

产品的基本功能是指能满足消费者某种需要的物质属性，是产品满足消费者需要的核心内容，亦即消费者所购买的最本质的东西。例如，冰箱能够冷冻或保鲜食品；空调能够产生冷气，并能够在制冷的时候省电、不产生噪音；护肤品能够留住水分、保养皮肤等。而医药产品的核心是满足预防、治疗、诊断疾病，有目的地调解人体生理功能的需要。

（二）对医药产品安全性的需求

所谓产品的安全性，即消费者要求产品在购买、使用、处置的过程中不会对自己的身体、财产造成任何的伤害。对一些生态意识较强的消费者来说，其对产品安全性的需求还包括产品在生产、营销、消费的过程中不对环境造成损害或有利于环境的保护。例如，蔬菜中化学农药成分过高，化妆品中过高的激素含量，儿童玩具中易被误食的小部件等都是一些产品的不安全性因素。

医药产品的安全性是指消费者在正常的用法用量下，不会出现严重的不良反应，不会由此对身心造成损害。自药品问世以来，世界上已经出现了许多“药害”事件，例如20世纪20年代广泛使用含砷化合物治疗梅毒导致很多人死亡，三氯甲烷用于分娩使许多产妇死亡；24-二硝基酚用于减肥出现了白内障和目盲等。对于医药消费者来说，不是药没有“治病”，而是“致病”。

（三）对医药产品便利性的需求

消费者对于产品便利性的需求要求企业在消费者购买、使用过程中尽可能地为消费者提供方便，减少消费者在时间、精力、体力等方面的付出。由于对便利性需求的存在，当产品或服务在价格、质量等其他条件相同的情况下，消费者总是会选择那些能提供更大便利性的供应商、产品或服务。甚至在有些条件下，消费者还可能为了便利而放弃其他方面的利益。例如，住在社区便利型药店附近的居民可能都有这样的经历，虽然社区便利型药店的医药商品同大型的一站式购物广场、药品平价超市相比，种类并不丰富且价格更高，但是相当多的社区居民在购买一些常用药品或急用药品时，还是宁愿到就近的社区便利型药店购买，而不太愿意花半个小时甚至更长的时间到别处购买。

医药产品的需求是一种急迫性的需求，这种需求如果不及时满足会给人们带来生理或心理方面的现实的或潜在的痛苦；这种需求延迟满足或者可能会增加顾客总成本，或者可能会造成难以满足或不再有机会得到满足，或者导致不需要再去满足的生命终结；大多数疾病的发生导致健康需求的产生是非预期的。所以，能否方便快捷地得到药品是消费者选择购买地点的重要因素。这也是社区型药店能够生存下来的主要原因之一。虽然比不上综合健康广场产品种类丰富，也比不上平价药店价格那么实惠，但是消费者可以花最少的时间和体力成本购买到需要的药品。

（四）对医药产品审美功能的需求

药品包装标签是消费者获得药品信息的重要途径，国家药品监督管理部门对于药品包装标签有明确的规定。如药品的通用名称应当显著、突出，其字体、字号和颜色必须一致，并符合以下要求：横版标签必须在上1/3范围内显著位置标出；竖版标签必须在右1/3范围内显著位置标出；不得选用草书、篆书等不易识别的字体，不得使用斜体、中空、阴影等形式对字体进行修饰；字体颜色应当使用黑色或者白色，与相应的浅色或者深色背景形成强烈反差；除因包装尺寸的限制而无法同行书写的，不得分行书写。药品商品名称不得与通用名称同行书写，其字体和颜色不得比通用名称更突出和显著，其字体以单字面积计不得大于通用名称所用字体的1/2。针对一些企业使用注册商标进行宣传的情况，《药品说明书和标签管理规定》还规定，药品标签使用注册商标的，应当印刷在药品标签的边角，含文字的，其字体以单字面积计不得大于通用名称所用字体的1/4。药品说明书和标签中禁止使用未经注册的商标以及其他未经国家药品监督管理部门批准的药品名称。

由于药品也是商品，消费者对于药品的包装也和一般商品一样，有着审美功能的需要，表现为消费者对产品在工艺设计、造型、色彩、装潢、整体风格等方面审美价值上的要求。因为对美好事物的向往和追求是人类的天性，它体现于人类生活的各个方面。在审美需要的驱动下，消费者不仅要求产品具有实用性，同时还要求产品具有较高的审美价值；不仅重视产品的内在质量，而且希望产品拥有完美的外观设计，即实现实用性与审美价值的统一。

（五）对医药产品价格的需求

人们在购买医药产品时会因个人条件、环境等的不同而产生不同的消费心理，体现在对待医药产品的价格态度上就是所谓的价格心理。有的消费者经济收入较高，有一定的社会地位和身份，在医药商品的作用上都追求档次和品位，以符合其身份。有的消费者经济条件较差、生活负担较重，其药品选择的首要标准就是价格，特别是对待普通药品时更加明显。

知识链接

需要和需求

需要是有机体感到某种缺乏而力求获得满足的心理倾向，它是有机体自身和外部生活条件的要求在头脑中的反映，是人们与生俱来的基本要求。

需求是由需要而产生的要求。经济学上指消费者购买商品或劳务的欲望和能力。在市场经济中，人的欲望和需求能力，都是通过货币来实现和体现的。

需要是主观的，需求是客观的。

四、医药消费者需求的特征

课堂互动

医药消费者的需求具有哪些特征呢？

消费需求具有需求多样性、发展性、层次性、可变性、周期性、互补与互替性等特征。药品是与人的健康、生命相关联的特殊产品，主要用于治疗或预防疾病。因此，消费者在获得药品满足其健康的需求上也存在其特殊性。表现在以下几个方面。

（一）被动性需求

健康需求是人的生理需求的一部分，它的产生是不能完全自主的。主要表现在以下方面。

（1）由于遗传、环境、个性等多种因素导致人们是否得病是不能完全自主的。

（2）疾病及其成因的复杂性需要很高的专业技术和专业技能才能得到确定，人们对所患疾病的确诊和治疗方式是不能完全自主的。

（3）药品本身的高技术特性决定了其内在质量和功效作用等需要较强的专业性技术加以识别，人们用什么样的药品来治疗疾病也是不能完全自主的。

因此，这就决定了医药消费者需求是一种被动性需求。这种需求的满足要依靠专业技术和专业技能的采用才能得到实现。在很大程度上，疾病的确诊、治疗和用药是被动地由医生决定的，使用什么药品也是被动地由药品的研发、生产和供应状况决定的。尽管药品分类管理后，对于OTC药品，顾客可以自行判断、购买和使用，但疾病本身的复杂性、药品的高度专业性，顾客在选购和使用时，也往往是头痛医头，脚痛医脚，不能从整体上来把握自己的病情，自然对症用药也就存在难度。

（二）被迫性需求

需求的被迫性是指这种需求一旦产生，就迫使人们不得不去满足。比如，人们攒钱买房和买药都能实现某种需要的满足，不同的是，买房人们的满意度会提高；但不需要买药人们的满意度才会提高，这就反映了医药消费者需求的被迫性。需求的这种被迫性也决定了由于经济等因素而使人们的健康需求得不到满足时，所带来的生理病痛和心理压力巨大，从而造成人们的生活质量显著下降。从某种程度上说，政府对药品实行价格管制，制订药品最高限价就是由于健康需求的被迫性决定的。

（三）急迫性需求

急迫性需求是指医药消费者需求是急切需要满足的需求。具体表现在：这种需求如果不及时满足会给人们带来生理或心理方面的现实的或潜在的痛苦；这种需求延迟满足可能会增加顾客总成本、可能会造成难以满足或不再有机会得到满足、可能导致生命终结；大多数疾病的发生导致健康需求的产生是非预期的。

（四）目标指向的需求

目标指向的需求是指不是所有药品都能满足某一特定顾客的需求，或者说，顾客的这一需求满足只能由一种或几种药品来提供，其他大多数药品对于顾客的这一需求不起作用或没有意义，不能对顾客总价值有任何贡献。顾客对于要购买的药品种类有很强的针对性，目标指向集中。例如，胃病患者到药店后不会购买心血管类药品，甚至除了购买胃药外，不会在其他柜台驻足。因此，药店中的药品不能像百货商店中的商品那样，都能或多或少地满足顾客的某些需求，从而提高顾客总价值。人饥饿的时候，米饭、馒头、馅饼等所有食品都能满足其需求，只是由于个人偏好满意度大小不同而已。但健康需求则不是所有药品都能满足的，不是指向顾客特定需求的药品，不仅不能给顾客带来满意体验，还会加大顾客总成本，降低顾客满意度。

（五）需要量精确的需求

就某一特定消费者的一种特定需求而言，其对药品需求的数量是非常精准的。因为满足这一需求的某种药品既不能多，也不能少。用量少，其治疗效果就不显著，甚至达不到治愈的目的，往往也会延误病情；用量多，药品的毒副作用会增加，超过治疗量的用药也容易导致中毒，甚至死亡；就病程而言，超过了病程的用药（即治愈后的用药）显然没有意义，保存起来备用也未必一定适用于下一次的疾病，过期失效后也增加了顾客购买药品的支付成本。医药消费者一次的购买量一般是预计现实疾病治愈的量。慢性病患者可能是按一个周期、一个疗程作购买参考，顾客一次性购买量并不大。也就是说，满足这一需求的药品提供量，不管是少还是多，顾客都会不满意。

（六）谨慎满足的需求

常言道“是药三分毒”，因此用药不当不仅不能治病，还有可能致病。消费者在选购药品时总是很慎重的，甚至愿意多花钱去买“好”药，由于对疾病及药品知识的缺乏，消费者往往也错误地把药品价格的高低作为判断药品好坏的标准。

（七）缺乏弹性的需求

所谓弹性需求，是指消费者需求随着收入和价格变化而变化的程度。收入及价格等因素的变化对医药消费需求的影响并不明显，尤其是治疗药物，人在健康时（包括疾病治愈后），即使收入再高，医药价格再低，也没有需求；而一旦生病，特别是关系到生命的治疗，往往不计成本，甚至倾家荡产。

五、影响医药消费者需求的主要因素

课堂互动

哪些因素会对医药消费者需求产生影响?

医药消费者需求的影响因素是多方面的，主要的影响因素有以下几种。

（一）人口学因素

人口学因素是药物消费需求最重要的影响因素之一。影响药物消费需求的人口学因素主要包括人口的数量、质量、性别、年龄、文化水平、婚姻和患病状况等。比如在其他因素不变的情况下，药物消费需求随着人口数量的增加而增加；在其他因素不变的情况下，不同年龄的人对药物消费需求不论是数量上还是种类上都有明显的不同；婚姻状况对药物消费需求的影响也很明显，据调查发现：独身、鳏寡、离婚者往往对医药有较高的需求。另外，受较高教育者由于更注重自身的预防保健，相应地对预防保健药品的需求较高。

（二）经济学因素

个体的经济状况取决于其可支配收入的水平、储蓄、资产、借贷能力以及消费偏好。从经济学因素分析影响消费者购买行为和药物消费需求的因素主要包括消费者收入和药品价格两个因素。

1. 消费者收入 消费者收入水平对消费者药物消费需求的数量和内容都会产生影响。根据经济学的恩格尔定律：当居民家庭收入增加时，收入中用于购买食品的比例下降，而用于教育、保健、交通、服装、娱乐和储蓄等方面的比例会上升。恩格尔定律对研究药品需要变化趋势具有一定的应用价值。

有很多研究和数据证明了收入水平对药品消费需求的影响。据测算，占世界人口75%的发展中国家，只消费了世界药品的21%，而占世界人口25%的发达国家，却消费了世界药品的79%。随着人们收入水平的提高，高脂血症、糖尿病等“富贵病”在我国一些地区暴发流行，由此引发了对相应治疗保健药品的大量需要；另外，收入水平高的消费者在患病时，往往对价格昂贵药品的需要较高。

2. 药品价格 药品价格水平会对消费者支付能力产生影响，进而会影响消费者对药品的欲求。在支付能力有限的情况下，因为消费者不具备消费条件，此时消费者即使有健康问题，对药品也只能是一种低水平的或潜在的需要。若药品价格下降（或消费者收入增加），则意味着提高了消费者的支付能力，原来低水平的消费需要则会转化为较高水平的消费需求。原来潜在的消费需求就会转化为现实的消费需求。另外，在可以互相替代的药品之间，若其中一种药品价格的变动，也会引起另一种药品需要量的变化。

（三）医疗保障制度因素

消费者享有的医疗保障制度可以对消费者的药物消费需求产生影响。医疗保障制度对消费者药物消费需求的影响主要体现在医疗保障制度的覆盖面以及医疗保障制度关于药品报销目录、药品费用分担比例、医疗服务供方支付方式等政策的制定上。例如，列入医疗保险药品报销目录的药品需求量较大；提高或降低医疗保险分担比例时，会引起药品需求的相应降低或增加：医疗保障覆盖面扩大，因其解决了消费者支付能力问题，会引起药物消费需求增加。

（四）临床医师和药师因素

因为消费者在大多数情况下不能自主判定对药品的消费需求，而是由医师决定。即使消费者自己在药店购买非处方（OTC）药，也容易受驻店药师或销售人员的影响。因此，临床医师和药师的引导作用对药品消费需要的影响非常明显，成为药品消费需要的重要影响因素。

应该说，临床医师对消费者药物消费需求的影响不仅取决于其对疾病治疗要求的判断，还取决于医师对药物利用的热情。当医师对药物利用的多少与其自身经济利益紧密相连时，医师往往会以极大的热情利用相应的药物，或者说，引导患者更多地利用药物，增加其药物消费需求（有时甚至是过度需求或不合理需求）。

近20年来，我国医疗服务领域市场化改革使医院和医师有了自身的经济利益，这也在一定程度上促使了我国药物利用和需求（包括不合理利用或需求）的增加，导致我国医药费用的高速增长。

（五）医药技术因素

医药技术发展对药物消费需求的影响是双向的。在有些情况下，医药技术的进步可以使某些疾病迅速治愈或消除，进而使相应治疗药物的需求减少；而在有些情况下，医药技术的进步可以使某些过去不能治疗的疾病变得可以治疗，相应地又会增加这类疾病治疗过程中的药物需求；另外，随着医药技术的发展，一些具有更好治疗效果或治疗功能的药物产生并应用于临床。这又会形成新的需求指向，扩大消费者对药物需求的内容和范围。

从总的趋势看，医药技术因素对药物消费需求的影响是正向的，即促进的作用大于减少的作用。

（六）流行病学因素

对药物需求产生影响的流行病学因素主要指疾病谱的变化。在不同疾病谱下，对药物的需求和利用情况有很大差异，比如，循环系统和呼吸系统疾病分别有79%和86%的患者需要获得药物治疗，此类疾病患病率增加，必然带来相应药物需求的增加；另外，随着疾病谱的变化，心脑血管疾病、肿瘤等疾病治疗药物需求也是呈现明显增长趋势。

第二节　医药消费者的购买动机

一、动机理论

（一）早期动机理论

1. 本能说　是解释人类行为的最古老的学说之一。最初的本能理论只不过是人们对所观察到的人类行为予以简单命名或贴上标签而已。例如，20世纪初，美国心理学家麦道孤（W. McDougall）提出人类具有觅食、性欲、恐惧、憎恶、好奇、好斗、自信等一系列本能。按照本能说的解释，人生来具有特定的、预先程序化的行为倾向，这种行为倾向纯属遗传因素所决定；无论是个人还是团体的行为，均源于本能倾向。换句话说，本能是一切思想和行为的基本源泉和动力。

本能行为必须符合两个基本条件：其一，它不是通过学习而获得的；其二，凡是同一种属的个体，其行为表现模式完全相同。像蜜蜂将蜂巢筑成六角形、蝙蝠倒挂着睡觉、候鸟定期迁徙，都属于本能性行为。人类也有很多本能行为，如婴儿天生就有对母亲的特殊反应倾向，有对黑暗的恐惧感，等等。从市场营销角度来看，本能行为的价值在于，它能使针对这些行为的特定的营销刺激更具有效性。例如，在广告宣传中以母爱为诉求，可能很容易唤起成年人对某些儿童用品的好感，从而有助于这些产品的销售。

相对于多样、复杂的人类行为，本能行为只是很小的一部分，而且许多被视为具有“人类天性”的行为也可以通过学习来加以改变。基于此，现在很少有学者坚持用人的天性或本能作为人类复杂行为后的动因。

2. 精神分析说　精神分析说的创始人是奥地利精神病学家、心理学家弗洛伊德（Freud）。他的这一学说，在西方社会生活、思想意识和科学文化等各个领域均产生了广泛而深远的影响。弗洛伊德认为，人的精神由三部分构成：意识、前意识和潜意识。意识是与直接感知有关的心理部分，即出现在我们的意识中，为我们所感知的要素或成分。潜意识是指个人的原始冲动和各种本能以及由这种本能所产生的欲望，它们为传统习俗所不容，被压抑到意识阈限之下，是人的意识无法知觉的心理部分。前意识是介于意识与潜意识之间，能从潜意识中召回的心理部分，是人们能够回忆起来的经验，它是意识与潜意识之间的中介环节与过渡领域。弗洛伊德进一步认为，如果把人的精神比作一座冰山，意识只是露出水面上的冰山一角；前意识是介于水面的部分，随着海水的起落而时隐时显；潜意识则是深藏在水面之下的冰山主体，在人的精神生活中处于基础性地位。因此，理解人类行为背后潜藏的动机，只分析意识和前意识层次是不充分也是不恰当的，而应当深入到潜意识的层次。

弗洛伊德同时认为，人格结构由三大系统组成，即本我、自我和超我。三大系统作为一个整体，只有相互协调，才能使人有效地与外界环境交往使人的基本需要与欲望得到满足。反之，会使人处于失常状态，降低活动效率，甚至危及人的生存与发展。其中，本我是构成人的生命力的内在核心，是一切心理能量之源，本我按“快乐原则”行事，它不受社会道德、外在的行为规范的约束，它唯一的要求是获得快乐避免痛苦，本我的目标乃是求得个体的舒适，生存及繁殖，它是无意识的，不被个体所觉察。自我是人格结构中的行政管理机构，是自己可意识到的执行思考、感觉、判断或记忆的部分，自我的功能是寻求本我冲动得以满足，而同时保护整个机体不受伤害，它遵循的是“现实原则”，为本我服务。超我是专管道德的司法部门，是人格结构中代表理想的部分，它是个体在成长过程中通过内化道德规范、内化社会及文化环境的价值观念而形成，其功能主要在监督、批判及管束自己的行为，超我的特点是追求完美，所以它与本我一样是非现实的，超我大部分也是无意识的，超我要求自我按社会可接受的方式去满足本我，它所遵循的是“道德原则”。

总之，弗洛伊德试图透过对本我、自我、超我所构成的人格系统的分析，把握潜意识心理活动的规律及其特征，论证人的本能和欲望对人的行为的决定性作用。在强调人的动机和行为主要受潜意识本能和欲望驱使的同时，弗洛伊德也给理性思维留有一席之地。他并没有完全否定意识与理智的地位和作用，而是把它们视为潜意识心理活动的发展形式。他认为，可以通过自我意识对本我潜意识的不断调整，通过超我对自我的作用，使本能欲望在现实交往中得到满足，并使之纳入符合社会理想和良心的范畴，升华为人类生活中较高尚的目标。

弗洛伊德倡导的精神分析理论是消费者动机研究方法中颇有争议的一种。虽然如此这一理论对于理解和分析消费者行为仍具有重要的启示意义。20 世纪 30~50 年代，在动机研究正值鼎盛时期时，发展起了诸如语意联想法、投射法等间接了解消费者动机与态度的研究方法。这些方法是精神分析学说在行为分析领域的渗透和影响的结果。

3. 伍德沃斯和弗鲁特的驱力理论　驱力一词最初由伍德沃斯于 1918 年引入心理学。驱力是由于个体生理或心理的匮乏状态所引起并促使个体有所行动的力量，是促使生理机制起作用的动力。与本能说不同，驱力理论假定，人和动物的行为均是内部能量源的驱动，是经由学习而不是遗传所引起的。

从营销角度来说，驱力理论集中于会产生令人不愉快的状态的生理需要。这迫使人们去减少那种被激发起的紧张感，从而刺激了一种目标导向的行为，它试图去减少或消除这种不愉快的状态。驱力理论是建立在体内平衡原理基础上的，当个体因物质和能量失衡产生内在需要时，驱力促使其采取行动满足需要，消除紧张。一旦某种行为能有效地消除紧张，该种行为便为个体所习得，从而使得个体在下一次面临同样紧张状态时，也会产生类似行为反应。

美国学者霍尔（Hull）提出的 $E=D \cdot H$ 公式实际上反映了驱力理论的基本观点。公式中，E 表示从事某种活动或行为的努力或执着程度，D 表示驱力，H 表示习惯。霍尔公式表明，消费者追求某种产品的努力程度将取决于消费者由于匮乏状态而产生的内驱力，以及由观察、学习或亲身经历所获得关于这一产品的消费体验。

然而，驱力理论也不是没有局限的，因为诱因理论是建立在体内平衡原理基础上的。这突出地表现在两个方面：一是在缺乏驱力的情况下，有机体仍可能从事某种行为，这一点似乎是驱力理论无法解释的。比如，在并不感到饥饿的情况下，仅仅闻到食物的香味，或听到电视里对美味的描述就可能导致吃喝动机。二是生活中的大量证据表明，生物有机体，尤其是人有一种不懈追求外部刺激的倾向，如登山、探险、猎奇等。这类现象也是驱力理论难以解释的。迄今为止，针对上述两个问题分别发展起了各式各样的理论，其中诱因论（theory of incentive）和适度唤醒论（theory of optimal arousal）最具有代表性。

持诱因论的学者采用两个概念，即感受激励机制（SIM）和预期激励机制（AIM）来处理前面叙及的问题。感受激励机制用来解释个体对特定刺激的敏感性，以及由此对行为产生的激励作用或激励后果。例如，当闻到食物的香味或看到刚出炉的面包时，你会顿生饥饿感。此时，饥饿感可能并非源自通常意义上的生理需要，而是由于另外的生理机制在起作用。这类特定的生理机制并不对个体产生驱动作用，而只是使个体对某些类型的刺激物特别敏感。波利（Powley）的一项研究表明，诸如分泌唾液、胃液、胰酶、胰岛素等引起饥饿感的预备反应，是由食物的感觉属性如外观、气味等所引发的，由此说明，外部诱因可能对行为起一种牵引作用。诱因论者提出的第二个概念是预期激励机制。简单地讲，预期激励机制是指因对行为结果的预期而产生的行为激励后果。诱因论者认为，个体关于行为奖赏的预期将直接影响其活动状态。如果行为预期的奖赏效果好，个体将处于更高的活动水平，反之，将处于较低的活动水平。诱因论者的这一思想，实际上隐含着个体受目标导引而且知悉行为后果这一基本假设。

适度唤醒理论认为，个体在身心两方面，保持一种适度的兴奋水平，既不过高也不过低，低则寻求增高，高则寻求降低。人的兴奋或唤醒程度可以很高，也可以很低，从熟睡时的活动几近停止到勃然大怒时的极度兴奋，中间还有很多兴奋程度不等的活动状态。人类某些追求刺激和冒险的行为，例如登山、探险、观看恐怖电影等，恰恰是为了唤起紧张而不是消除紧张。适度唤醒理论可以解释很多营销与购买现象。比如，对某一品牌形成忠诚的消费者在连续选择该品牌一段时间后，往往会由于对该品牌的“饱和感”而选择尝试新的品牌。如果后者没有特别的吸引力，该消费者又会选择原来的品牌。又如，适度兴奋论可以很好地解释消费者有时大量搜集信息，以降低购买风险，从而使决策简单化，而在另外的情况下，则存在使购买决策复杂化的倾向。一些企业发现，在宣传企业产品时，隔一段时间对广告版式或文案做稍许变动，广告效果会更好。这实际上也是运用了适度唤醒理论。

（二）现代动机理论

1. 马斯洛需要层次论 美国人本主义心理学家马斯洛（Maslow）于1943年提出了著名的需要层次理论。该理论既是一种动机理论，又是一种激励理论。

马斯洛认为，人的五种需要是按从低级到高级的层次组织起来的，只有当较低层次的需要得到了满足，较高层次的需要才会出现并要求得到满足。一个人生理上的迫切需要得到满足后，才会去寻求保障其安全；也只有在基本的安全需要获得满足之后，爱与归属的需要才会出现，并要求得到满足，依此类推。马斯洛并没有说较低层次需要完全满足之后，才会产生高一层次需要，而只是说，人的各种需要存在高低顺序，或者说各种同时出现的需要中存在优势需要。就一般情况而言，只有在较低层次需要得到满足或部分得到满足后才会成为优势需要。人作为有欲望的动物，其行为受需要所驱使，但需要什么取决于已经有了什么，只有未被满足的需要才影响人的行为。换句话说，已经满足的需要，不再是优势需要，亦不再是行为的决定性力量。由于生理、安全、爱与归属、自尊这四类需要多在匮乏情形下产生，并且构成最高层次需要即自我实现需要的基础，因此，这四种需要被合称为基本需要或匮乏需要；而最高层次的自我实现需要被称为衍生需要或存在需要。

在马斯洛看来，高级需要是一种在进化史上发展较迟的产物，它更多地为人类所特有。尽管越是低级需要，其优势的出现一般越早，但越是高级的需要，其满足有长远的价值和意义，“从主观上讲，高级需要不像其他需要一样迫切。它们不被觉察，容易被搞错，容易由于暗示、模仿，或者错误的信念和习惯而与其他需要混淆，但高级需要的满足能引起更合意的主观效果，即更深刻的幸福感、宁静感，以及内心生活的丰富感。”

马斯洛需要层次论提出的许多观点与结论无法在实证水平上予以证实或反驳，科学性经常受到争论。但正如美国学者列维特（Leavitt）所指出，这一理论的效用在于它可以为人们提供一种有用的思考工具，瑕不掩瑜，其优点似乎总是超过存在的问题，从消费者行为分析角度看，这一理论对理解消费者行为动机，对于企业针对消费者需要特点制定营销策略，具有重要价值。首先，它提醒我们，消费者购买某种产品可能是出于多种需要与动机，产品、服务与需要之间并不存在一一对应的关系。在现代社会，如果认为消费者购买面包仅仅是为了充饥，那将大错特错。其次，只有低级需要获得充分满足后，高级需要才会更好地得到满足。企业在开发、设计产品时，既应重视产品的核心价值，也应重视产品为消费者提供的附加价值，因为前者可能更多地与消费者的某些基本需要相联系，后者更多地与其高层次需要相联系，用产品的附加功能取代其核心功能是注定要失败的。再次，越是涉及低级需要，人们对需要的满足方式与满足物就越明确，越是涉及高级需要，人们对满足这类需要越不确定。饿了要吃食物，渴了要喝水和饮料，对此，消费者十分明确和清楚。但对如何才能获得别人尊重，如何获得友谊，如何使生活更加美好，对于这一类高级需要如何满足或以何种方式满足，消费者并不完全清楚。这实际上也意味着，越是满足高级需要的产品，企业越有机会和可能创造产品差异。最后，越是高级需要，越难以得到完全满足，原因在于，满足需要的愉快体验中又会产生更高的需要。

2. 赫茨伯格双因素理论　双因素理论是由美国心理学家弗雷德里克·赫茨伯格（Frederick Herzberg）于1959年提出来的。20世纪50年代末期，赫茨伯格和他的同事们对匹兹堡附近一些工商业机构的约200位专业人士做了一次调查。调查主要是想了解影响人们对工作满意和不满意的因素。结果发现，导致对工作满意的因素主要有五个：成就、认可、工作本身的吸引力、责任和发展；导致对工作不满意的主要因素有：企业政策与行政管理、监督、工资、人际关系及工作条件等。

赫茨伯格将导致对工作不满意的因素称为保健因素，将引起工作满意感的一类因素称为激励因素。保健因素，诸如规章制度、工资水平、福利待遇、工作条件等，对人的行为不起激励作用，但这些因素如果得不到保证，就会引起人们的不满，从而降低工作效率。激励因素，诸如提升、提职、工作上的成就感、个人潜力的发挥等，能唤起人们的进取心，对人的行为起激励作用。要使人的工作效率提高，仅仅提供保健因素是不够的，还需要提供激励因素。一个单位固然要为员工提供具有吸引力的工资福利待遇和生产、生活条件，但如果这些待遇和条件采用平均分配的办法，不与个人的责任大小、工作业绩或成就挂钩，就只能起到“保健”作用，无法激励员工不断进取和努力做出新的成绩。

将赫茨伯格双因素理论运用于消费者动机分析，亦具有多重价值与意义。商品的基本功能或为消费者提供的基本利益与价值，实际上可视为保健因素。这类基本的利益和价值如果不具备，就会使消费者不满。比如保温杯如果不能很好地保温，电视机画面不清，都会使消费者产生强烈的不满情绪，甚至导致对企业的不利宣传，要求退货，赔偿损失，提起法律诉讼等对抗行动。然而，商品具备了某些基本利益和价值，也不一定能保证消费者对其产生满意感。要使消费者对企业产品、服务形成忠诚，还需在基本利益或基本价值之外，提供附加价值，比如使产品或品牌具有独特的形象，产品的外观、包装具有与众不同的特点，等等。因为后一类因素才属激励因素，对满足消费者社会层次的需要具有直接意义。

商品的哪些特征、利益具有保健因素的成分，哪些具有激励因素成分，不是固定不变的。比如，在电视机刚发明面市的阶段，能够放出图像并伴有声音就足以促动一些消费者购买，如果企业的产品还提供一些其他的功能与服务，消费者可能会非常满意。而现阶段，清晰的图像、优质的音响效果几乎成为一种必需。更多的功能、更漂亮的外观、品牌的声誉，以及企业不断创新的形象由于能更多地体现消费者较高层次的需要，因而带有较多的激励成分。另外，品牌所具有的保健因素与激励因素还会因目标市场的不同，因目标消费者生活方式和价值取向的不同而存在差别。

3. 麦克里兰显示性需要理论　美国学者麦克里兰（McClelland）提出的显示性需要理论侧重分析环境或社会学习对需要的影响，因此，该理论又被称为习得性需要理论。马斯洛认为，尽管社会因素对个体如何满足其需要有重要作用，但就其本质而言，这些需要是人生来就具有的。与此不同，麦克里兰特别强调需要从文化中的习得性，所以，他的理论与学习、人格概念有着紧密联系。麦克里兰特别关注以下三项需要，即成就需要、亲和需要、权力需要。

（1）成就需要　是指人们愿意承担责任，解决某个问题或完成某项任务的需要。具有高成就动机的人，一般设置中等程度的目标，并具有冒险精神，而且更希望有行为绩效的反馈。例如，具有高成就动机的购买代理商可能会花相当多的时间和精力设法降低购买品价格，而成就动机较低的代理商通常只是被动接受出售方的标准报价。

（2）亲和需要　是指个体在社会情境中，要求与其他人交往和亲近的需要。获得别人的关心，获得友谊、爱情，获得别人的支持、认可与合作，均可视为亲和需要。亲和需要很大程度上是经由学习形成的：个人目标实现遇到困难时，学到求人帮助；遇到危险情境时，学到求人保护；对事物不了解时，学到求人指导。具有高亲和动机的人特别关心人际关系的质量，友谊和人际关系往往先于完成某项任务或取得某项成就。高亲和动机的消费者，比较注重同事、朋友对自己购买行为的评价，因此，在购买决策过程中更容易受他人的影响。

（3）权力需要　是指个体希望获得权力、权威，试图强烈地影响别人或支配别人的倾向。麦克里兰发现，凡是对工作成就动机高的人均无领袖欲。换言之，成就需要和权力需要是彼此不同的两种需要。研究发现，凡是对社会事务有浓厚兴趣的人，其行为背后均存在强烈的权力动机。权力动机有两种类型：个人化权力动机与社会化权力动机。前者出于为己之目的，后者出于为人或为公之目的。麦克里兰认为，权力可以朝着两个方向发展：一是负面方向，强调支配和服从；二是正面方向，强调劝说和激励。

麦克里兰的一个主要假设是，上述三种需要均是个体在幼年时期，在人的社会化过程中习得的。被鼓励或获得正面激励的行为，较未被鼓励或受到责备、惩罚的行为更易重复出现。因此，习得性需要可归因于那些过去经常受到奖赏或鼓励的行为。由于不同个体有关于过去行为的独特的奖惩经历，所以，其促动未来行为的需要会具有自身的特点。

既然需要是习得的，同时又带有习得时所处背景的特征或影响，自然应当对需要习得时和需要被满足时的具体社会背景和情境予以分析。假设某个孩子在与兄弟姊妹交往中发展起了一种强烈的支配需要，那么企业在向该孩子推销产品时，无疑应考虑其家庭背景这一现实。然而，当孩子长大成人，尽管其权力需要仍然像儿童时代那样强烈，但此时过去的家庭背景对他现在的行为可能只具有较小的影响，分析重点则应放在他现时所处的环境上。

一些研究人员对麦克里兰的理论做了实证调查，其中一项研究发现，具有高成就动机的男性更多地购买诸如滑冰器具、游艇之类的室外运动产品，具有高成就动机的女性较低成就动机者更多地购买镇痛片、口腔清洗剂等产品。还有一些研究发现，高成就动机的男性喜欢从专卖店购买服装；高成就动机者更多地购买室外运动产品，较少购买流行与新潮服装，对高档、豪华轿车则不以为然；成就动机居于中游水平的人中，抽烟者的比例很高。另外，女性高、低成就动机者在某些产品的购买时机上存在明显差别。

二、购买动机及其形成

（一）动机的含义

动机（motivation）这一概念是由伍德沃斯（R. Wood-Worth）于 1918 年率先引入心理学的。他把动机视为决定行为的内在动力。一般认为，动机是“引起个体活动，维持已引起的活动，并促使活动朝向某一目标进行的内在作用”。动机程度高的消费者，更愿意也更有动力从事与目标达成相关的活动。比如，某消费者对身体健康和养生保健有很高的要求，其就有动力去科学合理膳食和健身锻炼，以增强体质提高机体免疫力。

人们从事任何活动都由一定动机引起。引起动机有内外两类条件，内在条件是需要，外在条件是诱因。需要经唤醒会产生驱动力，驱动有机体去追求需要的满足。例如，血液中水分的缺乏会使人产生对水的需要，从而引起唤醒或紧张的驱动力状态，促使人从事喝水这一行为。由此可见，需要可以直接引起动机，从而导致人朝特定目标行动。

既然如此，为什么不用需要直接解释人的行为后的动因，而是在需要概念之外引入动机这一概念？首先，需要只有处于唤醒状态，才会驱使个体采取行动，而需要的唤醒既可能源于内部刺激，亦可能源于外部刺激，换句话说，仅仅有需要还不一定能导致个体的行动。其次，需要只为行为指明大致方向，而不规定具体的行动线路。满足同一需要的方式或途径很多，消费者为什么选择这一方式而不选择另外的方式，对此，需要并不能提供充分的解释。引进动机概念，正是试图从能量与具体方向两个方面对行为提供更充分的解释。再次，在有些情况下，需要只引起人体自动调节机制发挥作用，而不一定引起某种行为动机。典型的例子是人的体温，虽然人类的体温只能在很有限的范围内变动，但它却能自动调节，以适应高于体温（如洗热水澡）与低于体温（如冬泳）的环境。当然，人体均衡机制的调节幅度也是有限的，当均衡状态被打破且超出了正常的调节幅度时，人体内会自动产生需要恢复均衡的力量，动机也就由此而生。最后，即使缺乏内在的需要，单凭外在的刺激，有时也能引起动机和产生行为。饥而求食固属一般现象，然则无饥饿之感时若遇美味佳肴，也可能会使人顿生一饱口福之动机。

总之，动机既可能源于内在的需要，也可能源于外在的刺激，或源于需要与外在刺激的共同作用。简单地将“需要”与“动机”视为同义，并不科学，对深入分析、理解消费者行为也无助益。

（二）动机的特征

1. 动机的内隐性　动机是联结刺激与反应的中介变量，它只能通过对某些外显行为指标的研究做出推断，动机本身是无法直接观察到的。由于动机无法直接观察，只能靠对行为的推断来予以确定，因此，它并不具有对行为的预示作用。同时，对行为后动机的推断，难免带有主观色彩。正因为如此，一些学者对动机研究提出了诘难。虽然如此，动机研究的价值并不能被抹杀，它对解释购买行为差异是极为有用的。以消费者学习有关产品知识为例，在消费者原有知识、经验、能力、情境与刺激因素及其强度没有明显变化的条件下，知识掌握程度或学习成绩与效果上的差异很可能是源于动机强度的不同。

动机的无法直接观察也提醒我们，在对行为后的动机做出推断时，必须谨慎、小心。以消费者购买名牌产品为例，他或她可能是出于显示身份、地位的需要，也可能是出于避免或减少购买风险的考虑。对同一行为后动机的不同解释，意味着完全不同的营销意义。所以，在制定和实施营销计划前，对购买动机的仔细研究和小心求证是非常重要的。

2. 动机的多重性　消费者所做的产品或品牌选择，很可能是由某种动机所支配和主宰的，然而，这并不意味着某一购买行为是由单一的动机所驱使。事实上，很多购买行为都隐含着多种动机。消费者购买某种名牌产品，既可能是出于显示地位和身份，同时也可能含有获得某一群体的认同、减少购买风险等多种动机。所以，企业在设计产品和制定营销策略时，既应体现和考虑消费者购买该产品的主导动机，又应兼顾非主导的动机。

3. 动机的学习性　动机包含着行为的能量与行为的方向两个方面。行为的能量很大程度上是由需要的强度所决定的，而行为的方向则受个体经验以及个体对环境、对刺激物的学习的影响。现代很多动机理论不仅仅是涉及建立在生理需要基础上的各种动机，而且越来越多地强调和重视动机的习得性。动机的习得性实际上意味着动机并不是一成不变，而是伴随个体的学习和社会化而不断改变的。

4. 动机的复杂性　动机的复杂性至少可以从四个方面体现出来：一是任何一种行为背后都蕴含着多种不同动机，而且类似的行为未必出自于类似的动机，类似的动机也不一定导致类似的行为。二是同一行为后的各种动机有着强度上的差别，哪种动机处于优势地位，哪种动机处于弱势地位，并不容易分清。三是动机并不总是处于显意识水平或显意识状态，也就是说，对为什么采取某一行动，消费者自身也不一定能给出清楚的解释。在研究消费者动机时，应区分消费者何时不愿披露某种动机，何时无力揭示其行为动机。四是没有一种动机是孤立的，即使是人类最基本的饥饿动机，虽在性质上属于生理性的，但也很难完全以纯生理的因素予以解释。“饿了就要吃，吃是由于饿”似乎很圆满地解释了人要吃食物的行为。然而，为什么有些人会超过生理上的需求猛吃不停导致肥胖症？为什么有些人置生理需求于不顾，视吃饭为畏途？这些问题看似简单，实则不然。人类的行为十分复杂，也许行为背后的动机比行为更为复杂。

（三）购买动机的形成

消费者的购买动机与其生理及心理需要是密切相关的，需要是消费者产生购买动机的根本原因，离开需要的动机是不存在的，相应地，动机也反映着人的需要。但是，并不是所有的需要都会转化为购买动机，购买动机产生的条件有两个：一是内在条件，即需要。而且只有当需要的强度达到一定程度，渴望得到满足时，才可能引起动机。二是外在条件（诱因），即要有能满足其需要的合适的购买目标。否则，需要就可能处于潜在状态。例如，药店出售的药品没有治疗疾病的效果且过期了，就不会激起有购药需求的消费者的购买动机。

综上所述，消费者购买动机产生的原因不外乎内因和外因，即内部需要和外部诱因两类。没有动机作为中介，购买行为不可能发生，消费者的需要也不可能得到满足，因此，动机及其成因与行为这三者之间的关系可用图 4-2 表示。

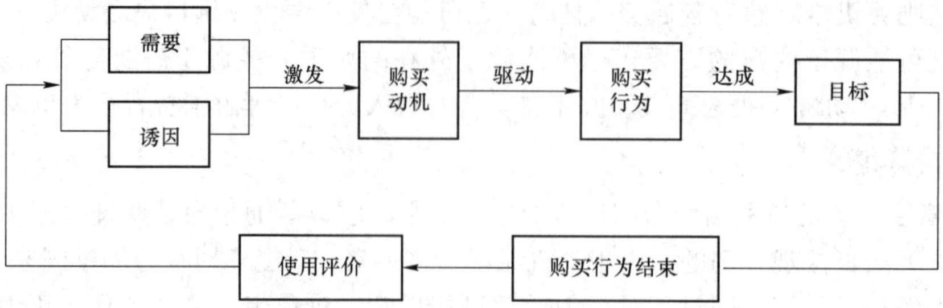

图 4-2　购买动机的形成

从图 4-2 中可以看出，动机的指向（或欲望的对象）和强度是可以被诱导的。例如某个消费者在家庭装修和购买家具前，可能只有一些简单或普通的想法，但在看过高档家具城的家具、经过设计师的说明和推荐之后，其想法可能大为改变，对某种装饰效果、某些高档次的名牌家具形成强烈的购买欲望。在这个过程中，名牌家具本身、家具的陈列展示、产品宣传图片、设计师的意见及其提供的装修效果图等都成了诱导消费者动机的有效工具。消费者的动机被诱导改变的过程，实际上也是消费者学习、建立相关产品及其购买和使用知识的一个过程。

期望价值理论认为，消费者行为的动机强度是该行为可以获得某一特定价值的预期可能性（期望值）与该价值对个人所具有的重要性（效价）两者间的函数关系。例如，消费者如果认为到国家大剧院欣赏歌剧的表演，可以彰显其高人一等的优雅品味，则消费者观赏歌剧的意愿高低会受到观赏歌剧是否能使他人认为自己的品位“高人一等”以及“高人一等”对自己的重要性的影响。

三、医药消费者购买动机的分类

消费者在实际购买活动中的具体购买动机，要比一般性购买动机复杂、具体得多，这主要是由于消费者在需要、兴趣、爱好、性格、志向等方面存在着较大的个体差异，因而对商品也就会表现出不同的购买选择倾向。实际生活中的医药消费者购买心理比较复杂，有些消费者对药品的价格比较敏感，专买便宜的药品；有些消费者则偏爱购买品牌药品；有些消费者购买时偏重药品的疗效和安全性等。因而形成了各式各样的具体购买动机，消费者的具体购买动机主要有以下几种类型。

（一）求实动机

求实动机是以追求商品的使用价值为主要目的的购买动机，也是消费者中最常见、最普遍的一种购买动机。这种动机的核心是讲求“实用”和“实惠”。表现在选购商品时，特别注重商品的实际效用、质量可靠、使用方便、经久耐用等方面的特点，而不过分强调商品外型的新颖、美观、包装、知名度、象征意义或商品的“个性”等与使用价值没有什么关系的方面。产生这种购买动机的原因，一方面是由于消费者经济能力有限，难以追求商品的精美外表或购买价格昂贵的名牌商品；另一方面是受传统的实用性消费观或消费习惯的影响，讲求实用，鄙视奢华；另外，有些商品的价值主要表现为它的实用性，如一些日常生活用品，消费者也没有必要去追求商品的其他特性。

求实动机是消费者在购买药品时追求药品的使用价值而形成的购买动机，也是一种具有普遍性和代表性的购买动机。具有这种动机的消费者在选购药品时，特别重视药品的内在质量、实际效用，不易受广告或宣传的影响。

（二）求廉动机

这是以追求商品价格低廉或追求付出较少的货币代价而获取最大的“效用”或使用价值为目的的购买动机。其核心是讲求“物美价廉”和“经济实惠”。曾有调查表明，89.3%的中国消费者有选价比价心理，但以求廉动机为主导购买动机的人则一般是经济收入不高或节约成习惯的消费者。利用求廉购买动机进行价格促销，是商家最主要和最有力的竞争武器。其作用机制是：一方面，价格促销可以实质性地减少顾客在购买产品时的实际支出，降低顾客的购买成本；另一方面，有效的价格促销可以通过提供“原价”“市场价”“建议零售价”等外部参考价格信息，使顾客认同和形成一个高于销售价格的内部参考价格，通过将较高的内部参考价格与较低的销售价格相比较，让消费者感受到正的交易效用或较高的交易价值，并促使他们下决心购买。

近年来还有一种趋势，就是在目标市场营销中，较低档次的消费者对于较高档次的消费品而言，往往是求廉购买。例如，不少名牌时装专卖店，本来是面向高收入者的，他们讲究时装的质地、款式、时髦与否，服务、购物环境高雅等，普通大众一般是不会光顾的，但在换季时大减价清仓处理，普通的消费者会在此时去抢购，就是求廉动机的激发。

具有求廉动机的消费者，在购买药品时，特别重视药品的价格，要求价格是同类产品中最低的，而不太注意其他方面。这些消费者多半收入较低或是有勤俭节约习惯。

（三）求安全动机

安全动机是指消费者在购买与使用商品时，以商品的安全性为主要导向。表现在两个方面：一是为了人身与财产安全，消费者需要购买相应的商品来防止危害的发生（如装防盗门、骑摩托车买头盔、买保险等）；二是在商品的使用过程中，希望商品是安全可靠的。消费者尤其对药品安全问题最为关心。药品安全是重大的民生和公共安全问题，事关人民群众身体健康和社会和谐稳定。狭义的药品安全问题是指按规定的适应证和用法、用量使用药品后，人体产生不良反应的程度。广义的药品安全问题是指药品质量问题、不合理用药和药品不良反应等。从社会管理的角度看，药品安全问题还包括药品质量对人生命健康安全的影响以及药品安全事件引发的一系列社会问题。

安全的药品是人们认为它对人体损害的风险程度在可接受的水平，是一种“可接受”的有临床疗效的药品。所以说，药品安全是一个相对的概念，取决于上市前对药品安全评价的认知局限性，也取决于对药品风险与收益量化评价的艰难性。药品安全相对性体现在整个药品的研发过程中。在这个过程中，不追求“零风险”，而要求对风险的有效控制，使其控制在可接受的范围内。医药消费者的求安全动机要求药品在使用过程与使用以后，保证生命安全与身体健康，不会引起严重的不良反应。

（四）求名动机

求名动机是由追求名牌商品或仰慕地方特产或传统商品而形成的购买动机。其核心是“纪念”和“荣耀”。在现代社会，追求名牌商品已逐渐成为一种消费趋势，不少消费者对商品的商标及品牌非常重视，对名牌商品充满信任和好感，而且不在乎价格的高昂，有较稳定的品牌偏爱并认牌购买；相反，对非名牌商品则较为冷落。还有些旅游者或出差人员，每到一地，都喜欢购买一些当地的名特产品、风味食品、传统工艺制品或中药材等土特产品。

这种心理现象实际上是人们求名心理、自我表现心理和攀比心理的综合体现。一方面，名牌产品一般情况下都工艺精湛，内美外秀，质量稳定可靠，经久耐用，能满足人们的实际使用需求，使消费者的购买风险降至最低点。另一方面，购买名牌产品既可以表现自己的社会地位，显示自己的经济实力，又能表现自己的文化修养、生活情趣、审美趣味等。人们只要认知了某个品牌，常常就能够主观地寻找自己购买该品牌商品的各种理由，如自我形象的满足、社会地位的彰显、经济实力的炫耀等，再加上商家的各种广告宣传，从而极易导致对该品牌情感上的寄托和心理上的共鸣。一般来说，求名心理更多表现在人们对轿车、服饰、化妆品、烟酒等商品品牌的追求上。社会层次高的消费者往往有强烈的品牌意识，对品牌的追求也是比较狂热的。他们很大程度上是为了炫耀，满足虚荣心，以获得他人的羡慕。

求名动机是消费者选购药品时追求品牌、高档药品，借以显示或提高自己身份地位而形成的购买动机。这类消费者喜欢购买品牌药品和高档药品，因为品牌药品一般质量稳定、疗效确切，副作用小，知名度较高，在消费者心目中享有盛誉；而高档药品则质量上乘，价格昂贵。具有求名动机的消费者对这类药品的态度充分肯定，感情色彩十分浓厚。

（五）求便动机

求便动机是以追求购物的快捷便利、追求购物时间及精力节省为目的的购买动机。消费者对便利品、快消品的购买行为特征是简单、迅速、冲动、感性，讲求便利性，品牌忠诚度也不高。社区超市、便利店、网上购物是主要的传统购买渠道。对于更多的商品而言，网上购物更能满足人们的求便动机。因为网上商店365天、24小时营业，网上支付和送货上门等服务带给了消费者许多便利。而传统购物要经历从家到店铺的路程，在商店走动和停下来选择商品、付款结算、包装商品、取货送货等一系列的过程，消费者为购买商品必须付出更多的时间和精力。而网络购物的便捷性是不言而喻的，且网络购物已经融入了大众的日常生活。

求便动机是指消费者在购买药品时，希望能够快速方便地得到而形成的购买动机。具有这种动机的消费者对时间、效率特别重视。他们特别关心能否快速、方便地购买到药品，讨厌繁琐的购买程序、过长的等待时间和过低的售货效率，同时也希望购买的药品本身携带方便、使用方便，希望药品疗效确切、起效快。具有求便动机的医药消费者会选择通过网络或就近的药店购买医药产品满足需求，也会购买类似碘伏棉签这样比较便捷的消毒产品。

（六）习惯动机

习惯动机是以满足对某种商品的习惯消费而产生的购买动机。其核心是出于“习惯”或讲求“稳定”。有的消费者对某种品牌的商品、某类商品，甚至某种风格的商品形成了较稳定的消费习惯，购买商品时就根据自己的消费习惯选择商品，购买指向可能较集中和稳定。如习惯于购买某些品牌的牙膏，习惯于购买某种款式或色彩的服装等。这种购买动机可能是由于习惯和熟悉而产生的恒定不变的购买心理，或不愿在纷繁的品种中重新考虑和决定购买哪一种，或为了节省思考判断，或为了减除风险和麻烦而产生的。所以，不少人长期购买某种商品，却可能说不清楚喜欢这种商品的原因是什么，只是由于长期使用和购买而“习惯成自然”而已，当然，许多消费习惯也是由于消费者对该商品有某种需要而形成的。这些商品一般是经常使用或购买的日常生活用品，而且商品的特性也能够保持相当的稳定。

习惯动机是一种较为重要的购物动机，是长期服用某种药品的消费者出于长期形成的消费习惯而购买药品，这种动机致使消费者对于某种品牌的药品有稳定的消费习惯。

（七）求新求特动机

求新求特动机是以追求商品的新颖、奇特为主要目的的购买动机。这种购买动机的核心是讲求“新颖”和“奇特”。这种购买动机往往由商品的外观款式、颜色、造型是否新颖别致，商品的构造和功能是否先进、奇特或有科学趣味，包装装潢是否独特或别开生面等因素所引起。不少时装、儿童玩具、娱乐用品就是以奇制胜，以其样式新颖或功能奇特而激起人们浓厚的兴趣和购买欲望。以这种动机为主导性购买动机的消费者往往对商品的实用程度和价格高低不太重视，他们消费观念更新较快，容易接受新思想、新观念，追求新的生活方式。这种购买动机常以少年儿童和青年男女为多见，他们往往是奇特商品、新商品、流行商品或时装的主要购买者。

有些消费者对新事物接受较快，对新药特药往往有着较高的预期。持这种购买动机的消费者虽不占主导地位，但对于医药生产和销售企业来讲很有意义，因为他们是新药特药推广的主要人群。

课堂互动

上述哪些动机在医药消费者购买行为中表现比较突出?

四、动机与医药营销策略

1. 发现消费者的购买动机 如果问一位消费者为什么买“燕窝礼盒”或“海参礼盒”等高端滋补产品时，其很可能会说“对身体很好”“很有营养”“我很多朋友都在吃燕窝、海参”。然而，也许还有他（她）不愿承认或没有意识到的原因：“它们能显示我有钱”“使我出入高级场所更加自信”“使我更显魅力和年轻”。

消费者意识到并承认的动机被称为显性动机，消费者没有意识到或不愿承认的动机被称为隐性动机。一般而言，与一个社会占统治地位的价值观相一致的动机较与其相冲突的动机更易为人所意识和承认。

对于显性动机，一般可用直接询问法获得，而确定消费者购买某一产品的隐性动机则要复杂得多。营销者通常用动机研究技术或投射技术（project technique）获得有关隐性动机方面的信息，近年来，还涌现出一些新的动机研究技术。一种较新的技术是“手段-目标链”：让消费者列举出某种产品或某个品牌所能提供的利益，再列出这些利益提供的好处，如此继续直到消费者再列不出进一步的好处为止。例如，应答者可能会把“少患感冒”作为每天服用维生素的好处之一，当问到“少患感冒”的好处时，他也许会列出“工作效率更高”和“精力更好”；另一个人也许会列出“气色更好”。两位消费者都服用维生素以防感冒，但其最终目的则各不相同。这类信息，对广告主题的确定无疑具有启示意义。

2. 基于多重动机的市场营销策略　企业在识别消费者购买其产品的各种动机之后，接下来就应针对这些动机制定相应的营销策略。比如，消费者购买“燕窝礼盒”或“海参礼盒”的动机真实地反映了目标消费者的状况，那么“高端滋补品”的营销者应采用什么样的传播策略呢?

很明显，由于消费者购买“高端滋补品”具有多重动机，产品应提供多种利益，广告则应传递、反映这些利益。例如，一则广告声称：“健康新选择，即食好燕窝。”显然，这一广告直接迎合了消费者追求健康和便捷的显性动机。

对于隐性动机，由于人们不愿公开承认，因此，需要采用间接的沟通方式。例如，一则广告声称：“太太年轻的秘密，只有燕思巢和你自己知道。”显然，这一广告迎合了消费者追求养生和年轻的隐性动机。该广告文案侧重产品的养生功能，另一方面也迎合了太太们想保持青春永驻的心理。

在一则广告中，诉求重点只能放在一个或少数几个购买动机上，否则会冲淡广告主题。然而，在整个传播过程中，企业需要考虑目标顾客所追求的所有重要动机。换言之，应使各种传播活动与消费者的显性和隐性动机相配合，而不能对其中的一些动机视而不见。

3. 基于动机冲突的营销策略　动机冲突实际上是指消费者面临两个或两个以上购买动机，其诱发力大致相等但方向相反。比如，消费者经常面临在几种同时欲求的产品、服务或活动中做出取舍的问题。消费者如何解决其面临的冲突，直接影响有关产品、服务的销售。许多情况下，企业可以对消费者可能面临的冲突进行分析，提供缓解的办法，以吸引消费者选择本企业的产品或品牌。通常，消费者面临三种类型的冲突情形。

（1）双趋冲突　是指消费者具有两种以上倾向选择的目标而只能从中选择其一时所产生的动机冲突。在这种情形下，被选目标或产品的吸引力越旗鼓相当，冲突程度就越高。获得一笔年终奖金后，是出国旅游还是添一套高级家电？星期天是和朋友一起郊游还是去看一场精彩的电影？此类抉择均是双趋冲突的典型代表。在广告宣传中强化某一选择品的价值与利益，或通过降价、延期付款等方式使某一选择更具有吸引力，均是解除双趋冲突的有效方式。

（2）双避冲突　是指消费者有两个以上希望避免的目标但又必须选择其中之一时面临的冲突。当家里的冰箱经常出故障时，消费者可能既不想花钱买一台新的，又觉得请人来修理不甚合算，处于不知怎么办的境地。此时，消费者就面临双避冲突。同样，一些人一方面害怕出现蛀牙，另一方面又不敢去看牙医，此种矛盾心态反映的实际上也是双避冲突。企业应付或解除消费者双避冲突的方式很多。首先，消费者可能对冲突中的问题存在不正确的信念，如把看牙医看成是十分可怕的事情。此时，就应通过宣传来消除或部分消除这种不全面或错误的信念。其次，双避冲突情形下可能恰恰为企业提供了新的市场机会。如在前述冰箱出故障案例中，通过推出以旧换新推销方式，或通过为新冰箱提供更长时间保修承诺，均可能促使消费者采取购买行动来解除冲突。有时在没有完全令人满意的选择方案下，承认这一事实也无妨，只要能令人信服地使消费者相信所推荐的选择方案是最好的，双避冲突也可能被解除，如一些医疗机构在宣传某种戒毒方法、疾病治疗方法时常常采用这一策略。

（3）趋避冲突　是指消费者在趋近某一目标时又想避开而造成的动机冲突。当被购买的产品既有令人动心和吸引人的特征，又有某些不如人意的地方，那么，趋避冲突就会由此而生。在购买某些高档品、耐用品时，消费者一方面可能对所选的商品爱不释手，但另一方面又嫌商品价格太高，或担心所选商品一旦出现质量问题会带来很多麻烦，一些消费者正是在这种游移不定的状态下放弃了购买。经验丰富的销售人员在发现这种趋避迹象后，常常会灵活地采用各种方法消除消费者的冲突。比如，提供保修承诺，保证在一定时期内如果消费者找到以更低价格出售同类产品的商家，就返回差价甚至予以奖励，等等。美国米勒酿酒公司针对一些顾客既爱喝啤酒，同时又担心摄入酒精后影响身体健康的心理，开发出不含酒精的啤酒，就是对消费者趋避冲突的一种反应。

4. 基于焦点调节理论的营销策略 希金斯（Higgins）认为，按照行为动机，人群可分为趋利型（promotion focus）和避害型（prevention focus）。趋利型的人凡事以“希望、理想、抱负”为重，而避害型的人则以“责任”“义务”和避免损失为重。上述思想被称为焦点调节理论（Regulatory focus theory）。因为趋利型动机与避害型动机在侧重点上的不同，持上述动机的消费者行为策略也会不同。持趋利型动机的消费者，努力抓住任何机会，更愿意冒险，并追求新奇和创新；持避害动机的消费者，则努力避免损失，行为谨慎。表 4-1 描述了这两种动机的特征及在消费行为决策上的差异。

表 4-1 趋利型动机与避害型动机比较

	趋利型	避害型
动机界定	强调希望、愿望和渴望；关注习得性需要、个人成长和发展	强调义务与责任；关注安全需要和维持现有状态
特征		
时间	关注长期	关注短期
心智图像	抽象	具体
渴望的状态	变化	稳定
渴望的情感	开心和愉快	安全和保障
失败情绪	沮丧	焦虑
希望的自我特质	创造力	自控力
自我概念	独立	依存
决策		
决策风格	激进、获利	谨慎、避险
目标	速度重于准确	准确重于速度
广告线索影响	情感与情绪	产品事实
对次优品牌的选择	低可能性	高可能性
品牌延伸时“匹配”的重要性	不重要	非常重要

趋利避害是人的天性，但更侧重趋利还是更侧重避害，既与个体特性有关，也与情境因素有关。上述两种动机同时存在于单个个体身上。然而，由于成长经历的不同，所处文化环境的不同，在面对某一消费决策时，个体可能更多受上述某一动机所支配。通常认为，西方文化下的消费者更多受趋利动机驱动，东方文化下的消费者更多受避害动机的驱使。不仅如此，营销刺激和环境因素也会短暂地使趋利或避害动机更为突出。例如，在长期牛市环境下，更多股民被激发出趋利动机，而在长期熊市背景下，更多人趋向于将“避险”放在更突出的位置。

有学者研究发现，趋利型动机下，消费者更关注广告中的情感部分，而在避害型动机下，消费者更加谨慎，对广告的认知部分更加敏感。因此，在广告主题或广告信息设计中，是更加突出“成就”“获得”还是更加突出“避险”和减少损失，则应考虑消费者的关注重点。另外，在媒体选择时，也需要考虑消费者的动机类型。比如，有的杂志和节目催人奋进，而另外的杂志或节目更多与负面事件或负面报道相关，此时基于趋利动机购买的产品更适合放在前一类而不是后一类杂志或节目中。

本章小结

需要是指没有得到某些基本满足的感受状态。消费者的需要是丰富多彩的，需要可以从多个角度予以分类。按照需要产生的原因划分，可以分为生理需要和社会需要；按照需要的对象划分可以分为物质需要和精神需要；按照需要实现的程度划分，可以分为已实现的需要、现实的需要和潜在的需要；按照需要的适宜性划分，可以分为合理需要和不合理需要；按照马斯洛的需要层次分类划分，可以分为生理需要、安全需要、爱与归属的需要、自尊的需要、自我实现的需要。

医药消费者需要的影响因素是多方面的，主要的影响因素有以下几种：人口学因素、经济学因素、医疗保障制度因素、临床医师和药师因素、医药技术因素、流行病学因素。

动机是引起个体活动，维持已引起的活动，并促使活动朝向某一目标进行的内在作用。引起动机有内外两类条件，内在条件是需要，外在条件是诱因。需要经唤醒会产生驱动力，驱动有机体去追求需要的满足。

动机的特征有：不可观察性或内隐性、多重性、实践性与学习性、复杂性。消费者购买动机产生的原因不外乎内因和外因，即内部需要和外部诱因两类。没有动机作为中介，购买行为不可能发生，消费者的需要也不可能得到满足。

医药消费者的具体购买动机主要有：求实动机、求廉动机、求安全动机、求名动机、求便动机、习惯动机和求新求特动机。

早期的动机理论主要有本能说、弗洛伊德的精神分析说和伍德沃斯和弗鲁特的驱力理论。现代动机理论主要有马斯洛的需要层次论、赫茨伯格双因素理论和麦克里兰的显示性需要理论。

动机与医药营销策略中要先发现消费者的购买动机，灵活掌握基于多重动机的市场营销策略、基于动机冲突的营销策略以及基于焦点调节理论的营销策略。

练习题

参考答案　　更多习题

一、名词解释题

1. 消费者需要
2. 消费者动机
3. 马斯洛需要层次理论
4. 双因素理论
5. 双趋冲突
6. 双避冲突

二、选择题

1. 消费者宁可去社区便利型药店购买药品而不去大型平价药店，体现了（　　）
   A. 对医药产品基本功能的需求　　B. 对医药产品安全性的需求
   C. 对医药产品便利性的需求　　D. 对医药产品审美功能的需求
2. 政府对药品价格实行管制，制定药品最高限价是由于医药消费者需求的（　　）特征决定的
   A. 被动性　　B. 被迫性
   C. 急迫性　　D. 三者都不是
3. 对于零售药店来说，店堂的环境、营业员的服务都会对消费者购买产生影响，说明（　　）
   A. 动机的内隐性　　B. 动机的多重性
   C. 动机的可诱导性　　D. 动机的冲突性
4. 要求药品在使用过程中与使用后，能够保证生命安全与身体健康，不会引起严重的不良反应，这种动机属于（　　）
   A. 求实动机　　B. 求名动机　　C. 求安全动机　　D. 习惯动机
5. 基于动机冲突的营销策略主要有（　　）

A. 双趋冲突　　B. 双避冲突　　C. 趋避冲突　　D. 以上都是

三、判断题

1. 消费者的需要是市场营销的基本出发点。（　）
2. 药品的被迫性需求是指人们对于自身是否得病是不能完全自主的。（　）
3. 与百货商店的商品不同，药店中的药品具有目标指向的需求。（　）
4. 药品价格越高，说明药品越好。（　）
5. “是药三分毒”，因而，消费者在选购药品时总是很慎重的。（　）
6. 如果价格显著下降，消费者会大量购买药品。（　）
7. 对于药品而言，消费者对它的需求量与年、季、月、日、时等有关。（　）
8. 药品消费不具有诱导性。（　）
9. 动机虽然是以需求为基础的，但需求转化为动机还要有相应的刺激条件。（　）
10. 在药品购买过程中，营业人员可能会对消费者产生影响。（　）

四、思考题

1. 医药消费者需求的主要影响因素？
2. 医药消费动机的特征是什么？
3. 医药消费者购买动机分为哪些类型？

五、技能训练题

1. 找出一则重点体现自我实现需要的医药广告和一则重点体现医药安全需要的广告，解释这两则广告是如何分别体现这两种需要以及药企为什么要迎合这两种需要。

2. 选一个你感兴趣的药品，使用动机相关知识理论确定10名消费者的隐性购买动机。你有何发现？这些发现对该药品的营销者有何启示？

3. 关注你身边的一例药品宣传和推广活动，并以此例说明它是怎样诱导消费动机的，完成一份分析报告。

4. 描述你在购买以下产品或服务时，可能产生的动机冲突。

（1）脑白金（2）燕窝礼盒（3）健身器材（4）胶原蛋白

5. 中医院的“双处方”：某中医院除了给每位就诊患者开出必要的药物处方外，还要开出一张“无药处方”，如给一位老年患者的“无药处方”上写着：多吃蔬菜、水果；食用低盐、低脂、低糖食品；按时服药、测量血压；多活动……这种医疗服务深受患者欢迎。请分析这种“双处方”的医疗服务为什么受到患者的欢迎？

六、案例分析题

案例1

老人的特点决定着脑白金的选择

脑白金或保健品，目标群体是老年人，老年人的个性是千差万别的，但在我国目前的市场条件下，多数老年人由于收入、社会环境的影响、年龄特点，所拥有的共同特点是节俭、实用等，所以这类消费者的主要购买动机多是求廉、求便、求实性的购买动机，以老年群体为目标群体的产品就不能忽略消费者的这些特点。因此，脑白金为了更好地推广产品将本产品变成一种礼品进行营销，将产品的购买人群和使用人群进行了分离，使购买者变成相对有经济实力的中青年人，成为一种社会性的购买，进而购买群体得到了有效扩大，促进了产品销售。

（资料来源：郭兆平．消费心理学［M］．北京：电子工业出版社，2014.）

分析：

1. 为什么脑白金要定位于礼品？
2. 购买脑白金的消费者主要存在哪些购买动机？针对不同购买动机如何开展医药营销活动？

案例 2

太太口服液的成功

1993 年，一种自由、肯定、浪漫的新女性精神开始在中国大量的精英职业妇女中萌芽，并由此逐步蔓延到整个主流的社会阶层，太太口服液抓住时机进入市场。

太太药业把自己的潜在消费者定位在了 25~35 岁的女性人群。目标明确之后，在广告宣传中，太太药业向女性提示：失去美丽的根本在于“虚”。美丽和光彩是女性的财富，当发现失去这些时，重现光彩变成了广大女性潜在的自然需求，而太太口服液正是以补虚美容为主要产品诉求点的保健品，其紧紧抓住新女性精神来大做理念文章，并具体化为“养颜除斑”的观念，从而诱发了购买需求。

启示：人的行为由动机驱动，而动机又可引发消费者的需求，即消费者的购买、消费行为先受其消费心理所支配。为此，挖掘人们潜在的需求动机，抓住女性爱美的心理，突出自己产品的诉求点，大做重现女性光彩的文章，必将启动产品市场的销售。

（资料来源：张大禄．药品营销策略与技巧 158 例［M］. 北京：中国医药科技出版社，2007.）

分析：

1. 太太口服液是如何针对消费者需求开展营销宣传的？
2. 怎样发掘消费者的潜在需求进而诱发购买需求？

案例 3

汉林清脂的失败

太太药业生产过一款男士口服液：汉林清脂，定位于生活在都市的、以男性为主的中青年白领。他们普遍存在三高的特点：高收入、高压力、高血脂。太太药业认为，这些高薪的年轻白领们会愿意在他们的健康消费上投资。虽然市场容量很大，但是发展潜力不大，事实没有想象得那么好。

（1）降血脂市场是个隐形的市场，因为高脂血症是慢性病，不到发病之时（往往以冠心病、脑卒中等形式发作），消费者没有任何感觉。等到有感觉的时候，就已经发病了。消费者难以感知，是降血脂产品开发市场的壁垒。而一旦在医院检查出高脂血症，更多人才会选择药品。

（2）中国医药保健品市场实践证明，只有儿童、女性市场，最多加上老人市场有可能运作成功，男性市场还远未成熟。男性市场的开发难度和男性的消费心理有密切关系：第一，男性对健康都颇为自信，对一个连生病都不肯吃药的人，再好的保健品如何能让他心动；第二，男性都颇有主见，无论是广告还是导购，其都压根儿不受影响，再好的市场推广又能奈何；第三，男性的注意力常常是天下事而不是身边事，对于房子、车子、股票、家电等高度关注，自然就照顾不到一片药这样的小东西。

如果汉林清脂能够准确地对男性的医药消费心理、需求和动机进行分析，针对成功男白领背后的女人们侧重诉求，或许还别有洞天。

（资料来源：张大禄．药品营销策略与技巧 158 例［M］. 北京：中国医药科技出版社，2007.）

分析：

1. 汉林清脂营销失败的原因是什么？
2. 如何分析男性的医药消费心理、需求和动机？

第五章

PPT　　微课

医药消费者的态度及其改变

学习导引

知识要求

1. **掌握**　态度形成与改变的理论、医药消费者态度转变的主要影响因素及策略。
2. **熟悉**　医药消费者态度的概念、构成及功能。
3. **了解**　医药消费者态度的测量主要方法。

能力要求

1. 结合实际，对消费者态度有理性的认识。
2. 根据自身的消费体验，同时观察他人的医药消费行为，分析医药消费者态度转变的原因。
3. 运用所学的医药消费者态度的知识，对现实案例进行分析，制定相应的医药营销策略。

素质要求

1. 树立正确的消费者态度研究观念，尊重医药消费者个人隐私。
2. 熟悉医药消费者态度的基本理论及其影响因素，正确、恰当的引导、影响医药消费者。

案例导入

企业对消费者态度改进策略

——以云南白药为例

【案例】 云南白药作为云南著名的中成药，由珍贵的药材组成，具有活血化瘀的神奇疗效，而其研制成功至今已有一百多年，而云南白药企业从建厂到上市也有几十年的时光，它从中成药企业逐步发展成为我国大健康产业领军企业之一，甚至现在企业产品已经出口到海外，其推出的产品在消费者中也有良好的口碑。

1. 消费者产生负面态度的因素　云南白药企业旗下的产品基本上全是围绕着药，云南白药企业为了实现将药融入日常的生活用品里，例如云南白药牙膏、洗发水等一系列的日化产品。在普通的日化产品中加入药的成分需要大量人力、物力的研究投入，导致了生产商品的成本升高，从而使产品的价格相对于其他同品类的产品价格偏高。但是大部分消费者都不会选择长期使用高价产品，普通的消费者往往比对了产品价格后选择其他产品，长此以往就使消费者对企业产生了负面态度，这对于企业来讲是极其不利的情况。

2. 企业调整消费者态度策略　以云南白药牙膏为例，主打牙膏含有云南白药活性成分，有着能够改善牙龈问题的效果。针对性的消费者群体锁定为，一是存在有牙龈出血问题但高收入消费者群体，另一个是中等收入但是牙龈确实出血严重的群体。通过精准的分类实现了牙膏市场的准确定位，同时也可以在一些重大的节日庆典时，通过产品情况推出相应的促销活动，以此来扩大产品在此类消费者心中的影响力。

云南白药集团顺应时代的大流，创建企业公司的网站，从而进行产品、企业文化的展示和推广，同时在平台上也给消费者提供渠道进行自己的意见反馈，入驻淘宝、京东等网站，进行产品的销售以及消费者售后的意见收集。开通企业的公众号，在节假日或特殊的日期，推送一系列的文章或者冷知识，推广自己的产品，加深消费者对企业文化的认知，以及收集客户的反馈意见，实现了消费者反馈多渠道的收集，而在实现多渠道收集意见的同时，云南白药企业的营销渠道也增多，只有销售渠道增多才能够提高生产效率，从而为企业降低成本从中盈利。对于那些无反馈的消费者，企业也会发送邮件给消费者调研，并且通过赠送小礼品来提高消费者的积极性，再一次地加深了企业与消费者之间的联系。

通过与节目播出平台的合作，例如在消费者看节目时，开头会出现关于云南白药牙膏或面膜等产品的广告，当暂停节目时，也会弹出相应产品的广告；在节目播出时，会通过主持人的口播或旁白一直不断重复地提醒消费者，引起消费者注意。云南白药始终坚持在推广理念中传播积极的能量，企业连续两年举办公益活动，通过邀请明星、公益组织和志愿者到山区去，为偏远山区儿童送去温暖。他们通过向山区的儿童传授口腔清洁和护理等知识，传播爱的积极能量，为13亿人的健康事业做出贡献。在正能量满满的时代下，为云南白药企业打造出令人印象深刻的形象。

【问题】

1. 云南白药的成功营销是如何转变消费者态度的？

2. 医药企业可以从云南白药的营销中得到什么经验？

第一节　医药消费者态度概述

一、态度的概念

消费者对产品、服务以及提供产品、服务的企业都会持有某种态度，这种态度会在很大程度上影响消费者的购买行动。因此，了解消费者的态度以及采取适当的方法影响消费者的态度，对理解和引导消费者的行为具有重要的意义。

（一）态度与消费者态度的概念

态度一词来源于社会心理学，现代意义上使用态度涵义的是赫伯特·斯宾塞（H. Spencer），他在《第一原理》中提出在有争议的问题上的判断依赖于所具有的态度和保持正确的态度。心理学中涉及态度比较早的实验是兰格（C. Lange）的关于情绪的实验。社会学家威廉·埃萨克·托马斯（W. I. Thomas）与弗洛里安·兹纳涅茨基（Florian Znaniecki）合著的《身处欧美的波兰农民》（1909）首次使用“态度”一词。20世纪初，伴随着实验社会心理学的兴起，态度的研究迅速发展起来，并已成为社会心理学中重要的研究领域。近半个世纪以来，学者从不同角度提出态度的概念，主要有以下三种。

（1）以心理学家瑟斯顿（L. L. Thurstone）及莱茨曼（L. S. Wrightsman）为代表，认为态度主要是情感的表现，或反映的是人们的一种好恶观。

（2）以美国学者罗森博格（M. Rosenburg）为代表，认为态度是情感和认知的统一。认为“对于态度客体的情感反应，是以对客体进行评价所持的信念或知识为依据的，所以，态度既有情感成分又有认知成分”。

（3）以克雷奇（D. Krech）及弗里德曼（J. L. Freedman）为代表，将态度视为由情感、认知和行为构成的综合体。

我们认为态度作为一种具有认知基础的心理反应倾向，态度兼具认知、情感和行动三种成分，并且这三者彼此相互关联。态度是人们在自身价值观和道德基础上对某一事物或观念所持有的正面或反面的评价，情感上的感受和行为上的倾向。

态度的对象是社会存在，即人们几乎对所有事物都持有态度。态度的构成具有一定的结构，对人的内在心理和外在行为起着动力作用。态度具有一定价值判断的成分和感情色彩。态度一经形成，具有相对持久和稳定的特点，并逐步成为个性的一部分，使个体在反应模式上表现出一定的规则和习惯性。

消费者态度是消费者在购买活动中对商品、商家、服务等方面的评价、感情和行为倾向。人们对待某一商品（或服务），或从事某项消费活动前的心理倾向，影响着消费决策和行为的方向。消费者态度与情感因素相联系，有一定的主观性和自发性。消费者对某一对象的态度并不是与生俱来的，而是后天习得的，即感知、认识、实际使用消费品，加上其本人的文化素养、知识水平、生活经验的积淀所形成的。只要能够形成态度，就具有一定的持久性和稳定性。在外在行为上表现为具有一定的规律和习惯，逐步形成偏好甚至忠诚。消费者完成消费行为后，对消费过程和结果形成的态度，构成了顾客的满意度。

态度通常以语言形式的意见或非语言形式的动作、行为表现出来。通过对意见、行动的观察和了解，可以推断人们对某一事物的态度。同样，通过消费者对某商品或服务的意见、评价，或积极、消极甚至拒绝的行为方式，能够了解其对该商品或服务的态度。例如，到药店光顾的消费者格外关注某品牌的胃黏膜保护剂，不断咨询其服用方法和注意事项，则可以推断消费者对该品牌制剂持积极的态度，有一定的购买意向。

（二）消费者态度的构成

消费者态度包括情感（affect）、行为（behavior）和认知（cognition）三种成分。我们可以用三要素的首字母“ABC”来记忆。也就是说态度的表达主要通过情感、行为和认知这三个方面进行，这三个方面也同时影响着态度的形成。这三种要素各有特点，认知是态度的基础，情感、行为是在认知的基础上，对态度标的物的了解、判断的基础上发展起来的。情感对态度起到调节和支持的作用，行为倾向制约态度的方向性。

1. 情感成分 是指消费者个体对该态度标的物的整体感觉与绪感体验，包括对其评价、爱好和情绪反应。一些消费者对客观外界事物评价的尺度以情感强度为中心，情感好或强烈时，对其的评价、态度就可能好；反之就可能差。例如，远离家乡的人看见家乡来的商品就会倍感亲切，把思乡之情转移到家乡的产品上来。

情感成分对于某些传达消费者自我的产品，可发挥最大作用。主要有经消费经验而产生的情感，正面的情感往往带来良好的态度，负面的情感往往带来负面的态度；经由厂商的营销信息而产生的情感，如代言，广告等；经由购买情境而产生的情感，如音乐、氛围、装修、店员服务品质等。

2. 行为成分 是指消费者对商品或服务的反应倾向，也就是行为的准备状态，包括表达的言语和行为。通常，消费者有喜爱的倾向，就会引起消费行为的发生；反之，则不会。态度的行为表现既见诸实际的购买行为，也表现在消费者的语言评价。消费者喜欢激光唱片，就会对人表达他（她）的态度，一有合适条件就会买一张回来听听，享受一下乐趣。同样，消费者一旦厌恶了某些商品，不仅不会去购买，还会在其生活周围向熟人、朋友、亲戚表达他（她）的这种感觉，这有助于对企业的宣传，企业应该很好地加以关注和利用。

3. 认知成分 是指消费者对该态度标的物的认识理解、知觉与信念。通常，认知成分对于复杂产品特别重要，一般常以信念的方式出现，也就是说，消费者会认为商品或服务具有某些属性，采取特定行动会导致某些特定结果。例如，婴儿尿不湿刚上市时，许多妈妈觉得太贵，且怀疑其效果，然而一经使用认知之后，就觉得很好用，逢人便介绍，这就是认知导致态度的一个例子。又如，频繁出现虚假的保健品广告，就会导致人们对保健品广告的厌恶，从而影响了其他好的、真实的保健品广告的效果。

再如，消费者认为DTCA（direct to consumer advertising，药品直面消费者广告）给他们提供了“他们有权知情”的信息，并且“他们希望得到这类信息”，这有利于提高他们的医疗相关知识，使他们能够主动和医生进行更高水平的交流。

知识链接

消费者的认知

消费者认知的主要方面包括潜在需要认知、品牌认知、定位认知、价格认知、新产品认知、广告和促销认知等。消费者认知到问题并不意味着一定要解决问题。消费者解决某一问题的意愿与以下三个因素相关。

（1）理想状态与现实状态之间的差异　差异越大，造成的心理压力就越大，解决问题的愿望就越强烈。

（2）问题的相对重要性　问题对消费者越重要，消费者解决的意愿越强烈。

（3）问题的紧迫性　越是紧迫的问题，解决的意愿越强烈。

态度的上述三种成分一般是协调一致的。例如，某消费者如果认为某大药房服务优、价格廉、地点方便，其就会对该药房比较满意，产生喜欢、愉快的情感，从而会经常到该药房购药。

但三种成分之间有时是不一致的，例如，某消费者认为某药店店员服务不好，但也会前往购药。一般而言，三种成分一致的态度比较稳定，若出现矛盾则态度不稳定，若出现冲突则态度可能发生改变，直到建立新的态度，达到三种成分的平衡。

课堂互动

如果态度的三种成分之间出现不一致，那么态度的哪种成分占主导地位?

二、消费者态度的功能

消费者对产品、服务或企业形成某种态度，并将其储存在记忆中，需要的时候，就会将其从记忆中提取出来，以应付或帮助解决当前所面临的购买问题。通过这种方式，态度有助于消费者更加有效地适应动态的购买环境，使之不必对每一新事物或新产品、新营销手段都以新的方式做出解释和反应。从这个意义上说，态度本身具有一定的功能。虽然学术界已经发展起来不少关于态度功能的理论，但其中受到广泛关注的是德国心理学家卡茨（D. Katz）从个体需要得到满足的角度，提出的四功能说（functional theory of attitudes）。

（一）效用功能（utilitarian function）

效用功能也称适应功能、实利或功利功能。态度能使人更好地适应环境和趋利避害。人是社会性动物，他人和社会群体对人的生存、发展具有重要的作用。形成适当的态度，才能从某些重要的人物或群体那里获得赞同、奖赏或与其打成一片。即利用态度使回报最大化。例如在消费者到药店时，能够根据消费者的喜好和特点给予适当赞美或者关心，将拉近与消费者的距离，让其产生好感，则有可能发生消费行为。

（二）自我防御功能（self-defensive function）

态度能够帮助个体回避或忘却那些严峻环境或难以正视的现实，从而保护个体的现有人格和保持心理健康。例如，老年人对保健品、滋补品或防病健身方面的相关产品有着非常积极的态度，就是处于自我防御，渴望健康长寿。

（三）认知功能（knowledge function）

态度能够帮助人们认识或者理解某些新鲜事物。当消费者对某种类型的产品形成一种正面或者负面的态度，那么下次遇到同类型的产品，不用过多思考，就会根据之前的态度决定是否购买。态度的这种功能能够简化决策程序，帮助消费者迅速做出决定。例如，利用电脑工作比较多的消费者，如果习惯使用缓解眼部干涩的眼药水，那么遇到同类型的眼药水，会迅速做出决定。

（四）价值表达功能（value-expressive function）

态度能够向别人表达消费者自己的核心价值观念或自我观念，同时反映消费者可能选择的决策方案和即将采取的消费行为。例如，有些人愿意服用西药，有些人更倾向于中药，对这种现象的不同态度，表达了人们在健康上的不同价值观。

三、医药消费者态度的特征

（一）指向性

医药消费者态度针对某一具体对象或状况的评价，具有指向性。因而具有主体和客体相对的关系，离开了具体对象，态度本身也就不存在了。同时，还有正向、逆向、异向及中性态度等。例如，当你描述一个产品时，往往会具体指出给你印象最深刻的某一方面特点，如“药效很好”或者“性价比较高”。

（二）主观性

态度是消费者对客观事实的主观感受，具有主观性的特点。不同消费者对同一产品或服务会有不同的感受和评价，即使是同一消费者在不同的时期，由于喜好、情绪、消费需求不同，对同一产品或服务也会有不同的感受和评价。例如，人们在疾病状况下会主动通过各种渠道收集某药品多方面的信息，而病好了之后，即使其他人主动告诉他（她）相关信息，其也会不理不睬，实际上药品本身没有变化，而是用药的人不再处于疾病状态，因此对药品的态度发生了改变。

（三）社会性

消费者对商品或服务的态度并非与生俱来，而是长期在社会实践中不断学习、不断总结，逐步积累起来的。消费者评价消费过程和产品、服务“好”与“坏”的标准受外界环境的影响。态度具有鲜明的社会性和时代特点。假设，在某市公立医院进行胆结石手术住院 5 天的平均费用为 8000～10000 元，如果某胆结石患者的治疗费用为 9000 元，患者认为该医院收费合理；如果当地平均治疗费用为 4000 元，则其会认为该医院收费昂贵。

（四）稳定性

消费者态度一旦形成会保持较长时间，相对稳定。态度的稳定性使消费者的一些购买行为具有一定的规律性、习惯性，从而有助于某些购买决策的常规化、程序化。例如，在新冠肺炎疫情依旧蔓延的大背景下，消费者对于购买口罩的态度相对比较稳定。但也并不是一成不变的，会随着消费者自身心智的成熟、消费技能的提高以及外部环境的变化而发生改变。因此，当新产品上市、产品遭遇消费者偏见时，改变消费者态度是营销工作的重点。

（五）协调性

态度是认知、情感、行为的统一体。三者彼此协调，有机统一，形成一个整体进行活动和发生作用。但有时也会发生不一致的情况，这时情感成分就会起主导作用。因此，我们在改变医药消费者态度时，尤其要注意感情因素。

第二节　医药消费者态度的形成

态度是一个多层次的系统结构，相对复杂。在这个系统中，认知、情感有时冲突，解决冲突的过程就是形成态度的过程。态度的形成是一个由量变到质变的心理过程，主要分为模仿与服从、认同和内化三个阶段。

态度始于自愿模仿或压力服从。消费者态度的形成，也许是从模仿崇拜、敬爱对象开始，也有可能迫于社会要求、群体规范或者他人意志而服从。在市场营销中，选择受人尊敬的、敬爱的、可亲的人物作为广告载体，以利于消费者模仿学习，形成认可、接受的态度。同时，面对疾病的发生，消费者要听从医生的建议，购买相应药品。

认同是消费者自觉自愿、主动的接受他人的影响，并有意或无意的模仿他人，使自己的态度和他人要求一致。认同多来自于喜欢，态度已由被迫转为自觉接受，但是还不太稳定，新的与原有的态度体系还未完全融合。例如，“病友圈”内成功克服疾病的交流，以及医院类似疾病治疗的成功案例等都会使医药消费者产生认同。

内化是个体完全地从内心相信并接受他人的观点和社会的行为规范，并将新旧彻底结合在一起，形成一个统一的、全新的态度。内化是态度形成和改变的最后阶段，比较稳固，不易改变。

学者对态度的形成提出过多种不同的理论解释，如条件作用理论、认知均衡理论、信息传播理论和社会判断理论等。这些理论对态度形成所做的解释虽然各有其侧重点，但它们并不相互矛盾和冲突，而是相互补充的。

一、条件作用理论

条件作用理论又称刺激-反应学习理论，其代表人物是美国耶鲁大学的霍夫兰德（Carl Hovland），他认为人的态度是后天学习得到的。消费者态度主要是通过联结、强化和模仿三种方式逐步形成的。

（一）联结

联结也称经典条件反射，人们可以获得对某医药产品或服务的信息和情感体验。态度的形成是一个中性概念与一个带有积极或消极社会含义的概念重复匹配的结果。例如，“医药广告”作为一个客观事物本身只是一个中性的概念，但是当消费者多次听到它与虚假一词发生联结，就会形成医药广告都是虚假的这种态度。

（二）强化

强化主要增加态度形成的可能性，如果消费者购买某医药产品以后，产生了一种满意的感觉，那么他的这一行动就会得到强化。因此，在医药营销中，厂家或药店经常会应用强化这个手段来促进消费者形成积极的态度，例如，使用优惠券、赠送样品、折扣等来促进消费者对某药品形成积极肯定的态度。惩罚通常会使消费者形成负面的态度，例如，一旦消费者选择的某药物没有取得预料中的疗效，甚至没有任何效果，就会对该药物甚至生产该药物的厂家形成反面的态度。

（三）模仿

人们还可以通过模仿习得某种态度，模仿是一种重要的学习方式。人们通常会模仿那些在一个团体中处于领袖地位的人物或亲近的人物的行为。榜样越是强有力的、重要的或亲近的人物，人们模仿发挥的作用越大。

二、认知均衡理论

认知均衡理论也称认知相符理论或认知一致理论（cognitive consistency theory），是关于态度变化的一种社会认知理论，该理论认为人的心理活动是人与社会因素相互作用中实现动态平衡的过程。该理论的出发点是人们在心理上有维持态度系统平衡一致的需要。一旦人们发现失去平衡就会紧张，继而会努力调整，使态度系统恢复平衡。情感、行为、认知的不一致性是态度形成的主要因素。认知相符理论有三种主要变式，即海德的P-O-X模型和费斯廷格的认知失调理论等。

（一）海德的P-O-X模型

P-O-X模型也称平衡理论（balance theory），是海德（Heider）于1958年提出的。这种理论认为，认知的平衡状态是一种理想的或令人满意的状态。如果认知上出现了不平衡，就会产生心理上的紧张、焦虑和不舒服、不愉快。为了从不平衡状态恢复到平衡状态，需要改变现有的某个认知或添加一种新的认知。

此理论可以用图5-1加以说明。图中P代表某消费者，O代表某消费者的家人，X代表某减肥药。“+”号表示肯定积极的态度，“-”号表示否定消极的态度。图5-1（1）、图5-1（2）、图5-1（3）、图5-1（4）情形下，P、O、X三者处于平衡状态。以图5-1（1）为例，某消费者与其家人都对所买减肥药持肯定积极态度，且两个人之间也是肯定积极态度，则整个系统处于一种平衡状态。如果两人之间是肯定积极态度，P对减肥药持积极肯定态度，而O对减肥药持消极否定态度，则整个系统不平衡，P就会感到不舒服，如图5-1（7）所示。同样，图5-1（5）、图5-1（6）、图5-1（8）情形下，P、O、X三者也处于不平衡状态。

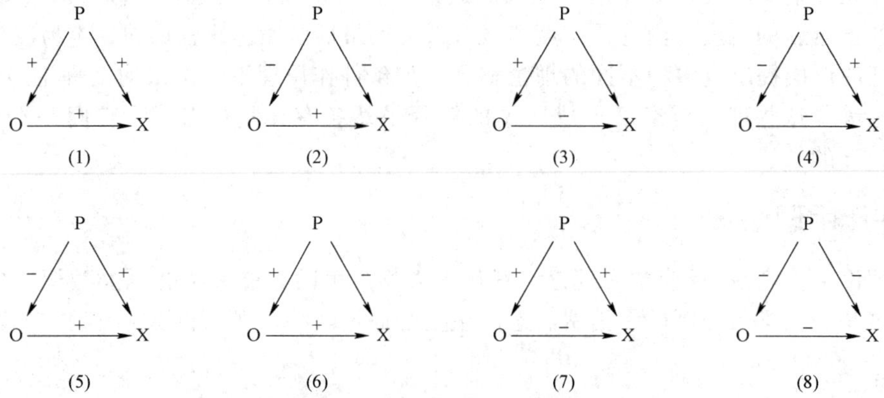

图5-1 海德的P-O-X模型

这种态度的转变可以通过很多种方式去实现，具体如下。

（1）P可以改变对O的态度，如某消费者可以因为家人反对购买减肥药而疏远家人。

（2）P可以说服O改变对X的态度，如某消费者可以劝说家人接受该减肥药。

（3）P也可以自己改变对X的态度，如某消费者可以因为信任家人，而对减肥药也表现出否定的态度。

（4）P可以扭曲事实，误认为O对X的态度其实和自己是一致的，或者对平衡系统中的某两个要素之间的关系做出新的归因或解释。如某消费者可以认为家人是主张购买该减肥药的，只是嫌贵。

在这么多的途径中，个体究竟选择哪种方式取决于行动的难易程度，可以采用“最小努力原则”来预测平衡改变的方向。而且研究表明，当人们不喜欢另一个人时所产生的平衡压力，似乎要比喜欢他时的平衡压力要小，也就是说，人们不会太在乎是否和自己不喜欢的人意见一致或者不一致。如图5-1（5）和图5-1（8）情形所带来的压力要远小于图5-1（6）和图5-1（7）情形。

海德的P-O-X模型用了较为简单的概念说明了认知相符的概念，并为如何恢复平衡状态提供了多种途径。但是这一理论的局限在于：在三角关系中，只有正负体验的方向指标，而无强度指标。因而，不能说明何以会对其中的一方而不是另一方改变态度以恢复平衡状态。

海德的P-O-X模型在营销上的应用主要在于名人广告和品牌的延伸。当消费者对新产品的态度还没有形成时，营销者可以在广告中描绘某位大家都喜爱的名人与该产品之间的归属关系或情感关系，以帮助消费者建立与产品之间的情感关系。品牌延伸的应用在于利用消费者对知名品牌的肯定态度，通过三维关系传递到被延伸的产品上。

（二）费斯廷格的认知失调理论

认知失调理论（cognitive dissonance theory）是由著名心理学家费斯廷格于1957年提出的，是认知相符理论中最具影响力的一种。费斯廷格认为态度会为了维持与外显行为的一致性，会随外显行为改变。一般而言，个体的态度与行为是协调一致的。但是，如果出现做了与态度不一致的事，或者没做想做的事等情况，态度和行为就出现了不一致，就会产生认知失调。个体行为和态度不一致，就会产生一种令人不愉快的紧张感，个体会努力去消除这种失调的状态，以恢复到平衡一致的状态。

人们减少认知失调的方法有很多，主要有：①改变自己的认知和态度；②去除或改变自己的行为；③在不改变原来两个认知因素的条件下，增加新的认知。

以吸烟为例，个人有吸烟嗜好，其对“吸烟有害健康”可能有如下三种处理方式：①会认为“吸烟有害，但许多吸烟的人身体仍很健康”；②会认为“吸烟有害，自己开始戒烟”；③会认为“抽烟可以提高工作效率，某种程度上可以抵消对健康的危害”。通常改变行为往往比较困难，所以人们更常用上面提到的第①种和第③种做法。在改变了态度以后，人们就会认为自己的行为属于正确的行为，从而减轻认知失调带来的压力。

三、信息传播理论

信息传播理论也称说服模型，是霍夫兰德（C. I. Hovland）和詹尼斯（I. L. Janis）于1959年提出的，以信息交流过程为基础。霍夫兰德认为，态度改变应在信息传递过程中研究个体对信息的注意、理解与接受等。任何态度的改变都涉及一个人原有的态度和外部存在着的与此不同的看法。由于两者存在差异，由此会导致个体内心冲突和心理上的不协调。为了恢复心理上的平衡，个体要么是接受外来影响，即改变自己原有的态度，要么采取各种办法抵制外来影响，以维持原有态度（图5-2）。

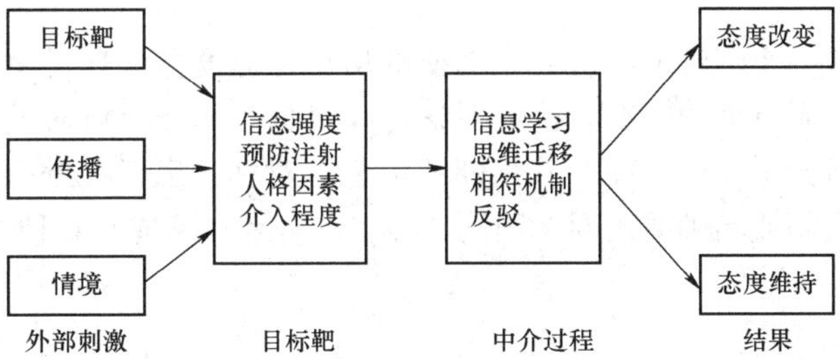

图5-2　说服模式

这种模式将态度改变的过程分为以下四个相互联系的部分。

1. 外部刺激　主要包括信息源（传递者）、传播与情境。信息源是指持有某种见解并力图使别人接受这种见解的个人或组织。如发布某种劝导信息的企业或广告公司，劝说消费者接受某种新产品的推销人员，都属于传递者的范畴。传播则是指以何种方式和什么样的内容安排把一种观点或见解传递给信息的接收者或目标靶。信息内容和传递方式是否合理，对能否有效地将信息传达给目标靶并使之发生态度改变具有十分重要的影响。情境是指对传播活动和信息接收者有附带影响的周围环境，如信息接收者对劝说信息是否预先有所了解，信息传递时是否有其他干扰因素等。

2. 目标靶　即信息接收者或企业试图说服的对象。说服对象对信息的接收并不是被动的，他们对于企业或信息传递者的说服有时很容易接受，有时则采取抵制态度，这在很大程度上取决于说服对象的主观条件。例如，如果某人在多种场合公开表示过不喜欢某种产品，那么，要改变他（她）的这一态度，难度就比较大，因为那样将意味着他（她）对自己的否定。

3. 中介过程　主要指说服对象在外部劝说和内部因素交互作用下态度发生变化的心理机制，具体包括信息学习、感情迁移、相互机制、反驳等方面。

4. 劝说结果 不外乎两种：一是改变原有态度，接受信息传递者的劝说；二是对劝说予以抵制，维持原有态度。从劝说方的角度看，前述第一种结果当然最为理想。但在很多情况下，劝说可能并未达到理想目标，而是出现前述第二种情况，在此情况下，信息接收者或目标靶可能采用各种方式对外部影响加以抵制，以维护自己原有态度。

四、社会判断理论

社会判断理论（social judgment theory）认为人们会根据已知的或已有的态度作为参照标准，将新信息进行归类和处理，进而吸收或同化形成新的态度。原有的态度作为指导框架，新的信息在此基础上进行分类。原有态度会对新态度的形成产生影响和制约。该理论强调，某个信息是否被人接受总是因人而异，人们在已有态度基础上形成接受或拒绝的新态度。如果新事物落在接受范围内，会得到消费者承认，有时也会对落在接受范围的信息进行协调使之与个人立场相一致。如果落在拒绝范围内，信息就不会被承认，甚至会遭到个体更强烈的排斥。在医药消费者行为上，人们可以利用社会判断理论来制定营销策略。例如，可以通过市场调研，进行市场细分，使产品或者医疗服务符合特定人群的需求。

五、期望价值理论

期望价值理论（expectancy value theory），是 1954 年美国学者爱德华（Edwards）提出的。该理论认为个体是否形成某种态度，取决于个体对这种态度的利弊进行的充分衡量。个体在做抉择时，会试图对每种可能出现的情形的预期价值进行评价，尽可能采取最有可能带来好结果的立场，即使主观效用最大化。

如果我们假设，预期结果的价值为 V，预期后果出现的概率为 P，那么主观效用 U，即为预期结果的价值与预期后果出现概率的乘积，即：

$$U=V\times P$$

这一理论把消费者看成一个理性的经济人，掌握的信息十分充分，这样消费者做出的决策才能达到效用的最大化。在医药消费者行为中，期望价值理论可以解释一部分个体对健康产品和医疗服务态度的形成。但是，在医药消费行为中，由于存在着强烈的信息不对称，患者在进行决策时，其理性的成分往往是很有限的，常会受到医师或药师的诱导。因此，很多消费者在形成对某种医药产品或服务的态度时，不能用该理论去解释。

第三节　医药消费者态度的测量与改变

一、医药消费者态度的测量

态度是内部准备状态，不太容易被直接观察到，但是可以通过对人们的外显行为（如口头言语、书面语以及行为表现）的观察和记录，进而由外向内的间接推断而获得。态度的测量，就是运用科学的方法对人们的外显行为进行观察、记录，并据此进行间接推断确定个体对某一事物的态度的过程。态度测量时，需要明确态度对象，并注意态度的评价性及程度。

（一）态度测量的内容

态度测量主要包括情感、行为及认知三方面。情感测量是测量消费者对产品具体属性的感觉，通常与消费者对品牌的情感相关，体现了消费者对品牌的整体评价。在实际操作中，一般通过在问卷或量表中测量消费者对包含特定情感的陈述句的强弱态度来测量其对产品的情感成分。行为测量可通过直接询问等具体方法，了解消费者可能购买产品的基本情况或是可能性来测量消费者的行为倾向。认知测量是测量其对产品各个具体属性的信念。对认知的测量首先要区分出消费者能够识别的属性，然后再通过具体的方法测量消费者对每一属性的认识。

（二）态度测量的角度

态度测量主要包括方向和强度两个角度。态度的方向即一致性，也就是消费者在认知、情感与行为3种成分上维持一致与和谐。如果不一致，消费者便需要进行这3个成分的调整，以使他们达成相互一致。例如，我们很难对一个评估不佳（认知）的产品品牌，维持一个很好的产品印象（情感），更不大可能去购买（行为）该品牌产品。

（三）态度测量的方法

1925年，社会学家博加德斯（E. S. Bogardus）提出了著名的“社会距离量表”，随后心理学家瑟斯顿提出了“等距量表”。在两人的研究成果基础之上，学者们纷纷提出许多态度测量的新的方法和技术，常用的态度测量方法主要有量表法和非量表法两种。

非量表法主要有生理反应法、投射法、行为观察法等。生理反应法建立在生物学的基础上，过程操作容易，结果相对可靠。投射法需要经过专门训练的人员进行分析，在一般态度测量中运用比较少。行为观察法主要从外显行为上加以判断态度，但是行为与态度并非一一对应关系，其准确性还有待研究。

量表法主要有瑟斯顿量表、李克特量表、语意差别量表等。

1. 瑟斯顿量表　也称等距量表法，由瑟斯顿（L. L. Thurstone）和蔡夫（F. J. Chave）于1929年提出，是最早出现的态度量表之一。该方法的特点是以等间隔方式拟定有关事物的题目，使问题按照强弱程度形成一个均衡分布的连续统一系统，并分别赋予量表值，然后让被测者任意选择自己同意的题目。根据被测者所选题目的量值，来确定其态度的倾向及强弱程度，得分越高表明态度的强度越高。瑟斯顿量表法可以较详尽地给出供选择的题目，准确反映态度倾向的细微差异，因而对于复杂态度的测量具有良好的效果。瑟斯顿量表法的主要贡献在于提出了在赞同—中立—反对的多层次测量态度的方法，准确和有效标明了态度的差异。目前，多数量表仍保留了瑟斯顿量表这个基本特点。但是该表的测量程序比较复杂，对陈述项目的分类标准难于把握，因而在一定程度上削弱了其实用价值。

2. 李克特量表　也称累加量表法，由李克特（R. A. Likert）于1932年提出。该表同样使用陈述性语句提出有关态度的题目，但不将题目按内容强弱程度均衡分解为若干个连续系列，而是仅采用肯定或否定两种陈述方式，然后要求被测者按照同意或不同意的程度做出明确回答。供选择的态度程度在量表中用定性词给出，并分别标出不同的量值。程度的差异一般可做5~7级划分。然后把每个项目的反应评定相加而得出一个总分数；总分数越高，说明被测量者对某一态度对象的态度越肯定；反之，总分越低，则其态度越趋向于否定。五点量表是从强烈赞同（5）、赞同（4）、中性（3）、不赞同（2）到强烈不赞同（1）。七点量表则分为强烈赞同、中等赞同、轻微赞同、中性、轻微不赞同、中等不赞同、强烈不赞同。

3. 语意差别量表　也称语意分化量表（demantic differential scales），由奥古德（C. E. Osgood）和苏西（G. J. Suci）在1957年提出。该量表的基本思想是，对态度的测量应从多个角度并采用间接的方法进行，可以通过分析主题概念的语意，确定一些相应的关联词，然后再根据被测者对这些关联词的反应来加以确定。例如家庭这一概念，其词语含义是统一的、相对稳定的，但其对具体的每个人来说则可能具有不同的意义。有的人想到家庭时会产生温暖、舒适的感受，有的人则可能会联想起悲伤或痛苦的经历，还有的人则可能会产生一种梦幻式的体验。实验者根据所要测试的问题设计一套两极性形容词，如好或坏、强或弱等。量表中，成对的两极性形容词被写在线段的两端，线段上有5或7个刻度，分别代表个体对某一对象的几种态度水平，要求被试根据自己的实际想法，在适当的刻度上画圈，然后将每题所得分数相加，可得被试肯定或否定的态度（表5-1）。

表 5-1　消费者对药店态度的语意差别量表

	7	6	5	4	3	2	1	
便宜		◆						昂贵
选择多					◆			选择少
可靠			◆					不可靠
友好						◆		不友好
方便		◆						不方便

4. 多重态度模式　根据费西本多属性态度模型，以品牌态度为例，首先需要测量消费者对品牌属性的看法或者对品牌的看法，并对这些数据进行分析，然后计算下列态度评估值：

$$A_0 = \sum_{i=1}^{n} b_i e_i$$

式中，A_0为消费者的总体态度；b_i为消费者对待品牌拥有的第 i 个显要属性的信念强度；e_i为消费者对显要属性 i 的偏好程度，即情感或行为变数；n 为品牌具有显要属性的数量。

以调查消费者对市场上感冒药品牌的态度为例，药品质量、疗效、价格、知名度等 4 种属性是影响药品消费者的显要属性，设计调查问卷，让消费者按 0~10 对这 4 个属性的信念强度进行评分，10 分表示信念的最高水平。

您购买感冒药时：	不看重	很看重	药品质量（　　）
	0	10	
	不看重	很看重	药品疗效（　　）
	0	10	
	不看重	很看重	药品价格（　　）
	0	10	
	不看重	很看重	药品知名度（　　）
	0	10	

如果统计各问题平均分：药品质量 9.6，药品疗效 3.2，药品价格 1.6，药品知名度 1.6，计算属性的信念强度分别为：

$b_1 = 9.6 \div (9.6+3.2+1.6+1.6) = 0.6$

$b_2 = 3.2 \div (9.6+3.2+1.6+1.6) = 0.2$

$b_3 = b4 = 1.6 \div (9.6+3.2+1.6+1.6) = 0.1$

让消费者对 X、Y、Z 三种感冒药每一属性按-2 至+2 进行评分。例如：

您认为该感冒药的疗效	很好	较好	一般	不大好	很差
X 品牌	□	□	□	□	□
Y 品牌	□	□	□	□	□
Z 品牌	□	□	□	□	□
计　分	2	1	0	-1	-2

统计调查结果，见表 5-2。

表 5-2　消费者对主要感冒药品牌的态度调查结果

显要属性 i	属性信念强度 b_i	对 X 的评价 e_i	对 Y 的评价 e_i	对 Z 的评价 e_i
质量	0.6	2	1.8	2.4
疗效	0.2	2	0	2.1
价格	0.1	-1	2.2	1.9
知名度	0.1	2.8	2.4	2.1

将调查数据导入公式可计算出消费者态度分值：

$A_X=0.6\times2+0.2\times2+0.1\times(-1)+0.1\times2.8=1.78$

$A_Y=0.6\times1.8+0.2\times0+0.1\times2.2+0.1\times2.4=1.54$

$A_Z=0.6\times2.4+0.2\times2.1+0.1\times1.9+0.1\times2.1=2.26$

因此，消费者总体态度更倾向于选择Z品牌的感冒药。

采用这种方法能够全面地反映消费者的总体态度，其结果更接近消费者的真实态度，从而有利于对消费者行为的准确预测。但是，操作过程比较复杂，成本相对较高。

二、医药消费者态度的改变

态度的改变是指个体已经形成的态度，在某一信息或意见等因素的影响下，向新的态度变化的过程。

（一）态度改变的形式与类型

消费者态度的改变形式可分为两种，一种是态度方向上的改变，也称不一致性改变，例如，由原来反对的变成赞成，或原来喜欢的变成不喜欢，是质的改变。二是同一态度方向强度上的改变，也称为一致性改变。例如，原来态度为赞成（或反对），改变为强烈赞成（或强烈反对），即指增加积极度（或消极度），使之成为一种更加强烈的积极态度（或消极态度），是量的改变（图5-3）。

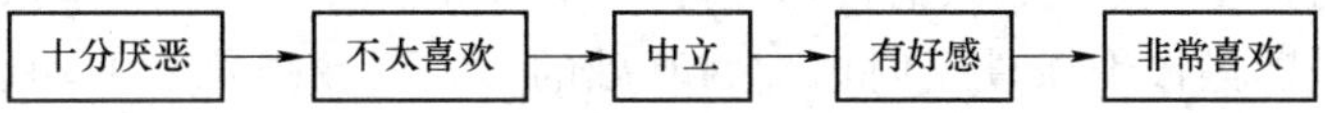

图5-3　医药消费者态度的量变与质变

强度的变化存在着引起方向性改变的可能，而方向性改变中又包含着强度的变化，因此两者是彼此关联、相互影响的。消费者态度的改变，一般是在某一信息或意见的影响下发生的，从企业的角度又总是伴随着宣传、说服和劝导。从这个意义上来说，态度的改变过程就是劝说和说服的过程。

依据不同的分类标准，态度的改变可以划分为不同的类型。从态度的层次而言，从小处讲，可以是对生活中具体的人或事的态度改变；从大处讲，可以是生活态度、价值观的改变，甚至是世界观的改变。具体可以分为：基本的具体态度的改变、社会固定态度的改变、社会兴趣态度的改变、社会价值态度的改变。从态度的成分而言，态度的改变可以分为：认知的改变、情感的改变、行为的改变。从态度改变的对象而言，可以分为对自己的态度的改变、对他人的态度的改变、对社会事物态度的改变。

（二）态度改变的策略

消费者在购买决策过程中不仅会因态度产生偏爱，而且还会产生偏见。许多企业和商家的营销战略目的就在于影响消费者的态度。有的企业和商家从自身的利益出发，要改变消费者的消极态度，以推广其产品。有的企业和商家为了在激烈的市场竞争中争取更多的消费者，也需要改变消费者原来的不积极（但不是偏见）态度为积极态度，使消费者对于其产品产生购买兴趣。改变消费态度的营销策略主要有以下三种。

1. 情感迁移策略　是指企业或商家利用消费者对某事、某物或某人的积极情感，把他们的好感关联到对于品牌或商品的情感上，从而产生对商品或品牌的好感。例如，三九集团曾推出一系列广告为“999感冒灵颗粒”进行宣传推广，广告突出情感诉求，注重于“温暖、贴心、关怀”，“暖暖的，很贴心”伴随着周华健代言的广告遍布大街小巷，“999感冒灵颗粒”由原来的侧重功能性诉求，转变为“信赖、温暖”的情感诉求，这也是“999感冒灵颗粒”在众多对手中脱颖而出的很重要的因素之一。一般来说，很多买药的消费者本身正遭受着感冒的困扰，心情倍感低落，而此时“999感冒灵颗粒”的“暖暖的，很贴心”像“朋友一样”就会让消费者在心理上感受到一种由衷的关怀和温暖，这对于培养品牌忠诚度是非常重要的。随后“999感冒灵颗粒”又不断推出新的广告，“不就是一场感冒吗?”通过普通人演了更加贴近普通消费者的“夫妻篇”“亲子篇”“失恋篇”，使品牌“温暖、贴心”的诉求进一步升华和具体，通过普通人的视角，让消费者更容易了解品牌的诉求。利用了消费者对温情的情感需求，使消费者的积极情感与“999感冒灵颗粒”联系起来，促使消费者对其也产生了同样的好感。而当消费者对产品或品牌产生了喜爱的情感时，这种情感会使他们更多去注意产品或品牌的美好一面，会增加他们对产品的正面信念，进而就会增加购买此产品的倾向性。情感迁移策略，从原理上看，是建立在经典性条件反射的基础上的，也就是说，利用已经形成的条件反射来形成新的条件反射。在企业或商家的营销中，可用以下方法达到情感迁移的目的，进而影响和改变消费者的态度。

（1）将消费者所喜欢的某种刺激，如一段音乐，不断地与品牌名称同时播放。过了一段时间后，与该音乐相联系的正面情感就会转移到品牌上。其他刺激，如喜爱的图画、喜爱的运动，也可以使用。

（2）激发对广告本身的情感。消费者对广告的正面情感能导致对产品的喜爱，在广告中可使用幽默、名人或情绪诉求等形式以增加消费者对广告的喜爱；而那些引起害怕、恐惧、悲伤等负面情感的广告也能强化态度改变，例如一些吸烟有害健康的公益宣传广告，向消费者展示因长期吸烟而受到损害的肺、因吸烟而造成胎儿畸形的可怕图片，以此来唤起人们对吸烟的厌恶感，从而试图改变吸烟人的消费态度。

（3）增加消费者对品牌的接触。对于消费者低参与度的产品，可以通过向消费者不断地、大量地展示某种品牌，不必改变消费者对产品最初的认知结构，就能够提高消费者的喜爱程度。

2. 行为参与策略 是指企业利用消费者其他需要，如好奇、求实惠、获得表现机会等，吸引消费者参与到产品使用中来，使消费者对产品形成积极态度或改变消费者的消极态度。因为，消费行为可以先于认知和情感而发生，导致认知或情感的形成，促使积极态度形成；也可以与认知和情感相对立的形式发生，导致认知或情感的转变，促使积极态度形成。

行为参与策略主要是以操作性条件反射原理为基础的，它强调强化物的功能和强化的时间。例如，一位大学生发现某种止痛药能够使其在膝盖受伤的情况下也能跑完马拉松，这种止痛药实现了他的止痛预期，通过这种正强化，对这一品牌的止痛药的态度就发生了，他（她）很可能在受到其他伤害的情况下去购买同一品牌的止痛药。又如，某消费者在口渴时买了某一品牌的饮料，喝一口后觉得太甜，很难喝，在这种强化作用下，则形成了对该品牌饮料的否定态度。因此，行为参与策略的关键是促使消费者试用或购买企业产品，并同时确保消费者的购买和消费是值得的。

行为参与策略主要包括以下两方面。

（1）利用优惠价格与销售促进吸引消费者试用　主要使消费者在事先没有认知和情感的情况下尝试购买和使用一些新品牌或新型号的产品，进而对所买所试的产品或品牌产生积极态度。例如，邮寄或分发某企业或商家的购物优惠券，促使消费者用这些优惠券去购买指定商品。向光顾某一药店的消费者展示阿胶固元膏的制作过程，给消费者免费测量血压、血糖、骨密度等。在特定时间或时段内进行产品降价、折扣、给小礼物等优惠活动，商家或厂家进行买一送一活动，以此吸引消费者试用商品，影响和改变消费者对产品或品牌的态度。

（2）增加购买介入程度和品牌差异　具有习惯性购买行为的消费者往往只购买自己熟悉的品牌而很少考虑品牌转换，作为其熟悉品牌的竞争者，企业需要通过技术改进和产品更新将低介入程度的产品转换为高介入程度，并在价格和档次上扩大与同类竞争产品的差距，以促使消费者转变态度，改变原先的习惯性购买行为。

3. 改变认知策略 消费者对于某一商品会产生许多与此相关的认识和信念。这些认识和信念可能是关于该商品的特点或属性的，也可能是该商品与其他事物关系的，每种认识和信念在重要性上和在其效价的强度上是有差异的，它们的综合就会形成消费者对某商品的不同态度。厂商通过各种方法改变消费者对产品或品牌的认知来影响消费者的态度，致使消费者对产品或品牌形成积极态度，这就是认知改变策略。消费者对产品或品牌的认知的改变可导致对产品或品牌的喜爱，也可直接导致购买行为。

根据多属性态度模式，认知改变策略的具体方法有以下几种。

（1）改变信念　即改变消费者对于品牌或产品的一个或多个属性的信念。例如，许多消费者认为进口药比国内仿制药好。为了改变消费者的这种信念，厂商可以通过多样的广告宣传，不断地提醒消费者他们的产品在一些重要属性上有“更多”“更好的”，例如对于 HPV 疫苗，可以从有效性、安全性以及可及性来引导。改变信念的关键是要提供关于产品表现的“事实”或描述。

（2）改变属性的权重　消费者在认知某产品或品牌时，常常会看重产品或品牌的某种或某些属性，认为产品的某种或某些属性比其他一些属性更重要。企业或营销者可以进行广告宣传，说服消费者自己产品相对较强的属性是该产品最重要的属性。例如，北京同仁堂始终恪守“炮制虽繁必不敢省人工，品味虽贵必不敢减物力”的古训，树立“修合无人见，存心有天知”的自律意识，其产品以“配方独特、选料上乘、工艺精湛、疗效显著”而享誉海内外。于是，它在广告中大力强调此特点，让消费者感到质量和诚信是中药最重要部分。

（3）增加新的属性　即在消费者的认知结构中增加新的信念。可以增加一个以前被消费者忽视的属性，例如，感冒药“白加黑”的问世与成功得益于它的创新。通常的感冒药都有四种成分：解热镇痛、止咳、缩血管和抗过敏成分。抗过敏成分大多都有嗜睡的副作用，因而感冒药在缓解症状发挥治疗作用的同时产生了白天打瞌睡的不良反应，会影响患者的学习、工作。“白加黑”首次独家只在夜用片中保留抗过敏成分，使得日用片不再有嗜睡的副作用，解决了困扰人们多年的感冒用药难题。“白加黑”的问世，曾在感冒治疗领域和营销领域引起了震撼。再加上“白加黑”这个极富创意的名称和简洁明快的电视广告，使许多消费者改变了对感冒药的态度，甚至多年之后人们对“白加黑”的震撼依旧记忆犹新。

（4）改变理想点　在每一个商品属性上，消费者都有一个理想点，各个属性越接近理想点的品牌，越可能成为他们选择的目标。改变消费者对理想产品的认识或对属性理想标准的认知，就是改变理想点。策略核心为：①使消费者的理想点与产品的信念价值尽可能接近；②增加与消费者理想点相接近的品牌属性的重要性权重，或降低与消费者理想点相距较大的品牌属性的重要性权重。例如，乙醇可以提高漱口水的有效程度，因为它能杀死口腔中的细菌。某款漱口水产品提出与相反的看法，其广告声称，虽然乙醇会杀死细菌，但也会使一个人的口腔引起不良反应。如果这一广告被广泛认同，就会改变众多消费者的理想点。

第四节　医药消费者态度改变的影响因素

借助语言、报纸、杂志、广播、电视、电影、广告、推文、短视频等各种传播媒介来传播信息，影响人们，使其态度发生改变，是极为常见和广泛使用的方法。其中，霍夫兰德的信息传播理论（也称说服模式）在态度改变理论中最具影响力。该模式指出了引起态度是否和如何改变的过程及其主要影响因素，对理解和分析消费者态度改变具有重要的借鉴与启发意义。我们分析医药消费者态度改变的着眼点在于信息源、传播（包括内容和方式）、情境和目标靶（信息的接收者）等四个方面。信息传播的最终目的是使被劝说者接受传播的信息。

一、信息源

（一）信息源的权威性

一般而言，信息来自权威机构或专业人士通常更有说服力。

（1）崇尚权威心理是人信息行为的特点之一。“人微言轻”等成语反映出了环境中“谁说”比“说什么”更重要的现象。

（2）在医药消费领域，消费者很难像购买其他产品那样，对产品的数量和质量预先做出相对正确的判断，他们一般都是在医师或药师的安排下接受各种检查，服用各种药物等，这也在很大程度上培养了消费者对权威的依赖。

（3）消费者随着时间观念的增强，缩短收集信息过程的需求加大，而听取权威机构或人士的意见是捷径之一。因此，医疗机构或药品企业在指定营销策略或广告宣传时，要注重信息的权威性。例如，对一种新药的评价，或者一种新的治疗方法的推广，如果出自医学权威机构或者名医之口，显然会收到更好的效果。

（二）信息源的可靠性

主要指信息传递者在信息传递过程中能否做到公正、客观和不存在私心与偏见。有威望的医药专家，如果是为自己办的药厂做宣传，人们对其评价的可信度也会大打折扣。相反，来自消费者的信息，由于消费者之间角色身份、目的和利益相同或相似，就更容易被接受。事实证明，当一个人认为某种意见是来自与其自身利益一致的一方时，人们就乐于接受这种意见，有时还会主动征询他人的意见作为参考。正因为如此，"医托"就是利用这一心理才达到欺骗消费者的目的的。增加信息源的可靠性，通常有以下几种方法。

（1）让信息的发布者支持那些看似与自己利益有冲突的观点，而不是为了自己的利益做宣传。

（2）增加信息来源的多重性，越多的人或越多的组织如果认同同一个观点，那这种说法就会更具有说服力。例如，一种新药受到多家医疗机构的推荐，那么消费者就更可能肯定它的疗效。

（3）某产品或服务的既往使用者的经历可以增加说服的可靠性，这点在医药领域更加多见。如果一名患者说一种药物或一家医疗机构治好了困扰自己多年的疾病，那么其经历就会成为说服最好的资本，起到事实胜于雄辩的作用。虽然一种药物或者说一种疗法对不同个体的效果是不一样的，但由于患者对疾病缺乏认知，对健康又极度渴求，就很容易引起共鸣，尤其是对于一些疑难杂症、久治不愈的慢性病。

（三）信息源传播者被喜爱程度

态度认知相符理论表明，人们往往会为了自己喜欢的人改变自己的态度，从而使三角系统达到平衡的状态。换句话说，人们更乐于接受来自自己喜欢的人所提出的建议或意见。这也是大多数企业乐意去找人气最旺的、最受目标顾客喜欢的名人去代言产品的原因。

二、传播

（一）传播的内容

1. 信息的简单与复杂 简单的信息容易理解，容易被记住。复杂的信息虽然比较难以理解，但是论据充分，一旦被接受，说服的效果会更大。两类信息究竟哪个更加有效，要看具体情况。信息的复杂性跟信息源是相互作用的。研究证明，如果信息是简单明了的，那么来自受大众喜爱的人的信息就会更具有说服力；但是如果信息是复杂的，那么由权威机构或者是该领域的专家提供的信息就会更具有说服力。因此，在医药营销过程中，如果涉及药物机制之类的复杂信息，就应该请专家来发布。

2. 信息的理性与感性 信息的理性成分包含了对产品的功能、属性和治病机制等的描述。一般来说，医药产品或服务营销中，更适合采用理性诉求为主，尤其是对一些慢性疾病的患者。这部分患者有多年服用药物的经验，要想使他们接受新产品就需要更多的理性诉求，增加消费者的认知，进而影响其态度和行为。信息的感性成分是通过触动消费者的情感来影响其态度改变的。例如，一些药品广告体现的是母亲对孩子的关心、子女对父母的孝心等。

什么时候应该以理性成分为主？什么时候应该以感性成分为主？这在一定程度上与信息接收者的因素有关，通常喜欢思考和理性探索的人更容易接受理性成分为主的信息，而那些不喜欢费力伤神的消费者更容易接受以感性成分为主的信息。

3. 信息的单面论述与双面论述 研究显示，在某些情况下，双面论述给消费者一种客观、公正、负责的感觉，可以降低或减少消费者对信息和信息源的抵触情绪。单面论述有较强的冲击力，能给消费者留下鲜明的印象。

霍夫兰德等人研究表明：当听众与劝说者的观点一致，或前者对所接触的问题不太熟悉时，单面论述效果较好；如果听众与劝说者观点不一致，而且前者对接触的问题又比较熟悉时，单面论述会被看作传达者存在偏见，此时采用双面论述效果将更好。因此，企业在信息传播过程中是否运用双面论述，最好了解消费者的原有态度及消费者自身的特点之后，再做决定。另外，信息的形式是否吸引人，是采用文字还是图表，以及信息的陈述次序等都会影响到消费者态度的改变。

（二）传播的方式

1. 恐惧唤醒　是营销者常用的一种说服手段，如：肥胖带来的烦恼、蛀牙带来的严重后果、糖尿病带来的不安、脚气带来的尴尬等，都是用恐惧唤醒来劝说消费者。通过这种方式可以改变消费者认为无关紧要、漠不关心的态度。但运用恐惧唤醒时，必须要注意适度，因为过度恐惧反而会让信息接收者拒绝说服的信息。

运用恐惧唤醒时，需要注意的问题有以下几方面：①对如何减少恐惧给出具体明确的指导；②指出根据指导行事是解决问题的有效途径；③对有威胁感和易受恐吓的受众避免传递高恐惧内容的信息；④对低自尊者和自卑感很强的受众避免传递高恐惧信息；⑤包含迅速解决问题的信息。

2. 建议或讨论　表面看来不是用于说服的信息更具有说服力。以建议或讨论的方式表达信息内容，或者是间接的表达方式，诱导消费者自己推导出结论，比直接给出结论更易于为消费者所接受。

三、情境

（一）预警

如果一个消费者事先被告知将会接触到与之态度相反的说服信息，那么其对该信息的防御力就会增强，就更不容易被说服。出现这种情况很有可能是因为当人们预先得知一个观点相左的立场，并且要试图改变他们的立场，他们就会开始进行反驳，在反驳过程中增强了对说服信息的防御能力。研究表明，得到预警和说服实际发生的时间间隔越长，会使人们有更多的时间去产生更多反驳的观点。但是，如果一个人对某件事情不是很在意，或者对自己的立场不是很坚定，预警反过来会促进态度的改变。

（二）分心

通常，被说服者对于说服的信息有一种反对的倾向，尤其是当他们对原有的态度又很强烈的时候。当人们考虑一种他们不喜欢的信息时，可能就会越想越不喜欢它，会找出各种理由或者观点去反驳它，来保护自己的立场，从而降低该信息的说服作用。

由此可以得到一个启示，凡是能削弱他们反驳能力的东西都可以使他们更容易被说服。分心就是分散信息接收者对某种说服信息的注意力，所以适当的分心有时候可以增强说服力。但是，在运用分心来增加说服效果时，要掌握好适度的原则。过度的分心有时会影响说服信息的传递，甚至使其效果降为零，例如，内容过于滑稽的广告可能会让消费者大笑过后反而忽略了广告宣传的产品。

（三）重复

当消费者接受重复性信息时，两种不同的心理过程将同时发生作用。一方面，信息的重复会引起不确定性的减少和增加对刺激的了解，从而带来积极的和正面的反应；另一方面，随着重复增加，厌倦和腻烦也随之增长。在某一点上，重复所引起的厌倦将超过它带来的正面影响，从而引起消费者的反感。所以，为了避免或减少受众的厌倦感，企业在做广告时，最好是在不改变主题的条件下对广告的表现形式时不时地做一些小的变动。

四、目标靶（信息的接收者）

（一）介入程度

介入程度也称卷入程度、参与程度。如果消费者对某种产品的卷入程度越深，其形成的态度或者信念就越难改变。消费者的承诺也是卷入程度高的一种表现，如果一个消费者在公共场合表明某种态度，那这种态度往往很难改变。在医药消费行为中，多数消费者的卷入程度都是比较高的，对与健康相关的问题，个体会投入较多的时间和精力去收集相关产品的信息。尤其是慢性病患者，对某种药物或治疗方法的态度一旦形成就比较难以改变。

（二）预防注射

预防注射也称接种。预防注射是指消费者已有的信念和观点是否与相反的信念和观点做过交锋，消费者是否曾经构筑过对相反论点的防御机制。一个人已经形成的态度和看法从未与相反的意见有过接触和交锋，就会因易于被人们说服而发生改变。相反，如果他的观点、看法曾经变过抨击，他在应付这种抨击的过程中建立了一定的防御机制，例如找到了更多反驳理由，那么在以后他便会有能力抵御更加严重的抨击。

（三）人格

影响说服成败的人格因素主要有自尊心、权威主义和教条主义等。研究发现，自尊心低者比自尊心高的人更容易被说服；智力水平低的人比智力水平高的人更容易被说服；在沟通过程中未分心的听众比分心的听众更易被说服；权威主义倾向较强的个体更容易被有力的证据说服；女人比男人容易被说服。

（四）需要

消费者通常会对能满足其需求的对象或能帮助自己达到目标的对象产生接受的态度。因此，通过信息传递，最大限度地满足消费者的需要，包括潜在需要，则容易使其改变态度。相反，则会产生漠不关心或拒绝的态度。

本章小结

医药消费态度是消费者评价消费对象优劣的心理倾向，导致消费者喜欢或讨厌、接近或远离特定的产品和服务。在影响消费者行为的诸因素中，态度具有极为重要的作用。大部分的消费者实际行为的产生，都会先经过态度的产生，态度对于行为具有某种程度的预测能力。态度的构成主要包括 3 种成分，即认知成分、情感成分、行为成分。态度具有效用功能、自我防御功能、认知功能和价值表达功能。

医药消费者态度的形成主要有条件作用理论、认知均衡理论（包括海德的 P-O-X 模型和费斯廷格的认知失调理论）、信息传播理论、社会判断理论以及期望价值理论。消费者对某类商品或服务的态度在形态上表现为一种心理活动和行为的准备状态，无法直接加以观察，必须采取一定的技术方法进行间接测量。消费者态度常用的测量方法有瑟斯顿量表、李克特量表、语意差别量表和多重态度测量模式。这些测量方法虽然在日常生活中都广泛运用，但也有各自的局限性，需要进一步改进和完善。

任何消费态度的形成都是消费者在后天环境中不断学习的过程，是各种主客观因素不断作用影响的结果，可以由量变到质变。态度改变的策略主要有情感迁移、行为参与、改变认知等。医药消费者态度改变的影响因素主要有信息源、传播、情境和目标靶。

练习题

参考答案　　更多习题

一、名词解释题

1. 消费者态度
2. 认知成分
3. 海德的 P-O-X 模型

二、选择题

1. 患者对协和医院“医疗水平高，医德好，不乱收费”的评价，体现了消费者态度的（　　）

A. 社会性　　B. 指向性

C. 稳定性和可变性　　D. 主观性

2. 选择购买高价药品的消费者主要是出于（　　）心理

A. 攀比　　B. 习惯　　C. 追求高品质　　D. 上述三种都有

3. 消费态度的核心评价成分是（ ）

A. 认知　　B. 情感　　C. 行为倾向　　D. 观念

4. 心理学的研究表明，消费者的态度变化一般要经过（ ）环节

A. 同化　　B. 服从　　C. 内化　　D. 矛盾

5. 导致消费者形成彻底性拒绝购买态度的主要原因是（ ）

A. 消费者根本没有需求的欲望

B. 由于商品的某些特性与消费者的需求相差甚远

C. 消费者不信任商品质量和厂商信誉，为避免风险而拒绝购买

D. 消费者对商品还缺乏全面了解，对购买结果估价不高

三、判断题

1. 消费者对某一产品持积极的、肯定的态度有利于所有经营者。（ ）

2. 医药消费者出于对健康的关注，会在消费过程高介入，消费态度不易改变。（ ）

3. 医药消费者有病先去大医院看，不信任小医院的医疗水平的态度就是偏见。（ ）

4. 预防注射是指在消费者产生不利于产品的态度前采取措施，避免不利舆论的形成。（ ）

5. 医药消费中消费者行为由理性因素决定，因此营销过程中应当避免使用情感营销，以树立企业专业严肃的形象。（ ）

6. 医药消费者是根据态度做出购买行为的，获得消费者好评的医药产品也肯定能有好的销售业绩。（ ）

7. 消费者态度是由认知、情感和行为倾向三种成分构成的复合系统。（ ）

8. 医药消费中，消费者对产品质量的态度是决定其对产品好坏评价的主要因素。（ ）

9. 医生向患者解释疾病延误治疗可能导致的各种后果，是一种有效的促进消费者态度转变的方法。（ ）

10. 医药消费与日用消费的一个重要区别在于其需求与价格缺乏弹性，消费数量与消费者态度关系不大。（ ）

四、思考题

1. 消费者态度的特点是什么？

2. 影响医药消费者态度的因素有哪些？

3. 如何去改变医药消费者态度？

4. 下列哪个公司会发现它难以转变消费者对其产品的态度，为什么？哪家公司最容易转变消费者态度，为什么？

（1）试图吸引成人市场的早餐食品制造商。

（2）推销畅销布料的专业零售商。

（3）决定开低价餐饮连锁店的快餐批发公司。

（4）低价位的、以朴素为特点的公司打算开辟新航线、增加服务、提高价格。

5. 根据参与程度对态度产生影响的观点，说说为什么消费者对普通香水、婴儿食品和服装店的态度特别难以改变？

五、技能训练题

1. 设计一份问卷，调查消费者对某品牌感冒药的态度。

2. 根据问卷调查结果，列出消费者对该品牌冒药哪些方面满意，哪些方面不满意？针对消费者不满意的方面提出改进对策。

3. 不少人认为中药只适于调养身体和治理慢性疾病，对于一些急症还是西药起效快，针对消费者的这一态度，请你设计一个公益广告来改变消费者的态度，以更好地推广中药。

六、案例分析题

案例

康泰克的危机与新康泰克的崛起

2000年天津中美史克制药有限公司生产的康泰克占了中国感冒药市场的一半，约6亿元；2000年11月17日，国家药品监督管理局发布“关于立即停止使用和销售所有含有PPA的药品制剂的紧急通知”，将康泰克等15种感冒药列为禁药；中美史克制药有限公司失去了约6亿元的市场；中国感冒药市场进入“春秋战国”时代。通告的发布正值11月感冒高发期，暂停使用和销售“康泰克”对中美史克公司可以说是严重的打击，通告使得“康泰克”销售急剧下降，中美史克为此蒙受的直接损失达6亿多元人民币。“康泰克”因PPA事件而遭受重大挫折。

2011年9月3日，天津中美史克制药有限公司召开新闻发布会，宣布不含PPA的新康泰克正式上市。新康泰克以盐酸伪麻黄碱，即PSE代替了PPA，PSE是一种全球广泛使用的鼻黏膜减充血剂，能有效抑制感冒引起的鼻部症状，同时新康泰克保留了原有的扑尔敏成分。新康泰克采用全新缓释技术，在保留原有12小时持续作用特点的基础上，能使药力更为平稳精确地释放。上市不到两个月时间，在“群雄争战”的OTC感冒药市场，新康泰克销量迅速攀升，市场占有率不断提高。经历了康泰克的PPA危机后，中美史克为新康泰克的上市做了精心的策划，使新康泰克成为感冒药市场的主流品牌。中美史克采取了如下策略。

1. 重视培育品牌，珍惜品牌价值 自1999年起，中美史克即创造了以康泰克胶囊为原型的“康泰克先生”，作为品牌代言形象。“康泰克先生”活泼可爱，性格亲和，不失专业可信的形象，推出之初即获得消费者喜爱，并成为中国药品广告创意的突破。此次新康泰克上市也使用了“新康泰克先生”作为形象代言，目的是延续这一有效的广告创意。在“新康泰克先生”的广告测试中，重点城市内88%的消费者表示喜爱这一形象。新产品定名为“新康泰克”，是原有“康泰克”品牌的延续和发展。正是康泰克品牌在消费者中形成的强大的品牌资产，以及消费者给予品牌的信赖，让中美史克公司有充足的信心续用“康泰克”品牌。

2. 产品遇难，果断决策退出市场 通知发布后中美史克立即举办了媒介恳谈会，表示支持决定，并正式对外宣布停止两种产品的生产和销售。遇此危机，中美史克公司没做任何辩护，果断决策，英雄“断腕”，让产品立即退出市场，损失是巨大的，但这一决策顺应时势，保住了康泰克品牌这一巨大的无形财富。为新康泰克能重新夺回市场奠定了良好基础。

3. 以消费者为本 公司杨伟强总经理讲话中，通篇满怀对消费者的感激之情。“创造康泰克品牌的，不只是中美史克，更重要的是广大的消费者。多年来他们不断从品牌的使用体验对产品的疗效进行验证，最终形成了对品牌的信赖和偏爱，这样我们的品牌才有了生命。正是消费者给予我们品牌的信任和信心，激励着我们投注每一分力量来创造更好的产品去回报他们”。

4. 广告宣传核心定位的继承与发展 新康泰克以“新康泰克，12小时缓解感冒症状”唤起消费者的品牌回忆，维系了康泰克这一品牌的忠诚顾客，上市广告着力向消费者提供他们所关注的信息，例如“不含PPA”及国家对产品的验证认可，并发展了新康泰克先生用放大镜仔细检查产品包装的广告创意，以提高产品可信度。同时广告还突出了“PSE使药力释放更加精确”“药效更加稳定”这两个优势。

（资料来源：新康泰克上市策划的启示［EB/OL］.（2011-01-23）. https：//wenku. baidu. com/view/56e477235901020207409c2c. html.）

分析：在阅读上述资料的基础上查阅相关背景资料，试着归纳出中美史克应用了哪些改变消费者态度的策略，为了消除PPA事件危机给消费者态度带来的负面影响采取了哪些措施。

PPT 微课

第六章 医药消费者的购买决策与购买行为

学习导引

知识要求

1. **掌握** 医药消费者购买行为的基本概念。
2. **熟悉** 医药消费者购买行为模式。
3. **了解** 影响医药消费者购买行为的影响因素。

能力要求

1. 能够正确分析消费者购买行为，帮助企业做出合适的营销策略。

2. 能够应用医药消费者购买行为和购买决策中的基本理论，研究医药消费者市场，为企业营销提供对策。

素质要求

树立正确的医药消费者购买行为研究观念，正确引导医药消费者的购买行为。

案例导入

互联网医疗与互联网医院

【案例】 受疫情影响，用户对在线医疗的需求量不断增长。由国家卫健委数据可知，截至2021年6月，全国互联网医院已达1600余家。据中国互联网络信息中心第46次《中国互联网络发展状况统计报告》显示，截至2021年6月，在线医疗网民规模为2.39亿。

首都医科大学附属北京胸科医院进行的《互联网诊疗平台对结核病患者的复诊体验调查》中，选择2020年2~6月曾参与线上问诊咨询，且完成互联网诊疗及药品寄送全流程的131例符合复诊标准的结核病患者作为调查对象，进行了问卷调查。结果显示，26%的患者在疫情之后会优先选择网上诊疗，也有25.2%的患者疫情后会选择现场就医。由此可以推测，部分用户还未养成线上就医习惯。此次调研还发现，50%以上的患者希望通过互联网诊疗获得复诊咨询或远程开药及寄药服务，仅有42.5%的患者希望获得就诊前的问诊咨询。

从线上延伸至线下的服务中，在检查检验预约、护理上门、住院预约方面，互联网医院已经做了较多探索。据调研显示，51%的企业型互联网医院可提供10种及以下的延续类医疗服务，不提供此类服务的仅占9%。而医院型互联网医院中，多达43%的互联网医院无此类服务。

【问题】

1. 请从医药消费者购买行为角度分析互联网医疗用户的需求变化。
2. 请从医药消费者购买行为角度分析互联网医院应如何提高竞争力。

第一节　医药消费者的购买决策

一、医药消费者购买决策的概念与内容

医药消费者购买决策是指医药消费者产生购买需求后，在购买动机的支配下，在可选择的购买方案中进行较为理性的分析、比较、选择，最终决定购买某一特定产品并在购买后进行评价的过程。

由于产品或服务不同，医药消费者的购买决策过程会有一定差异。同时，医药消费者在购买决策过程中，还会受到诸如文化因素、社会因素、个人因素以及销售因素等的影响。

课堂互动

医药消费者的购买决策包括哪些内容?

医药消费者的购买决策虽然存在着差异，但基本都是围绕 5W1H 展开的。这里的 5W1H 是指谁是消费者（who）、为何购买（why）、购买什么（what）、何时购买（when）、在哪里购买（where）以及如何购买（how）。

（一）谁是消费者

消费者是进行消费活动的主体。消费活动是一个动态的、复杂的过程。消费过程是需求、购买和使用产品或服务的统一过程，这一过程有时会发生在同一个人身上，有时又会分解为不同人的行为，凡是参与这一过程的全部活动或部分活动的人，都可称为消费者。

在现实生活中，每个人在消费活动中可能扮演着不同的角色。比如，孩子生病了，爷爷奶奶建议孩子的爸爸妈妈赶紧带孩子去医院看病，妈妈觉得孩子只是小感冒，吃点感冒药就好了，于是孩子爸爸按照孩子妈妈的要求去附近药店购买某种品牌和规格的药品，最后孩子服用药品。在这个消费过程中，虽然孩子是产品的使用者，但全家人都参与了此项消费活动，他们都是消费者，只是在这个消费过程中扮演的角色不同而已。企业必须认真研究每一种产品或服务可能涉及的人，研究他们在整个消费决策和购买过程中扮演的角色，才能找到有针对性的营销策略，从而实现企业营销的目标。

（二）为何购买

任何一种商品或服务的购买都是为了满足消费者某些方面的需要，也就是说消费者购买任何商品或服务都是有一定原因的，即为什么购买。企业只有弄清楚消费者购买的原因，才能生产适销对路的产品。对医药消费者而言，一般自行购买的药品都是 OTC 药品，是为了治疗常见的疾病，如感冒、发烧、腹泻或轻微外伤等，也有的是购买治疗慢性病的药品或保健品等。医药消费者购买某种药品的原因或动机，是企业研究消费者的重要问题之一。比如，同样是感冒药，为什么有人购买“康泰克”，有人购买“白加黑”？有人要买中成药，有人要买西药？这可能和消费者自身的体质和用药习惯等方面有关。学生或上班族怕影响学习或工作，所以买“白加黑”；有些人对中药和西药有自己的观点，认为中药副作用少，西药副作用多，因此喜欢选购中药；有些工作繁忙的白领人士喜欢购买“康泰克”，觉得早晚服用比较方便。总之，弄清楚目标消费群体的购买原因，是企业生产适销对路产品并取得营销成功的重要因素。

（三）购买什么

不同的消费者有不同的需求。同样是买药，药品的包装、外观、说明书、使用方便性、口感、疗效、毒副反应、起效速度、安全性、品牌等，都可能是消费者选择药品时比较注重的因素，当然不同的消费者关注的重点会有所不同。因此，企业要研究目标消费人群所重点关注的内容，在产品研发和生产时不

仅要尽可能满足目标消费人群的多方面需要，还要突出目标消费人群重点关注的内容，这样生产出的产品才是受市场欢迎的。比如对于儿童用药，父母关心的主要是疗效和安全性，而药品的口感则是用药者——儿童是否配合服用的关键，因此企业在产品研发生产过程中就要考虑到购买者和用药者的不同要求。

（四）何时购买

大多数情况下，商品的销售都是有周期的，这个周期可以年为单位，也可以月或天为单位。在不同的周期，消费者购买商品的频率和数量是不同的。研究消费者何时购买对于企业提前做好生产销售计划是十分必要的。对于医药产品而言，通常很难预测消费者何时会购买，因为一个人何时会生病是很难预测的。但从医药市场消费总量来看，药品销售也具有一定的周期性，有旺淡季之分。比如，一年中的冬春季节是呼吸道疾病的高发期，这时候感冒类和呼吸道类药品的销售就会比夏季高出许多。掌握消费者在购买药品时可能存在的时间性规律，就可以在生产和经营上提前做好计划安排，从而把握最佳的销售时机，使企业获得更多的收益。

（五）在哪里购买

消费者购买有很多渠道，比如购买电器可以在超市购买，也可以在专卖店购买，还可以在网上购买。研究消费者在哪里购买，可以更好地做好销售渠道的计划和管理。由于药品的特殊性，政府对药品销售渠道有着比较严格的管理规定。目前药品最基本的购买渠道是医院和药店，除此之外，一些商场也设有药品专柜，销售一些常见的 OTC 药品和保健品。近些年来，互联网的发展也为药品销售提供了一个很好的渠道，目前网上药品销售已成为十分重要的 OTC 药品和保健品销售渠道。对于医药企业来说，研究消费者的购买渠道并合理安排销售渠道，也是企业经营制胜的重要手段。

（六）如何购买

市场的成熟与发展为消费者提供了很多便利。消费者可以有多种购买方式和支付方式可选择，可以邮购、函购，也可以去商店购买；可以网购，也可以去实体店购买；可以自己买，也可以请人代购；可以现金支付，也可以延期付款、分期付款，等等。既然消费者购买方式多样化了，企业就应该提供多种便利消费者的购买方式。近些年医药零售企业 O2O 电子商务发展迅速，就是因为这种模式为消费者提供了购买的便利条件，线下体验，线上购买，既方便又实惠，因而发展十分迅速。

5W1H 是消费者购买决策的内容，因而也是市场营销人员在进行消费者分析时必须了解的基本内容，是企业进行市场营销的前提和基础。比如，一家医药企业计划研发生产一种新药，就必须事先了解如下信息：市场需要什么药品？谁可能需要这种药品？他们购买这种药品的原因是什么？他们在何时购买这种药品？在哪里购买这种药品？如何购买这种药品？只有对这些信息进行深入的分析和研究，才能进行有效的营销。

二、医药消费者购买决策的原则

课堂互动

医药消费者在购买决策中可能遵循的原则有哪些?

（一）经济性原则

经济性原则就是追求性价比最高，即在购买决策时比较所花的价格和取得收益的关系，只选择收益/价格最大的方案。这类购买者往往是常见药物的购买者，购买者或使用者病情不是很严重，且不是很急迫，可以等待或延后一段时间用药，此时，他们会选择性价比最大的药品或购买渠道购买药品。

目前来看，O2O 模式的核心竞争力是价格低廉且快速配送到家，伴随着商业模式的逐渐清晰，在配送环节，外卖平台更具有竞争力，具体模式对比内容见表 6-1。

表 6-1　两种 O2O 平台的主要内容比较

模式			特色
自营型		自营 APP 送药上门	一分钟找医生，28 分钟送药到家
平台型	第三方	与线下连锁药房合作，送药到家	产业链整合，依托医疗资源，30 分钟送药到家
	外卖	与线下连锁药店合作，送药到家	拥有庞大的配送队伍，实现极速送药到家服务

（二）预测性原则

预测是购买决策的前提和依据。对医药产品预测是利用过去和现在的信息，运用各种知识和科学手段来推知未来的产品价格和供求关系等信息。如果某类药品未来可能要涨价，消费者往往会增加即时购买量，反之，则会减少即时购买量。于是一些商家则利用消费者这种购买心理，制造未来医药产品短缺的气氛，刺激消费者即时购买量，从而达到促销目的。

（三）绝对价值原则

消费者购买决策的绝对价值原则是指医药消费者购买医药产品时，会选择所得到的绝对价值最大的医药产品，也是指顾客让渡价值中的顾客总价值。如消费者会选择环境和服务较好的医院就医，即使这些医院表面来看医疗服务价格和药品费用较高一些，但是他们所得到的顾客总价值最大。

三、医药消费者购买决策的过程

课堂互动

如果让你去购买感冒药，你会如何决策？

医药消费者的购买决策，表面看是“买”与“不买”的问题，事实上并非如此简单。医药消费者购买决策是一个复杂的过程，包括了从发现需要开始，到收集资料、评价方案、实际购买以及购后评价这五个阶段。医药消费者决策的过程在购买行为发生以前就已经开始，并且在购买商品以后并没有完结。对于医药消费者而言，购后评价就是对药品疗效的评价。医药消费者的决策过程如图 6-1 所示。

图 6-1　医药消费者的决策过程

（一）发现需要

购买行为的产生来源于医药消费者自身的需要。当医药消费者产生并意识到了某种需要，就可能产生购买的动机并最终出现购买行为。也就是说，医药消费者首先要认识到有待满足的需要才能产生购买动机。医药消费者购买药品通常是发现有这样的需要，比如，身体产生不适的症状，需要用药缓解症状，或者疾病多发季节即将到来，需要提前预备药品，等等。医药消费者购买药品，都是为了满足某种需要或解决某种问题，购买行为的发生常基于以下几种情况。

1. 突发性需要　这是医药市场最常见的需要。对于医药消费者而言，由于疾病的发现一般情况下都是没有规律的，所以对药品的需要不具备预见性和预期性。大多数情况下医药消费者只有在身体产生某种不适后，才会产生购买某种药品的需要。

2. 经常性需要　这种购买行为如发生在个体身上，则是由于患某种慢性病，所以会经常购买某种药品。医药消费者对这类药品的品牌、功效、价格都非常熟悉，一般不需花太多时间考虑。

3. 无意识需要　这种需要表现在两个方面：一是指医药消费者本身已经存在某种病症或有某种保健

需要，但由于一些原因没有引起注意，所以也没有产生购买动机；二是某种新药的宣传力度不够，消费者不知道这种药品的存在，所以也就没有产生购买需要。

随着生活水平的提高，人们防病治病及保健的意识越来越强烈，因此，原来属于无意识的需要也可能被唤醒。比如，2003 年 SARS 暴发之前，人们对提高免疫力的产品还没有强烈的需要，因为这类产品见效慢或看不到明显效果，即使有人认识到提高免疫力是非常重要的，但也仅仅存在于观念的层面，还少有付诸行动的。然而，SARS 的暴发却给人们上了一堂课，人们对免疫概念的认识有了质的飞跃，不少人认识到，SARS 病毒的传播是不确定的，免疫力的高低是能否抵御病毒、避免灾难的关键。在这种情况下，消费者的无意识需求被唤醒，很多人开始使用调节免疫力的产品。

（二）搜集信息

在确认了需要之后，医药消费者就开始进行信息的搜集，以寻找能够满足自身需要的商品。信息的搜集包括内部信息的搜集和外部信息的搜集。

1. 内部信息搜集 是消费者从自身记忆库中提取有效信息的过程。此时消费者会根据以往消费的有关经验对信息进行加工处理，找出有用的信息，帮助自己做出购买决策。比如，某医药消费者感冒了，其会回忆以前用药的情况，曾经用过什么药？中药还是西药？什么牌子？什么剂型？疗效如何？等等，以此作为消费决策的依据或参考。

2. 外部信息搜集 是消费者从各种外来信息中提取有效信息的过程。此时，消费者会搜集各种和商品有关的信息，如商品的广告、他人的介绍、商品的试用体验等。对于企业来说，了解消费者信息来源的渠道，及时将商品信息通过相关的媒介进行传播，是企业争取消费者的重要手段。对于医药消费者而言，由于药品属于专业性商品，因此权威的媒介传播和专业人士的介绍是重要的外部信息来源。

（三）评价方案

医药消费者要对已经获得的药品信息进行比较、评价、判断和选择后，才能最后做出购买决策。比较评价是一个复杂的过程，消费者需要综合各种信息并对信息进行分析，然后才能做出最后的决定。在医药消费方面，除了消费者自身的因素如病情、经济条件、知识水平、身体状态等，影响消费者判断选择的因素还有以下几方面。

1. 药品 包括药品质量、品牌形象、适应证、药品的疗效、价格、毒副作用等。

2. 服务 药品零售网点的数量、所处位置、零售药店的形象、知名度、店堂布置、POP 广告等。另外，销售人员的服务态度和质量也会影响消费者对药品的选择。

3. 政策制度 受制于医疗保险政策的影响，医药消费者除考虑药品和服务质量外，还要考虑医疗政策尤其是医疗保险因素。不同的群体享受不同的医疗保障，医药消费者在进行医疗消费时，除考虑医生或药师的建议，还会考虑自己所享受的医疗保障相关规定，因此医疗政策制度也在一定程度上影响着医药消费者对医疗方案的评价和选择。

（四）实际购买

在进行比较评价后，医药消费者才能做出购买的决定并发生实际购买行为。在实际购买中，购买行为能否完成，除了医药消费者自己的判断选择外，还受以下因素影响。

1. 他人态度 这是影响实际购买的重要因素之一。他人的影响是不能忽视的。他人包括家庭成员、直接相关群体、医生、药品零售人员等。他们与该消费者的关系愈密切，对消费者的购买行为影响就越大，他们的意见有时候可以直接改变消费者原来的决定。

2. 风险因素 在消费过程中，由于未知的和不可控的因素存在，消费者会产生风险知觉，这些风险知觉有财务风险、功能风险、生理风险、心理风险、社会风险等。如果这些风险问题不能得到有效的解决，消费者就可能打消购买念头，取消购买计划。承诺最低价、无效退款等措施，就是很好的消除或降低消费者风险知觉水平的方式。

（五）购后评价

拥有一定数量的忠诚顾客是企业可持续发展的重要保障。消费者每一次消费活动都会成为其下次消费的参考和依据，一次的不满意可能就会永远失去这位消费者。因此，研究消费者的购买行为并非止于交易活动的完成，而是要延伸到交易后的评估，了解消费者交易后的感受和评价，了解消费者是否满意以及原因何在。消费者满意才会产生重复购买的行为。消费者只有重复购买，企业才能可持续发展。对于医药消费者而言，由于消费目的比较单一，防病治病是唯一目的，因此购后评估主要是疗效评估。当然服务质量、购买的便利性等也在一定程度上影响着消费者的购后评估。判断消费者的购后评价有三种理论。

1. 预期满意理论 即消费者对产品的满意程度，取决于预期希望得到实现的程度。如产品符合消费者的期望，购买后就会比较满意；反之，预期距离现实越远，消费者就越不满意。因此，企业对药品的广告宣传要实事求是，不能夸大其词，否则医药消费者的期望不能兑现，就会产生强烈的不满，不仅不会产生重复购买行为，企业的信誉也会受到影响。

2. 认识差距理论 即消费者购买商品后都会引起程度不同的不满意感。原因是任何产品总有优点和缺点，消费者购买后往往较多地看到产品的缺点。而其他同类产品越是有吸引力，对所购产品的不满意感就越大。因此企业除了要向消费者提供货真价实的产品外，还要采取积极措施，消除消费者认识上的差距，从而消除或降低消费者的不满意感。

3. 实际差距理论 药品使用后的实际效果受很多具体因素的影响。药效既与药品有关，也与患者体质有关，它不可能与理论上或统计上的有效率完全一致。医药企业市场营销人员的任务是要指导消费者合理正确地评估药效，帮助其合理用药。

第二节　医药消费者的购买行为

一、医药消费者购买行为的含义

行为是指人们在外部刺激的影响下，经由内部经验的折射而产生的有目的的活动，包括人类日常生活中所表现的一切动作。人的行为是非常复杂的，是个人内部因素和外部环境交互作用的结果。由于每个人的个人因素不同，所以同样的环境下会出现不同的行为。同样，不同的环境刺激也会导致不同的行为。但是，由于行为是建立在心理的基础上的，而心理是人脑的功能，是对客观现实的主观反映，因此人类的行为也是具有一定共性的。

消费者购买行为是指终端消费者为满足个人需求而购买产品和服务的行为。中国的消费者市场巨大，但由于消费者在年龄、性别、教育水平、收入水平及个人偏好方面存在巨大的差异，因此他们的购买行为也各不相同。但无论消费者的行为差距有多大，其基本的行为模式是一致的，遵循于人类最一般的行为规律，即消费者行为是一个由“刺激”到“反应”的过程。也就是说任何一种消费行为都是源于刺激的一种反应过程。当然，一种刺激能够产生什么样的反应，取决于消费者的心理过程，这个过程是存在于消费者头脑里的，看不见摸不着，因此俗称“黑匣子”，如图 6-2 所示。

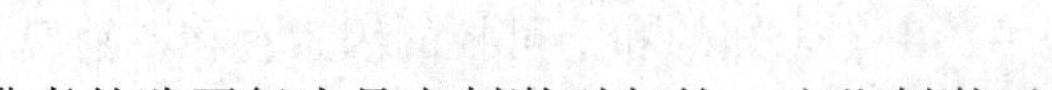

图 6-2　消费者行为的刺激-反应模型

刺激-反应模式表明，消费者的购买行为是由刺激引起的。这些刺激可能来自外部，如广告信息、环境刺激、他人示范，也可能来自消费者自身的生理或心理需要。消费者在内外刺激的作用下，经过复杂的心理过程，产生购买动机，做出购买决策并实施购买行为，这样就完成了一个购买过程。

刺激-反应模式揭示了消费者购买行为的规律，对解释消费者的购买行为具有普遍的意义，同时也为企业营销提供了依据。刺激-反应模式表明，消费者最终的购买行为取决于内外部刺激及消费者本身的心理过程。因此，向消费者提供适当的刺激，并根据消费者内在的心理活动发生发展规律进行引导，才能促使消费者产生购买决策，最终完成购买行为。

美国著名营销大师菲利普·科特勒在其著作《市场营销管理》中提出了一个消费者购买行为模式，该模式就是一个具体化的刺激-反应模式，如图6-3所示。其中刺激包括企业营销刺激和营销外部环境刺激；刺激-反应的中介因素包括购买者的特征和购买决策过程，购买者根据自己的特征对刺激进行加工处理形成购买决策；反应则是加工处理的结果，是购买者行为的外化。

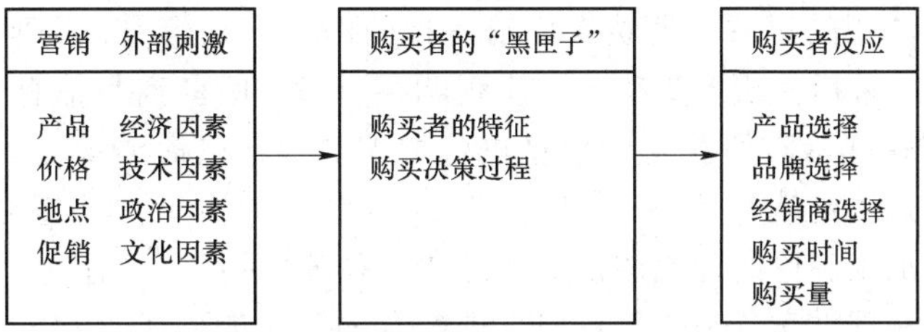

图6-3　科特勒的购买行为模式

二、医药消费者购买行为的特征

与一般商品相比，医药产品或服务具有高度的生命相关性、社会福利性、高度的专业性、需求缺乏弹性、质量要求高等多方面的特点。医药消费者购买行为特征除了具有一般产品或服务消费者购买行为特征外，还会表现出一些与该类产品或服务特点相关的特殊行为特征。了解和研究这些特殊购买行为特征，有利于医药企业制订具有针对性的营销策略。医药消费者在购买医药产品或服务时表现出以下几方面的特征。

1. 对质量特别重视　医药产品与人们的生命健康高度相关，正是由于医药产品的这一特性，医药消费者在购买医药产品时首先考虑的是产品质量和疗效，其次才是价格、品牌等其他方面的因素。因此，质量是医药产品的生命线，是影响消费者购买决策的最主要因素。

2. 代理性购买　消费者无论是在购买处方药还是购买非处方药时，购买决策很少是由消费者本人做出，具有明显的代理性。产生这种情况主要有两个原因：一是按照《中华人民共和国药品管理法》规定，消费者在购买处方药时，必须凭执业医师或助理执业医师的处方方可调配和购买。也就是说做出处方药购买决策的人不是消费者本人，而是由执业医师或助理执业医师代其决策。另一原因，即使在非处方药购买过程中，虽然消费者具有一定的自主性，但也会受到有经验的亲戚朋友或者医药销售人员的影响，特别是具有一定专业知识的销售人员的影响。

3. 预期性差　疾病的发生、发展往往不可预期，而人们一旦患病对医药产品的需求却又十分迫切，由于人们对疾病的不可预期，医药消费者的购买行为预期性差，波动性极大。例如，一些突发性的公共卫生事件也会引起医药消费者购买行为的巨大变化，这种变化的预期性也很差。如在“新冠肺炎疫情”期间，即使人们没有感染此病毒，也会大量购买口罩、消毒液等。这些购买行为在一般情况下是不会发生的，不可预期的购买行为给医药企业的市场规划和营销带来挑战。

三、医药消费者购买行为理论

国内外学者们进行的大量研究表明，医药消费者的购买行为是有规律可循的，并且提出了一些解释医药消费者购买行为的理论。

（一）习惯建立理论

习惯建立理论认为，医药消费者的购买行为实际上是一种购买习惯的建立过程。医药消费者对医药产品和购买方式的习惯是在重复消费中逐步建立起来的。医药消费者在内在需要激发和外在因素的刺激下，购买了某种商品并在使用过程中感觉不错，那么下次需要出现时他（她）可能会再次购买并使用这种医药产品，如果多次的购买和使用给医药消费者带来的是愉快的经历，那么，最终在医药消费者身上形成了固定化反应模式，即消费习惯的建立。

习惯建立理论完全符合斯金纳操作性条件反射学习理论（斯金纳的暗箱理论），是行为主义心理学观点在消费者行为研究上的应用。多次的购买和使用与愉快经验的结合就在消费者身上形成了固定的联结，并且得到强化，一种新的条件反射建立了。

（二）信息加工理论

信息加工理论把人看作一个信息处理器，而人的消费行为就是一个信息处理过程，即信息的输入、编码、加工储存、提取和使用的过程。消费者面对各种的医药产品信息，需要对它们进行选择性注意、选择性加工、选择性保持，最后做出购买决定并实现购买行为。医药商品信息引起了医药消费者的有意或无意注意，消费者大脑就开始对所获得的信息进行加工处理，包括感觉、知觉、记忆、思维和态度，是否购买、怎样购买，于是决定就产生了。

需要注意的是，信息加工理论的理论假设前提是“人是理性的”，只有这个前提成立，信息加工理论才能成立。就一般而言，心理学家认为，信息加工理论有助于我们形成一种把人类作为信息加工者的模式。这个模式强调人在对刺激做出反应时的积极选择的作用。事实上，人是理性和非理性的复合体。可以说，信息加工理论揭示了人的一个侧面，但不能够解释消费者行为的某些种类和某些部分，如消费者的随机性购买和冲动性购买。受教育程度较低和智力较低的消费者的购买行为，其信息加工过程不明显，或者说谈不上什么真正的信息加工。前面介绍的习惯性购买行为也不存在明显的信息加工过程。而那些受过良好教育的人，又面临高投入的购买行为，同时又有大量的商品信息可供利用时，信息加工理论就能为此时的购买行为提供比较完美的解释。

（三）减少风险理论

风险是指消费者在购买商品或服务时，由于无法预测和控制购后的结果是否令自己满意而面临或体验到的不确定性。知觉风险又被称为感知风险，最初由鲍尔（Bauer）从心理学中延伸出来，他认为消费者在产品购买前可能无法预知购买是否正确，因此，消费者的购买决策中隐含着某种不确定性，消费者能够感知到的这种不确定性或者不利且有害的结果就是知觉风险。减少风险理论（又可称为风险减少理论）认为，顾客在购买活动中常常存在着不同程度的风险，因此，顾客在购买商品时，总是力图减少或者回避风险。

减少风险理论认为，消费者购买商品时要面临各种各样的风险，而这种风险和人的心理承受力会影响其消费行为。这种观点认为，消费者的消费行为就是想方设法寻求减少风险的途径。消费者对可能存在和发生的风险的心理预期会影响其购买行为。消费者对风险的感知程度会对消费者行为产生影响，风险的大小由消费者的主观感受为指标。

减少风险理论认为，消费者的风险知觉类型主要有功能风险、资金风险、安全风险、时间风险、不可抗力风险、心理风险，等等。

影响知觉风险的主要因素有以下几种。

（1）产品因素　技术领先的新产品或功能属性较复杂的产品，消费者一般了解较少，对这类产品的购买往往有较高的知觉风险；同时与消费者身体或者健康紧密相关的商品消费者也容易有较高的知觉风险。此外，产品价格也是影响因素，价格较高的商品，消费者在购买时会对其是否物有所值心存疑虑，此类商品知觉风险较高。

（2）消费者的个体因素　比如，消费者的购买经验，消费者在购买从未有过购买经验的产品时知觉风险较高。遇事较为谨慎小心、收入较低的消费者往往对购买行为不自信，因此在购买决策中往往有较高的知觉风险。

（3）特殊购买目的　消费者的购买有特殊用意，如作为礼品、招待客人之用时往往知觉风险较高。

减少风险理论认为，消费者为了控制由于购买决策所带来的风险，在做出决策时，总是使用一些“减少风险策略”来尽力控制风险，从而增加自己的决策能力。控制风险的方法有以下几种。

（1）购买前尽量多的搜集相关信息　信息搜集越多，消费者对各品牌的功能、属性了解也越多，相应的消费者感知到的风险也会适当降低。

(2) 从众购买　模仿和跟随其他大多数消费者的购买行为是一种消费者常使用的降低知觉风险的方法。

(3) 忠诚购买　尽量购买自己熟悉的或使用效果好的产品，避免购买不熟悉的产品。

(4) 咨询他人意见　邀请有消费经验的人一起购买，或挑选商品的时候尽量请人提出参考意见，找出产品的毛病和缺点。

(5) 购买知名度高、有较大品牌声誉的产品　一般而言，产品知名度越高，名气越大，产品的信誉也越好，通常质量也较好。

(6) 选择有信誉的销售渠道购买。

(四) 象征性社会行为理论

任何商品都是社会产品，因此都具有一定的社会意义。在商品发达的社会，某些商品，如技术含量高、价格高或稀缺的商品，其具有的社会意义往往是非常明显的，购买此类商品就意味着身份或社会地位的提高，会引来赞赏或羡慕的目光。因此，购买这类商品的消费行为就成为一种象征性社会行为，消费者可以通过这种消费行为来表达自己的某种意向或愿望。

第三节　医药消费者购买行为类型及效用评价

物以类聚，人以群分。在医药市场中，不同的人其购买行为存在差异。而购买行为又受购买心理、经济实力、购买经验以及其他因素的影响，所以，可以按照这些因素进行划分，从而进一步研究医药消费者的购买行为，了解其规律性和未来趋势，从而制定合适的营销策略。社会生活中，任何人都必须不断消费各种物质生活资料以满足其生理及心理需要。因此，消费者购买行为是人类社会中最普遍的一种行为活动。在医药产品购买活动中，每个医药消费者的购买行为都各不相同又有一定的相似性，区分不同类型的医药消费者购买行为，找出不同类型购买行为之间的差异，对企业开展营销活动具有重要的参考价值。

一、医药消费者购买行为类型的划分

课堂互动

为何医药消费者更多愿意到熟悉的药店购买常见病用药?

(一) 按照消费者的参与程度和产品品牌差异程度进行划分

阿萨尔（Assael）根据消费者参与程度和产品品牌差异程度，将消费者购买行为分为 4 种类型，见表 6-2。

表 6-2　根据参与程度和品牌差异程度分类的消费者购买行为类型

品牌差异程度＼参与程度	高	低
大	复杂性购买行为	多样性购买行为
小	协调性购买行为	习惯性购买行为

1. 复杂性购买行为　是指消费者购买决策过程完整，要经历大量的信息搜集、全面的产品评估、慎

重的购买决策和认真的购后评价等各个阶段。如治疗慢性病的药品选择，如糖尿病、高血压等疾病，很多患者会积极搜集各方面的信息，了解各类药品之间疗效和毒副作用等差异，并进行全面评估、慎重购买和认真进行购后评价。当消费者选购的产品价格昂贵、购买频次低，或者知觉风险较大时，就会产生复杂的购买行为。针对复杂性购买行为，企业应设法帮助消费者了解与该产品有关的知识，并设法让他们知道和确信本产品在比较重要的性能方面的特征及优势，使他们树立对本产品的信任感。这期间，企业要特别注意针对购买决定者做介绍本产品特性的多种形式的广告，运用各种途径宣传本药品的优点，让患者或购买者掌握药品知识，从而影响其最终购买决定。

2. 减少失调感的购买行为 是指当消费者高度介入某项产品的购买，但又看不出各品牌之间的差异时，往往在购买以后会认为自己所买产品具有某些缺陷或其他同类产品有更多的优点，进而产生失调感。为了追求心理平衡，消费者会广泛地搜集各种对自己已购产品有利的信息，如购买感冒药，治疗眼睛干涩、酸胀的药品，消费者在购买之前，并不广泛收集药品信息，并不精心挑选品牌，购买决策过程迅速而简单，但是在购买以后产生失调感，怀疑原先购买决策的正确性。针对减少失调购买行为，企业应通过调整价格和售货网点的选择，向消费者提供有利的信息，帮助消费者消除不平衡心理，坚定其对所购产品的信心，提供完善的售后服务，通过各种途径经常提供有利于本企业药品的信息，使顾客相信自己的购买决定是正确的。

3. 寻求多样化的购买行为 特点是商品品牌间差异较大，消费者购买介入程度低。他们也不会花太多的时间选择品牌。他们不会专注于某一产品，而是经常变换品种。消费者购买药品时有很大的随意性，他们并不深入收集信息和评估比较就决定购买某一品牌，在消费时才加以评估，但是在下次购买时又转换其他品牌，转换的原因是寻求药品的多样性而不一定有不满意之处。

对于寻求多样性的购买行为，市场领导者和挑战者的营销策略是不同的。市场领导者营销的目的是保持顾客，而挑战者的策略则是以较低的价格、折扣和优惠吸引消费者首次购买，应以降低产品价格、免费试用、介绍新产品的独特优势、折扣、赠券和赠送样品等方式，鼓励消费者进行多品种的选择和新产品试用。

4. 习惯性的购买行为 特点是产品品牌差异小且消费者介入程度低。这类消费者购买某一商品时，并不是因为特别偏爱这一品牌，而是出于习惯。还有一些消费者，在购买药品时，并未深入收集信息和评估品牌，只是习惯于购买自己熟悉的品牌，在购买后可能评价，也可能不评价药品。因此，对于习惯性购买行为的主要营销策略有以下几点：第一，利用价格与销售促进吸引消费者试用，以培养他们的习惯；第二，开展大量重复性广告，加深消费者印象，以保持他们的习惯；第三，不断提供各种优惠，以稳定他们的购买习惯。在购买后具有经常性、重复性和习惯性的特点，利用价格与销售促进吸引消费者试用。广告要加强重复性、反复性，具有鲜明的视觉标志和巧妙的形象构思，增加购买参与程度和品牌差异。

（二）根据消费者的购买目标进行划分

1. 全确定型 指消费者在购买药品之前，已经有明确的购买目标，对药品品牌、剂型、价格等因素均已有明确的要求。这类消费者进入药店之后，会直接、主动地提出所要购买的药品，并对所要购买的药品提出具体要求，当药品能满足其需要时，则会毫不犹豫地买下该药品。

2. 半确定型 指消费者在购买药品之前，并没有完全确定的目标，而只是有一个大体的购买意向，但具体要求还不够明确，最后购买需经过选择比较才能完成。如想购买中药感冒药，但是购买什么品牌并没有确定，这类消费者进入药店以后，一般要经过较长时间的分析、比较才能完成其购买行为。

3. 不确定型 指消费者在购买药品之前，没有明确的或既定的购买目标。他们进入药店时漫无目的，漫无目标地观看药品或随便了解一些药品销售情况，有时感到有兴趣或合适的药品偶尔购买，有时则观后离开，对于一些保健类或家庭常备药品往往采用此种购买习惯。

（三）根据消费者的购买态度进行划分

1. 习惯型 此类购买习惯的消费者，由于对某种药品或某家药店的信赖、偏爱而产生经常、反复的购买。由于经常购买和使用，他们对这些药品十分熟悉，体验较深，再次购买时往往不再花费时间进行比较选择，注意力稳定、集中。

2. 理智型　指消费者在每次购买之前对所购的药品，要进行较为仔细的研究比较。购买不受感情因素影响，比较理智，不轻易相信广告、宣传、承诺、促销方式以及售货员的介绍，主要靠药品质量和疗效。

3. 经济型　这类消费者在购买药品时，特别重视价格，对于价格的反应特别灵敏。他们对"降价""促销""优惠"等低价促销最感兴趣。一般来说，这类消费者的经济状况较差。

4. 冲动型　这类消费者容易受药品的外观、包装、商标或其他促销努力的刺激而产生购买行为。他们购买决策一般都是以直观感觉为主，从个人的兴趣或情绪出发，喜欢包装或剂型新奇、新颖、时尚的药品，购买时不愿做反复的选择比较。

5. 疑虑型　此类消费者具有内倾性的心理特征，购买时小心谨慎和疑虑重重。购买药品时一般会经历较多的时间。购买前常常是"三思而后行"，购买时又会犹豫不决而中断购买，购买后还会疑心是否上当受骗。

6. 情感型　这类消费者的购买多属情感反应，往往以丰富的联想力衡量购买药品的意义。购买时注意力容易转移，兴趣容易变换，对药品的剂型、品牌、包装、颜色等要素都较重视，以是否符合自己的想象作为购买的主要依据。

7. 不定型　这类消费者的购买多属尝试型，其购买心理尚未确定，购买时没有固定的偏爱，在上述六种类型之间做出选择，这种类型的购买者多数是独立生活不久的年轻人。

知识链接

商家与消费者之间的博弈

在交易中，商家和消费者之间存在着长期的"猫和老鼠"的博弈关系，前者希望所有产品以全价销售，从而实现利润最大化，后者则愿意等待降价销售，以获取自身效用最大化。

二、医药消费者购买行为的效用评价

（一）效用概述

效用是经济学中最常用的概念之一。一般而言，效用是指对于消费者通过消费或者享受闲暇等使自己的需求、欲望等得到的满足的一个度量。经济学家用它来解释有理性的消费者如何把他们有限的资源分配在能给他们带来最大满足的商品上。然而人的需要是多种多样的，既有生理上的需要，也有心理上的需要；既有个人和家庭的需要，也有社会需要。不同的人之间，既有相同或相似的需要，也有不同的需要；即使同一个人，在不同的时间、不同的地点和不同的场合，其需要也是不相同的。所以，即使在各种属性不变的情况下，医药产品的效用也可能因人而异、因地而异、因时而异。

购买医药产品的效用是医药消费者购买和使用医药产品后所获得的满足感。医药产品的属性是医药消费购买和使用医药产品后所获得效用的基础，如某些药品能够缓解某些痛楚、杀死癌细胞、恢复人体健康等。但由于个体差异，即使同样的药品，其效用会存在一定的差异。如同样的疾病，有些人服用完某种药物后，身体得到康复，但有人却效果不明显，甚至病情更加恶化。

（二）效用评价

效用评价是消费者对药品效用的主观感受或评价。效用是客观的，但效用评价则是主观的。效用评价又可以分为效用的事前评价和效用的事后评价。效用的事前评价又叫预期效用，即消费者在购买某医药产品前，对该种医药产品可能对自己某种需要的满足程度的预期；预期效用在消费者对医药产品购买决策中起着非常重要的作用。

效用的事后评价，是消费者在使用某医药产品后，对该医药产品满足自己需要程度的评价。

对于购买者经常反复购买和消费的常见药或慢性病用药，购买者根据自己以往对同种或同类药品使用经验，来对自己拟购买的药品进行效用评价的。对于自己不经常购买和消费的药品，或者对于自己第一次到药店购买的药品，消费者往往需要通过观看药品说明书、向药店店员询问，或者借助于自己其他方面的经验等方式，来对拟购买商品做出评价。对于医院就医的患者，要遵医嘱购买和服用，患者服用后会进行评价。

效用，就其本身的性质来说是不可计量的，至今尚未找到一个普遍适用的将效用量化的方法。但是，从“满足人的需要”这个效用共同本质的角度，不同物品的效用可以从两个方面进行比较和虚拟量化。

1. 药品需要和效用的排序 研究药品需要和效用的排序问题有助于研究个人和家庭对其可支配收入的分配规律，个人或家庭在对其可支配收入进行分配时，总是首先要保证优先满足那些必要的、基本的、重要的生活需要，然后再考虑满足其他的生活需要。首先，一个人的需要是多种多样的，由于人的需要有一个“排序”问题，所以，相应地，与不同需要相联系的效用也有一个“排序”的问题。排在前面的是那些基本的、重要的、必须首先得到满足的需要以及能用于满足这些需要的医药产品效用，排在后面的是那些相对来说非基本的、非必要的需要以及能用于满足这些需要的医药产品效用。其次，由于不同的人具有不同的个体差异，因此，不同的人对于需要和效用的排序是不同的；同一个人，由于所处的生活环境和条件等不同，对医药产品的需要和效用的排序也会有差别，但是，最基本的生理需要和安全需要总是排在第一位。研究医药产品需要和效用的排序问题，也有助于研究价格、收入对需求的作用。用于满足人们基本需要的商品，无论是价格需求弹性还是收入需求弹性，一般都很小；用于满足人们非基本生活需要的商品，其价格需求弹性和收入需求弹性则往往很大。

2. 虚拟量化 在消费者的效用评价中，还存在着一个“虚拟量化”的问题。所谓“虚拟量化”，就是评价者对某些本身不能量化的事物在主观上进行量化形式的评判。在现实生活中，我们常常需要对某些本身无法量化的东西进行虚拟量化。虚拟量化有如下特征。

（1）作为虚拟量化的对象，就其本身性质来说是无法精确计量的，但是，对绝大多数评判者而言，这些对象本身又可以相互比较。

（2）虚拟量化具有主观性，不同的人对于同一对象的评判不可避免会出现差异；但是，不同评判者对同一对象的评判通常会出现某种共同的趋向。

在现实生活中，消费者对其拟购买的药品可能进行虚拟量化的效用评价，并将效用评价结果与药品价格进行对比，以决定是否购买、何种价位购买、何种渠道购买等。

本章小结

医药消费者购买决策是指医药消费者产生购买需求后，在购买动机的支配下，在可选择的购买方案进行较为理性的分析、比较、选择，最终决定购买某一特定产品并在购买后进行评价的过程。医药消费者的购买决策虽然存在着差异，但基本都是围绕5W1H展开的。医药消费者购买决策的原则为：经济性原则、预测性原则、绝对价值原则。医药消费者购买决策是一个复杂的过程，包括了从发现需要开始，到收集资料、评价方案、实际购买以及购后评价这五个阶段。

消费者购买行为是指终端消费者为满足个人需求而购买产品和服务的行为。无论消费者的行为差距有多大，其基本的行为模式是一致的，遵循于人类最一般的行为规律，即消费者行为是一个由“刺激”到“反应”的过程。

根据参与程度和品牌差异程度，可将医药消费者购买行为分为：复杂性购买行为、减少失调感的购买行为、寻求多样化的购买行为、习惯性的购买行为。

在现实生活中，消费者对其拟购买的药品可能进行虚拟量化的效用评价，并将效用评价结果与药品价格进行对比，以决定是否购买、何种价位购买、何种渠道购买。

练习题

参考答案　更多习题

一、名词解释题

1. 医药消费者购买决策
2. 刺激-反应模式
3. 医药消费者购买行为

二、选择题

1. 下列哪一项不是按照消费者的参与程度和产品品牌差异程度进行划分购买行为的（　　）
   A. 复杂性购买　B. 求廉型购买　C. 多样性购买　D. 协调性购买
2. 下列哪一项不属于根据消费者的购买态度进行划分的购买类型（　　）
   A. 习惯型　B. 理智型　C. 经济型　D. 从众型
3. 下列哪类信息最可靠（　　）
   A. 经验来源　B. 个人来源　C. 公共来源　D. 商业来源

三、判断题

1. 药品消费者购买需求是最终需求。（　　）
2. 在季节交替时期，药品需求较大，这种需求属于主动需求。（　　）
3. 对于药品消费者来说，购买需求无较大差异。（　　）
4. 疾病谱的改变是导致药品需求变化的重要原因。（　　）
5. 对于家庭来说，家庭主妇是家庭常备药物购买的倡议者。（　　）
6. 对于下次购买药品来说，使用者具有较大发言权。（　　）
7. 白领阶层在选购 OTC 药品时，更倾向于知名品牌和声誉好的公司的产品，这是因为白领阶层购买力较强。（　　）

四、思考题

1. 简要分析医药消费者购买过程的参与者。
2. 试分析药品购买行为参与者的影响力。
3. 试分析影响医药消费者购买行为的主要因素。
4. 分析医药消费者购买决策原则。

五、技能训练题

1. 小张经常头痛，医生给她开了处方药“塞来昔布胶囊”。后来她嫌去医院挂号开药麻烦，就试着网上购药。她在购药平台下单后，直接送药上门。“简直太方便了，而且还有满减活动，比医院和药店便宜不少。”请分析该购药者做出购买决策的原则是什么？

2. 据某地卫健委获悉，抽取了 8 家省属医院 2016 年 6 月 6~12 日一周的门诊处方 63179 份，经初步核查，发现有 192 份为疑似大处方。经进一步核查，44 名医务人员因违规开具大处方被给予警告处罚，其中 7 名医务人员各记不良执业行为积分 1 分。请分析“大处方”现象背后的原因。

3. 阿卡波糖片属于 α-糖苷酶抑制剂的一种，是国内医院 2 型糖尿病患者使用居首位的口服降糖药物。1975 年由德国拜耳公司研制成功，并于 1986 年在瑞士首次上市，是唯一经美国 FDA 批准的世界上第一个 α-糖苷酶抑制剂，目前已被推荐为单药治疗 2 型糖尿病的一线药物。阿卡波糖优点：降糖效果肯定，主要在肠道局部作用，仅2%吸收入血，肝肾等全身副作用少，不增加体重或能减轻体重，单用本药不引起低血糖，对心血管有保护作用，适用人群广泛，尤其是以碳水化合物为主的中国患者。此外，阿卡波糖可联合其他多种降糖药使用，比如二甲双胍、磺脲类、胰岛素增敏剂、胰岛素等。同时也是目前国内外唯一具有糖尿量减低（糖尿病前期）治疗适应证的降糖药。2018年，阿卡波糖在公立医院实现营收84.06亿元，同比增长15.15%，主要供应企业有拜耳、杭州中美华东制药、四川绿叶制药，其中拜耳市场份额居于首位。请从消费者购买行为角度分析拜耳阿卡波糖片为何备受欢迎？

4. 在今天，人们已经习惯了网上购物，在确保安全的前提下，网上购药也因为省时省心成为越来越多人的选择。网络数据显示，2019年中国实体药店和网上药店（含药品和非药品）销售规模达6620亿元，同比增长8.4%。其中，网上药店销售额占比逐渐增加，从2015年仅占比3.2%增长至2019年占比18.9%，未来随着互联网发展，国家逐渐完善网上药店销售规范，我国网上药店销售将有巨大的增长空间。请分析网上药店销量激增的原因。

六、案例分析题

案例

“百优解”在中国市场中的营销策略

1995年，美国抗抑郁药品“百优解”刚进入中国市场时，无论是中国的医生还是患者，对于“抑郁症”这个精神疾病的认知程度远远低于发达国家。虽然在此之前，百优解在海外市场上，已经成为全球第三大销量的药品，但对于中国这块尚未开发的“处女地”，公司总部并不看好。然而，2005年，在中国上市十年后的“百优解”从1996年不到100万元的年销售额，跃居成为国内市场占有率最高的抗抑郁类药品。

1995年，中国人对于“抑郁症”的概念还相当懵懂。WHO在全球15个国家的一项调研显示，中国内科医生对心理和精神障碍的识别率仅为21%，远远低于国外55%的平均识别率。医生普遍认为这些症状只是普通的神经衰弱，而患者更是认为这种病见不得人，不愿意去医院就诊。即使看病，也只是去一些综合性医院，医生仅开一些价格低廉的谷维素等药品。

要让医生知道抑郁症，患者了解抑郁症，接受“百优解”，努力开发市场就是一个关键。于是，公司将“市场培育”作为进军中国的首要计划，而此方面的培育，公司选择了三个途径：与医院、与政府以及新闻媒体间的合作。

从1996年开始，公司在全国范围内启动了一项名为“旭日工程”的项目，对全国上千家医院的医生进行了集中培训。培训的重点集中在抑郁症知识的教育，让医生首先认识到抑郁症的危害性。10年累计培训了4万多名医生；组织了600多场大型学术讲座和不计其数的小型座谈会；编辑整理了30多种及30多万册临床资料供医生参考。

与此同时，公司还大量借助了媒体的力量。整个“旭日工程”中，公司在全国10个大中城市的50多家媒体上出资进行了相关疾病知识的普及教育工作，并组织媒体与精神科专家举行恳谈会。

对于医生的培训和教育只是为“百优解”的销售铺垫了一条路。如何让医生最终选择“百优解”，并向患者推荐，这才是公司的最终目的。而这一“艰巨的任务”就落在了公司医药代表的身上。公司多数的医药代表都是医生出身，尤其是负责“百优解”方面的医药代表，很多原先都是精神科的医生，这使得其能更好地与相关科室的医生进行交流。每个新医药代表进入公司后，都要进行为期6个月、9个月以及18个月不同时间长度的培训，除了了解该药品和疾病领域的知识外，更多是掌握与医生沟通时的提问、聆听以及服务的技巧。

在推广“百优解”时遇到最大的问题，就是医生对于价格方面存在的疑虑，于是，医药代表就经常需要运用药品经济学原理为医生算一笔账。如一位抑郁症患者如果不及时医治，其就可能面对病情恶化，进而住院治疗的危险，而这其中就必须涉及误工费、看护费、治疗副反应费、住院费、营养费等一系列的费用。医药代表将这些费用一个个算出来，并累计给医生看。由于这些高额费用的累加绝对要高出每日服用“百优解”的费用，因此，许多医生在算完这笔账后，就会接受“百优解”，而其向患者推荐疗效好、副作用小的“百优解”时，这套原理同样也是有效的。

（资料来源：http：//www. 39. net/drug/ytkd/ypdt/87432. html）

分析：

1. 请分析“百优解”消费者的购买行为决策过程。

2. 请分析哪些因素影响“百优解”消费者的购买行为。

第七章

PPT 微课

影响医药消费者行为的群体因素

学习导引

知识要求

1. **掌握** 医药消费者群体的基本概念、对成员影响的主要因素。
2. **熟悉** 不同医药消费者群体的主要行为特征。
3. **了解** 医药消费者群体分类、意义和参照群体。

能力要求

1. 能够运用医药消费者群体、参照群体等基本概念正确理解医药消费者群体的行为特征。
2. 学会应用医药消费者群体对成员的影响因素、行为特征研究医药消费者群体的消费者行为问题。

素质要求

1. 树立正确的消费者群体行为研究观念，尊重消费者群体并保护他们的隐私。
2. 熟悉不同医药消费者群体消费享有的基本权益，树立消费者群体权益保护意识。

案例导入

国内消费者对私营医疗机构的接受度在上升

【案例】 普华永道报告显示，过去一年，在调研的一、二线城市中，有40%多的受访者曾经尝试过私营医疗服务机构，这些人群呈现出年轻、高学历、高收入和有健康保险等特征。

这项调研选取了北京、上海、广州、深圳、武汉、杭州和沈阳等城市的1000名消费者和全国范围内1317名医生。普华永道估算，全球医疗保健市场规模高达9.59万亿美元，消费者需求和医疗服务都在发生新的变革。过去几年，普华永道在美国、英国、加拿大已经开展了一系列基于消费者与医生的调研，以探究新医疗经济的特征。

在中国，大型公立医院仍是医疗服务消费者的第一选择，公立和私立医疗机构过去一年内患者接待次数比例为4∶1。不过，普华永道中国内地及香港医疗医药主管合伙人高博瑞指出，考虑公立与私立医疗机构在床位总量上的差异，中国消费者对私立医疗机构的接受度仍然是上升的。

调研显示，过去一年曾经尝试过私营医疗服务的受访者中年龄小于35岁的比例占到近一半，有近70%的人月可支配收入在5000元上，62%的人拥有自费的个人医疗保险。

然而，调研报告同时指出，大部分消费者会考虑在私立诊所接受验血、B超、缝针、拆线等小型的检查与手术，但接受相对复杂的检查或手术，如CT、核磁共振、化疗、血液透析等意愿较低。这与医院、医生的实力和品牌不无关系。不过，随着中国私营医疗服务的快速发展，公立医院的医生同样对私营医疗机构表示出了相当的兴趣。

调研显示，医生群体对于未来1~3年内“多点执业”的态度，有近一半的受访医师表示有可能兼职私营医疗机构，24%的受访者有意向合伙创办私立医疗机构。医生们认为在公立医院工作的最大优势是其所带来的工作稳定性、丰富的临床经验和良好声誉，而最大的劣势是繁复冗长的行政流程；相对较高的收入是在私营医疗机构工作的最大优势，但也担忧私营医疗机构不能帮助自己的科研，对提升自身学术地位不利。

此外，在数字医疗领域，调研显示，中国消费者已经非常能够接受数字化的健康管理信息获取，数字化健康应用在未来会有新一波的高速发展，通过网络在线视频就诊仍然处于初步摸索阶段，随着监管与政策逐步成熟，通过数字化健康平台进行医疗健康服务消费或购买健康相关产品将大有可为。

教育水平和收入水平高的年轻人是数字医疗领域的先驱者，在健康消费等其他方面，他们也显示出新的特征：愿意为自己的医疗保健花费更多的钱，年度医疗保健消费为4900元；更倾向于购买私人健康保险、更好在民营医疗机构接受服务，以及寻求海外医疗保健。

可见，认真研究对私营医疗机构的接受度比较高的国内消费者群体的特征，并根据这些特征努力扩大国内医疗消费者群体，是目前私营医疗机构的首要任务之一。

【问题】

1. 从普华永道报告中你得到了什么启发？
2. 医药消费者群体在公立医院和私营医疗机构进行医药消费选择的变化中得到什么经验？

第一节　医药消费者群体概述

一、群体的概念

（一）群体

心理学家麦独孤（McDongall）曾经指出：”合群”是人的一种本能。群体作为一种普遍的社会现象，是社会分工与协作的产物。群体是指两个或者两个以上的社会成员在长期接触交往过程中，为了实现某些特定的共同目标，通过社会交互作用和相互影响，并依据一定的社会规范而形成的集合体。在某一群体中，其成员之间通常存在着某种稳定的联系和心理影响。

（二）消费者群体

消费者群体是指在消费行为过程中，具有某些共同的消费行为特征的消费者所组成的群体。一般来说，消费者群体的形成是外在因素和内在因素共同作用的结果。外在因素主要有生活环境、所属国家、民族、宗教信仰、文化传统和政治背景等社会文化方面的影响；内在因素主要有性别、年龄、个性特征、生理方式和兴趣爱好等消费者生理、心理方面的特点。因此，同一消费者群体中的消费者在消费心理、消费行为、消费习惯等方面都具有明显的共同之处，而不同消费者群体成员之间在消费方面存在着多种差异。

二、群体的分类

（一）消费者群体的分类

1. 根据消费者群体组织的特点分类　可以划分为正式群体与非正式群体。

（1）正式群体　是指具有明确的组织结构、完备的组织章程、确切的活动时间的消费者群体。正是群体中的消费者必须遵守群体的行为准则，严格保证群体活动的规范性。例如，职业协会、消费活动俱乐部、同业者联谊会等均属于正式的消费者群体。正式群体的规模比较大。

（2）非正式群体　指一般规模较小的或没有明确组织结构与章程的消费者群体统称。例如，几个相交较密的朋友、多年的邻居、某种共同兴趣爱好者等，都属于非正式群体。

2. 根据消费者群体的成员影响力的大小分类　可划分为主导群体与次级群体。

（1）主导群体　也称作主要群体或首要群体，是指有着极其密切关系的消费者所组成的群体，主导群体不但对其成员的消费心理，而且对其成员的消费行为都有十分重要的制约作用。例如，家庭、亲朋好友、单位同事便属于主导群体。

（2）次级群体　也称作次要群体或辅助群体，是指对成员的消费心理与行为的影响作用相对较小的消费者群体，通常是由有某种共同兴趣、需要、追求的消费者组合而成的。

3. 根据消费者群体关系状况分类　可以划分为所属群体与渴望群体。

（1）所属群体　是指消费者已加入其中的群体。

（2）渴望群体　是消费者渴望加入其中但实际上未加入的群体。

这两种群体对消费者的影响有很大的不同，前者对消费者的心理与行为都有重要的影响甚至是制约的作用，而后者则对消费者行为具有很强的示范作用，导致其模仿行为的产生。

4. 根据消费者对群体的意识与态度不同分类　可以划分为自觉群体与回避群体。

（1）自觉群体　是消费者根据自身条件在主观上把自己列为其成员的某个群体，如中年知识分子群体、“老三届”群体、敬业者群体、传统型消费者群体等。自觉群体中的成员并不直接交往，但是其成员通常会自觉地约束自己的行为使之符合群体的规范。

（2）回避群体　是指消费者自己认为自己完全不符合并极力避免与之行为相似的群体。消费者对于回避群体的消费行为持坚决的反对态度，并且也极力排斥其对自身行为的影响。比如，高收入者对于低收入者的消费行为，成年人对于青少年的消费行为，男性对于女性的消费行为等都在一定程度上采取回避态度。

5. 根据消费者群体联系的时间长短分类　可划分为长期群体与临时群体。

（1）长期群体　是指消费者加入时间较长久的群体。长期群体的规范和准则对消费者行为具有重大且稳定的影响作用，甚至可能使群体成员形成一定的消费习惯。临时群体只是消费者暂时参与其中的群体。

（2）临时群体　对消费者行为的影响也是暂时性的，但影响力可能很大。例如，参加某企业有奖销售的消费者群体，多数成员的参与热情会激发更多人的购买欲望，形成一时间的热潮。

（二）医药消费者群体及其分类

结合消费者群体的概念，可以将医药消费者群体进行如此界定，即具有某些共同的消费行为特征的若干消费者所构成的集合体。例如，老年医疗消费群体，作为医药市场的主要消费者，他们在长期的消费行为中积累了丰富的消费经验，往往具有比较稳定的医药消费习惯，有稳定的医药消费兴趣和爱好，而且对于营销人员的服务态度十分敏感等。这些医药消费行为习惯或者偏好都是他们在长期的生活经验中形成的共同消费行为特征。

医药消费群的类型，实际上也是营销活动中的市场细分，医药产品及服务的开发和推广，既要进行正确的产品及服务的定位，同时也要在定位过程中找准相应的目标市场，即找准相应的医药消费者群体。一般来说，对医药消费者群体进行分类时主要参考三类指标。

（1）环境指标　主要包括医药消费者群体所居住的地区及其生产力水平、宗教信仰、文化背景和地理气候条件等相对稳定的指标。例如，因为经济发展水平和地域文化差异等原因，北京人更倾向于传统的东西，像一些传统的中药加工、生产企业在北京发展非常好；上海人相信西药明显高于北京和广州，进口药品的需要量在上海较大；广州人在相当一段时间里一直比较信任来自港澳台的医药产品。

（2）社会与人口学指标　主要包括医药消费者群体的年龄、性别、家庭人口结构、职业和收入水平等。例如，男性医药消费群体和女性要消费群体就有一些不同。

（3）心理行为特征指标　主要包括医药消费者群体的消费偏好、消费习惯、生活方式和兴趣爱好等特征。例如，在医药消费偏好上，某些群体的医药消费者就偏好于西医和西药，还有一些群体的医药消费者就偏好于中医和中药。

对医药消费者群体的划分有多种标准，除了一般的消费者群体划分标准，如年龄、性别、职业、地域和世代等之外，还可以根据消费者医药保险方式的不同，把医药消费者群体划分为城镇职工基本医疗保险、城乡居民基本医疗保险和商业医疗保险三种消费群体，还可以根据消费药品的不同类型，把医药消费者群体划分为处方药（Rx）、非处方药（OTC）消费者群体等。

三、研究医药消费者群体的意义

医药消费者群体对医药企业生产经营和消费活动都有重要的影响。

（1）医药消费者群体能够为医药企业提供明确的目标市场。通过对不同医药消费者群体的划分，医药企业可以准确地细分市场，从而减少经营的盲目性和降低经营风险。医药企业一旦确认了目标市场，明确了为其服务的医药消费者群体，就可以根据其消费心理，制定出正确的营销策略，提高医药企业的经济效益。

（2）医药消费者群体对消费活动的意义，在于调节、控制医药消费，使医药消费活动向健康的方向发展。任何医药消费，当作为医药消费者个体的单独活动时，对其他医药消费者活动的影响及对医药消费活动本身的推动都是极为有限的。当医药消费活动以群体的规模进行时，不但对个体医药消费产生影响，而且还有利于推动社会医药消费的进步。因为医药消费由个人活动变为群体行为的同时，将使医药消费活动的社会化程度大大提高，而医药消费的社会化又将推动社会整体医药消费水平的提高。

（3）医药消费者群体，还为有关部门借助医药消费者群体对个体的影响力，对医药消费者加以合理引导和控制，使其向健康的方向发展提供了条件和可能。

第二节　医药消费者群体对成员的影响

人们总希望自己富有个性和与众不同，然而群体的影响又无处不在。不管是否愿意承认，每个人都有与各种群体保持一致的倾向。看一看班上的同学，你会惊奇地发现，除了男女性别及其在穿着上的差异外，大部分人衣着十分相似。事实上，如果一个同学穿着正规的衣服来上课，大家通常会问他是不是要去应聘工作，因为人们认为这是他穿着正式的原因。请注意，作为个体，我们并未将这种行为视为从众。尽管我们时常要有意识地决定是否遵从群体，通常情况下，我们是无意识地和群体保持一致的。参照群体对消费者的影响，通常表现为三种形式，即行为规范上的影响，信息方面的影响，价值表现上的影响。

一、群体对医药消费者行为的影响

（一）规范性影响

规范性影响也称功能性影响，它指由于群体规范的作用而对消费者的行为产生影响。个人为了获得赞赏或避免惩罚而满足群体的期望。

规范是指在一定社会背景下，群体对其所属成员行为合适性的期待，它是群体为其成员确定的行为标准。无论何时，只要有群体存在，无须经过任何语言沟通和直接思考，规范就会迅即发挥作用。规范性影响之所以发生和起作用，是由于奖励和惩罚的存在。为了获得赞赏和避免惩罚，个体会按群体的期待行事。广告商声称，如果使用某种商品，就能得到社会的接受和赞许，利用的就是群体对个体的规范性影响。同样，宣称不使用某种产品就得不到群体的认可，也是运用规范性影响。

（二）信息性影响

信息性影响指参照群体成员的行为、观念、意见被个体作为有用的信息予以参考，由此在其行为上产生影响。

发生在当个人把参照群体的行为和观念当作潜在的有用信息加以参考的时候。当消费者对所购产品缺乏了解，凭眼看手摸又难以对产品品质作出判断时，别人的使用和推荐将被视为非常有用的证据。群体在这一方面对个体的影响，取决于被影响者与群体成员的相似性，以及施加影响的群体成员的专长性。例如，某人发现好几位朋友都在使用某种品牌的护肤品，于是她决定试用一下，因为这么多朋友使用它，意味着该品牌一定有其优点和特色。

（三）价值表现上的影响

价值表现上的影响指个体自觉遵循或内化参照群体所具有的信念和价值观，从而在行为上与之保持一致。价值表现上的影响产生在个人把群体的价值观和规范内化的时候（个人行为不需要任何外在的奖惩）。

例如，某位消费者感到那些有艺术气质和素养的人，通常是留长发、蓄络腮胡、不修边幅，于是他也留起了长发，穿着打扮也不拘一格，以反映他所理解的那种艺术家的形象。此时，该消费者就是在价值表现上受到参照群体的影响。个体之所以在无须外在奖惩的情况下自觉依群体的规范和信念行事，主要是基于两方面力量的驱动。一方面，个体可能利用参照群体来表现自我，提升自我形象。另一方面，个体可能特别喜欢该参照群体，或对该群体非常忠诚，并希望与之建立和保持长期的关系，从而视群体价值观为自身的价值观。

二、决定群体影响强度的因素

参照群体对其成员的影响程度取决于多方面的因素。

（一）产品使用时的可见性

一般而言，产品或品牌的使用可见性越高，群体影响力越大，反之则越小。最初的研究发现，商品的“炫耀性”是决定群体影响强度的一个重要因素。后来的一些研究探索了不同产品领域参照群体对产品与品牌选择所产生的影响。其中，拜尔顿（Bearden）和埃内尔（Etzel）的研究从产品可见性和产品的必需程度两个层面将消费情形分类，然后分析在这些具体情形下参照群体所产生的影响。

知识链接

产品炫耀性

产品炫耀性（products conspicuousness）首先由伯恩（Bourne）于1957年提出，其定义是：现今社会对上能够拥有该项产品者不多，且其使用场合多在公众地方、易受人注目。产品炫耀性乃是因产品具有浮华、奢侈的炫耀特性，用以展示或夸大自己财势，是以炫耀性的主要特性为外显性，当一项产品被消费或使用时容易引人注目时，它即有此种炫耀性；拜尔顿和埃内尔（1982）据此定义为，公众性产品是指使用时他人容易注意到；以及私人性产品是指通常在家中或私人场合才会使用，使用时他人不太会注意到的产品。炫耀性的另一种特性则是稀少性，因为无论一项产品如何的显而易见，若几乎所有的人都拥有，那么它就不具有炫耀性，因为拥有物品的稀有，容易让人产生欣羡。在拜尔顿和埃内尔与奇尔德斯（Childers）和拉奥（Rao）于1992年的研究里均将此概念之操作性定义设为奢侈品与必需品。所以，对于这种偏好购买炫耀品的消费方式，个人可借此确认并给予其地位象征，以提升自己在他人眼中的地位；换言之，炫耀性消费是将商品的价值视为一种文化的符号，成为与他人沟通的一种媒介，传递我是如此富有，我能买得起这些非常奢侈昂贵物品的讯息。综合上述特性，产品使用时他人容易注意到（外显性）以及产品使用时他人容易羡慕（稀少性）是作为区别产品是否有炫耀性之依据。

（二）产品的必需程度

对于食品、日常用品等生活必需品，消费者比较熟悉，而且很多情况下已形成了习惯性购买，此时参照群体的影响相对较小。相反，对于奢侈品或非必需品，如高档汽车、时装、游艇等产品，购买时受参照群体的影响较大。

（三）产品与群体的相关性

某种活动与群体功能的实现关系越密切，个体在该活动中遵守群体规范的压力就越大。例如，对于经常出入豪华餐厅和星级宾馆等高级场所的群体成员来说，着装是非常重要的；而对于只是在一般酒吧喝啤酒或在一个星期中的某一天打一场篮球的群体成员来说，其重要性就小得多。

（四）产品的生命周期

当产品处于导入期时，消费者的产品购买决策受群体影响很大，但品牌决策受群体影响较小。在产品成长期，参照群体对产品及品牌选择的影响都很大。在产品成熟期，群体影响在品牌选择上大而在产品选择上小。在产品的衰退期，群体影响在产品和品牌选择上都比较小（表 7-1）。

表 7-1　不同生命周期中群体对产品购买和品牌选择的影响大小

生命周期	产品购买受群体影响	品牌决策受群体影响
导入期	较大	较小
成长期	较大	较大
成熟期	较小	较大
衰退期	较小	较小

（五）个体对群体的忠诚程度

一般而言，个人对群体越忠诚，其就越可能遵守群体规范。当参加一个重要的群体晚宴时，在衣服选择上，我们可能更多地考虑群体的期望，而参加无关紧要的群体晚宴时，这种考虑可能就少得多。最近的一项研究对此提供了佐证，该研究发现，那些强烈认同西班牙文化的拉美裔美国人，比那些只微弱地认同该文化的消费者，更多地从规范和价值表现两个层面受到来自西班牙文化的影响。

（六）个体在购买中的自信程度

研究表明，自信程度越高，受参照群体的影响就越小；反之，自信程度越低，受参照群体的影响就越大。

例如，个人在购买彩电、汽车、家用空调、保险、冰箱、媒体服务、杂志书籍、衣服和家具时，最易受参照群体影响。这些产品，如保险和媒体服务的消费，既非可见又同群体功能没有太大关系，但是它们对于个人很重要，而大多数人对它们又只拥有有限的知识与信息。这样，群体的影响力就由于个人在购买这些产品时信心不足而强大起来。除了购买中的自信心，有证据表明，不同个体受群体影响的程度也是不同的。

自信程度并不一定与产品知识成正比。研究发现，知识丰富的汽车购买者比那些购买新手，更容易在信息层面受到群体的影响，并喜欢和同样有知识的伙伴交换信息和意见。新手则对汽车没有太大兴趣，也不喜欢收集产品信息，他们更容易受到广告和推销人员的影响。

三、暗示、模仿和从众行为

群体中常见的行为效应。医药消费者群体作为一种特殊的社会群体，对群体内部的成员会彼此施加某种影响，并导致群体成员的消费心理与行为产生各种各样的变化。医药消费者群体影响成员的主要行为效应有从众、模仿和暗示。

（一）暗示

暗示，又称为提示，是指在非对抗条件下，用含蓄、间接的方式对个体的心理和行为产生影响，从而使个体接受暗示者的意见和观点，或者按照所暗示的方式去行事。在医药消费活动中，消费者因受暗示而影响购买决策及行为的现象是极为常见的。例如，当我们走进一家医药零售商铺，一开始我们可能是为了某个简单的目的踏入（例如购买酒精、棉签之类的）。一旦商店的营销人员问及我们购买某一药品的目的时，他们往往会推荐其他具有相同功效或者具有更好辅助治疗作用的药物，或者告诉我们最近哪些家庭常备药物正在打折促销。在他们的反复暗示下，我们便会产生对其推荐药品的购买需求，从而引发新的消费。这种消费暗示的来源很广泛，而且随处可见，我们随时都会发现周围有很多东西别人在使用而自己却没有，这种东西会在我们心目中产生消费暗示，当我们有足够的购买力的时候，就会增加这部分消费，我们将其称为额外消费。

实践证明，在医药产品或者服务的消费过程中，暗示越含蓄，其效果越好。暗示涉及三个要素，即暗示者、暗示情境和被暗示者。一般来说，暗示者的权威、社会地位及人格魅力对暗示效果有着显著的影响，如患者在医院选择那些国内知名的专家看病，这些专家的很多语言对疾病恢复所产生的暗示效果比药品本身还要显著；对于个体来说，暗示情境越难以抉择且缺乏社会支持系统，暗示就越容易被接受，如一些江湖骗术的医生往往治疗的都是一些疑难杂症，之所以患者会相信他们，甚至有时在短时间内还能感受到一定的效果，就是因为这个原因；被暗示者独立性越差，或者是知识水平越低，那么暗示效果也越好。除此之外，年龄越小，越容易接受暗示，一般女性比男性更容易接受暗示。

（二）模仿

我们是否都有过这样类似的经历：当你在超市挑选酸奶的时候，面对着货架上琳琅满目的商品，你会犹豫不决。这个时候，在你身旁的一位或者几位陌生的消费者很自信地挑走了他们爱喝的酸奶，你很可能就会无意中模仿他们的行为，买了他们喜欢喝的酸奶。当然，你很可能回去之后发现味道不错，于是你也爱上了这款酸奶。你获得的消费行为在下一次进入超市买这个品牌的酸奶时，也会传递给下一个陌生人。这就是消费行为中的模仿现象。

模仿是指在没有外在压力的条件下，个体受他人影响仿照他人，使自己与之相同或相似的现象。社会学家的研究表明：人类在社会行为上具有模仿的本能，这一本能同样存在于人们的消费活动中。模仿消费是将模仿的概念引入现代社会消费活动中，它是指当某些人的消费行为被他人认可并羡慕、向往时，可促使他人产生仿效和重复其行为的倾向，从而形成消费行为的模仿。模仿消费广泛存在于人们的社会生活中，如吃、喝、住、穿、行、娱和学等都存在着全方位的模仿性消费。

模仿消费是人类社会消费延续的基础，它能推动消费的扩展。在日常生活中，经常会有一些消费者做出示范性的消费行为，这种行为被其他人认可后，其他消费者便会产生仿效和重复该行为的倾向。这种行为广为流传或扩散后便成为人们普遍的日常消费行为。如牛仔服原是美国西部牧牛人的工装，被社会其他阶层的人接受与认可后，便被大家所模仿。于是，牛仔服就成为社会各阶层的日常服饰，在世界范围的消费规模与影响不断扩大。

在医药消费者行为领域中，模仿是一种普遍存在的社会心理和行为现象。可供模仿的内容极其广泛。从消费观念、消费习惯、品牌偏好到地点选择等都可成为消费者模仿的对象。在医药消费中，由模仿消费引发并推动的消费扩展一般有三种形式。

（1）顺流　即自上而下的扩展方式。通常以权威人物、名人、明星的医药消费行为为先导，而后在社会上更普遍人群中被模仿并扩展开来。例如，很多女明星都到某家妇产医院去生孩子，于是很多人都希望去这家医院生产；或者某位明星使用某类保健药品或者为某类保健药品代言，于是很多消费者便会模仿这类消费行为。

（2）横流 即社会各阶层之间相互诱发横向扩展的方式。表现为某种医药商品或者服务的消费由社会统一阶层率先使用，而后向其他阶层蔓延、渗透，进而推广开来。例如，某一位患者发现周围有一位或者几位“患友”用某种特殊的医疗方式治愈了疾病。于是，他也寻求与其相同的医疗救助方式。

（3）逆流 即自下而上的扩展方式。它是从社会下层的医药消费行为开始，逐渐向社会上层推广。例如，人们发现某些地方的人之所以长寿就是因为他们经常吃的某类食品（例如红薯等）能起到防病治病的作用，于是很多社会上层人士也开始纷纷模仿吃这类食品，以求强身健体。

（三）从众行为

在一项研究中，专家要求受测者评价三种功效完全一样的药物，并从其中选择出一种最佳的。在实验情境下，他安排三个实验助手，与受测者一同做选择。结果当受测者独自一个人做选择时，个人的选择完全是随机的，仅凭运气去做选择；但个人在群体情境下（有三个实验助手），则个人的选择不是随机的，个人有选择某一种药物的倾向。依照研究者的结论，群体会给予个人压力，使个人的行为合乎群体规范标准。尤其当受测者面临的刺激模糊时（假如竞争品牌的药物性质一样），消费者的从众倾向更明显。

1. 从众行为的概念 所谓从众行为，是指个体与群体中多数成员意见和行动不一致时常会不自觉地感受到群体中的影响与压力，而在知觉、判断和行为上表现出与多数成员相一致的现象。自 20 世纪 50 年代以来，美国社会心理学家阿希（Solomom Asch，1907—1996）所做的“三垂线从众实验”以及其他类似实验，均证实了在群体压力下，个人的心理和行为会发生很大变化，从而影响人们的知觉判断。

知识拓展

阿希的线段判断实验范例

为了研究从众行为的原因，阿希设计了一个研究从众行为的独特方法，即将人们置于其他群体成员的意见之中。这个实验被称为阿希实验。

当被试走进实验室时，已经有 6 个其他被试坐在那里了，他们都是实验助手。因为其他人都是围着桌子坐的，真正的被试也就挑了个桌子旁边的空位子坐了下来。实验者进来告诉所有被试，这个实验是有关精确性和视知觉的。他向被试们显示了 2 张卡片：其中一张卡片上只有 1 条标准线段，另一张卡片上有 A、B、C 三条线段。实验者告诉被试说他们的任务是要从三条线段中找出与标准线段相匹配的长度相同的线段。倒数第二个回答的人是真正的被试。实验者要求每个被试轮着讲出匹配线条的字母。第一个被试报告说正确的答案是 B 线段。真正的被试怀疑第一个被试哪儿出了毛病，因为明显 C 是正确答案。真正的被试可能正要嘲笑第一个被试时，第二个被试十分仔细地看了看线条，也说 B 线是正确的。真正的被试惊讶地摇着椅背。接下来 4 个被试也都讲 B 线段是正确的。也就是说，在真正的被试前面的所有被试都坚定地报告说 B 线段是正确的答案，此时轮到真正的被试。神奇的是，真正的被试也说 B 线段是正确的。

这些都是阿希设计研究从众行为的实验程序。实际上开头五个被试都是实验助手。实验者早就告诉他们该如何回答了。在 18 次尝试中，有 12 次他们都一致地给出错误的答案。倒数第二个被试才是真正的被试。

阿希之所以采用现状判断来完成测试任务，是因为他发现，当要求人们单独判断线条时，即没有群体影响时，他们几乎没有什么错误就能完成任务。当面对群体一致的不正确观点时，绝大多数被试至少从众一次，只有 1/4 被试能够坚持自己正确的意见。

从众行为具有一定的心理基础。其中主要有：①掌握的信息的多少。一般来说，对某个方面的信息掌握得较多，那么在这个领域方面就不容易发生从众行为；反之，最容易发生从众行为。②对群体规范的认知度和遵守习惯。个人认为群体规范是正确的，应当遵守，并逐渐地把群体规范内化为自己的行为准则和本能地要去遵守的习惯，其从众度就高。③对群体的信任度。个体越相信、越依赖群体，自己的信心和独立性越弱，也就越有可能从众。

2. 从众行为的表现形式 从众表现出来的行为模式虽然都是相同的，但从众行为存在外显行为和内在心理两个层面。如果将外显行为分为从众与不从众，内在心理分为接纳与拒绝，我们可以将一个人的从众行为分为以下四种。

（1）真从众 其不仅外显行为从众，而且其内在心里也表示接纳，也就是心服口服，表里一致。这是当群体与个体的期待趋于一致或个体愿继续成为该群体的一员时出现的情况，是群体与个体之间最理想的状态，个体处于这种状态时心理没有任何冲突。

（2）权宜从众 即尽管外显行为从众，但内在心理却是拒绝的，也就是口服心不服。这实际上也是假从众或者说表面从众，这是当个体不赞成群体，但由于某些原因又无法脱离该群体或由于不愿标新立异，担心对自己造成不利的后果时出现的情况。若个人处于这种状态，那么心理上就会不协调，表现为内心紧张、冲突。

（3）反从众 即个体内在心理接纳群体的想法与行为，与群体保持一致，但由于某些原因其外显行为在公开的场合却与群体的要求或行为不一致，也就是心服口不服。这种情况出现在个体因地位、身份较特殊而有思想顾虑，不便于表现真正的内心状态时。

（4）不从众 其外显行为与群体不一致，内在心理也表现为拒绝，也就是心不服口不服。这也是一种表里一致，真正不向群体妥协的状态，造成这种状态的原因或是个体另有内心关联的群体，因此即使遭到此群体的隔离也不感到孤立；或是个体确信真理在自己手里并自信能改变大多数人的意见。

在医院里，医生经常会遇到这样一种情况：患者明明是专门找医生来看病的，他（她）开始很信任医生，但一旦住院接触到其他患者，觉得和其他患者的治疗方案不一样，再听听其他患者的经验之谈，便会产生怀疑，就马上找医生要求改变治疗方案，甚至还会自作主张改变治疗方案，让医生哭笑不得。另外，在医院门诊还会发生这样的现象：如果某位门诊医生病房外患者很多或者病历本最多，大家就可能会不问缘由刻意将自己的病历本也放到那里，宁可花更长的等待时间。这些都是医药消费过程中典型的从众行为。

3. 医药消费产生从众行为的原因 一般来说，消费者在医药产品与服务的消费过程中，因为以下原因会产生从众行为。

（1）寻求行为的参照 在许多医疗救助或者医药产品与服务的选择过程中，人们由于缺乏选择某种适当行为的专业知识，又不愿在判断或行为上出现错误，就需要从其他途径来获得行为引导。通常情况下，人们在遇到不明情境时，对于群体中多数人的行为会尤为信任，并且会认为其最具有参照价值。毕竟，跟随群体多数人的行为从而获得较大收益的可能性，远远大于跟随少数人，正因为如此，一些提供医药产品和服务的不法商家便会在电视台、电台或者某些特定的消费场合雇佣“托儿”进行不正当促销，这正是利用了医药消费者的从众心理。

（2）对行为偏离的恐惧 俗话说，“木秀于林，风必摧之。”这就是说，个人行为一旦与群体行为相偏离，就可能会面临群体的强大压力乃至严厉制裁。研究证明，任何群体都有维持群体一致性的显著倾向和执行机制。在日常生活中，许多人实际上已经养成了一种尽可能不偏离群体的习惯。个体的从众性越大，偏离群体所产生的焦虑感越强，也就越不容易偏离。从文化特征上说，东方文化更倾向于鼓励人们的从众行为，因而也更容易产生偏离的恐惧。例如，在我国一些经济条件相对落后的少数民族地区，那里的人们依然保持着对其民族医疗救助方式的坚定信念，生活在那里的人们若是患有某种疾病，他们及其家属如果不按照当地文化及民族信仰的方式进行可能不正确的医疗救助方式，而出来寻求其他医学的帮助，可能就会产生很大的社会压力。

（3）与群体融合的需要 从群体维护的价值取向出发，从众可能是一种“美德”，与群体的行为保持一致，可以使人们为全体成员所接受。群体规模越大，与背景区分越鲜明，群体本身越有吸引力和越有价值，引发的从众融合需求和行为的程度就越强。例如，在一个相对保守的群体中，如果某位女性想要去美容医院做一个整形美容手术，那必将被群体“主流”价值观所不接受，这位女性的行为必须尽可能与群体一致。

四、参照群体对医药消费者行为的影响

（一）参照群体的概述

1. 参照群体概念　参照群体也叫标准群体，指该群体的目标、标准和规范成为人们行动的指南和效法的样板。参照群体是对个人的行为、态度、价值观等有直接影响的群体。这一概念和这一社会心理现象最早是由美国社会学家 H. 海曼于 1942 年首先提出和发现的，以后的许多观察和实验都证明了这一社会心理现象是普遍存在的。

2. 参照群体的功能　参照群体有两种功能，即规范功能和比较功能。

（1）规范功能　它能用来给个体的行为树立榜样，做出规范的评定。当人们把某一群体视为自己的参照群体。那么，他们就会以该群体的目标、行为标准、伦理观念、价值判断、理想、愿望和生活方式要求自己，并自觉或不自觉地以参照群体的规范对照自己的行为、态度，并修正自己的行为态度。在这个意义上，参照群体成为个人为之努力和奋斗的目标群体。

（2）比较功能　它能用来作为个体行为的比较标准，衡量个体行为的尺度。人们也将参照群体的各种规范作为判断事物和他人的标准。人们的参照群体可以是他的所属群体，也可以是他们心目中想要加入的群体或理想中的群体。根据人们不同的参照需要，会形成许多不同的参照群体。不同的参照群体从不同角度来指导人们的行为方式和生活态度。而同一参照群体的意义在不同时期则可能发生变化，不同的历史时期有不同的参照群体。

人们的参照群体往往不是他们所属的群体，而是其心目中想要加入的群体或理想中的群体。每个人不只有一个参照群体，不同的参照群体以不同的角度来指导个体。如果两个参照群体在目标、规范等方面发生矛盾，往往会引起个体内心的冲突。当某一参照群体的目标、规范价值体系对个体的行为和态度起决定作用时，这一参照群体成为事实上的参照群体。若个体把某一群体视为自己的参照群体，则该群体的活动目标，标准和规范就会对其行动发生约束作用，个体将会自觉或不自觉地以参照群体的规范对照自己的行为并修正自己的行为。

（二）参照群体概念的营销运用

1. 名人效应　名人或公众人物如影视明星、歌星、体育明星，作为参照群体对公众尤其是对崇拜他们的受众具有巨大的影响力和感召力。对很多人来说，名人代表了一种理想化的生活模式。正因为如此，企业花巨额费用聘请名人来促销其产品。研究发现，用名人作支持的广告较不用名人的广告评价更正面和积极，这一点在青少年群体上体现得更为明显。

运用名人效应的方式多种多样。如可以用名人作为产品或公司代言人，即将名人与产品或公司联系起来，使其在媒体上频频亮相；也可以用名人作证词广告，即在广告中引述广告产品或服务的优点和长处，或介绍其使用该产品或服务的体验；还可以采用将名人的名字使用于产品或包装上等做法；邀请名人参加企业的有关活动，以宣传其产品等。

2. 专家效应　专家是指在某一专业领域受过专门训练、具有专门知识、经验和特长的人。医生、律师、营养学家等均是各自领域的专家。专家所具有的丰富知识和经验，使其在介绍、推荐产品与服务时较一般人更具权威性，从而产生专家所特有的公信力和影响力。当然，在运用专家效应时，一方面应注意法律的限制，如有的国家不允许医生为药品作证词广告；另一方面，应避免公众对专家的公正性、客观性产生质疑。

课堂互动

列举一个专家或专家模样的人做产品广告代言人的例子。

3. 普通人效应 运用满意顾客来宣传产品或服务，使得广告很有亲和力和说服力，且成本更低。运用满意顾客的证词、证言来宣传企业的产品，是广告中常用的方法之一。由于出现在荧屏上或画面上的证人或代言人是和潜在顾客一样的普通消费者，这会使受众感到亲近，从而使广告诉求更容易引起共鸣。像宝洁公司、北京大宝化妆品公司都曾运用过“普通人”证词广告，应当说效果还是不错的。还有一些公司在电视广告中展示普通消费者或普通家庭如何用广告中的产品解决其遇到的问题，如何从产品的消费中获得乐趣等。由于这类广告贴近消费者，反映了消费者的现实生活，因此，它们可能更容易获得认可。

课堂互动

列举普通人宣传产品的例子。

4. 经理型代言人 自20世纪70年代以来，越来越多的企业在广告中用公司总裁或总经理作代言人。例如，克莱斯勒汽车公司的李·艾柯卡（Lee Iacocca）在广告中对消费者极尽劝说，获得很大成功。同样，雷明顿（Remington）公司的维克多·凯恩（Victor Kiam），马休特连锁旅店的比尔·马休特均在广告中促销其产品。我国广西三金药业集团公司，在其生产的桂林西瓜霜上使用公司总经理和产品发明人邹节明的名字和图像，也是这种经理型代言人的运用。

第三节　不同医药消费者群体的行为特征

随着我国医药产品及服务市场的不断细分，越来越多具有典型市场价值的消费群体被挖掘出来。不同的消费群体，其消费行为特征也不同。在医药市场营销中，我们不仅要对一个产品及服务有深刻了解，而且还需要分析和把握与其相应的消费群体。

一、不同医疗保险方式下医药消费者群体的行为特征

近年来，随着经济的飞速发展，人们的健康需求日益增多，但医疗费用的过快增长一定程度上影响了人们的医疗需求。“看病难、看病贵”现象成为当前制约我国经济发展的瓶颈难题。为了实现“医疗资源配置合理化”和“医疗保障有效化”的双重目标，我国城镇、农村居民主要采取了三种保险方式：城镇职工基本医疗保险（简称“职工医保”）、城乡居民基本医疗保险（简称“城乡居民医保”）和商业医疗保险。其中，前两种是由政府统一规定的，第三种是由消费者根据需求自行购买。这三种医疗保险方式不同，其所表现出来的医药消费者群体行为特征也有明显差异。

（一）城镇职工基本医疗保险消费群体的行为特征

职工医保是为补偿劳动者因疾病风险遭受经济损失而建立的一项社会保险制度。通过用人单位和个人缴费建立医疗保险基金，参保人员患病就诊发生医疗费用后，医疗保险经办机构给予一定的经济补偿，以避免或减轻劳动者因患病、治疗等所承受的经济风险。其参保对象是城镇所有用人单位的职工，包括企业（国有企业、集体企业、外商投资企业、港澳台商投资企业、私营企业等）、机关、事业单位、社会团体和民办非企业等单位的职工。

参加职工医保的职工可享受住院费用报销、统筹病种门诊费用报销以及用于支付门诊医疗费的个人账户待遇，其报销比例较城镇居民医疗保险高一些。在职职工住院的费用，在扣除范围外费用以后，最低起付线以上至5000元的部分，按75%报销；5000至10000元的部分按80%报销；10000元以上的部分按85%报销；退休人员相应提高10%；统筹病种门诊费报销，在职职工为80%，退休职工为85%。因此，参加职工医保的人群在医药消费中，经常表现出如下一些特征。

1. 价格敏感度较低　此类消费者对药品价格的敏感度与其他群体相比较低，他们更关心的是用个人现款支付还是用医保卡支付，他们所选的药店都是那些可以进行医保刷卡支付的药店，假如有甲、乙两家药店，其中甲药店价格较高，但可以用医保卡支付，而乙药店价格较低，却不能用医保卡支付，在这种情况下，此类消费者往往会选择在甲药店购买。用医保卡刷卡消费，可以在很大程度上减少他们在医药消费方面的现金支出。

2. 青睐医保目录内药品　《基本医疗保险药品目录》中药品分甲、乙两类，其中甲类药品可以全报，而乙类药品只能按一定的比例报销，选择乙类药品，消费者还必须自筹一部分，如果是医保范围外的药品，还需全部自筹。所以此类消费者在医院进行医药消费时，他们希望医生开具的药品是《基本医疗保险药品目录》范围内的药品，以便报销全部或者大部分药品费用。

3. 购买药品量偏多　此类消费者都为上班族，有的工作压力比较大，时间相对紧张；有的受工作时间限制，自由支配时间较少。所以，在合理用药范围内，他们更愿意一次多购买一些药品，以节省时间和精力。此类消费者购药偏多的另外一个原因是：家属如果没有医保待遇，多买了以后，可以供家人使用，尤其是家庭常用必需药。

（二）城乡居民基本医疗保险消费群体的行为特征

为了促使医疗保障水平与经济社会发展水平相适应，保障城乡居民公平享有基本医疗保险权益，2016年1月，国务院印发《关于整合城乡居民基本医疗保险制度的意见》，整合了城镇居民基本医疗保险和新型农村合作医疗两项制度，建立了“全覆盖、保基本、多层次、可持续”的城乡居民医保制度。该制度规定，除职工医保应参保人员以外的其他所有城乡居民，均纳入城乡居民医保覆盖范围，不受户籍限制。城乡居民不能同时参加职工医保或城乡居民医保。参加城乡居民医保的人群在医药消费时，经常会表现出如下一些行为特征。

1. 价格敏感度较高　参加这类保险的人群是一些非从业人群，有的是无劳动能力的伤残人士，有的是在校学生，有的可能是长期待业在家人员，无收入来源或收入不稳定。这类人群在药店消费时，只能用现金支付。所以，他们一般较关注药品的价格，对药品的价格敏感度较高，希望尽可能少花钱，把病痛治好。

2. 偏爱医保目录内药品　此类医疗保险方式的保险基金重点用于参保居民的住院和门诊大病医疗支出，医药消费行为主要发生在医疗机构。因此，在药品的选择上，这类消费者同样希望医生为他们开具医疗保险目录范围内的药品，只有目录范围内的药品才能为他们带来真正的实惠。

3. 农村居民注重药物的实用性　农民的田间事务特别繁多。他们是以农作物为劳动对象的，农作物的生长受季节影响较大，错过季节农作物的收成肯定会受影响。所以，农民在患病发生医药消费需求时，特别注重药品的实用性，希望药品能够快速达到治疗目的，让自己早日康复，以免耽搁田间事务，影响农作物的生长。

（三）商业医疗保险消费群体的行为特征

商业医疗保险由各商业保险公司承办，是以上两种社会医疗保险的有机补充。参加此种医疗保险最主要的目的就是应付突如其来的重大疾病与意外伤害。商业医疗保险对参保人群有一定的选择性，如有些险种规定少于1周岁、超过60周岁不能参保，有的险种只对某些特殊疾病（肝病、心脏病等）实行责任除外，不纳入理赔范围。这类人群在医药消费时，经常有如下一些行为特征。

1. 注重药品疗效，价格敏感度不高　商业医疗保险费全部由个人承担，没有政府补助。参加商业医疗保险的人群，大多数经济条件较充裕且有较强医疗保健意识的人群。所以他们对药品的价格敏感度不高，只关注药品是否有效，而不太关注价格。

2. 对是否属于医保目录药品关注度不高 商业医疗保险中的重大疾病险、意外伤害险都有一定的赔付标准，有最高赔付金额的限制，如有的重大疾病险最高赔付金额是15万元，假设治疗某一疾病需要20万元，保险公司也只能在15万元的范围内进行赔付。因此，商业医疗保险与临床所用药品是否属于医保用药关系不是太大。有的险种虽有关联，但也只能在上述两种医疗保险未能支付的范围内进行补充。所以说，参加这类医疗保险的人群不太关注所用药品是否是在医保目录范围内。

二、处方药和非处方药消费者群体的行为特征

根据药品的安全性、有效性，依其品种、规格、适应证、剂量及给药途径等不同，药品可以分为处方药和非处方药。消费者在消费每一种类型的药品时，表现出来的行为特征也各有差异。

知识拓展

处方药与非处方药的主要消费者

1. 处方药的主要消费者 主要是指：①对药品剂量有特殊要求的患者，如婴儿、少年儿童等；药品剂型特殊，不能自我完成给药的患者，如注射剂。②使用有毒性和潜在不良反应的药品的患者，需要有医护人员指导、监护的患者，如使用青霉素类抗生素，吗啡类镇痛药，抗肿瘤、抗结核等药物。③一些患有特殊疾病的患者，如心脏病、脑血栓、肾功能不全等。④使用刚上市销售药品的患者。⑤其他特殊关注人群，如孕期、哺乳期妇女等。

2. 非处方药的主要消费者 成年患者：①有一定的疾病判断能力，能较为准确地判断疾病的类别和病情的严重程度，有一定的药品使用经验的患者；②在经济上有一定的来源，可以自主支配药品费用的患者；③文化程度较高的患者；④医疗保健意识较强的患者；⑤工作节奏快的患者。

（一）处方药消费者群体的行为特征

处方药是指由执业医师或执业助理医师开具处方才可出售，并在医师、药师或其他医疗专业人员监督或指导下方可使用的药品。一般被列入处方药管理的药品应该是有毒性和潜在的不良影响或使用时需要有特定条件的药品。处方药大多属于以下几种情况：①上市的新药，对其活性或副作用还要进一步观察；②可产生依赖性的某些药物，例如吗啡类镇痛药及某些催眠镇静药物等；③药物本身毒性较大，例如抗癌药物等；④用于治疗某些疾病所需的特殊药品，如心脑血管疾病的药物，须经医师确诊后开出处方并在医师指导下使用。

处方药主要有以下两个特点：①患者难以正确掌握药品的使用剂量和使用方法；②患者自身难以完成给药，无法达到治疗目的。

根据处方药的定义及特点，处方药消费者群体的消费行为通常具有以下一些特征。

1. 被动消费 消费者进行处方药消费时，一般不能对自己的病情做出明确的诊断，无法选择自己需要的药品，对药品的剂量、剂型和用药时间长短都无法把握，消费者选择什么样的药品、使用多大的剂量、治疗多长时间都必须由医生根据实际病情决定，用药也须在医护人员的帮助、监控和指导下，才能保证安全和有效。所以，消费者进行处方药消费时，医生起着决定性的作用，消费者自身完全处于被动地位，是一种被动消费。

2. 储存动机较少 处方药一般储存条件较特殊，如有的需要冷藏、冷冻、阴凉，有的处方药有效期较短，稳定性较差，容易受污染、变质，消费者自行储存难以保证药品的质量。有的处方药毒副作用较多，易发生不良反应，需在医护人员的监护下使用才可保证用药的安全性。另外，有的处方药给药方法

特殊，消费者一般难以完成自己给药。鉴于此，消费者一般不太愿意购买处方药进行储存。

（二）非处方药消费者群体的行为特征

非处方药是指由国务院药品监督管理部门公布的、不需要凭执业药师或执业助理医师处方，消费者可以自行判断、购买和使用的药品。这些药物大都用于多发病、常见病的自行诊治，如感冒、咳嗽、消化不良、头痛、发热等。国家根据药品的安全性，又将非处方药分为甲、乙两类。甲类非处方药必须在具有《药品经营许可证》的零售药店（房）出售，乙类非处方药经审批后，可以在其他商店（商场、超市、宾馆等）零售。

非处方药主要有以下几个特点：①安全性高，正常使用时无严重不良反应或其他严重的有害相互作用；②疗效确切，使用时患者可以觉察治疗效果；③质量稳定，在正常条件下储存质量稳定；④使用方便，使用时不需要医务人员的指导、监控和操作，可由患者自行选用。

根据非处方药的定义及特点，非处方药消费者群体的消费行为通常具有以下一些特征。

1. 主动性消费较强　消费者进行非处方药消费时，一般凭借一定的医药学知识、用药经验就可以对自己的病情有所了解或做出明确的诊断，并在选择什么药品、什么剂型、多大剂量、什么品牌的药品上都有较强的主观能动性，能够做出合适的选择，且能自行掌握药品的使用剂量和使用方法。所以说，非处方药消费者群体的消费行为具有主动性。

2. 有储存购买动机　与处方药相比，非处方药具有安全性高、疗效确定、质量稳定和使用方便等一些特点。正因为非处方药具备这些特点，有的消费者会储备一些伤科类用药作为家庭常用药品；有的消费者会根据各个季节的需要，购买一定数量、品种的非处方药进行储存、备用，如在冬季备用一些伤风感冒药，在夏季备用一些防暑药等；有些患有慢性病的消费者，会根据非处方药质量稳定、易储存的特点，一次购买数月的药品供长期服用。

三、不同年龄、性别、职业的医药消费者群体的行为特征

（一）不同年龄医药消费者群体行为特征

消费者从年龄上可以分为少年儿童、青年、中年和老年。其中，少年儿童消费者是指0~18岁的未成年人；青年消费者是指从少年向中年的过渡阶段，一般是指18~35岁的人；中年消费者一般是指35~60岁的人。老年消费者一般是指60岁以上的人。

1. 少年儿童消费者群体行为特征

（1）具有较强的依赖性　依赖性主要表现在两个方面：第一，少年儿童生病时不能进行简单的自我判断，对疾病没有认知能力，对症状的描述不详尽，须通过父母的帮助，才能由医生确诊。第二，少年儿童没有独立的经济能力和购买能力，药品购买几乎由父母包办。但随着年龄、医药学保健知识的增长，这种依赖性与年龄会成反比。

（2）具有较强的好奇心　少年儿童虽然已经能够进行简单的逻辑思维，但仍然以直观、具体的形象思维为主，对药品的注意和兴趣一般是由药品的外观刺激引起的，要求奇特。因此，在选购药品时有时不是以是否有效为出发点，而是取决于药品口味、包装是否“新、奇、特”等，凡具备这些特点的药品即使是疗效稍逊些，也能诱发少年儿童消费者购买动机。

（3）感染性疾病用药和预防用药需求量大　少年儿童处于身体发育成长期，诸多器官的功能还不健全，身体免疫力、抵抗力较差，且大部分时间是在幼儿园、小学、中学度过，容易发生集体感染性疾病，如流感、手足口病等。所以，这个阶段的人群对抗感染性药品的需求量较大。另外，少年儿童在成长过程中要完成多种疫苗的接种。因此，预防性生物制品的需求量也非常大。

2. 青年消费者群体的行为特征

（1）消费时尚、追求新潮　这个群体的消费者喜欢追求时尚、新潮，对药品的外观、药品的包装要求高，且比较容易受药品广告的影响，新上市的、新剂型、大品牌的药品对他们的吸引力较大。新奇的购药方式也易在他们身上出现，如网上购物、体验购物等。

（2）多属于冲动消费　青年消费者群体身体发育健全、精力充沛、免疫力和抵抗力强，患病机会较少，购药经历相对缺乏，对药品的功效、品牌知名度接触较少，比较容易受营业员、其他人员及销售环境等影响而发生冲动购买。

（3）价格敏感度相对较低　青年消费者初入社会参加工作，有一定的经济来源，且没有大的经济负担，所以这个群体的消费者在进行医药消费时，对药品价格关注程度不高，敏感度相对较低。

（4）药品消费种类呈现多样化　年轻人聚会应酬比较多，饮酒过量容易影响胃肠消化、神经系统等新陈代谢，有的出现肝功能异常，导致不明性肝损害，在消化、代谢方面的用药就会增多；有的由于工作性质的原因，经常有伤痛，伤科用药量就会偏多；有的爱献孝心、喜欢为长辈们购买药品或保健品，那么保健类型的药品或老年用药就会增多。总之，这个群体的消费者在药品消费种类上呈现多样化。

课堂互动

你和周围的同学医药消费最多的是哪些产品？在消费过程中消费心理有哪些特点？

3. 中年消费者群体的行为特征　中年消费者消费观念成熟稳定，消费行为形成了一定的模式，养成了一定的消费习惯，在他们的购买行为中，购买一般有如下表现。

（1）较为理性，注重计划　中年消费者心理成熟稳定，购买药品，特别是贵重药品或者需要长时间服用的药品时，既考虑药品的疗效，又考虑家庭的收入，计划性较强。在购买药品的品牌上都具有自己的消费习惯，对购药的场所和时间也有较固定的选择。他们大多不相信广告和店员的介绍，常常会一字不落地看完药品说明书，并要求店员将治疗同类病的药品悉数拿来，逐一对比哪一种最适合自己，然后才购买。

（2）注重求实，价格敏感度高　中年消费者由于人生经验与社会阅历比较丰富，对药品的质量、价格更为关注，对华而不实的商品外观、包装反而不感兴趣。中年男性还是家庭经济的主要承担者，求廉、求俭、务实心理较青年男性突出，购买决策不易受广告宣传、购买环境气氛等外界因素的影响。

（3）注重便利　中年消费者工作紧张、繁忙，为了节省时间和精力，以更好地投入工作，他们通常喜欢购买、使用“服用便利”的药品，如一些便于携带、服用方便、服用时间间隔较长的药品。注重便利还表现在购药地点的选择上，购药时他们所选择的药店通常是在家附近、在工作地点附近或在上下班的路上。

（4）注重保健　人到中年，对身体健康的担心开始增加，保健意识逐渐增强。因此，中年消费者除购买一般治疗疾病所需的药品之外，经常还会购买一定数量、种类的保健品，让自己能够保持健康的体魄和旺盛的精力。

4. 老年消费者群体的行为特征

（1）自尊心强，注重服务　老年消费者在社会上和家庭里属于长者，阅历广泛，辈分高，既自尊又希望得到别人的尊重。因此，他们在购买药品时总希望受到营销人员的尊重和礼遇，害怕受到冷落。营销人员在接待老年消费者时，若能做到积极、主动，热情、耐心、周到，老年消费者就非常高兴，并产生信任感，由此激发购买欲望。

（2）购买意向稳定，忠诚度高　老年消费者的购买意向稳定，不容易受广告和购买环境的影响，对药品的品牌、药店的忠诚度高，一旦认可后，就不轻易改变。如一老年人在服用某品牌的降压药显效后，他就会认可这个品牌，下次购药时还会选定此种药品，全然可以不顾店员的推荐或其他同类药品促销活动。

（3）用药范围广，需求量大　老年消费者处于各脏腑功能衰退期，抵抗力、免疫力下降，通常是多种疾病集一身，老年人常常患有高血压、高血脂、糖尿病、心脏病等多种疾病。所以，老年消费者在进行医药消费时，他们所购买的药品范围广、种类较繁多，如除了要购买降压药之外，还需要购买降糖、降脂药，且这些疾病多为慢性疾病，需要长期不间断地服药。所以，老年消费者除所需药品范围广外，还有一个显著特点就是购买药品的数量较大，一次购买可能是数周或数月的用量。

（二）不同性别医药消费者群体的行为特征

1. 男性消费者群体的行为特征

（1）注重整体上评价药品　相比而言，男性消费者能比较全面地考虑问题，注重药品的质量、药物组成、毒副作用、药品包装和生产企业等方面的内容，喜欢在这几个因素之间仔细权衡，然后再做出购买决定，选出自己心中的好药。对于药品价格等一些单项指标关注程度相对较低。

（2）决策、购买速度快　男性消费者的逻辑思维能力及自主决策能力较强，有一定的独立性，购买目标相对明确，不容易受他人的影响，不需要他人的决断。一旦有了购买意向之后，选购时很少会犹豫，购买速度较快。

（3）价格敏感度低　大多数男性消费者注重事业，对家庭消费开支关心较少。他们在选择药品时，以对症为主，对药品的价格敏感度相对较低，消费金额相对较大，不愿讨价还价，避免别人说“吝啬”或消费“不上档次”。

2. 女性消费者群体的行为特征

（1）决策带有较强的情绪性　女性消费者的购买心理不稳定，易受到情绪的影响，她们在进行药品、保健品消费时，消费行为往往受情绪所左右。一时的心情愉悦，通常会让她们购买并不急需的药品，而一时的“躁动”又通常会临时改变她们的购买决定。

（2）从众心理比较强　女性消费者对自己的角色定位不同于男性消费者，其受影响、受感染的弹性较大，更易产生从众心理。他人的情况往往会影响她们的消费决定，消费时更容易受到人为气氛、购物环境的影响。女性消费者在进行药品、保健品消费，经常打听亲戚、朋友们的情况，寄希望于亲戚、朋友们用得好的药品在自己的身上也会产生同样的效果。

（3）对价格较敏感　女性消费者，尤其是中年女性消费者，料理家务较多，对家庭消费开支关心较多，经济上喜欢精打细算，对药品价格较为敏感。在进行药品消费时，喜欢讨价还价、“货比三家”，总希望购买到“价廉物美”的药品。

（4）心细、慎重、比较“爱面子”　女性消费者一般都比较心细、慎重，对药品的不良反应、使用方法、使用剂量、禁忌等细节关注较多，如妊娠期女性或哺乳期女性购买药品时，会尽力避免选购对胎儿或乳儿有不良影响的药物。另外，一些女性消费者，尤其年轻女性对于一些涉及个人隐私的病痛比较爱面子，常感尴尬、羞于面对，如对月经、乳腺等方面的疾病，既不好意思请医生检查又不好与家人诉说，喜欢靠道听途说和从书本中得来的知识去药店自行购药。

（三）不同职业医药消费者群体的行为特征

《中华人民共和国职业分类大典》将我国全部社会职业大致划分为管理型、技术型、事务型和技能型等职业类别，社会职业主要划分为 8 个大类，66 个中类、413 个小类、1838 个职业，本章主要讨论其中的四大类。即：①企业、单位负责人；②专业技术人；③商业、服务人员；④农、林、牧、渔、水利业生产人员，因为这四大类职业群体的消费行为具有一定的典型性和代表性，其受教育程度方面代表了最高、中等、最低三个层次，在收入方面也代表了高、中、低三个水平，其他职业群体的消费行为都与这四大类职业群体的消费行为存在一定的相似性。

1. 企业、单位负责人　主要是指在企业、事业单位中担任领导职务并具有决策、管理权的人员。

这种职业类型的人属于管理层，收入丰厚，经济条件非常好，生活宽裕，非常注重生活质量的提高，在医疗保健上舍得投入，医药保健消费是他们消费的一个重要组成部分。因此，他们对药品的要求相对偏高，求美动机较为强烈，常消费高档药品、品牌药品、进口药品，如降压药选用进口药等。

2. 专业技术人员　主要是指从事科学研究和专业技术工作的人员，包括科学研究人员，工程、农业技术人员，飞机和船舶技术人员，卫生专业技术人员，经济业务人员，金融业务人员，法律专业人员，教学人员，文学艺术工作人员，体育工作人员，新闻出版，文化工作人员，宗教职业者等。

这类职业人员通常也被称为工薪阶层，群体规模较大，他们的工作较稳定，收入也较稳定。这类群体消费行为特征主要表现：倾向于中档消费；选择药品过程中自主性比较强，理性消费占主导，超前消费、从众消费不明显；消费观念较保守，受消费流行与时尚因素的影响较少。药品生产、经营者若能抓住这个群体的消费行为特征，定能取得成功。

3. 商业、服务人员 主要是指从事商业、餐饮、旅游娱乐、运输、医疗辅助及社会和居民生活等服务工作的人员。包括：购销人员，仓储人员，餐饮服务人员，饭店、旅游及健身娱乐场所服务人员，运输服务人员，医疗卫生辅助服务人员，社会服务和居民生活服务人员等。

这类职业人群，收入一般，属于低收入阶层，理性消费占主导，在医药消费上也极为慎重，对药品的要求不高，以安全、有效、实用为主。但由于职业的关系，他们对营销人员服务的要求可能会高一些，且比较容易受社会一些流行与时尚因素的影响，消费观念较前卫。

4. 农、林、牧、渔、水利业生产人员 主要是指从事农业、畜牧业、渔业及水利业生产、管理、产品初加工的人员。包括种植业生产人员、林业生产及野生动植物保护人员、畜牧业生产人员、水利设施管理养护人员等。

这类职业人群，工作比较劳累，但收入一般，经济条件较差。所以他们特别珍惜自己的劳动所得，在消费上表现为一种慎重消费，通常以生活必需品为主。他们在医药消费上也是如此，只有生病的时候才会产生医药消费。这类职业人群对药品的要求是：安全、有效且价格低廉。

本章小结

消费者群体是指在消费行为过程中，具有某些共同的消费行为特征的消费者所组成的群体，它的形成是外在因素和内在因素共同作用的结果，按照不同标准可以分为不同的类型。而医药消费者群体是指具有某些共同的消费行为特征的若干消费者所构成的集合体，它的分类主要参考环境、社会及人口学和心理行为特征等三类指标，一般按照年龄、性别、职业等分类外，还可按医疗保险方式、消费品不同类型等标准进行分类。

研究医药消费者群体的目的是既能够为医药企业提供明确的目标市场，也能够通过引导、调节、控制医药消费者行为，使医药消费活动向健康的方向发展，从而推动医药消费的进步。

医药消费者群体对成员的影响无处不在。它往往受到群体规范性、信息性和价值表现上的影响。它的影响程度取决于产品使用时的可见性、产品必需程度、产品的生命周期、个体的忠诚程度以及个体在购买中的自信程度等因素。

另外，医药消费者群体作为一种特殊的社会群体，对群体内部的成员会彼此施加某种影响，并导致群体成员的消费心理与行为产生各种各样的变化。医药消费者群体影响成员的主要行为效应有从众、模仿和暗示。

作为对个人的行为、态度、意见偏好、价值观等有直接影响的参照群体。它具有规范功能和比较功能。在医药营销过程中，积极发挥参照群体对消费者的购买行为产生积极、重大的影响的因素，充分发挥其名人效应、专家效应、普通人效应和经理型代言人等功能。

随着我国医药产品及服务市场的不断细分，越来越多具有典型市场价值的消费群体被挖掘出来。不同的消费群体，其消费行为特征也不同。在医药市场营销中，我们不仅要对一个产品及服务有深刻了解，而且还需要分析和把握与其相应的医药消费群体：不同的医疗保险方式，药品安全有效性的不同，以及不同年龄、性别、职业等医药消费者群体行为特征均存在差异。充分了解和掌握其不同消费特征和行为，积极引导、调节医药消费者朝着科学、正确、健康的方向进行合理消费。促进医药消费的发展和进步。

练 习 题

参考答案　更多习题

一、名词解释题

1. 消费者群体
2. 从众
3. 模仿
4. 参照群体
5. 处方药

二、选择题

1. 一般来说，对医药消费者群体进行分类时主要参考的三类指标是（　　）
   A. 环境指标　B. 社会与人口学指标
   C. 心理行为特征指标　D. 经济指标
2. 一般来说，消费者在医药产品与服务的消费过程中，产生从众的原因是（　　）
   A. 寻求行为的参照　B. 获得安全和自信的情感
   C. 对行为偏离的恐惧　D. 以群体融合的需要
3. 参照群体概念的营销运用有（　　）
   A. 名人效应　B. 模仿
   C. 专家效应　D. 普通人效应
   E. 经理型代言人
4. 非处方药主要有以下几个特点（　　）
   A. 安全性高，正常使用时无严重不良反应或其他严重的有害相互作用
   B. 疗效确切，使用时患者可以觉察治疗效果
   C. 患者自身难以完成给药，无法达到治疗目的
   D. 质量稳定，在正常条件下储存质量稳定
   E. 使用方便，使用时不需要医务人员的指导、监控和操作，可由患者自行选用
5. 属于女性消费者的群体特征的是（　　）
   A. 从众心理比较强　B. 对价格较敏感
   C. 决策、购买速度快　D. 心气、慎重、比较爱面子

三、判断题

1. 在某一群体中，其成员之间通常存在着某种稳定的联系和心理影响。（　　）
2. 在医药产品或者服务的消费过程中，暗示越明显，其效果越好。（　　）
3. 在医药消费过程中，参加城镇职工基本医疗保险的人群对价格的敏感性较高。（　　）
4. 与处方药消费群体相比，非处方药的消费群体主动购买的动机较强，且存在一定的储存动机。（　　）
5. 老年消费者的购买意向稳定，对药品品牌、药品的忠诚度高。（　　）
6. “互联网+医药”代表一种行业发展趋势，在我国无论“医”还是“药”，都处于很成熟的阶段。（　　）
7. 高收入群体一般不太注重医药保健类消费。（　　）

四、思考题

1. 学习医药消费者群体有什么意义？

2. 决定群体影响强度的因素有哪些？

3. 医药消费者群体影响成员的主要行为效应有哪些？它们之间有什么区别？

4. 参照群体对医药消费者有哪些影响？

5. 处分药和非处方药有什么区别？两类消费者群体的行为特征有哪些？

五、技能训练题

1. 影响消费者群体因素中，社会文化因素中的政治背景是如何影响消费者行为的？请分析。

2. 去药店访问一位店员，要求他或她谈谈他们所接触到的不同职业和收入水平的医药消费者都有什么特点，哪些因素影响和决定他们的购买行为？

3. 当消费者对所购医药产品或服务缺乏了解，凭眼看手摸又难以对产品品质或服务作出判断时，医药消费者群体对消费者施加怎样的影响可能对该产品或服务产生购买行为？

4. 请举例说明、分析消费者群体在价值表现上是如何对消费者行为产生影响的？

5. 在不同医药消费者群体中，对比在不同医疗保险方式，不同的药品安全有效性，以及不同年龄、性别和职业等差异，这几类消费者群体存在哪些差异，是如何影响消费者行为的，哪个群体影响最大，在医药营销运用过程中，如何引导医药消费者进行科学、理性、节约、有效和健康的进行消费观念、消费方式和消费行为。请举例进行分析。

六、案例分析题

案例1

老年人成为我国药品市场最大消费人群

老年人的用药市场一直是临床药学研究的重点之一，国家药品监督管理部门有数据显示，我国老年人用药已占到总体用药份额的一半以上，而且其未来增长速度会比整个行业增速高出2%~5%。

一方面，因为医药水平的飞速发展、人们生活水平的不断提高，全球人口老龄化趋势日益显著。全国第七次人口普查数据显示，60岁及以上人口占18.7%，65岁及以上人口占13.5%。据测算，2025年“十四五”规划完成时，65岁及以上的老年人将超过2.1亿，占总人口数的约15%；2035年和2050年时，中国65岁及以上的老年人将达到3.1亿和接近3.8亿，占总人口比例则分别达到22.3%和27.9%。如果以60岁及以上作为划定老年人口的标准，中国的老年人口数量将会更多，到2050年时将有接近5亿老年人，约占届时亚洲老年人口的2/5。中国的老龄化不仅规模大，且老龄化增速快。从2000~2050年，全球人口老龄化水平将上升12个百分点，而同期中国人口老龄化水平只上升24个百分点。

另一方面，因为老年人身体器官退化，免疫功能下降，患病概率大大增加，尤其是各类慢性疾病，并且常常同时患有多个器官的多种疾病。所以老年人不仅需长期服药而且需要同时服用多种药物。因此，老年人的药物市场规模非常大。据统计，糖尿病、心脏病、高血压和恶性肿瘤等慢性疾病在老年人中最为常见，而且许多老年人往往患有两种以上的慢性病。此外，肠道疾病、心脑血管疾病和血糖升高等疾病的发病率也非常高。

最受关注的老年人药品主要集中在糖尿病、心血管疾病和癌症等治疗药品。此外，保健品市场也越来越得到重视。由于生活方式的改变，糖尿病患者的发病率增高。在我国，已确诊为糖尿病的患者大约已经超过1.5亿，是世界上糖尿病患者最多的国家。全世界每3个糖尿病患者中就有一个是中国人。但是我国的糖尿病药物市场远未饱和，再加上药物依赖性很强，因此降糖药以及胰岛素在未来都有很大的发展空间。

因为饮食结构和生活习惯的改变，中国患心血管疾病的人群也越来越多。2021年发布的《中国心血管健康与疾病报告2020》报告指出，我国的心血管疾病患病率处持续上升态势，患者数量约3.3亿，其中脑卒中1300万，冠心病1139万，肺源性心脏病500万，心力衰竭890万，心房颤动487万，风湿性心脏病250万，先天性心脏病200万，下肢动脉疾病4530万，高血压2.45亿。更令人担忧的是，近十几年来，我国城乡居民心血管病死亡率也呈上升趋势，2018年心血管病死亡居我国城乡居民总死亡原因的首位，在农村的占比为46.66%，城市为43.81%。如今，患高血压、糖尿病和肥胖以及血脂异常的绝对人数不断攀升，未来我国心血管病的死亡率可能会进一步升高。这个数据还在呈上升趋势。因此，除糖尿病药物以外，心血管类药物也在老年人用药市场中占有很大比例。如降血压的复方制剂已成为研究领域的热点，抗血栓药物市场的增速也非常明显，此外，中药类心血管病制剂也开始备受青睐。

癌症作为一种慢性病，有一个潜伏期，老年人机体的免疫力功能减退，相对于其他年龄段的人来说，老年人患上癌症的概率更高。因此，抗肿瘤药物在老年人用药中也占有相当大的比例。而靶向药则是未来抗肿瘤的趋势，一些小分子靶向的、新型的靶向药物也开始陆续进行研发推广。国内的靶向药来源主要是外企，未来还需加大靶向药的研发力度。

最后，随着健康养生知识的普及，整体医学的治疗观念越来越深入人心，因此中药的市场潜力也不容小觑。此外，越来越多的人开始重视养生之道，也开始认可“治未病”的理念，因此保健品的销售市场也非常巨大，销售的主要对象也是老年人群体，因此前景非常广阔。

（资料来源：1. 张晟南．老年人成为我国药品市场最大的消费人群［EB/OL］．（2014-10-22）．http：//www.cphi.cn/news/show-120023.html；

2. https：//baijiahao.baidu.com/s？id=1706437631050524 512&wfr=spider&for=pc）

分析：

1. 结合本案例，谈谈我国老年人医药市场的特征有哪些？
2. 针对老年人消费群体的医药消费行为特征，谈谈开展医药市场营销的举措有哪些？

案例 2

疫情下的中医：如何从被拒绝到获深度信任

2020 年 3 月 9 日，协和武汉红十字会医院发热九病区，一共收治了 28 名新冠病毒感染的确诊或疑似患者。

“我是死亡里站起来的。”田丽华今年已 66 岁，未成想自己经历了一场病毒感染带来的死亡恐惧——只能出气，不停喘气，没办法呼吸。

确诊新冠，CT 检查双肺已严重感染。经过一个多月吃中药结合西医治疗，症状改善，能吃喝粥、吃蔬菜和下床活动。

此次新冠肺炎疫情下，全国中医药人实现了一场空前动员，从院士级的张伯礼到国家中医医疗队专家组，再到全国中医药系统调动的近 3200 名医务人员，其身影遍布武汉金银潭医院、雷神山医院及湖北多家新冠肺炎定点收治医院。

他们从中医角度出发，诊治病毒。

在此过程中，身在武汉前线的中医医师也经历了从最初被患者怀疑、拒绝到信任的艰难过程。颜芳给此行武汉赋予了一个特殊“使命”——实地证明中医经方究竟能不能有效参与防疫。

2001 年，他毕业后到广东省中医院工作，在重症监护室（ICU）工作了 9 年。经历了 SARS，真实领略了病毒的威力。

“我们科室共 17 名医护人员都感染了。”颜芳称，他住院 18 天，最后经中西医结合治疗获得康复，这段经历令他对中医药参与防疫的课题产生了浓厚兴趣。

其所在的广东省中医院授命他组建中医经典临床应用研究基地（简称中医经典科）全部运用中医经典理论、名老中医经验救治各种急危重症。诊疗水平已居于国内领先地位。

“我们心里都憋着一股劲儿，想用中医帮到武汉老百姓。”颜芳称。

在诊查了 30 多位患者后，他们发现患者症状有一定的规律性和共性，许多患者都存在乏力、干咳和气促等症状，很多已经不发烧了，但气促明显，动辄加重，需要很高的氧气支持。

“我们不吃中药。”颜芳坦承，那时现场气氛很尴尬。

“广东人看中医早就习以为常，但很多地方对中医感觉仍有很大距离。”颜芳称，尽管目前国家高度重视中医，但当疫情发生时，中医仍无法第一时间冲到最前面。

“中医来了！”

2 月 13 日开始，汉口医院的隔离病区已陆续有患者反馈疗效很好，并很快在病房间传播。

“很开心的是，我们看过患者在喝完颗粒剂后，他们的症状有明显改变：大便通畅，腹泻停止，不再发烧了，胃口变好，睡眠和连呼吸窘迫也改善了，这些都发生在喝药后的短短几天之内。”颜芳称，由于病房内的口碑相传，起初抵触中医药的患者也主动要求用中医治疗。

颜芳拍过一段红遍网络的短视频，有位老奶奶在吃完他们配给的药方后感觉浑身“很舒服”，认为中药疗效“很神奇”。

如今，广东省中医院医疗队到武汉已经一个多月，他们在汉口医院7个隔离病区，用中西医结合救治多位重症、危重症患者，因为疗效确切，因此中药备受患者追捧。

由于在诊疗过程中彼此建立信任，汉口医院的患者对中医态度也有了极大改变。

颜芳说，每次他们拎着药袋在病房查房也成为一道“风景”，当他们一进入病区，躺在病床上的患者就会亲切地说：“中医来了！”

“这说明他们真正认可中医了。”中医药价值正在被重新认识。

在《新型冠状病毒肺炎诊疗方案（试行第六版）》中也将新冠肺炎归属于中医“疫病”范畴。

在诊疗过程中，中医手段也与西医完全不同。

“中医辨证一般是‘观其脉证，知犯何逆，随证治之’，即通过望闻问切四法，判断患者究竟是风寒、风热、湿热、虚症等证型，判断病邪位于人体哪个部位，侵犯人体的程度深不深，以此对症下药。”刘操称，有时病情复杂不好判断时，便根据病邪作用于人体后表现出来的病症做判定，即便不明白发病的过程，亦能对症做出解答。

“中医更加宏观，把人只看成是大自然界当中的一个精灵，受大自然规律完全的约束和影响。”颜芳说，西医则从微观角度不断深入，把病毒一层层地剥开，分析它的性质、构成和致病机制。

“无论你把病毒分析得多么彻底，但它仍可能会随时变异，明天又会来一个新病毒，疫苗一定能跟得上病毒的变异吗？”颜芳称，中医和西医针对病毒的做法完全不同。

“西医是有明确的针对性，主要目标是准确地把病毒找出来，然后把它杀死。”颜芳称，中医防治新冠肺炎或其他流行病时，它通常不直接针对病原微生物，而是把人和微生物都看成是自然界的一部分，注重的是人和病毒如何去和解，而不是一味地去“杀死”。

中医通过汗、吐、下、和、温、清、消、补等方法，调动和调节自身的正气，最终实现“把病毒清出去”，强调扶正以驱邪。

“中医不会一味去杀死病毒，而是通过恢复人的免疫力，把病毒清出去，最终达到平衡状态。”刘操称，病毒历来与人类共存，彻底杀灭已很困难，只能和平相处。

“人类从来没有真正杀死过任何一个病毒。”颜芳称。

以SARS为契机，中西医开始在流行病领域合作，从此中医不断寻找在新型疫病方面的施展舞台。

“中西医在终极目标上完全一致，都是通过不同方法为患者服务。病毒挡不住，始终在人类生存空间里活动，无论中西医，如何发挥自身所长为人类服务才是关键所在。”颜芳称。

（资料来源：http://www.xinhuanet.com/2020-03/12/c_1125701593.htm）

分析：

1. 从患者对中医中药的抗拒到接受的过程看，消费者是受什么影响？最重要的影响因素是什么？

2. 从医患关系之间在中医中药的临床应用、交流和服务过程中，患者接受中医中药的使用和服务过程中，从消费者群体因素分析总结，你得到什么启示？

PPT 微课

第八章 影响医药消费者行为的社会因素

学习导引

知识要求

1. **掌握** 文化、亚文化、社会阶层的基本概念。
2. **熟悉** 中国传统文化对医药消费者行为的影响，不同社会阶层消费者行为差异。
3. **了解** 跨文化营销心理，针对不同社会阶层的营销策略。

能力要求

1. 能够运用文化、亚文化、社会阶层等基本概念正确理解其对医药消费者行为的影响。
2. 学会在市场营销中合理应用文化和社会阶层的元素。

素质要求

1. 熟悉传统文化在市场营销中的应用，树立文化自信。
2. 熟悉文化、阶层等社会因素对营销的影响，树立消费者健康消费意识。

案例导入

东阿阿胶品牌文化营销

【案例】 文化营销是指把商品作为文化的载体，通过市场交换进入消费者的意识，它在一定程度上反映了消费者对物质和精神追求的各种文化要素。

基于东阿阿胶鲜明的文化资源意识，东阿阿胶制定了独特的品牌文化定位：东阿阿胶是具有3000年传承历史的中医药文化精华的载体，是中医药文化的一张名片，具有医学、药学、养生保健、治未病等多方面的丰富文化内涵。“文化是东阿阿胶的灵魂、根脉，是东阿阿胶品牌发展的战略性资源。”

东阿阿胶将“超越利润之上的追求”价值主张与中医药文化的“仁爱精神”相结合，生发出企业自身的“厚道”文化体系，坚持做厚道企业，做道地产品，并积极践行社会责任，先后开展了5000万元复方阿胶浆捐助癌性贫血、3000万元复方阿胶浆捐助“中医治未病”以及多项慈善捐资、爱心助学、扶危济困等公益活动，用爱与责任为发展导航。

东阿阿胶这一传承3000年历史的国药瑰宝背后也有着深刻的中华文化渊源。通过深研历代本草学著作、中医名家论述，东阿阿胶从服用阿胶的演变史、疗效演变史、阿胶垄断史、阿胶滋补养生史四条主线入手，搜集整理阿胶古代经典和民间验方3200多个，其中治未病的膳食养生方近百个，初步形成了阿胶三大文化体系，即：学术文化、滋补文化、美容文化。东阿阿胶成为中国医药文化的一个载体不断丰富着医药文化，而文化也为东阿阿胶的品牌成长提供了丰厚资源支持。

东阿阿胶秉持文化传承创新的双重责任，一方面，潜心传承：兴建了中国阿胶博物馆、中国阿胶养生文化苑等文化项目，让千年阿胶文化可亲可感可体验；举办阿胶文化节，恢复了中断百余年的极品阿胶——九朝贡胶的生产，并将阿胶行业传统的以师带徒制引入阿胶现代发展体系。另一方面，厉行创新：先后与华东理工大学、中国中医科学院等国内30余家知名科研院校，建立了合作研发机制；建立国家级研发中心、技术中心，先后开展22个质量攻关项目，参与阿胶等5个产品的《中国药典》修订起草；2012年1月10日，又与哈尔滨工业大学联合共建国家胶类中药工程技术研究中心，致力于改造和开发阿胶生产设备和方便服用、携带的阿胶新剂型，让这项千年阿胶技艺紧跟时代步伐。东阿阿胶践行在发展中传承，在传承中光大的原则，以文化接续古今，以文化开辟传承创新的发展道路。

【问题】

1. 从东阿阿胶的文化营销中你得到了什么启发？
2. 医药企业可以从东阿阿胶的营销中得到什么经验？

第一节　文化对医药消费者行为的影响

一、文化概述

（一）文化的含义

文化对消费者有普遍的影响，是宏观社会因素的最主要方面，但是国内外学者却对此概念难以达成满意的共识。一般认为，文化有广义和狭义之分。广义的文化是指人类所创造的一切物质财富和精神财富的总和。狭义的文化是指人类精神活动所创造的成果，包括哲学、宗教、科学、艺术、道德等。

从医药消费者行为研究角度，我们关注的是特定文化对医药消费者行为的影响，因此将文化定义为：一定社会下通过学习获得和共享的、可以指导医药消费者行为的信念、价值观和习俗的总和。

信念是相信某事为真的一种状态，是将某些事物或观念作为“真实”或“真理”加以接受的心理状态。比如，如果你相信“便宜没好货”，你可能依据产品的价格来判断它的质量。价值观是用来评价行为、事物以及从各种可能的目标中选择自己合意目标的准则。价值观是世界观的核心，是驱使医药消费者行为的内部动力，它通过人们的行为取向及对事物的评价、态度反映出来。比如，中国人更倾向于集体主义，疫情期间绝大部分个体都选择佩戴口罩，在保护自己的同时也保护好他人。习俗则是被特定文化所接受、所许可或受鼓励的外显行为模式。比如，我国有多个传统节日，节日美食各不相同，端午吃粽子、元宵吃汤圆等，就是一种文化习俗。

知识拓展

与消费相关的文化价值观

霍金斯等人列出了西方社会存在的与消费者行为密切相关的 3 大类 18 种文化价值观。

表 8-1 与消费相关的文化价值观

类型	文化价值观
他人导向价值观	个人与集体。社会是重个人活动和个人意见还是重集体活动与群体依从 扩充家庭与有限家庭。在多大程度上一个人应对各种各样的家庭成员承担义务与责任 年轻与年长。家庭生活是更多地满足大人的还是小孩的需求与欲望？年轻人还是年长的人被视为领导或楷模 男性与女性。在多大程度上社会权力的天平自动偏向男性一方 竞争与合作。一个人的成功是更多地依赖超越别人还是更多地选择依赖于与他人的合作 多样性与一统性。对宗教信仰、族群、政治观点和其他重要的行为和态度是否具有包容性
环境导向价值观	清洁。社会对清洁的追求在何种程度上超过健康所要求的限度 绩效与等级。社会激励系统是建立在绩效的基础之上还是建立在世袭因素如家庭出身等的基础上 传统与变化。现在的行为模式是否被认为优越于新的行为模式 承担风险与重视安定。那些勇于承担风险、克服种种苦难去达成目标的人是否更受尊重和羡慕 问题解决与宿命论。人们是鼓励去解决问题还是采取一种听天由命的态度 自然界。人们视自然界为被征服的对象还是视其为令人景仰的圣地
自我导向价值观	主动与被动。更积极、主动的生活取向是否更为社会所看重 纵欲与禁欲。感官愉悦的享受如吃、喝、玩、乐在多大程度上会被接受 物质性与非物质性。获取物质财富的重要性到底有多强烈 勤奋工作与休闲。拼命工作是否更为社会所倡导 延迟满足与即时满足。人们是被鼓励去即时享受还是愿意为获得“长远利益”而牺牲“眼前享受” 宗教与世俗。在多大程度上人们的行为和态度是由宗教戒律所支配

（二）文化的特点

课堂互动

文化是稳定的吗？

1. 文化的习得性 文化是通过学习得来的，并不是通过遗传与生俱来的。个体的文化学习可分为文化传承和文化移入。人一出生就开始接触和适应所在社会的文化。文化无处不在，个体潜移默化地学会与周围人相似的思考方式、行为模式等。中国人说中文、用筷子、过农历新年，具有强烈的“家”的意识，这种对本群体文化的学习是一种传承。文化移入则是指学习一种新的或异邦的文化。比如中国人在对外开放后受到外来文化的影响，开始着西装、吃西餐，了解万圣节、圣诞节等。

2. 文化的群体性 文化是特定社会群体的成员在生产劳动和生活活动中共同创造的，为大部分成员所共有的，能把彼此各异的社会成员紧密地联合在一起，并对该群体中的每一成员都产生深刻影响。人们对于生活方式的共同认识和理解，以及沟通方式等，是一个文化区别于其他文化的重要标志。文化通过提供行为准则和规范来维持社会的秩序。某一社会和群体越是坚持某种行为准则，对违反这一准则的个体进行惩罚的可能性就越大。文化还通过基本价值观念告诉人们什么是真善美、假丑恶。一代群体所创造的文化通过社会机体传递到下一代，为后代社会成员所继承和延续。

3. 文化的动态性 文化在一定的社会环境中形成，具有相对稳定性，但是随着社会环境的变化，文化也会相应地发展与演化。变化最快的是物质层面的文化，20 世纪 80 年代前，市场上物质还很匮乏，很多耐用品需要凭票供应，人们的居住空间狭小，为了节省费用也很少去餐馆。现在人们的物质生活大大丰富，很多城市家庭拥有了宽敞的住房，现代化的家电设备和私家车等。再比如，20 世纪 60 年代以前，欧美等国家的人大都喜欢高脂肪、高蛋白的食物，结果导致很多人患上肥胖症及其他多种疾病。进入 70 年代后，营养革命爆发，健康食品十分风行，市场上低糖、低热量、低胆固醇、天然食品十分畅销。人们越来越重视食品的营养价值和保健作用，喜欢选择健康食品和功能性食品。

变化最慢的是深层的核心信念和价值。每年春节前，全国各地的火车站、机场等都是人山人海，人们为回家团聚所造成的春节大迁移现象，是因为“家”的观念在国人心中根深蒂固。

4. 文化的符号性 文化建立在一定符号体系之上。语言、服饰、旗帜、建筑、宗教偶像等都是文化符号的具体形式。构成文化的最重要符号是语言，语言使得知识可以积累，前人的经验、智慧可以为后人分享，使得文化得以延续、传承。星条旗、可口可乐、好莱坞是美国文化的象征，而五星红旗、故宫、长城、太极、针灸是中华文化的象征。文化为人类所创造，不同国家、民族，“文化物”有其特定的象征。在我国被认为代表吉祥、喜庆、长寿的孔雀、仙鹤等动物图案在一些西方国家被列入忌用之列。

知识链接

东京奥运会中国代表团领奖服“冠军龙服”

在东京，中国体育健儿们将身穿新一代“冠军龙服”走上领奖台。安踏此次设计的“冠军龙服”将中国传统文化底蕴、美感和高科技融于一身。

据介绍，本次“冠军龙服”由安踏邀请奥斯卡“最佳美术设计”奖得主、著名视觉艺术家叶锦添设计，创新性地加入了小立领和一字扣等中式元素，将传统文化理念和哲学与运动版型相结合，展现东方美学。叶锦添介绍，“冠军龙服”的面料同时蕴含了大量的科技元素，由多种功能性材料拼接融合而成。

领奖鞋采用了 Nitro Speed 氮气超临界科技材料和 Smart Sam 智能分子吸震科技两项顶尖技术。领奖鞋设计团队参考了汉代织锦文物“五星出东方利中国”，在鞋面的飞织花纹中采用织锦中云纹、瑞兽、日月等图案，寓意奥运健儿能在奥运赛场上创造佳绩。

由上可见，文化中的某些方面变化较快，另一些方面则变化相对较慢。造成文化变化的原因是多方面的。人口的变化、技术的进步、社会的发展、外来文化的影响、内部文化价值观念的调整都可能造成文化的变动。企业应密切关注文化的动向和特点，以及由此带来的市场机会和威胁。

（三）亚文化

亚文化是某一文化群体所属次级群体的成员共有的，区别于其他次级群体成员的独特信念、价值观和习惯。生活中，每一个体都受到很多亚文化的影响，比如个体的饮食习惯会受出生地文化的影响，个体的穿着打扮会受性别和年龄亚文化的影响，个体的行为方式会受其所在种族或民族文化的影响。亚文化可以从民族、宗教、地理、年龄、性别、职业等很多角度进行分类，下面我们主要讨论民族亚文化、宗教亚文化、地理亚文化、年龄亚文化。

1. 民族亚文化 世界上的国家多是由若干个民族构成的。不同的民族都有其独特而较稳定的观念、信仰、语言、生活方式等，由此形成各有特色的风俗习惯和文化传统。例如，我国共有 56 个民族，其中汉族人口最多，占总人口数的 90% 以上，主要集中在东部地区，少数民族虽然人口数量少，但是分布却很广，少数民族自治地区面积占全国 60% 以上。

我国各民族除了具有中华文化的烙印，还各有本民族的文化传统和习俗，从而使中华文化多姿多彩。例如，苗族女性喜爱戴各种银质头饰，还有颈饰、胸饰、腰饰、手饰等。朝鲜族人喜食狗肉、辣椒，喜欢穿颜色鲜艳的服饰。蒙古族人习惯穿蒙袍，住帐篷，吃牛、羊肉，喝烈性酒和奶茶。

知识拓展

藏医药文化

藏医药是藏民族文化精髓之一，藏医药文化以“三因学说”“五源学说”“医算结合学说”等基础理论知识体系为核心，该知识体系又与藏传佛教、哲学、天文、物候、民俗等文化门类互相联系。因此，藏医药虽属于医学体系，但透过它的发展过程和文化内涵来看，它更是藏族人民文化的结晶。藏医药以其悠久的历史、完整而独具特色的自成医学理论体系，以其浩瀚如海、博大精深的医古典籍、丰富的临床经验，得天独厚的高原药物资源、特色鲜明的藏药炮制工艺以及对某些疾病独特的见解和疗效，在民族医学之林独树一帜。其丰厚的文化底蕴，为世界医学界所瞩目，是藏民族贡献给世界的伟大非物质文化遗产。

2. 宗教亚文化　世界上群体人数较多的宗教包括佛教、基督教、伊斯兰教等，这些宗教的信仰者都有各自的信仰、生活方式和消费习惯。宗教对消费行为有很大的影响。宗教观念会影响人们对某些产品的购买和消费。宗教有祭祀活动和节日，会对某些特殊商品有需求。例如，圣诞节，人们对圣诞树、圣诞老人和圣诞礼物产生需求；佛教徒会对佛像、佛龛、莲花灯、佛教书籍等产品产生购买兴趣。再次，宗教也会对非信教的消费者产生购买影响。例如，很多并不信仰佛教的人们，当他们去到寺庙等宗教场所，也会出于尊敬、好奇、从众等各种原因购买一些宗教用品。

3. 地理亚文化　我国地域广阔，各地气候、自然条件差异悬殊，由此导致在饮食习惯、民情风俗方面存在差异，形成不同的消费习俗。例如，饮食方面，我国北方盛产小麦，以面食为主；南方则主产稻谷，以米饭为主。在口味上，南甜北咸的倾向明显，南方湿度大，人体水分蒸发量相对较小，不需补充过多盐分，又盛产甘蔗，所以南方人爱吃甜食；北方干燥，需要较多盐分补充，故喜咸味。在菜品制作上，南细北粗的特点鲜明，在北方，“大葱、大酱、大饼、大馒头、大块吃肉、大碗喝酒”；在南方，“肉切得薄薄的、细细的、码得齐齐的，酒烫得暖暖的”。北方人初到南方，看到的是小碗小碟，盘小量还少，总觉得没有北方“大气”；南方人到北方，看到的是大碗大盘，分量十足，感叹北方人太“实在”。同样是过年吃团圆饭，北方不能没有饺子，饺子形如元宝，音同“交子”，寓意“招财进宝”和“年岁交子”；南方则不能没有年糕和鱼，寓意“年年高”和“连年有余”。纪录片《舌尖上的中国》向观众展示中国各地的日常饮食流变，中国人在饮食中积累的丰富经验，千差万别的饮食习惯和独特的味觉审美，以及上升到生存智慧层面的东方生活价值观。

“一方水土养一方人”，自然环境影响人们个性和地域文化的形成。生活在闭塞山区的人，交往圈子比较小，而且很少流动，容易形成浓厚的乡土观念；山区里的人，更容易形成“按规矩行事”的思维定式，比较固执，较少变通。生活在湖区的人，因为湖区容易遭遇洪水等子人灾害，人员流动性大，生活也经常需要迁徙；因此人们更多关注如何在新环境下尽快适应，相对而言，他们更少教条，随机应变能力更强。

总之，地理、气候、经济等条件的不同会影响到该地区消费者的生活方式、水平、购买能力和消费结构等各方面。

4. 年龄亚文化　不同年龄的个体出生在不同的年代，生活成长所处的社会环境存在较大差异，同时他们处于不同生命周期，承担不同的社会责任，因此他们的价值观、生活方式、消费特点也往往各有千秋。青年群体喜欢追求新颖、奇特、时尚，乐于尝试新产品，容易产生诱发性、冲动性购买；中年群体承担着家庭生活的重任，同时扮演着家庭消费品购买决策者的角色，所以消费行为中讲求实惠、理性，精心挑选的特征十分突出，另外，人到中年，事业上的成就也要从购买商品或品牌中体现出来；而老年群体比较保守和自信，习惯于购买熟悉的商品，求实求利动机较强。

《2019 国民健康洞察报告》通过对 5 万余人的健康态度和行为进行研究，分析国民健康现状及健康消费的特征。报告描绘了 70 前、70 后、80 后、90 后四个年龄阶段群体的健康画像，更洞察了健康服务诉求和健康消费市场的发展趋势。90 后面对职场和生活的压力，其健康状况差强人意，其健康自评分最低，仅为 6.6 分。此外，在肠胃不好比例、睡眠满意度、定期体检比例等多项健康数据中，90 后在四个年龄段中均倒数第一。养生”不再是属于中老年人的专用词汇，反而成为 90 后人群的流行词。另一方面，他们对于健康思想的接受、健康知识的渴求和健康要求都相对较高，对于减肥塑身、美容护肤的需求也明显高于中老年人。80 后对家庭用药、母婴育儿方面的内容需求更加旺盛，且有孩家庭更会因此压缩为自己及为父母所购买健康产品的消费预算。此外，相较于其他年龄层，80 后在购买医疗险和在线问诊两项比例中均为最高。其中，在年保险花费在一万元以上的公众中，80 后占比达到 23%；而 70 前、70 后和 90 后，该占比分别为 8%、17% 和 19%。相比于年轻人，70 前后的公众更关注血糖、血脂、血压、癌症等慢性病类知识。随着年纪的增长，他们体检比例会逐渐提高。《报告》显示，70 前定期体检的比例达到 61%，而 90 后每年会定期体检的人比例仅 30%。

除了以上介绍的亚文化群体之外，还可以用其他变量细分出很多亚文化群体。特别是现代社会，消费者的观念、生活方式、消费态度总是在不断变化中，导致新的亚文化群体层出不穷。营销人员需通过对各类亚文化群体的分析，了解目标市场的需求状况和消费行为特征，从而提高营销策划的针对性，取得良好的效果。

二、中国传统文化对医药消费者行为的影响

（一）中国传统文化的特点

中国五千年的悠久历史造就了博大精深的传统文化，在世界文化体系中可谓独一无二。在此文化中成长起来的中华民族，其价值观念、思维方式、生活习俗和消费观念等都表现出其自身的特点。

1. 家族取向 中国文化被称为家族取向的文化或集体主义文化。在传统家族意识和宗法观念的支配下，个人并不是一种单独或独立的存在，而是与自己的父母、子女甚至更大的家族团体紧紧地联系在一起。个人首要考虑的，不是个人的权利，而是个人的责任和义务，如父慈、子孝、兄友、弟恭等。

在现实生活中，家族取向表现为：①个人对家庭、家族及其延伸群体的认同与依赖。个体需要的满足和义务的履行都要从个体、家庭和家族角度出发去考虑和实现，并以内外有别的标准去理解家族内外的事物。②人与人之间的依赖程度由血缘的亲疏程度来确定。③在家庭或家族内部，个体要按照长幼尊卑和亲疏等级去处理人际关系，履行权利义务。

2. 伦理本位 中国文化较早确立了伦理道德在维系整个社会系统中的重要地位，并将其渗透到社会生活的方方面面。生活中，“百善孝为先”，按照儒家伦理，子女不仅要绝对地孝顺父母，同时还要把这种情感延伸到对祖先的祭奠，延伸到忠君、敬长、尊上等各方面。文学作品讲究“以文载道”，以善为基本价值取向。科技领域，要“正德、利用、厚生”，把“正德”作为第一目标。从文化史上看，“世界上没有一个民族的文化不要道德或不讲道德，但也确实没有一个民族像中国这样，把道德在文化价值体现中的地位抬高到如此重要的地位。中国文化的普遍信念是‘人为万物之灵’。而人之所以能为万物之灵，就是因为有道德，因为特别重视人与人之间的‘道’，以及遵循这种‘道’而形成的‘德’”。

3. 务实精神 中国古代的四大发明，古代领先世界的天文学、医学、农耕技术、兵战思想、伦理哲学无不体现中国人民的聪明智慧，以及重实践、重经验、重现实运用的务实精神。中国人民务实精神的形成与传统农耕生活密切相关。在长期的农耕生活中，人们领悟到一条朴实的真理，“一分耕耘一分收获”，说空话于事无补，实心做事才有收获。务实带来的后果是，人们对经验的重视，对现实的关切。但过于重视经验、关切现实，重视“经世致用”，可能带来急功近利的后果，妨碍对事物本质的探索。

4. 整体、直觉型思维方式 整体、直觉思维，一是直观，二是注重事物之间的普遍联系性，三是推

动辩证思维的发展，使人更容易看到和理解万事万物之间的相互转化。中国人的这一思维方式典型地反映在中医理论和实践上。中医把人体看作一个以心为主宰、五脏为中心的统一体，它们彼此联系，相互制约和调节。眼病常考虑到肝；耳鸣、耳聋常考虑到肾；肌肉痿软无力常考虑到脾，等等。在整体观念指导下，中医衍生出一个重要观点，就是“平衡”，强调人与外界环境的平衡，强调人体内各部分的协调和平衡。中医在诊疗疾病时，要考虑疾病发生的季节，患者的居住环境、生活条件、饮食嗜好等自然和社会因素。这与西医注重从细菌、病毒的分析，从人体某一部分的局部病变进行诊断和治疗形成鲜明对比。

5. 中庸、尚和的处世态度　中庸以和谐为导向，主张保持中道，恪守事物的“度”，既不过度，也不要不及。此观点认为，无论在自然还是人生领域，任何事物发展到极端，都会朝反方向的另一极移动。因此，中国人常提醒自己“居安思危”，反之，即使处于极端困难之中，也不失望。在日常行为中，强调“和为贵，不走极端，求同存异”。

孔子主张“礼之用，和为贵”，“君子和而不同，小人同而不和”，表现了重和去同的价值取向。在此思想指导下，人们主张以宽阔的胸襟和气度容纳不同的意见、观点，主张不同民族、不同宗教、不同文化的相互包容。当代中国提出的处理国际关系的“和平共处五项原则”，以及中国政府提出的建立和谐社会、和谐世界的主张，均体现出中国文化“和”的思想。

（二）中国传统文化对医药消费行为的影响

课堂互动

传统文化如何影响到你的医药消费行为？

1. 信中医，用中药　中医药诊疗具有“简、便、廉、验”的特点，受中国传统中医药文化的影响，人们信任中医，广泛地使用针灸、推拿、拔火罐、刮痧、穴位敷贴技术、中成药或中药治疗疾病，以解除或缓解疾病带来的痛苦。我国社区居民对中医药的认可度高，认为中医药的优点在于疗效好，副作用小，价格便宜，还具有保健作用；对前面所述的各类中医适宜技术的需求和利用率也较高。慢性疾病患者在康复治疗中广泛地使用中医适宜技术。此外，当人们遇到疑难杂症，遇到难以用西医快速解决的疾病时，也往往更加信赖中医药。2020 年初，新冠肺炎肆虐，没有特效药，我国总结推出了中医药抗疫的“三药三方”，中药早期介入，全程参与，效果显著，在抗击新冠肺炎疫情中发挥了重要作用，让世界目睹了中医药的魅力。据国家中医药管理局医疗救治专家组组长、中国工程院院士、中国中医科学院院长黄璐琦介绍，在新冠肺炎患者救治中，老百姓对中医药有种迫切需求，根据临床调查，重症患者有 80% 愿意接受中医药治疗，轻症患者有 90% 愿意接受中医药干预，隔离的患者也希望中医药早期介入。

2. 疾病施治，家庭分担　在中国，人们即使享受公费医疗，罹患重大疾病时，患病后的医药消费也有相当一部分需由自己承担，通常依靠建立在人伦关系基础上的家庭来承担。因此家庭的经济状况，对患者医药消费行为，即选择何种方案、采用哪一类药物进行治疗有着至关重要的影响。救治一名患重大疾病的家庭成员，对于经济条件有限的家庭，往往意味着全家将在今后很长一段时间内背负沉重的经济负担。

3. 注重功效，讲究实用　受务实精神、利他主义等传统文化观念的影响，人们往往认为小病不需要到医院寻求治疗，可以通过自己或家人的经验进行自我施治，自行购买中药或非处方药进行治疗。关注医药产品的实际疗效，对于产品的外形、包装等形式价值很少看重。例如，据《2020 年口腔医疗白皮书》，中国总人口从 2010 年的 13.4 亿人增长到 2017 年的 13.9 亿人，而随着人口基数的增长，口腔医疗的需求人数也增长到 6.94 亿人。整体来看，有约 50% 的中国居民患有各类口腔疾病，需求长期保持在高位，但是根据患病的严重程度，大部分的口腔患者并没有引起足够的重视，仍然有很大一部分居民可能由于各类原因，并没进行口腔疾病诊疗。倘若诊断出重大疾病，一些经济条件有限的患者会考虑家庭其他成员的利益，选择不去医院及时就诊，转而采用民间验方以期缓解疾病的痛苦。

4. 奢侈消费，过度医疗 受传统礼制、等级文化的影响，近些年来，一些经济富裕的家庭或个人，在医药消费行为中表现为追求高档服务和寻求高费用治疗，做最高端的检查、用最好的药、进行最先进的手术，而不充分考虑与自身情况的适用匹配性。例如，产妇正常生产，一般消费支出为几千元，却有人愿意为此支付上万甚至几万元的支出。一些经济条件好的医药消费者在选择医药产品时，一般会首选昂贵的进口药，其次才会选择疗效未必低于进口药品的国产医药产品，造成过度医疗。

5. 养生保健，重视人情 随着人们生活水平的提高、健康意识的提升和传统中医“治未病”理念的延展，健康消费市场也正在被引爆。个性化的健康服务和优质的健康类产品，已然成为健康产业的新热点。人们也越来越重视采用各种方式进行养生、美容和保健。据前瞻产业研究院发布《2021—2026年中国保健品行业市场前瞻与投资规划分析报告》，中国保健品市场增长空间大，我国居民医疗保健消费性支出已经从2009年的586元增长至2019年的1902元，不过，中国与发达国家人均保健品消费支出水平仍有较大差距，2019年中国保健品人均消费量为29美元，仅为美国的1/8左右。随着我国人均可支配收入持续增加，中高收入人群还在不断增长，未来保健品的消费能力还有进一步增长空间，整体发展潜力巨大。同时，中药保健品市场规模呈现出逐年增长的趋势，2019年市场份额突破了900亿元。疫情期间，中医药及相关保健品备受关注与信任，以中医理论为基础的中医药保健品在未来将迎来销量的强势增长。

此外，中国人不论家境富有与贫穷，不论身份高贵与低贱，不论地处城市与农村，都比较重视人情，强调良好人际关系的重要性。在逢年过节，家人、朋友、同事等遇有生子、生病之时，也常将健康保健产品作为送礼佳品。

知识链接

脑白金的送礼绝唱

自1998年以来，脑白金在极短的时间内迅速启动了市场，在2~3年内创造了10多亿元的销售奇迹。虽然脑白金从产品到广告到营销策划都遭到了广泛的争议，但这些都不能掩盖脑白金的成功。“今年过节不收礼，收礼只收脑白金”传遍了大江南北，销售力极强。为什么脑白金会如此成功呢？

原因是多方面的，但其中不可或缺的一点是其礼品定位与诉求。它准确地击中了中国人的面子情结。中国是礼仪之邦，“礼尚往来”是中国人内心深处面子情结的最直白的表达。中国人送礼时对面子极其关注，有时礼品就是面子，礼品的轻重就是面子的大小，特别是过年，礼品则更加讲究。

脑白金虽为一个保健品，但它迎合了过上小康生活后老百姓心底对健康的深切关注，因此在国人的礼品清单里，脑白金还成为烟、酒、钱等其他礼品的竞争者，已远远超出保健品的圈子。

脑白金礼品定位策略的成功为保健用品开拓了一个全新的礼品市场。之后，很多保健品的广告营销总可以找到脑白金的影子。如昂立的“健康迎接新世纪，昂立送礼更有礼”，恒寿堂的“千禧龙年送健康，送礼就送恒寿堂”，椰岛鹿龟酒的“好礼送给至亲人”等。

三、跨文化营销策略

在经济全球化深入发展的今天，企业活动越来越多跨越国界，融入世界经济大潮中。企业在为其产品寻找目标市场的过程中也发现，不同文化环境中的消费者存在着诸多差异。因此，企业在营销过程中必须承认、关注文化差异的存在，并且能妥善处理之，才能让企业营销获得成功。但是如何处理这些文化上的差异却存在许多分歧。总体上看，存在三种处理方法：一是调整自己的营销策略以适应当地的文化。仔细研究目标消费者的需求、喜好、态度、价值观、购物与消费习惯的差异，针对具体情况，通过改进产品、实施具有针对性的促销手段或其他营销措施来适应当地消费者的价值观和文化。例如，雀巢公司在相邻的法国和瑞士市场上推出了不同口味的咖啡，促销手段也不相同，就是为了适应不同国家消费者的需求。二是制定出能适合多个国家和地区的标准化营销策略。全球营销的倡导者们认为，由于跨国界旅行的增多和全球电信网络的高速发展，世界各地消费者的购买习惯和思维方式越来越相似。不同文化圈中消费者的口味、喜好、购物动机都趋于一致。因此，对于许多产品来说，使用通用的品牌名称、包装和沟通策略在不同地区也可以取得商业上的成功。标准化营销的本质也是营销者针对文化的发展趋势设计合理的营销策略。三是公司利用自己的营销策略来改变当地的文化。营销要适应文化，同时也可以对文化产生影响。长期的营销可能改变人们的价值观和行为方式。例如，“双十一”通过电商平台十几年的营销，已经变成了广大消费者的“购物狂欢节”，并且逐渐影响国际电子商务行业。

企业试图进入一个跨文化的市场，有七个方面的因素必须考虑。仔细分析这七个因素或变量，对决定是否进入该市场，以及采用何种营销策略将提供必要的参考和依据。

（1）就文化层面而言，某一市场的消费者是同质的还是异质的？

（2）在某种特定文化下，某一产品能满足何种需要？

（3）需要该产品的群体是否足够大并有能力购买吗？

（4）哪些价值观与本产品的购买和使用有关？

（5）对产品有哪些分销、政治和法律限制？

（6）我们能以何种方式传播关于产品的信息？

（7）在该国营销该产品会引起伦理或道德上的问题吗？

第二节　社会阶层对医药消费者行为的影响

一、社会阶层的含义

（一）社会阶层的概念

社会阶层是由具有相同或类似社会地位的社会成员组成的相对持久的群体。每一个体在社会中占据或高或低或一般的位置，这种社会地位的差别，使社会成员分成高低有序的层次或阶层。社会阶层是一种全世界各国普遍存在的社会现象，产生社会阶层的最直接原因是个体获取社会资源的能力和机会的差别。社会资源是指能够帮助人们满足社会需求、获取社会利益的各种社会条件。事实上，社会分工的不同和个体拥有财产的多寡是导致社会阶层的最根本原因。社会分工形成了不同的行业和职业，并且在同一行业和职业内形成领导和被领导、管理和被管理等错综复杂的关系。当这类关系与个人的所得、声望和权利联系起来时，就会在社会水平分化的基础上形成垂直分化，从而造成社会分层。

个体的社会阶层与其所处的特定社会地位相联系。社会阶层较高的个体，必定拥有较多的社会资源，在社会生活中拥有较高社会地位。他们通常会通过各种方式，展现其与社会其他成员相异的方面。社会学家凡勃伦所阐释的炫耀性消费，反映的就是人们显示其较高社会地位的需要和动机。每一社会阶层都有人试图通过炫耀性消费告诉别人他们是谁，处于哪一社会层次。研究发现，直至当前，物质产品所蕴含、传递的地位意识在很多文化下仍非常普遍。传统上，人们通过购买珠宝、名牌服装、高档电器等奢侈品或从事高尔夫、滑雪等活动显示自己的财富和地位。随着社会的变迁和价值观的变化，代表社会地位的符号商品亦会不断更新。不同社会阶层的消费者在购买、消费、沟通、个人便好等方面具有与其他社会阶层的共性之外，还存在本阶层消费者所独有的特性。

（二）社会阶层的决定因素

社会学家吉尔伯特和卡尔将决定社会阶层的因素分为三类：经济变量、社会互动变量和政治变量。

1. 经济变量 包括职业、收入和财富。一个人的工作极大地影响他（她）的生活方式，并赋予他（她）相应的声望和荣誉，职业提供了个体所处社会阶层的很多线索。收入和财富一直被用来衡量人们的购买力和社会地位。一般来说，收入高的个体较收入低的个体有更高的社会地位，但前些年出现“搞原子弹的不如卖茶叶蛋的”现象，也说明收入和财富不能完全反映社会阶层，但在某些产品的购买上，它们有很强的预示作用。有些个体拥有物，例如名牌大学文凭、名车、豪宅等，无疑是现实身份和地位的标记。

2. 社会互动变量 包括个人声望、社会联系和社会化。声望表明群体中的其他成员对个体是否尊重，尊重程度如何。声望很大程度上与个体业绩或成就密切相关。社会联系涉及个体与其他成员的日常交往，他（她）与哪些人在一起，与哪些人相处得好。社会化则是个体习得技能、态度和习惯的过程。家庭、学校、朋友对个体的社会化具有决定性影响。虽然社会互动是决定一个人所处社会阶层的非常有效的变量，但是因为这类变量测量困难而且费用昂贵，消费者研究中较少采用。

3. 政治变量 包括权力、阶层意识和流动性。权力就是让他人按自己的意志行动的能力。阶层意识指某一社会阶层的个体，意识到自己属于一个具有共同的政治和经济利益的独特群体的程度。从某种意义上说，一个人所处的社会阶层是与他在多大程度上认为他属于此一阶层所决定。

二、社会阶层的特征

（一）社会阶层的层级性

社会阶层的层级性是指社会阶层具有从低到高的纵向等级体系。社会中的每个成员都处于这一体系的某一位置上。那些处于较高位置的个体被划归到较高层级，反之，则被划归到较低层次，由此形成高低有序的社会层级结构。

我国学者陆学艺主持的“当代中国社会结构变迁研究”课题组提出了一个以职业分类为基础，以组织资源、经济资源和文化资源的占有状况为标准的社会分层理论框架，并根据这个理论框架把社会成员分为十个阶层，即国家与社会管理者阶层、经理人员阶层、私营企业主阶层、专业技术人员阶层、办事人员阶层、个体工商户阶层、商业服务业人员阶层、产业工人阶层、农业劳动者阶层、城乡无业失业半失业者阶层，该研究认为我国已经形成了现代社会结构的雏形，而且各阶层之间的位序也基本确定。

个体对社会阶层的层级归属的主观认知很重要。如果消费者认为某种产品主要被同层级或更高层级的个体消费，其购买该产品的可能性就会增加，反之，如果消费者认为该产品被较低层级的个体消费，那么其选择该产品的可能性则会减少。

（二）社会阶层的同质性

社会阶层的同质性是指同一社会阶层的个体在价值观和行为模式上具有共同点和类似性。这种相似性很大程度上是由他们共同的社会经济地位所决定，同时也与他们彼此之间更频繁的互动有关。同一社会阶层的消费者会有类似的消费偏好，订阅类似的报纸，观看类似的电视节目，购买类似的产品，到类似的商店、平台购物，这为企业根据社会阶层进行市场细分提供了依据。

（三）社会阶层的约束性

社会阶层的约束性是指个体的社会交往多发生在同一社会阶层之内，而不是不同阶层之间。同一阶层内社会成员有更多的互动，会强化共有的规范和价值观，从而使阶层内个体间的相互影响增强。不同阶层之间社会成员较少互动，会限制产品、广告和其他营销信息在不同阶层个体间的流动，使得彼此的行为呈现出更多的差异性。

（四）社会阶层的流动性

社会阶层的流动性是指随着时间的变化，同一个体所处的社会阶层会发生变化。这种变化是双向的，既可以从原来所处阶层跃升到更高阶层，也可以从原来所处阶层跌入至更低阶层。个体在不同社会阶层间的流动，主要由两方面促成。一是个人原因，如个体通过在学校时期的刻苦努力，掌握专门学问和技能，进而获得社会所赋予的良好工作机会和发展前景，并可以依靠在工作中的勤奋努力以及升迁机会而跃升至社会的高位，实现从较低向较高社会阶层的迈进。二是社会条件的变化，改革开放以来，随着社会对知识的重视，知识分子的地位不断提高，作为一个群体从较低的社会阶层跃升到较高的社会阶层。一般而言，社会流动越通畅，就越能调动社会各个阶层尤其是中低阶层社会成员的积极性，使他们对个人的社会地位的前途充满希望，坚信可以通过个人后天的努力奋斗，实现社会阶层的递进，体现个人更高的价值。社会流动使社会更具活力，越是开放的社会，社会阶层的动态性表现得越明显；越是封闭的社会，社会成员从一个阶层进入另一个阶层的机会就越小。

（五）社会阶层的多维性

社会阶层并不是单纯由某一个变量如收入或职业所决定的，而是由包括这些变量在内的多个因素共同决定的。决定社会阶层的因素，既有经济层面的因素，亦有政治和社会层面的因素。在众多的决定因素中，其中某些因素较另外一些因素会起更大的作用。收入常被认为是决定个体处于某一社会阶层的关键变量，但很多情况下它可能具有误导性。比如在一段时间，我国的出租车司机的收入比一些专业人员高，但从社会地位看，后者显然高于前者。除了收入，职业和住所也是决定社会阶层的重要变量。关于影响社会阶层的变量，我们将在划分标准部分进行更详细的论述。

三、划分社会阶层的几个主要标准

（一）单一指标法

单一指标法从某个特定方面去评价人们的社会地位。由于社会地位通常受多方面因素的影响，只用单一因素去衡量可能会失之偏颇。但是，这一方法对分析社会地位的特定方面，对消费过程的影响仍然是很有帮助的。实践中，常用的单项指标是教育、职业和收入。

1. 教育　在现代社会，教育对社会阶层的影响至关重要。在大多数国家，教育是提高社会地位的主要途径，个体所受的教育程度越高，其社会地位就越高。传统上，在制造、服务等领域，很多高收入职位不一定需要高的教育，但这种情况正在改变。看看各种招聘信息，你会发现，但凡稍好一些的职位，对能力和素质都有很高的要求。要达成这些要求，通常需要接受良好的教育。教育还影响个人的消费品位、价值观、获取信息和做出决策的方式。总之，教育影响个体消费模式和生活方式的各个方面，是衡量社会阶层的最常用指标之一。

2. 职业　职业地位是人们在现代社会中的主要社会地位。个体所从事的职业会极大地影响其生活方式和消费过程，并赋予其相应的职业声望。20 世纪 60 年代，美国社会统计学家邓肯在其《美国的职业结构》一书中，确立了以职业来确定社会地位的布劳—邓肯模型。邓肯认为，对于工业化国家来说，一个人的家庭出身、财富等已经失去了原来的意义，职业地位成为一种新的综合标准，职业与收入、社会声望和权力都联系在一起。通常情况下职业声望越高，职业地位越高，所处的社会阶层也就越高。

人们常用不同的方法给职业评分或对职业声誉排序，最常用的职业分层是社会经济指数法（SEI）。它是以不同职业人的受教育水平和收入为基础的一种评价方法。社会经济指数的每个组成部分都被赋予一定的权重，以使每个职业所得分数与公众对这个职业的地位评价标准相类似。一旦合适的权重被确定，那么任何职业的等级就可评定出来。表 8-2 显示的是美国部分职业的 SEI 得分。

表 8-2　几种职业的社会经济指数得分

职业	SEI 得分	职业	SEI 得分
会计	65	营销经理	58
航天工程师	84	营销教授	83
运动员	49	邮递员	28
汽车机械师	21	管工	27

续表

职业	SEI 得分	职业	SEI 得分
酒吧侍者	24	警察	38
化学师	78	注册护士	46
牙医	89	服装销售员	25
小学教师	70	推销工程师	78
管家	15	装卸工	22

宗刚等通过网络调查不同职业的政治、经济、社会等三种声望，并进行单独排序和综合排序；同时选取李强 1997—1998 年的调查结果和田志鹏等人 2010 年的调查结果，分别代表 20 世纪 90 年代和 21 世纪初我国的职业声望排序情况，结合 2015 年调查研究的结果，共计 3 个历史阶段，来比较自改革开放以来我国职业声望排序的历史演变过程（表 8-3）。结果发现：①体制内的职业声望评价位于职业分层结构的顶端。相对于李强 1997 年的调查数据，本次调查结果中国家机关局长从中上等水平（职业声望排名第 26 位）大幅上升至第 1 位，银行行长由 1997 年的第 15 位上升到第 2 位，法官由 1997 年的第 8 位上升到第 3 位，工会主席由 1997 年的第 59 位上升到第 9 位，跻身前十行列。②传统常规类职业的声望地位优势不复存在。这类职业主要包括记者、医生、翻译、会计等。例如，医生的声望评价从 1997 年李强的调查数据中的第 5 位下降到现在的第 15 位；在 1997 年的调查中，翻译、记者、会计等职业的职业声望评价均高于演员、工会主席、歌星等职业，而现在情况却相反；其中最值得注意的当属中小学教师。在 1997 年的调查中，中小学教师排在第 29 位，高于演员、公安人员、银行职员等职业，而在 2010 年的调查中，中小学教师已经出现下滑，降至第 40 位，该职业声望虽有回升，但分值均低于上述职业，位居第 27 位。③高知识型职业的声望评价有所下降。科学家的职业声望从 1997 年的第 1 位下降到现在的第 8 位，经济学家从第 6 位上升到第 5 位，大学教授则从第 2 位下降到第 7 位。④文艺类职业（演员、导演、音乐家、歌星）在本次调查中表现出“一高两低”，即高经济地位、低政治地位与低社会地位的特点。具体来说，演员的经济地位排在第 2 位，政治地位和社会地位分别排在第 23 位和第 18 位，综合排名第 16 位；导演的职业声望在这 4 种文艺类职业中综合排名最高，但也仅仅排在第 12 位，政治地位名列第 15 位，经济地位名列第 6 位，社会地位名列第 14 位；音乐家的综合职业声望排在第 19 位，是 4 种文艺类职业中排名最低的；歌星的综合职业声望排在第 14 位。总体来说，2010—2015 年的职业声望排序变化幅度小于 1997—2010 年的职业声望排序变化幅度。随着改革开放的深入，我国职业声望排序趋于平稳。

表 8-3　3 个阶段职业声望排序的历史变迁和比较

职业类别	20 世纪 90 年代排序	21 世纪初排序	本次调查（2015 年）排序
国家机关局长	26	—	1
银行行长	15	—	2
法官	8	2	3
国有企业经理	—	1	4
经济学家	6	—	5
国家机关工作人员	51	3	6
大学教授	2	7	7
科学家	1	—	8
工会主席	59	13	9
飞行员	9	27	10
律师	11	6	11
导演	28	11	12
军人	53	16	13

续表

职业类别	20 世纪 90 年代排序	21 世纪初排序	本次调查（2015 年）排序
歌星	85	17	14
医生	5	12	15
演员	48	21	16
私营企业主	—	24	17
公安人员	42	23	18
音乐家	17	20	19
翻译	16	28	20
网络工程师	—	—	21
银行职员	46	37	22
记者	21	31	23
软件开发人员	—	—	24
会计	41	36	25
个体工商户	84	48	26
中小学教师	29	40	27
建筑工人	86	78	28
保姆	96	76	29
农民	65	83	30

3. 收入　是划分社会阶层的常用指标。收入决定人们的购买力，也影响人们对工作、休闲和购物等活动的看法，是维持一定生活方式的前提条件。当然收入作为衡量社会阶层的指标也存在着问题和局限。首先，被调查者也许不愿意公开自己的收入，或不能确切地按研究人员所界定的收入概念确定自己的收入。其次，收入的增加并不必然带来社会地位的上升和社会阶层的变动。如果家庭中某位成员就业了，但获得的是一个普通职位，家庭收入确实增加了，但家庭在社会的地位并不会由此而提高。最后，收入本身也不能完全有效地解释由于社会阶层所形成的行为差异。一位大学教授的收入或许与一位卡车司机的收入不相上下，然而他们的观念、意识和偏好会有相当大的区别。

中国社会科学院社会学研究所与俄罗斯、巴西等国的社会学家进行合作，通过对各国中等收入群体的比较研究，共同确定了标准和分类，并把各国居民收入结构从高到低划分为三大群体和六个人群：即属于高收入群体的高富人群（收入中位值的 401% 及以上）和富裕人群（收入中位值的 201%～400%）；属于中等收入群体的中上收入人群（收入中位值的 126%～200%）和中下收入人群（收入中位值的 76%～125%）；属于低收入群体的脆弱人群（收入中位值的 26%～75%）和极端贫困人群（收入中位值的 25% 及以下）。根据这样的分类和标准，基于 2015 年全国社会调查数据，我国的收入分层结构情况具体可见表 8-4。

表 8-4　我国收入分层结构

收入群体		收入标准	百分比
低收入群体	极端贫困人群	中位值的 25% 及以下	14. 9%
	脆弱人群	中位值的 26%～75%	24. 8%
中收入群体	中下收入人群	中位值的 76%～125%	20. 7%
	中上收入人群	中位值的 126%～200%	18. 4%
高收入群体	富裕人群	中位值的 201%～400%	15. 9%
	高富人群	中位值的 401% 及以上	5. 1%

（二）综合指标法

关于社会阶层的划分，一直以来受到两个重要理论的影响，即马克思的阶级理论和韦伯的分层思想。马克思认为，阶层是依据生产资料的占有关系来划分的，在物质生活条件差异基础上产生社会阶层区分。韦伯则强调财富（经济地位）、权力（政治地位）、声望（社会地位）等多维标准的分层。但无论哪种理论都强调对现代社会阶层的划分需采用多元的分类标准。

各个国家社会阶层划分的标准不一样，大体上根据职业、收入、教育、居住区域等标准进行划分，不同的方法对于这些标准的纳入和计算有所不同。

1. 科尔曼地位指数法 科尔曼地位指数法从职业、教育、居住的区域、家庭收入4个方面综合测量消费者所处的社会阶层。表8-5列出了运用该方法时常用的问题和赋分。在计算总分时，职业分被双倍计入；如果被访者尚未成家，则在计算总分时，教育和职业两项得分均双倍计入。

表8-5 科尔曼地位指数法中的变量及评分标准

教育	**被访者**	**配偶**
8年（含8年）以下初等教育	1	1
高中肄业（9~10年）	2	2
高中毕业（12年）	3	3
1年高中后学习	4	4
2年或3年制大专	5	5
4年制本科毕业	6	6
硕士毕业或5年制大学	7	7
博士毕业或6~7年制专业学位	8	8
户主的职业声望（如果被访者已退休，询问退休前的职业）		
长期失业者（以失业救济金维生者；不熟悉的零工）		0
半熟练工；保管员；领取最低工资的工厂帮工和服务人员		1
掌握一般技术的装配工，卡车与公共汽车司机；警察与火警；配送工		2
熟练工匠如电工，小承包商，工头；低薪销售职员；办公室工人；邮局职员		3
员工在2~4人之间的小业主；技术员；销售人员；办公室职员；一般薪水的公务员		4
中层管理人员；教师；社会工作者；成就一般的专业人员		5
中小公司的高层管理人员；雇员在10~20人的业主；中度成功的专业人员如牙医		7
大公司的高层管理人员；获得巨大成功的专业人员如名医、名律师；富有的企业业主		9
居住区域		
平民区（社会救济者和下层体力劳动者杂居）		1
清一色劳动阶层居住，虽非平民区单房子较破败		2
主要是蓝领但也居住有一些办公室职员		3
大部分是白领也居住着一些收入较高的蓝领		4
较好的白领区（没有很多经理人员，但几乎没有蓝领居住）		5
专业人员和经理人员居住区		7
富豪区		9

年家庭收入			
5000美元以下	1	20000~24999美元	5
5000~9999美元	2	25000~34999美元	6
10000~14999美元	3	35000~49999美元	7
15000~19999美元	4	50000美元以上	8
总分：		**估计的社会地位：**	

根据科尔曼地位指数法，科尔曼和雷茵沃特将美国消费者分为上层（14%）、中层（70%）和下层（16%）。每一阶层又被进一步细分，总共形成7个生活方式上存在差别的群体。表8-6列出了这7个群体及相应的社会经济状况。

表8-6　科尔曼-雷茵沃特社会等级结构

阶层		社会经济状况
上层美国人	上上层（0.3%）	靠世袭而获取财富、贵族头衔的名副其实的社会名流
	中上层（1.2%）	靠业务成就、社团领导地位起家的社会新贵
	下上层（12.5%）	除新贵以外的拥有大学文凭的经理和专业人员。专注于事业、私人俱乐部和公益事业
中层美国人	中产阶级（32%）	收入一般的白领工人和他们的蓝领朋友。居住在“较好的居民区”，力图干“合适的事”
	劳动阶级（38%）	收入一般的蓝领工人；各种收入、学历和工作性质背景但过着典型的工人阶级生活方式的人
下层美国人	上下层（9%）	地位较低，但不是最底层的社会成员。他们有工作，不需要福利救济，生活水平只是维持在贫困线之上
	下下层（7%）	接受福利救济，在贫困中挣扎，通常失业或做“最脏”的工作

2. 霍林舍社会地位指数法　霍林舍社会地位指数是从职业和教育两个层面综合测量社会阶层的一种方法。表8-7列出了该方法的量表、项目权重、汇总计算公式及地位等级体系。其中，职业和教育均被分为7个类别，但它们被赋予不同的权重。社会地位分是不同量表分经权重计算后的加和，因此，某个变量上的高分可以补偿另一变量上的低分。例如，以下三人均被划分为中等社会阶层：①受过8年教育的成功的中型企业业主；②4年本科毕业的推销员；③专科毕业的政府行政部门文职人员。在同一社会，这三种类型的人社会地位几乎相当，然而，他们的消费过程，至少对部分商品的消费过程仍可能有较大的差异。由此可见，总体社会地位可能掩盖某些地位因素与特定产品消费之间的有用联系。

表8-7　霍林舍社会地位指数

职业量表（权重为7）/职业名称	教育量表（权重4）/学历	得分
大企业的高级主管、大企业业主、重要专业人员	专业人员（文、理、工等方面硕士、博士）	1
业务经理、中型企业业主、次要专业人员	四年制大学本科（文、理、医等方面学士）	2
行政人员、小型企业业主、一般专业人员	一到三年专科	3
职员、销售员、技术员、小业主	高中毕业	4
技术性手工工人	上学10~11年（高中没毕业）	5
操作工人、半技术型工人	上学7~9年	6
无技能工人	上学少于7年	7
社会地位分=职业分＊7+教育分＊4		
社会地位等级体系		

社会地位	分数区间	在人口中的比重
上层	11~17	3%
中上层	18~31	8%
中层	32~47	22%
中下层	48~63	46%
下层	64~77	21%

3. 沃纳社会阶层指数法　沃纳社会阶层指数是从职业、学历、收入来源和住房四个层面综合测量社会阶层的一种方法。具体见表8-8。

表 8-8　沃纳社会基层主要因素权数表

各群体得分	职业（权数 5）	学历（权数 4）	收入来源（权数 3）	住房种类（权数 2）
1	大企业高级管理者	专门职业培训机关	大半继承财产	甲级地的独院住房
2	中小企业领导干部	四年制大学	有投资或储蓄	容易到手的大住房
3	职员	大学专科	事业收益	现代公寓
4	领班	高中毕业后进职业	月工资	新建住宅区
5	月薪工人	高中毕业	计时工资	旧式公寓
6	不熟练的工人	高中肆业	经济援助	破旧房屋
7	临时工人	初中毕业以下	生活补助	贫民窟

每个因素的得分与权数计算后的分数加总后得到个体的总分，总分 14~25 分属于上层；26~43 分属于中上层；44~61 分属于中下层；62~79 分属于下上层，80~98 分属于下下层。

四、不同社会阶层消费者的行为差异

课堂互动

不同社会阶层的个体在消费行为上有差别吗?

（一）支出模式上的差异

不同社会阶层消费者所选择和使用产品存在明显的差异性。科曼发现，特别富裕的中层美国人将其大部分支出用于购买摩托艇、野营器具、大马力割草机、雪橇、后院游泳池、临湖住宅、豪华汽车或跑车等产品上；而收入水平与之相差不多的上层美国人则花更多的时间和金钱于私人俱乐部、孩子的独特教育、古董、字画和各种文化事件与活动上。

在中国，不同社会阶层的消费结构存在非常明显的差别。根据中国社会科学院社会学研究所 2019 年中国社会状况综合调查数据，研究者以收入中位数 75%~200% 为标准界定中等收入群体，低于这一比例的为低收入群体，高于这一比例的为高收入群体。从低收入群体、中等收入群体、高收入群体这三大收入群体的消费结构特征（表 8-9）来看，2019 年，作为基础需求的食品消费占收入的比例，也就是所谓的恩格尔系数，低收入群体为 27.5%，中等收入群体为 21.9%，高收入群体为 19.1%；而作为现代消费需求的交通通讯、教育、医疗健康消费占收入的比例，低收入群体为 22.3%，中等收入群体为 42.7%，高收入群体为 30.1%；房贷房租占收入的比例，低收入群体为 11.7%，中等收入群体为 10.6%，高收入群体则高达 21.8%。

表 8-9　2019 年中国不同收入群体消费占收入的比例

	低收入群体	中等收入群体	高收入群体
食品	27.5%	21.9%	19.1%
教育	9.8%	12.5%	6.8%
医疗健康	13.0%	14.0%	8.2%
交通通讯	7.3%	16.2%	7.3%
房贷房租	11.7%	10.6%	21.8%
其他	30.7%	24.8%	36.6%

不同社会阶层在医药及保健品的消费支出模式方面也有明显的差异性。例如，社会上层不仅在患病时及时购买疗效显著的医药产品，在保健品、美容、养生等方面的支出也远远高于其他阶层，青睐名贵药材加工而成的保健品。中上层和中中层来说，虽然他们也很注重养生和保健，但用于这方面的支出远不如社会上层。而中下层和底层，处于温饱达成的水平，他们在医药方面的支出，通常是患病后，病痛已经影响他们的正常生活和工作的情况下，不得已而为之的支出，尤其对于极小部分不享受社会医疗保险的人们来说，受经济条件的制约，一般总是选择价格水平较低的医药产品或是费用低廉的民间验方。

研究者利用2018年中国家庭追踪调查（CFPS2018）的数据，分析发现，在家庭保健消费（包括健身锻炼以及购买与健身锻炼相关的器械、保健品等）方面，家庭收入越高，家庭参与保健消费的可能性越大，保健消费支出在家庭消费性总支出、家庭总支出以及家庭纯收入中所占的比重越大；家庭教育水平越高，家庭进行保健消费的可能性越大，保健消费支出在家庭收入、家庭消费者支出以及家庭总支出中所占的比重最大；家庭保健消费体现了一定的阶层区分。

知识链接

不同社会分层居家老年人的预防保健服务利用存在明显差异

高社会分层的老年人预防保健服务利用率较高。老年人的社会地位取决于职业、文化程度、经济状况。职业属性往往决定老年人医疗保障水平的高低。社会分层等级越高，定期体检的参与率也越高。社会上层老年人往往文化程度较高或经济状况较好，有较强的预防保健意识和购买力，预防服务利用率较高。而低社会分层老年人，年轻时大多从事体力劳动，缺乏锻炼的时间和精力，预防保健行为的采纳率也低。

（二）休闲活动上的差异

社会阶层从很多方面影响个体的休闲活动。一个人所偏爱的休闲活动通常是同一阶层或临近阶层的其他个体所从事的某类活动，他采用新的休闲活动往往也是受到同一阶层或较高阶层成员的影响。在国外，不同社会阶层之间用于休闲的支出占家庭总支出的比重相差无几，但休闲活动的类型却差别颇大。马球、壁球和欣赏歌剧是上层社会的活动；桥牌、网球、羽毛球在中层到上层社会的成员中均颇为流行；玩老虎机、拳击、职业摔跤是下层社会的活动。在中国，不同阶层之间不仅用于休闲的总支出会有很大的差异，且休闲活动的类型差别也颇大。国外旅游、打高尔夫、国内自驾游等是社会上层到中上层阶层偏爱的休闲活动；网球、羽毛球、KTV、瑜伽在中层到上层社会的成员中颇为流行；玩纸牌、选择经济实惠的餐馆聚会和在家看电视则是中下层和底层阶层常常选择的休闲方式。

研究者以CGSS《中国综合社会调查》2015年的数据为样本进行实证分析发现，中国居民的休闲频率与休闲类型受到社会分层因素的显著影响。总休闲频率受社会分层因素的显著影响，其中文体完善型休闲受社会分层因素的影响最大、阶层化属性强，消遣娱乐型休闲的阶层化属性次之，社交参与型休闲的阶层化属性弱。从该研究结果来看，城市户口、东部城市地区、青年、男性、高受教育、高收入、高地位群体参加文体完善型休闲越积极；低阶层群体偏好娱乐消遣型休闲，高阶层群体参加消遣娱乐型休闲越少。另有研究者通过对上海的研究指出，随着社会阶层的升高，市民体育消费的水平逐渐提升，并且在购买体育器械和服装上也体现出了阶层差异。有研究者通过对珠三角的研究指出，随着收入和职业等地位的升高，体育健身娱乐和用品消费有逐渐增加的趋势。

（三）信息接收和处理上的差异

信息搜集的类型和数量也随社会阶层的不同而存在差异。处于最底层的消费者通常信息来源有限，对误导和欺骗性信息缺乏甄别力。出于补偿的目的，他们在购买决策过程中可能更多地依赖亲戚、朋友提供的信息。中层消费者比较多地从媒体上获得各种信息，而且会更主动地从事外部信息搜集。随着社会阶层的上升，消费者获得信息的渠道会日益增多。不仅如此，特定媒体和信息对不同阶层消费者的吸引力和影响力也有很大的不同。比如，越是高层的消费者，看电视的时间越少，因此电视媒体对他们的影响相对要小。相反，高层消费者订阅的报纸、杂志远较低层消费者多，所以，印刷媒体信息更容易到达高层消费者。

（四）购物方式上的差异

人们的购物行为会因社会阶层而有所差异。不同阶层消费者喜欢光顾的商店类型很不同。一般而言，人们会形成哪些商店适合哪些阶层消费者惠顾的看法，并倾向于到与自己社会地位相一致的商店购物。上层消费者特别青睐那些购物环境优雅、品质和服务上乘的商店，享受优雅的购物环境、新颖的商品陈列带来的喜悦。上层消费者购物过程中比较自信，喜欢独立购物，不喜欢销售人员过于热情的讲解，更乐于接受新的购物方式。中层消费者对购物环境也有比较高的要求，但购买时比较谨慎，但他们也经常在折扣店购物，较上层消费者去折扣店购物的次数频繁得多。下层消费者由于受资源限制，对价格特别敏感，多在中、低档商店购物，而且喜欢成群结队逛商店，亦有只看不买的倾向。

另有一项研究发现，“客观”对“感知”的社会阶层也会导致消费者在店铺惠顾上的差异。客观上属中层而自认为上层的消费者，较实际为上层但自认为中层的消费者更多地去专卖店和百货店购物。与一直是劳动阶层的消费者相比，从更高层次跌落到劳动阶层的消费者会更多地去百货店购物。

五、社会阶层与市场营销策略

社会阶层为某些产品提供了一种合适的细分标准和依据，企业可以结合产品定位来制定市场营销策略。具体步骤：首先决定企业的产品及其消费过程在哪些方面受社会地位的影响，然后将相关的位置变量与产品消费联系起来。除了运用相关变量对社会分层之外，还要搜集消费者在产品使用、购买动机、产品的社会含义等方面的数据。接着，确定应以哪一社会阶层的消费者为目标市场。这既要考虑不同社会阶层作为市场的吸引力，也要考虑企业自身的优势和特点。然后，根据目标消费者的需要和特点，为产品定位。最后是制定产品、价格、分销、促销方面的市场营销策略，以达到定位目的。例如，通用公司在推出一款新车之前，都会进行广泛深入的市场研究，为目标消费者“画像”，解读他们的社会阶层、职业分类、生活方式、兴趣爱好等，让产品、品牌与他们更好地“对位”，符合其心理和驾乘上的需求。由此，通用四大品牌，即凯迪拉克、别克、雪佛兰和萨博，都有各自鲜明的品牌文化、品牌个性和定位，形成相互间区隔及与竞争品的不同。豪华品牌凯迪拉克，中高档品牌别克，大众化品牌雪佛兰，以及进口品牌萨博，分别匹配不同的社会阶层。通用公司以优异和多样化产品，覆盖不同细分市场，得到国内消费者的普遍认可和赞同。

另有研究者基于社会阶层理论研究滑雪体育赛事消费行为特点，并据此给出了相应的营销策略。①社会上层的滑雪赛事消费者在时间和经济上都实现了较大的自由，其时间与金钱的投入程度相对较高，且对滑雪赛事观赏的诉求日趋强烈。具体而言，社会上层的消费者倾向于现场观赛、现场购买衍生产品和网络购票，以及重视赛事观赏的体验效果与附加服务内容，对于滑雪赛事消费的需求趋于个性化。因此，滑雪体育赛事运营方通过为消费者提供个性化的服务内容，以及为消费者打造私人订制服务，例如，在赛事观赏环节中，提供一系列优质的配套设施与服务内容，营造优质和舒适的观赛体验效果；开展运动员见面会，增加与球员互动的机会；印制私人订制的运动员参赛服装，以增强消费者的认同感、归属感。②社会中层滑雪消费者的消费模式主要呈现出网络平台观赛和网络平台购物的整体特征，这启示赛事运营方应整合赛事资源并借助新媒体平台拓宽赛事的传播渠道，以便于提升赛事的品牌影响力，增强消费者对赛事品牌的感知，强化其对赛事的识别、确认与记忆能力。此外，在投入程度方面，该阶层滑雪消费者的花费精力要高于社会上层和下层的消费者，证实该阶层的滑雪消费者与赛事之间已经建立了相对较高的情感联结。因此，针对社会中层的滑雪消费者，赛事运营方应注重提高赛事的服务质量，以实现稳固且提升消费者与赛事间情感联结的目的。③社会下层的消费者在消费模式上主要呈现出电视平台观赛、网络平台购买衍生产品以及现场购票的整体特征，且在滑雪赛事消费上花费的时间、费用和精力成本相较于社会中上层较少。事实上，对于社会下层的消费者而言，在滑雪赛事消费过程中，消费情景因素（如门票价格、促销活动等）是其首要考虑的要素，因此针对这类消费群体应在赛事门票上实施针对性的定价策略，一方面，可通过降低门票价格以吸引下层消费者参与滑雪体育赛事消费；另一方面，亦可提供免费参与观赛的机会，让下层的消费者感受滑雪赛事的氛围；有效激发其消费意识。

特别需要注意的是，由于处于某一社会阶层的消费者会试图模仿或追求更高层级的生活方式，因此，以中层消费者为目标市场的品牌，根据中上层生活方式定位可能更为合适。

本章小结

文化有广义和狭义之分。广义的文化是指人类所创造的一切物质财富和精神财富的总和。狭义的文化是指人类精神活动所创造的成果，包括哲学、宗教、科学、艺术、道德等。从医药消费者行为研究角度，我们将文化定义为：一定社会下通过学习获得和共享的、可以指导医药消费者行为的信念、价值观和习俗的总和。文化具有习得性、群体性、动态性、符号性等特点。每种文化中都存在着多种亚文化。亚文化是某一文化群体所属次级群体的成员共有的，区别于其他次级群体成员的独特信念、价值观和习惯。常见的有民族亚文化、宗教亚文化、地理亚文化、年龄亚文化。

中国文化历史悠久、博大精深，具有家族取向，伦理本位，务实精神，整体、直觉型思维方式，中庸、尚和的处事态度等特点。这些特点对医药消费行为产生了重要影响。

企业只有了解了各文化的差异，才可能更好地制定营销策略，在跨文化的营销活动中游刃有余。

社会阶层是由具有相同或类似社会地位的社会成员组成的群体。决定社会阶层的因素大致可分为三类，包括经济因素（职业、收入和财富）、社会互动因素（声望、社会联系和社会化）、政治因素（权力、阶层意识和流动性）。社会阶层具有层级性、同质性、约束性、流动性、多维性等特点。

衡量社会阶层的方法包括单一指标法和综合指标法。前者用某个单一性指标如教育、职业、收入衡量一个人所处的社会阶层。后者采用多个指标从多方面测量一个人所处的社会阶层，往往测量更加准确。

同一社会阶层的消费者在消费支出、休闲活动、信息接受和处理、购物方式等方面存在共性，不同阶层的消费者则在上述方面存在差异。企业可以通过对社会阶层的分析，更深入了解消费者，从而制定更合适的营销策略。

练习题

参考答案　更多习题

一、名词解释题

1. 文化
2. 亚文化
3. 社会阶层

二、选择题

1. 现在很多中国人都穿西装，反映了文化的（　　）

A. 习得性　B. 动态性　C. 群体性　D. 符号性

2. 下列因素中，可以作为划分亚文化标准的是（　　）

A. 年龄　B. 性别　C. 宗教信仰　D. 民族

3. 社会阶层的决定因素包括（　　）

A. 经济因素　B. 社会互动因素　C. 政治因素　D. 收入

4. 测量社会阶层的单一指标法，常用的指标有（　　）

A. 教育　　B. 职业　　C. 社会联系　　D. 收入

5. “个体的社会交往多发生在同一社会阶层之内，而不是不同阶层之间”指的是社会阶层哪一特点（　　）

A. 层级性　　B. 同质性　　C. 约束性　　D. 流动性

三、判断题

1. 文化不可能规定一个人的一言一行，只能为大多数人提供行为和思想的边界。（　　）
2. 跨文化的消费者分析主要包括教育水平、价值观。（　　）
3. 较低社会阶层消费者，受经济条件制约，购物时比较谨慎，一般很少被骗。（　　）
4. 个体所处的社会阶层相对稳定，往往难以改变。（　　）
5. 社会阶层可以成为某些产品的市场细分指标。（　　）

四、思考题

1. 中国传统文化的特点是什么？
2. 传统文化对医药消费行为有哪些影响？
3. 社会阶层的划分有哪些方法？
4. 如何根据社会阶层来制定市场营销策略？

五、技能训练题

1. 访问一位少数民族同学或居住地差别巨大的同学，了解并报告其文化价值观、风俗、习惯与你的区别。这些差异对于医药企业的市场营销活动有何意义？

2. 访问年龄在25~50岁的技术工人、个体工商业者、大学教师、成功商人各一位，运用综合指数法的一种方法测量他们所处的社会阶层。讨论他们在消费行为上的相同点和不同点。

3. 在同一产品类别里找出两则你认为是针对不同阶层消费者的广告，解释这两则广告的差别。

六、案例分析题

案例

日化市场的黑马——云南白药集团

20世纪外国洗化集团产品强势占据了中国的洗化市场，以牙膏市场为例，譬如美国宝洁公司的高露洁和佳洁士、英国联合利华的中华牙膏是消费者耳熟能详的牙膏品牌，他们的市场占有率极高。以美国宝洁公司的佳洁士牙膏为例，佳洁士推出了能够满足各种需求的牙膏品种足足有20多种，如保持口腔清新防止上火的佳洁士茶爽牙膏、针对敏感体质消费者人群所推出的佳洁士脱敏牙膏、针对爱美人士的佳洁士酷爽炫白牙膏、针对夜间牙齿护理的夜间特效护理牙膏、防蛀牙的佳洁士防蛀牙牙膏等。另外，佳洁士的牙膏也针对不同消费者的不同消费能力推出了不同价位的牙膏，既有低价位的佳洁士盐白牙膏，也有中等价位的佳洁士珍珠美白牙膏，以及中高价位的佳洁士酷白体验牙膏。此外，佳洁士还针对儿童，推出了佳洁士儿童牙膏。

同样，中华牙膏、高露洁也拥有不同功能的牙膏，消费者的各种需求都被这几种主要的牙膏品牌所满足。相反我们国有品牌生意惨淡。两面针曾经是国产牙膏第一品牌。经过近几年的产品品牌扩展有以下几个品种，如水果薄荷、清新薄荷、茶清香、香橙味、黑加仑、盐白等，相比之下国产品牌的牙膏品种则单一许多。面对国外品牌先进的生产技术和无孔不入的市场营销，我国的国有品牌如何杀出重围成为需要认真思考的问题。

云南白药始创于1902年，云南民间名医曲焕章先生发现“百宝丹”继而建成了“曲焕章大药房”。1971年，云南白药厂正式挂牌成立，经过多年的发展，已经发展成为总销售收入逾100亿元的大型现代化股份企业。云南白药牙膏是云南白药公司在其牙膏生产技术的基础上，在主要成分中加入了止血化瘀的白药提取物以及其他中药成分，产品类型有留兰香型、薄荷香型、冬青香型、益齿白激爽、朗健牙膏等。近年来，云南白药牙膏的销售额持续增长已突破10亿元，占中国市场的10%左右。

云南白药牙膏这样一个药企功能牙膏在快速消费品领域的跨界崛起，对整个中国牙膏行业的推动是引领性的，引领的是一种功能化的行业方向，是一种价值性的高端潮流，甚至可以说，中国的牙膏行业，因云南白药牙膏的不断跨界崛起而走入了一个新的时代。云南白药牙膏的定位源起于两大惊人的市场发现：中国90%的成年人都有不同程度的口腔问题以及传统牙膏解决的大多是传统的牙齿问题。众所周知，传统牙膏大多只能解决清洁、防蛀等传统的口腔问题。清洁是牙膏的必须基础功能，防蛀是儿童时期所需求的，而成年人口腔问题除了清洁亮白还有较多的牙龈和口腔问题。这些需求是传统牙膏所不能满足的，云南白药牙膏迅速抓住了这一市场空缺，以牙膏为载体，将云南白药牙膏定位在口腔保健，加入传统的中药成分使其发挥独特功效，开启了中国非传统牙膏功能护口的新时代。

（资料来源：李德庆，张秋华．浅谈企业文化营销的作用——以云南白药牙膏成功的文化营销为例［J］．中国商论，2015，000（002）：6-7.）

分析：

1. 云南白药牙膏如何进行文化营销？

2. 医药企业可以从云南白药牙膏的营销中得到哪些启示？

PPT　　微课

第九章

影响医药消费者行为的产品因素

学习导引

知识要求

1. **掌握**　医药消费者行为中的产品因素、医药产品命名中消费者行为的要求、医药产品引导消费行为的功能和医药产品包装引导消费者行为的功能。

2. **熟悉**　医药产品商标的消费行为价值、医药消费者对包装设计的要求。

3. **了解**　医药产品的定义和整体概念、商标的定义和组成、医药产品包装的定义和构成。

能力要求

1. 熟练掌握医药产品命名的策略、医药产品商标设计和运用的策略、医药产品包装的策略。

2. 学会为医药产品进行命名、商标和包装的设计实务，具有一定的实践操作。

素质要求

树立正确的医药产品命名、商标设计和包装设计的观念，既为产品营销服务，又能符合社会道德风尚。

案例导入

医药行业的商标命名

【案例】

1. 命名一：回春　“南有回春，北有同仁”，福建回春药店始建于清乾隆庚戌年间（1790），是一家历史悠久，信誉驰名海内外的百年老药店，于1995年被国家首批授予“中华老字号”称号。“回春”取意“妙手回春”，出自粤剧《关汉卿》的第三场：“全靠大夫你回春妙手，我已经好了八九成。”回春是比喻医者医术高明，能使生命垂危的患者恢复健康，也可以隐喻药品的功效好，能让患者在服用后身体健康、有青春焕发、神采奕奕的模样，这样的命名好听、有文化内涵又有美好寓意。

2. 命名二：恒瑞　江苏恒瑞医药股份有限公司，创建于1970年，是国内最大的抗肿瘤药和手术用药的研究和生产基地，目前是国内最具创新能力的大型制药企业之一。公司命名“恒瑞”是取“恒心致远，瑞颐人生”的意思。作为专注研发的医药企业，必定要有恒心，不怕研发过程中的失败和挫折，坚持到底；作为想引领时代科技的医药企业，必要致力于远大理想、追求卓越；作为为人类健康生活不断创新的医药企业，必定要为人类造福，为人类的美好生活、美好人生奋斗。

3. 命名三：修正　修正药业集团（简称“修正药业”）是集科研、生产、营销于一体的大型现代化民营企业，公司全产品使用修正这一商标。“修正”源于“修元正本”，其含义是经过整理、提炼、改造，使之趋于正确和完美。“修”字潇洒、曲折；“正”字端庄、严谨，力求经过反反复复的过程，才能实现理想的道理，借以比喻企业推出的任何一种产品，都是经过无数的辛勤劳动、科学实验，不断地修正思想，修正处方，不断地改进工艺最终生产出领先世界的高科技含量的产品。其商标“修”为中国书法，挥洒自如；“正”则为标准宋体字，并辅以灰色调的“九宫”座标格，形成强烈对比，深稳协调，具有视觉冲击力。

【问题】

1. 请结合这三个命名，来分析下医药行业的商标命名有什么样的特点？
2. 请再举一些医药行业的商标命名，结合企业背景对命名进行分析与点评。

第一节　医药产品命名

一、医药产品的定义和整体概念

从市场营销学的角度来定义医药产品，它是指能够提供给医生、患者使用，并能满足某种利益和需要的一切物品和服务。医药产品不仅仅是指具有一定形状和用途的有形产品，也包括无形产品，它是实物、定义、服务、组织、地点和观念等的集合。

医药产品的整体概念包括三个部分，即核心产品、形式产品和附加产品。核心产品是产品整体概念中最基本和最实质的层次，它是指产品给顾客提供的基本效用和利益，是顾客需求的中心内容。医药产品用于预防和治疗人的疾病，比如感冒药，最核心的利益就是治疗感冒，缓解感冒引起的发烧、咳嗽、打喷嚏、流鼻涕等症状。形式产品是指核心产品所展示的全部外部特征，即呈现在市场上的，产品的具体形态或外在表现形式，主要包括产品的剂型、质量、规格、命名、品牌、包装等。比如感冒药有颗粒制剂、胶囊、片剂等不同剂型，也有各种不同的品牌，还有各种不同的包装款式，这些都能让消费者识别不同企业的感冒药品，根据自己的需求来选择药品。附加产品是指顾客因购买产品所得到的全部附加服务与利益，包括保证、咨询、送货、安装、维修等，这是产品的延伸或附加，它能够给顾客带来更多的利益和更大的满足。比如很多感冒药的生产企业，开设了免费咨询电话；利用官方网站、微信公众号等平台，为消费者提供贴心、全面的用药咨询，有的制药企业还为消费者免费更换过期的感冒药，为消费者提供全面周到的服务。

在医药产品的整体概念中，医药产品的命名、商标、包装属于形式产品，它们经常被称为“无声的推销员”，它们代表着产品的形象，为消费者所识别，对医药消费者的消费心理和消费行为有着重要而又深远的影响。

知识拓展

产品五层次论

产品整体概念除了三层次论外，还有一个五层次论也是为营销学者所推崇的。产品整体概念的五层次论包括核心产品、形式产品、期望产品、附加产品、潜在产品。

核心产品，即顾客真正需要的基本服务或利益；形式产品，即实现核心利益所必须的产品形式的依托；期望产品，是购买者在购买产品时通常期望或默认的一组属性和条件；附加产品，即提供超过顾客期望的服务和利益，以使把公司的提供物与竞争者的提供物区别开来；潜在产品，即该产品在将来最终可能会实现的全部附加部分和转换部分（产品将来的发展方向）。产品整体概念，是市场营销思想上的重要发展。它指明了产品是由有形特征和无形特征所构成的综合体，是一个动态的概念，这个概念的理解以市场需求为中心，把握好产品的核心产品内容可以衍生出一系列有形产品，同时也提示了企业在产品竞争的时候，在抓住核心利益，满足核心需求的情况下，可以在多个层次上展开竞争。

二、医药产品命名的消费者行为要求

产品命名，简单地说，就是运用恰当的语言文字为产品起一个名称。一个产品的名称好或者不好，会对消费者的消费心理产生非常重要的影响。产品命名心理是指产品命名要符合心理学、消费者行为学的原理，其命名能直接地、概括地反映或描述产品的形状、颜色、性质、成分、用途和产地等。

医药产品和消费者的生活息息相关、密不可分，在日常生活中，消费者常常在线上、线下药店自主购买医药产品。从消费者行为学的角度出发，医药产品的命名有以下要求。

（一）命名体现认知功能

按照消费者行为学的原理，消费者对医药产品的认识过程，是通过第一信号系统和第二信号系统的协调作用而完成的。所谓第一信号，就是产品实体，比如产品的外观、形状、色彩、声音、气味等这些客观存在的属性，具体的刺激物作用于消费者的感官，比如视觉、味觉、嗅觉、听觉、触觉等，而使人们对产品有一个直接的感受和直觉。而第二信号，则是借助于语言文字把产品实体的各种属性、具体的刺激物抽象、概括为符号，比如产品名称，作用于人的大脑，使人们通过语言文字的听、说、读、写等方式，产生消费者对具体产品的思维和认知。

简单来说，当一个产品的名称和其实质属性相符合，就有利于消费者通过产品名称尽快了解产品的特性，加快消费者认识产品的过程，更快地产生购买欲望，并且落实到实际的购买行为。比如某品牌的“安神补脑液”，从产品的命名中，消费者可以知晓服用该产品可以益气养血、强脑安神，对症治疗失眠、健忘、心神不宁等。

（二）命名体现联想功能

消费者面对医药市场上成千上万的医药产品，而且对大对数缺乏医药常识的消费者来说，不可能对每一种、每一个医药产品都了解得十分具体，进行直接的感知，而作为第二信号系统的产品名称在这个时候就会比作为第一信号系统的产品实体对医药消费者的刺激程度要广阔、深远得多。医药消费者通过对医药产品名称的联想，就可以获得对产品本体和与其相关产品的认识。如果一个医药产品的名称寓意深远，具有较好的科学性、独特性和趣味性，还能促使消费者对产品背后蕴含的历史文物、风土人情、科学知识、人物故事等产生美好的联想和向往，激发消费者积极的购买欲望和热情。比如“感康”这一感冒药的命名，就比较容易使消费者联想到服用了该药品后感冒好得快、恢复健康的功能。

（三）命名体现情感功能

情感是人们对待某种事物的态度。如果消费者对产品没有美好的情感寄托，很难会诱发购买欲望和促进购买行为的完成。一个代表产品实体的名称好不好听，吸不吸引人，都会刺激医药消费者的心理活动，引发出肯定、欣赏、愉快、好奇、喜爱、新鲜等各种正面情感，或者是引发出否定、嫌弃、愤怒、疑虑、质疑、厌恶等各种负面情感。如果在产品命名上选词精准、用词讲究，语言通畅动听，就可以很好地唤起医药消费者对医药产品的美好情感和购买欲望。这是医药产品本身的实体属性、直观目测所不能达到的。因为产品命名，要适合不同年龄、性别、民族、职业和文化背景的消费者的口味和风俗习惯，诱发他们的积极情感。比如儿科用药中，“童乐”这一命名，就赋予了孩子使用药品后，康复快乐的情感，比较容易为患儿家长所接受，引起消费者消费情感上的共鸣。

知识链接

药品名称的种类

药品名称的种类有：国际非专利名、通用名、商品名。

1. 国际非专利名　是世界卫生组织（WHO）制定的药物（原料药）的国际通用名，鉴于各国药品名称混乱，WHO 一直要求“发展、制定和推行代表生物制品、药品以及类似产品的国际标准”，并组织专家委员会从事统一药名工作，制定 INN 命名原则，与各国专业术语委员会协作，数次修订，为每一种在市场上按药品销售的活性物质起一个世界范围内都可以接受的唯一名称。

2. 中国药品通用药名（Chinese approved drug names，CADN）　是中国法定的药物名称，由国家药典委员会负责制定，包括原料药命名和制剂命名。它们分别又有比较细致、专业的规则。

3. 商品名（brand name）　也称专用名（proprietary names），是厂商为药品流通所起的专用名称，其他厂商的同一制品不可使用此名称，如法莫替丁片，由 A 药厂生产的称为“xxx”，其他厂商所生产的同样药品就不可再用此商品名。

由于不同厂商所生产的同一药品可能存在着质量差异，商品名有助于对不同产品进行区别，但是也存在着商品名泛滥状况。同一种药品的商品名可达几十个甚至上百个，不利于了解药品或阻碍学术交流。

除新的化学结构、新的活性成分的药物，以及持有化合物专利的药品外，其他品种一律不得使用商品名称。生产企业生产的同一药品，成分相同但剂型或规格不同的应当使用同一商品名称。

《药品说明书和标签管理规定》规定：药品包装上的通用名必须显著标示，单字面积必须大于商品名的两倍；在横版标签上，通用名必须在上三分之一范围内显著位置标出（竖版为右三分之一范围内）；字体颜色应当使用黑色或者白色。

三、医药产品命名的原则

课堂互动

你觉得什么样的产品名字能吸引消费者，让消费者一看就能记住？

产品名称代表具体产品而起到的信号作用，是引起医药消费者心理活动的一种特殊刺激物，能够刺激医药消费者的知觉而作用于条件反射系统，给医药消费者心理活动带来认识与记忆产品功能、性能、作用或成分。在对医药产品进行命名的时候就要注意以下一些原则。

（一）名实相符的原则

产品名称是产品实体的一个代表符号，就应与产品本身的实际情况相符合，能突出地反映产品的主要性质和功能，使医药消费者只要通过看到产品的名称或者听到产品的名称，在没有看到产品实体的情况下，就能顾名思义，对产品的某些特性有所了解，知道医药产品的基本功效和主要特征。通过产品的名称大大地缩短认识产品的过程。所以产品的名称必须和实际相符合，不能存在名实不符的情况。例如创可贴，一看名字就知道这款产品可以用于伤口创面的保护，避免伤口被污染，并且促进伤口的愈合。又比如眼轻松这款眼睛的治疗仪，属于医疗器械产品，见名思意，让消费者可以感知到这款产品的主要功能就是保护眼睛、缓解视疲劳。

（二）易于认识的原则

根据消费者对语言文字的思维规律和理解规律，医药产品的命名应注意选用广大消费者所熟悉的、通俗易懂的词语，尽量减少使用冷僻的生字、令人费解或者随意胡编乱造的词语，以及过度网络化的不规范的网络语言。此外，还要注意不用或者少用大多数消费者不明白或者不熟悉的地方方言或者土语，以及专业性极强的医学、药学名词专有术语。比如三金片，其药品的成分主要为金樱根、菝葜、羊开口、金沙藤、积雪草这几个药物，如果单纯用主要成分进行命名，用字生僻，消费者无法认知、记忆，但是用了三金片来命名，简单好记，方便消费者认知。

（三）便于记忆的原则

医药产品的命名要力求文字简单、精炼，加深消费者对产品的印象。根据人的记忆规律，最好能控制在5个字以内。切忌字数太多，且没有规律，让消费者难以记忆。同时，还要读起来响亮、顺口、好听，不要用拗口、难听的字词以及多音字等，以免增加消费者的记忆负担，从而产生对产品的厌恶和反感。比如清凉油，这一产品的命名简单、好记，消费者从使用了这种产品后的感觉——清凉，就很容易记住这个产品。

（四）启发联想的原则

医药产品的命名应该选用寓意美好深远、富有艺术感染力的词语，这样能启发人们追求美好，激发美好的联想，从而增强购买欲望，并且落实到行动。有的一语双关，非常贴切，又具有启发性。比如金嗓子喉宝，这一命名，让消费者产生使用产品后美好的联想，金嗓子喉宝，能保护嗓子，让嗓音清脆响亮，深受教师、电话客服人员、讲解员等的欢迎和喜爱。

（五）诱发情感的原则

医药产品的名称如果能突出和满足人们的情感需要，就会强化和加速医药消费者的购买行为。所以，医药产品命名时应该在反映产品性质、功能或者用途的基础上，根据医药产品的使用对象的心理特点，使用具有某种情绪色彩或者性格特征的美好词语作为产品的名字，或者是文雅别致，或者是朴实大方，或者是柔美俏丽，或者是淡雅清新，以此能更好地反映产品的个性和特色。比如某品牌的肥儿丸，该产品用于可以健胃消积，驱虫，用于治疗小儿消化不良、虫积腹痛、面黄肌瘦、食少腹胀泄泻等。产品的命名“肥儿”朴实大方，反映了产品的个性和特点，反映了父母为孩子选择该药品，希望孩子服药后吃饭香、身体好，茁壮成长，和孩子一起收获成长的喜悦。

（六）引人注意的原则

引人注意是医药产品命名的主要目的之一，非常重要。好的产品命名应能在众多同类产品名称中脱颖而出，迅速引起消费者的注意。比如“感叹号”，这一产品命名，非常容易引起人们的注意。感叹号，给消费者的第一印象是中文标点符号中的“!”，用它来命名感冒药，别出心裁，引起消费者的注意，也可以联想到使用该药后，效果不同凡响，令人感叹!

（七）避免禁忌的原则

不同国家、不同地区、不同民族会因为社会文化传统的不同有着各自的风俗、习惯、偏好和禁忌，因此在产品命名的时候需要注意各个国家、地区、民族不同的习俗和禁忌。这样既能尊重消费者，为消费者所接受，又能方便产品在该区域很好地流通，促进销售。

（八）符合社会价值观、积极向上的原则

产品的命名要积极向上，符合社会的正能量的价值观，切忌低俗不雅、切忌与社会正确的价值观相背离。好的产品命名对社会、对公众都能起到积极的引导作用，传播和弘扬美好的社会主义新风尚。

知识链接

社会主义核心价值观

社会主义核心价值观是社会主义核心价值体系的内核，体现社会主义核心价值体系的根本性质和基本特征，反映社会主义核心价值体系的丰富内涵和实践要求，是社会主义核心价值体系的高度凝练和集中表达。

党的十八大提出，倡导富强、民主、文明、和谐，倡导自由、平等、公正、法治，倡导爱国、敬业、诚信、友善，积极培育和践行社会主义核心价值观。富强、民主、文明、和谐是国家层面的价值目标，自由、平等、公正、法治是社会层面的价值取向，爱国、敬业、诚信、友善是公民个人层面的价值准则，这24个字是社会主义核心价值观的基本内容。

产品的名称在社会上、在市场具有一定的传播作用，命名的时候要弘扬社会美德、传承中华文明。

四、医药产品命名的策略

医药产品命名的策略实际上就是根据医药消费者的需要来确定产品名称的方法。目前常见的医药产品命名的策略主要有下列几种。

（一）以产品的主要效用命名

以效用命名就是用直接反映产品性能或用途的文字作为产品的名称，使医药消费者能从产品名称中直接对产品有基本了解，这是医药产品最常用的命名策略。比如咳喘灵、感冒通、心得安、速效救心丸、肝宁片、降压灵等，这些命名直接反映出产品可以治疗咳嗽、感冒，缓解心脑血管疾病、保护肝脏、降低血压等功效，经常用于非处方药的命名，比较容易被缺少医药常识的普通消费大众所接受。

（二）以产品的主要成分命名

以产品的成分命名就是将产品中所含的重要成分体现在产品的名称中，让消费者通过认识产品的名称，就能知道产品中特殊的成分或者名贵的材料或者是具有知识产权和专利的关键药物成分，使医药消费者感受到医药产品的珍奇、价值的高贵，从而促成购买行为的实现，如板蓝根冲剂、人参蜂王浆、珍珠粉，牛黄丸、黄连上清丸、乌鸡白凤丸，等等。使用药品的主要成分命名，可以使消费者非常直观地了解到产品的主要成分，特别是使用名贵的地道的中药材的药品，常常会使用这种方法。

（三）以产品的产地命名

以产地命名产品，可以体现产品的原产地特色，通常是以一些大众仰慕已久或以某些特产著称的地方作为产品名字的一部分。通过原产地命名的方式，可以给人一种真材实料、品质优异、出品地道，并且富有浓郁地方特色的感觉，从而增加消费者对医药产品的信任感，满足消费者慕名购买的心理。比如云南白药、漳州片仔癀、杭白菊、宁夏枸杞、云南文山三七粉等，一方水土养一方地道的中药材，用产地来命名，不仅凸显产品的品质，更让消费者信赖产品，促进产品的销售。

（四）以人名命名

以人名命名的医药产品主要体现在以下三种情况：第一、以医药产品首创者或发明者的名字命名，以此突出医药产品的发明专利、制作工艺等，从而赢得消费者的青睐。第二、利用医药消费者对名人仰慕、敬重、崇拜的心理，以一些杰出人士的姓名进行命名。第三、利用大众喜欢模仿或者追随的心情，用潮流热点人物、影视剧中的热门角色的名字为医药产品命名，紧跟时代的潮流，吸引消费者的眼球。

例如陈李济舒筋健腰丸、华佗再造丸、马应龙麝香痔疮栓，等等。用人名进行命名，产生明星效应，获得消费者的喜爱。

（五）以产品的制作方法或制作过程命名

以医药产品制作的方法进行命名，能够使消费者从产品的名字中就能了解到该产品与众不同的制作工艺和专利特色，从而突出该产品的精工细做或者科技品质，提高产品的威望。如九蒸九晒醇香芝麻丸，其命名显示了制作这种醇香芝麻丸的工艺非常复杂，考究到位，经过九次蒸九次晒，精制而成。

（六）以产品的外形或者色泽命名

有的医药产品，用其外形命名，能很好地体现产品的造型特色，方便消费者的形象思维和联想记忆，以形记物。也有的医药产品，用颜色进行命名，直接把产品和名称建立视觉联想，满足消费者感官的审美需求。如：宝塔糖、佛手丹、白加黑、碧云散、白降丹、紫药水等，颜色和外观的命名直观、好记。

（七）以形容词或褒义词命名

利用吉祥、喜庆的词语作为医药产品的名称，可以很好地迎合人们万事图吉利、顺心顺意的心理，符合中国消费者“讨口彩、说吉祥话”的风俗习惯。如清凉油、克咳、善存片、肠虫清、心保康等，美好的寓意给消费者带来美好的消费愿景和心情。

（八）以外文译音命名

以外文翻译的译音名字命名医药产品也非常常见。因为很多化学药品、生物药品本来就是从国外进口到国内的，用音译的名字，解决了外文翻译成中文的困难，也同时满足消费者求新、求异的消费心理。如阿司匹林等。

（九）其他命名方法

除了以上常用的命名方法外，利用数字、典故、传说、动物的名称等为产品命名也有不少，比如家喻户晓的狗皮膏药贴、羚羊角粉。

总而言之，医药产品的命名要从医药消费者的心理需求出发，掌握好产品命名的技巧。让产品的名称既能反映产品特性、清晰明了，便于消费者记忆和传播，又能讲究艺术特色，赋有强烈的感染力和吸引力，从而很好地激发消费者对产品的喜爱之情和需求欲望，最终促进产品销售。

课堂互动

根据医药产品的命名策略，请你再举一些例子，结合消费者行为学的理论进行分析。

知识链接

阿司匹林

阿司匹林是一款历史非常悠久的药物。1899年的初春，乙酰水杨酸化合物被正式命名为阿司匹林（aspirin），并在德国柏林专利局注册。西班牙哲学家加赛特（Jose O. Gasset）甚至把二十世纪称作阿司匹林的世纪。标着“A. S. P”的片剂不仅用于治感冒、发热、头痛、牙痛、关节痛、风湿病，还能抑制血小板聚集，用于预防和治疗缺血性心脏病、心绞痛、脑血栓形成，应用于血管形成术及旁路移植术也有效，近年来还发现阿司匹林或许能够治疗或延缓阿尔茨海默病、帕金森病等神经退行性疾病。此外，它对某些癌症的预防和治疗也有一定的作用。

第二节　医药产品商标

一、商标的定义和组成

课堂互动

你能举例一些家喻户晓的医药产品的商标吗？

商标，顾名思义，就是产品的标记，是市场上用来区别不同生产企业所生产和经营产品的标志。商标一般由文字、符号和图案组合而成，刻在或印在产品的表面或包装上，也有的是通过广告来显示，消费者可以通过这些特定的标记加以识别。比如同仁堂安宫牛黄丸，“同仁堂”是商标，“安宫牛黄丸”是产品名称，由“同仁堂”商标消费者可以联想其生产厂家、产品性能等。

商标作为医药产品的重要标志，不仅可以表达产品的独特性质，同时也在某种程度上代表着产品的质量和生产企业的信誉。北宋时期，山东济南有一家经营手工细针的“刘家功夫针铺”，曾在针的包装纸上印有兔的图形和“兔儿为记”的字样，以突出其产品的特色，这就是早期的商标。时至今日，在现代市场经济条件下，产品生产和产品交换高度发展，厂商林立，产品繁多，同一种医药产品往往有许多生产企业。这些生产企业之间为了争夺消费者，显示自己产品的优越性，使用商标作为市场竞争的一种手段，吸引消费者购买。而在“认牌”、即认商标购买产品的现如今，商标与人们消费活动的关系，就更加密切了。在现代的商标制度下，商标一般应按一定的法律程序进行注册，即成为注册商标。

商标的分类根据不同的标准，多种多样。按照商标使用对象的不同，可以分为产品商标和服务商标；按照商标表现方式的不同，可以分为文字商标、图形商标、文字和图形组合商标；按照商标是否具有法律保护的专用权的不同，可以分为注册商标和非注册商标；按照商标的知名度的不同，可以分为驰名商标和一般商标；按照商标申请人国籍的不同，可以分为本国商标和外国商标，等等。商标是企业的无形资产，商标一经商标局核准即为注册商标，商标注册人享有商标的使用权、禁止权、转让权和许可使用权，具有排他性，受法律保护。

商标与产品是两个不同的概念。产品主要体现的是辨别功能，将一个产品与另一个产品区别开来，而商标则传递更丰富的内容、价值、个性和文化。产品可能很快就过时落伍，而家喻户晓的注册商标却能经久不衰。产品是具体的存在，被生产部门生产出来，而商标存在于消费者的认知中，存在于市场和消费环节中。产品重在设计和质量，而商标重在传播和与消费者的沟通。企业生产的是产品，而在市场上运营的是商标，是企业和消费者的沟通。

知识链接

《中华人民共和国商标法》和国家知识产权局商标局

《中华人民共和国商标法》经1982年8月23日五届全国人大常委会第24议通过。《商标法》分总则，商标注册的申请，商标注册的审查和核准，注册商标的续展、变更、转让和使用许可，注册商标的无效宣告，商标使用的管理，注册商标专用权的保护，附则73条，自1983年3月1日起施行。现行使用的是2019年、经过第四次修正的《商标法》。国家知识产权局商标局是我国现今对商标进行管理的部门。新中国成立后，我国的商标注册工作先后由中央私营企业局和中央工商行政管理局主管。1978年国家恢复工商行政管理机关后，内设商标局，主管全国商标注册和管理工作。2018年3月，中共中央印发《深化党和国家机构改革方案》，将国家知识产权局的职责、国家工商行政管理总局的商标管理职责、国家质量监督检验检疫总局的原产地地理标志管理职责整合，重新组建国家知识产权局，由国家市场监督管理总局管理。

2018年11月15日《中央编办关于国家知识产权局所属事业单位机构编制的批复》（中央编办复字〔2018〕114号）规定，将原国家工商行政管理总局商标局、商标评审委、商标审查协作中心整合为国家知识产权局商标局，2019年3月26日《国家知识产权局关于印发〈商标局职能配置、内设机构和人员编制规定〉的通知》（国知发人字〔2019〕19号）规定，商标局主要职责为：承担商标审查注册、行政裁决等具体工作；参与商标法及其实施条例、规章、规范性文件的研究制定；参与规范商标注册行为；参与商标领域政策研究；参与商标信息化建设、商标信息研究分析和传播利用工作；承担对商标审查协作单位的业务指导工作；组织商标审查队伍的教育和培训；完成国家知识产权局交办的其他事项。

二、医药产品商标的消费行为价值

一个好的商标能给消费者的消费心理带来一定的价值，影响和促进消费者的购买行为，不仅能为消费者带来良好的消费的体验，而且也能为企业带来价值的提升。

商标的消费行为价值主要体现在以下几个方面。

（一）商标可以体现产品的属性和价值

商标是企业赋予产品的名称、符号，它代表了产品，也代表了企业，传递了特定的产品信息和企业信息给消费者。例如“同仁堂”这一商标，就表现出其产品百年传承、质量可靠、值得信赖的属性，让人看到商标就联想到其“炮制虽繁必不敢省人工，品味虽贵必不敢减物力”的古训。

（二）商标可以体现产品的利益

一个商标绝不仅仅限于一组属性，消费者购买的是产品带来的利益而不是购买属性。产品的属性需要转换成功能和情感利益。“质量可靠”会提高消费者服药后的效果，给消费者带来药到病除的利益，使消费者尽快康复。

（三）商标可以体现产品的文化价值

文化特质经过一段时间的沉积，往往能呈现出来商标的文化气质。它是社会物质形态和精神形态的统一性，是消费心理和文化价值取向的结合。商标文化与社会文化、企业文化、包装文化、设计文化、服务文化等相关联，文化与商标相辅相成、相映成辉，没有文化就不可能创造商标，更不可能成就商标。

（四）商标可以体现产品的个性

每一个商标代表着产品的个性和企业的个性，从商标中可以体会到产品、企业的与众不同。通过商标，消费者可以体会、接受企业想传递给消费者的产品气质和个性，而这种个性往往也会和消费者自身的个性相契合。

（五）商标可以体现产品的使用者形象与价值

商标可以体现购买或者使用这种产品的消费者的形象与个人价值，它能代表消费者的文化、个性、品味、气质、年龄、受教育程度、社会地位等，这对于企业进行市场细分、目标市场选择和市场定位有非常大的帮助。使用者形象是驱动商标形象的重要因素，商标形象与使用者形象的结合可以通过“其实自我形象”来实现，即通过使用者内心对自我的认识来实现联想；也可以通过“理想自我形象”来联结，即通过使用者对自己的期望及期望的形象状态来实现。这两种实现的方式从心理学的角度讲往往是借助了人们对自己的评判，认为自己从属于一个群体或希望从属于一个群体就应该有这样那样的行为。

知识链接

同仁堂的商标文化和古训

同仁堂商标创始人乐显扬认为“可以养生、可以济人者，惟医药为最”，并把“同仁”二字命名为堂名，认为“公而雅”。《周易》“同人卦”天火同仁，象征同类会聚、齐心无私、协力经营共同事业，因此卦辞曰“亨”，即通达顺利；汉黄石公《素书·安礼》“同仁”一词，指同行仁德者；韩愈《清边郡王杨燕奇碑文》用“同仁”一词，取一视同仁之意。乐显扬融合上述三意，命为堂名，既包含了儒家推崇的“天下为公”的思想，又蕴含了《尔雅》关于“义”、“正”的道德要求。

“同修仁德，济世养生”是对同仁堂作为中医药企业的初心、使命和精神的新概括、新总结，表达的是同仁堂人立志以服务人类健康为己任的理想和追求。

同仁堂闻名遐迩的古训是“炮制虽繁必不敢省人工、品味虽贵必不敢减物力”。简称为“两个必不敢”，始见于1706年同仁堂药店创始人乐凤鸣编写的《同仁堂药目叙》，是同仁堂人恪守至今的古训。“两个必不敢”的本意是：不论制作过程多么繁琐、工艺多么复杂，为确保疗效显著，不敢有半点懈怠而节省步骤；不论中药配方的成本多么高昂、药材多么稀缺，为出珍品，不敢有半点吝啬而省物料。“两个必不敢”体现的是以诚信精神为基础的质量观。同仁堂人在此基础上总结出“诚信为本，药德为魂”的经营理念和“德、诚、信”三字企业真经等行为准则，保证了“疗效显著”，实现了“济世养生”的理想。

三、医药产品商标引导消费行为的功能

课堂互动

请以一些具体的医药产品为例，来说明其商标是如何引导消费者消费的？

在现实消费购买中，总是可以发现有许多医药消费者对某类产品的选择和购买，往往是对某商标的产品有着特别的好感和偏爱，甚至非它不买。这就说明，商标具有可以体现产品的属性和价值、体现消费者个性和价值，以及体现生产企业信誉和品质的作用，此外，商标还具有积极促进消费者购买引导的功能，具体来说主要体现在以下五个方面。

（一）识别功能

由于商标可以区分不同生产企业的产品，尤其是同类但质量不同的产品的重要标志，因而消费者能透过商标识别不同种类、质量、性质、规格、剂型。消费者根据自己的爱好和需要进行比较、选购；同时，消费者还通过商标识别医药产品的来源和生产企业，以便得到咨询、更换产品等售前、售中和售后的附加服务。比如氨酚黄那敏颗粒可以用于治疗感冒，市场上销售的氨酚黄那敏颗粒，具有相同的化学成分、剂型和规格，能让消费者用来区分各生产企业的氨酚黄那敏颗粒的就是产品的商标。消费者往往会根据自己的喜好、医生或他人的推荐以及广告的引导，来选择指定商标的产品进行购买。

（二）传播和促销功能

商标是产品的形象标志，显明而具体，因而消费者通过其视觉，很快接受产品信息的传导。一个设计出色、给人印象深刻、具有好感的商标，能和广告一样，起到宣传产品的作用，把它所代表的产品迅速地、更大范围地传播到社会上，并给消费者留下深刻的印象。所以有人把商标称为“微型广告”。例如一看到“999”三个数字，人们很快能想到三九药业旗下的产品，“999”这一商标家喻户晓、名声在外，哪怕没有广告，商标本身也具有非常好的传播和促销功能，促进产品的销售。

（三）强化和提示功能

商标是决定消费者购买意向的一种提示物。当消费者在购买和使用产品的实践中，体验到某种商标的产品使其最为满意，这个商标就很容易给其留下深刻而良好的印象。当其再次购买产品时，就首选这个商标，形成了一种“认牌”购物的心理，这就是商标的提示功能。一个好的产品的商标会强化消费者的重复购买行为，“刺激—反应—消费”这一消费者购买心理模型，在消费者的购买中起到作用，消费者甚至将这种强化和提示扩展到同一商标旗下的其他产品，产生连锁的“名牌效应”和消费者的消费偏好。消费者一旦形成对某一商标的偏好，就可以减少消费者消费失调行为，从而获得一种满足，再继续购买该商标的产品时，就会认为他们购买了同类较好的产品，获得一种满足。因此，企业必须不断提高产品质量，积极培树商标信誉，才能在市场竞争中，永立于不败之地。

（四）保护功能

医药产品的商标是需要生产企业在工商管理部门进行申请、登记和审批，获得该商标的实用专利，受到国家法律保护，不允许企业和个人冒用或者仿用，所以有商标的产品，对于消费者和生产者来说都是一种有力的保护，可以免受假冒伪劣产品的侵害，认准商标购买，最大程度上减少购买中的不确定因素和风险。所以消费者在购买医药产品时往往认准驰名商标的产品进行购买，可以增加保护的信赖感。

（五）标准统一功能

具有商标，特别是统一商标的产品，往往有利于消费者鉴别其质量，因为拥有同一商标的企业的产品，质量往往具有统一的标准。如果同一商标所属的产品，质量参差不齐，鱼龙混杂的话，反而会砸了企业的牌子，影响到企业之前产品的销售。

知识拓展

商标保护的法律知识

商标保护是指对商标依法进行保护的行为、活动，也是指对商标进行保护的制度（程序法或实体法）。商标保护是通过商标注册，确保商标注册人享有用以标明商品或服务，或者许可他人使用以获取报酬的专用权，而使商标注册人及商标使用人受到保护。

商标保护有两种方式：一种是由国家各级工商行政管理部门或公安经济侦查部门主动行使权力对主管辖区内发生的假冒注册商标、商标侵权案件进行依法查处；另一种是由企业、个人向上述两个权力部门举报商标违法、犯罪行为或由相关商标使用权人向法院起诉商标侵权。

商标保护期限自商标注册公告之日起十年，但期满之后，需要另外缴付费用，即可对商标予以续展，次数不限，续展要在规定的续展期内办理。

四、医药产品商标设计的策略

设计一个优秀的商标，通过对商标的巧妙构思和精心设计，吸引消费者的注意，让消费者认识并产生联想和好感。由美国著名设计大师雷蒙德·罗维设计的“可口可乐”商标，其之所以驰名全球，就是因为商标的字体优美，色彩鲜明，图形独特，而博得人们的喜爱，并使“可口可乐”身价百倍。

商标设计的灵活性很大，它可以由文字、图形、符号、字母等要素单独或综合组成，也可以以厂名、山水风景、名胜古迹、花草树木、鸟兽鱼虫等作为设计题材，关键在于设计技巧。一个好的商标，就是运用各种设计元素，进行巧妙地组合，让其对消费者的消费心理产生积极促进的影响，不能造成消费者在购买产品时识别上的困难或混乱，更不能触犯消费者的习惯和忌讳。因此，要适应消费者的各种心理需要，在医药产品的商标设计中运用以下一些策略。

（一）独特新颖、别出心裁

商标设计很重要的一点在于区别其他商标，突出本企业、本产品的特性。因此，商标的设计必须独出心裁，标新立异，创造独特风格，使之具有显著的差别性、专用性和提示性。在商标的设计上，最忌的就是雷同、一般化，那会使消费者不易区分，印象淡漠，过目即忘，甚至引起厌倦、反感等消极情绪。商标设计的独特性，首先要求把产品的特点融进商标中，使消费者易于识别与记忆，再给予适当的艺术加工，引人注目。

（二）简洁明快、好读好记

心理学表明，人在单位时间内所接受的信息量是有限的。在消费者对商标注意的极短时间里，如果其形象或文字表达过于复杂、过于晦涩，消费者则不易识别与记忆。在现代市场营销活动中，商标作为一种宣传产品的重要手段，必须用简洁明快、单纯醒目，易懂、易读、易记的文字和图案，才能起到准确、广泛、迅速传播的效果。商标的名称要易于上口，难发音或音韵不好的字，也都不宜作名称。

比如哈药集团制药六厂的儿科用药，取名“护彤”，这一商标名称简洁、明快，易于上口发音，并且谐音“护童”，取意保护儿童、呵护儿童，很容易被消费者记住，也有利于商标的传播。

（三）美感美意、富有艺术

商标的图案在设计的时候要运用美学的理念，从外形到颜色要符合美学的欣赏，让无法用语言表达，但可以被识别的部分，与商标的文字部分相得益彰、相映生辉。而商标的文字在设计的时候则要力求寓意美好，正如人的名字普遍带有某种寓意一样，商标也应包含与产品或企业相关的寓意，让消费者能从中得到有关企业或产品的愉快联想，进而产生对商标的认知或偏好。如果商标命名不当，很容易引起人们的反感，甚至是引起法律纠纷。

比如贵州益佰制药的“克咳”，治疗咳嗽，该产品的商标克咳取意攻克咳嗽，不仅传递了该药品的功能与用途，而且也寓意服用了该药品的患者能攻克咳嗽，早日恢复健康的美好寓意，这样的商标名称，给人以有美好愿望的期盼，能很好地促进商标的传播和产品的销售。

（四）入乡随俗、避免禁忌

俗话说，“入乡随俗”，商标在设计的过程中一定要尊重风俗习惯，考虑周到，避免各种禁忌，以免影响日后产品在市场上的销售，甚至是引来不必要的法律纠纷。

商标设计一定要充分了解目标消费者所在的国家、地区的种族制度、历史文化、宗教、风俗、语言等情况，有意识地采用当地喜好的吉利标志，避免采用目标消费者忌讳的，或容易产生误会、反感、甚至是使人望而生畏的文字、符号、图案、颜色等。

不同的国家和地区不仅存在物品上的禁忌，比如“白象”在英语中是“大而无用的东西”、“芳芳”（FANGFANG）是“毒蛇的毒牙”；印度人忌讳新月图形、日本人忌讳荷花、意大利人忌讳菊花、信奉伊斯兰教的人忌猪、北非人忌狗，等等。还存在颜色上的禁忌，比如伊拉克人忌讳用蓝色，巴西人忌讳用紫色，新加坡和瑞士人忌讳用黑色，伊斯兰教地区忌讳用黄色，等等。所以很多著名的企业在商标设计的过程中重金聘请心理学家、社会学家、经济学家、语言学家和民俗专家一起来参与，出谋划策。

（五）遵纪守法、诚实守信

商标设计的过程中，还需要遵守本国或目标销售国家关于商标上面的法规，比如商标的内容不得与本国或外国的国家名称、国旗、国徽、军旗、勋章等相同或相近，也不得与国际组织的旗帜、徽记、名称相同或近似，不得与奥林匹克的“五连环”会徽相同或相似等，商标禁止用“红十字”“红新月”的相同或相似的名称或图形作为商标等。

此外，商标的名称还要遵守社会公共道德，发扬社会文明的新风尚，不能为了所谓的标新立异，设计内容低俗、有悖于社会文明的商标，这样的商标不利于市场上的促销和传播，不能向消费者传递文明的产品信息，更不能为企业和社会创造经济价值，是社会效益和经济效益的双重失败。所以好的商标一定是能打动消费者，促进消费者的购买行为，使企业获得精神文明和物质文明的双丰收。

课堂互动

请运用商标设计的策略，为你所在的班集体、学院设计一个“商标”，并来说说你的设计理念。

五、医药产品商标运用的策略

医药产品的商标运用策略主要涉及是否用商标、用谁的商标、商标的名字使用决策问题，商标的战略决策以及更改商标等。一般来说主要有以下六种策略可以使用，这些策略共同促进产品和企业在医药市场上的营销。

（一）使用与不使用商标策略

从医药消费者的消费习惯和购买行为来看，大多数产品需要使用商标，以方便和促进消费者的购买活动。不用商标的营销者的目的往往是为了节约广告和包装费用，降低成本和售价，吸引低收入的购买者。但是面对日趋激烈的市场竞争，就比如大蒜、蔬菜这样的农贸产品都有自己的商标，更何况是医药产品。所以大多数医药产品都会使用商标，除非是个别中药材、中药饮片。

使用了商标的医药产品，通过树立商标、进行广告宣传，来不断提升知名度和美誉度，从而增加消费者对本商标、本产品、本企业的识别、认同，进而增加产品的销售量。

早些年，我们国家出口国际市场的人参就没有使用商标，包装也非常粗糙，结果韩国从我们国家进口了大量的人参，冠以响亮的商标，加以优质的包装，再以数百倍的价格在国际市场上出售，占据当时全球人参市场97%的份额，不仅获得了市场的占有率和产品的知名度，还获得了丰厚的利润，可谓是“名利双收”。

（二）制造者商标与中间商商标使用策略

医药产品的商标通常有三种方式可以选择，即制造商商标策略、中间商商标策略，或者混合商标策略。商标的归属问题，也决定了对产品和商标的管理和负责主体。

1. 制造商商标策略　对于绝大多数的企业来说，商标是产品制造商的标志，即所谓的厂牌。这是因为医药产品的研发、生产、质量都由生产企业负责，商标的设计、特色等也是由生产企业来决定。随着医药市场的竞争不断激烈，企业要在市场上占据竞争地位和竞争优势，就必须形成自己特有的形象和声誉，提高知名度和美誉度，吸引广大消费者购买其产品，收获创立自主商标的收益。比如近年来，我国医药产品的生产企业创立了不少响亮的、品牌价值高的商标，比如哈药、白云山、海王、太极等。

2. 中间商商标策略　主要是产品的生产企业因为自身资源和能力原因，面对激烈竞争的市场，无法自主创立并打响商标，只能将其生产的产品卖给其他中间商，由中间商创立一个商标，在市场上销售该产品，或者直接使用中间商在市场上的商标。由于医药产品的特殊性，需要严格落实医药产品生产者的责任，这种中间商商标策略的使用并不常见。但是在其他零售行业、特别是快速消费品行业中则较为常见。比如华润万家等连锁超市，都有自有商标的产品供应，这些产品往往是中小企业生产的，经过中间商的严格检验和品质认可，同意其使用中间商的商标，借助中间商商标的知名度、美誉度来拓展市场，促进销售。

3. 混合商标策略　制造商对所生产的部分产品使用自己的商标，而对另一部分产品使用中间商商标，将两种商标归属策略混合使用。

一般来说，制造商自己具有良好的市场声誉则多用制造者商标，只是在制造商声誉不及中间商，或广大消费者还不了解、不熟悉该企业推向市场的产品的情况下，才采用中间商商标。这样的混合商标策略，也是先利用中间商商标去开拓市场，等到产品适应了市场，为广大消费者所接受和信任后，再转用制造者商标。这种策略，对于开发新产品，扩大产品销路，有一定的作用。但是鉴于医药产品的特殊性，这种混合商标策略的使用还不多见，必须谨慎使用。进行商标使用者决策时，要结合具体情况，充分考虑制造商与中间商的实力对比，以求客观地做出决策。

（三）统一商标与个别商标使用策略

课堂互动

请寻找医药行业中，使用统一商标与个别商标的例子，在寻找例子的基础上，运用对比分析的方法，试着分析企业使用同一商标和个别商标的优缺点。

医药产品的商标通常有三种策略可以选择，即统一商标策略、个别商标策略或者个别商标与企业名称联合使用的策略。这三种策略，在医药产品的商标策略中根据产品的实际情况，都被广泛使用。

1. 统一商标策略　是指企业对所生产的所有产品都使用同一商标，比如北京同仁堂集团有限公司生产的各类药品、保健品、医疗器械以及生产、流通领域，都是使用“同仁堂”这一统一商标。使用统一商标策略的优点是企业可以树立统一商标，建立统一的商标体系和广告传播体系，这样能大大地节约商标设计费用和广告费用，并且有利于消除消费者对企业新产品的不信任感和顾虑，带动新产品的销售，也持久地维护产品和企业整体的威望和美誉。

但是运用这种策略也有缺点，当所有的产品统一使用商标，而产品本身在档次上、质量上又有明显差异时，就不太适用。因为档次低、质量欠佳的产品会影响到档次高、质量好的产品的声誉和销售，也会损害选择高档质优产品的消费者的消费感受。此外，使用统一商标策略的时候，任何一个产品发生质量问题都会影响到其他产品，所以使用该策略的时候要特别注意，以免产生“株连效应”。

2. 个别商标策略　是企业对不同类别或质量不同的产品，采用独立的、不同的商标。个别商标策略适用于企业产品类别较多，产品系列之间关联程度较小，生产技术差异大或同类产品在品种、品质上有明显差别的情况。个别商标策略有利于每种产品寻求不同的细分市场和市场定位，满足不同消费者的需求，有利于企业开发产品、开拓市场，还可以使企业为每一新产品寻求最佳的商标，而不必把高档优质产品的商标引进较低质量的产品线；每个新的商标都可以造成新的刺激，建立新信念，有利于企业产品向多个细节市场渗透。此外设计多个商标，也可以分散经营风险，不会因为某一商标的信誉下降而承担较大的风险，在一定程度上避免因某一产品失败而殃及企业所有产品的情况。同时使用个别商标策略，也可以促进企业内部各个产品部门之间的竞争，增加企业的整体销售业绩。

个别商标策略可以选择不同产品分别使用不同的商标，也可以选择不同类的产品（即不同产品线）使用不同的商标。比如马应龙药业集团旗下，治疗痔疮的药品都选用“马应龙”这一商标，而大健康类的产品消化饼干选用“蔬通宝”这一商标，这样的个别商标策略使用，不会造成消费者在购买产品时候的不适感。

使用个别商标策略也有一些缺点，主要是企业的商标太多，都需要进行设计、管理、经营，在市场上需要进行传播和促销，这大大地增加了企业的各项费用负担，同时一定程度上也不利于企业创立驰名商标，削弱各个商标的市场竞争力和价值。

3. 个别商标与企业名称联合使用的策略　即采用个别商标与企业名称联合使用的策略，这样可以兼收二者的优点，规避两者的缺点，发挥最大的优势。在这一策略下，企业对不同类别的产品分别采取不同的商标名称，且在个别商标名称之前都加上企业的名称，企业常常会把这种策略用于新产品的开发。

在新产品的商标名称上加上企业的名称，可以使新产品享受企业的声誉，节约广告促销费用，使消费者更快地接受新产品，而采用不同的品牌名称，又可使各种新产品保持独立，彰显自己的特色，具有个性化。

（四）商标延伸策略

商标延伸策略是指企业利用一个现有的商标到一个新的产品上，即企业将现有成功的商标，用于新产品或修正过的产品上。商标延伸策略并非只借用表面上的商标名称，而是对整个商标资产的整体使用，是实现商标无形资产转移、发展的有效途径。商标延伸策略的优点在于它可以加快新产品的定位，保证新产品投资决策的快捷准确，有助于减少新产品的市场风险，大大缩短被消费者认知、认同、接受、信任的过程，极为有效地防范了新产品的市场风险，并且可以节省管理、广告、营销费用的开支，节约成本。使用了商标延伸的新产品，与同类竞争产品相比，站在了一个更高的起点，具备了立于不败之地的竞争能力。

当然商标延伸策略也有缺点，比如使用不当，有可能损害原有商标的形象，或者当延伸新产品与原产品的品类差异过大，产生的不适合的延伸有悖于消费心理，对新旧产品的营销都有负面的影响。

（五）合作商标策略

合作商标策略是两个或更多的商标在一个产品上联合起来。每个商标都期望另一个商标能强化整体的形象或购买意愿。合作品牌的形式有多种。一种是中间商合作商标，即企业商标联名中间商的商标，这有利于产品铺设渠道，促进销售；另一种是两家制造商联合使用商标，属于强强联手，共创强势品牌，以此增加市场竞争力。

（六）商标重新定位策略

商标常常显现的是产品的定位，当产品的定位不合适的时候，商标也随着需要进行调整，进行重新定位。重新定位的原因是多方面的，如消费者偏好发生转移，或者公司准备进入一个新的细分市场，或者市场上出现相近产品的竞争。重新定位的目的是为了使现有产品与竞争者产品具有不同的特点。企业在使用商标重新定位策略的时候要考虑更改商标、重新定位需要的包括产品品质改变费、包装费和广告费的成本，一般来说，重新定位跨度越大，所需成本越高。其次也要考虑商标重新定位后所产生的收益，在权衡成本和收益的基础上，做出合理的商标重新定位决策。

无论企业采用何种商标策略，都必须从企业、产品和市场的实际情况出发，整合资源，合理运营商标，为产品在市场上获取强有力的竞争力，为消费者所接受、喜欢，最终达到好的销售效果。

第三节　医药产品的包装

一、医药产品包装的定义和构成

课堂互动

请选择市面上不同类型、不同功效、不同剂型的医药产品，来分析其包装的构成和特色。

包装是指保护产品质量和便于流通的容器或包扎物。它是产品策略的重要内容，是产品不可分割的一部分，产品只有完成了包装流程后，其生产过程才算结束。包装的静态含义是指产品的容器及包扎物；包装的动态含义是指盛装或包扎产品的活动。

常见的产品包装分为三个层次，即内包装、中包装和外包装。内包装是指直接接触产品的容器，比如止咳糖浆，直接装糖浆、药液的包装就是内包装。中包装，又称销售包装，是居于中层用来保护内包装的包装，它常常为内包装提供了进一步的保护，又为产品提供了促销机会，比如止咳糖浆瓶子外面的纸盒包装。外包装，又称储运包装，是方便产品辨认、储运、物流所需的包装，比如容纳 500 瓶止咳糖浆的大纸箱就是外包装。

包装的构成要素主要有包装物的材料、图案、商标、颜色、形状、构造、大小等因素。在包装的过程中，要考虑包装形状、尺寸大小、包装的构造、包装的材料和包装上的文字说明等元素。包装属于产品整体概念中的形式产品，占有重要的地位。在现代市场营销中，包装的重要意义已经远远超过了作为容器保护产品的功能，它已经成为树立企业形象，促进和扩大产品销售的重要因素之一。尤其是市场上针对最终消费者的包装，它能体现广告宣传所塑造的产品形象，有时候包装甚至代替了营业员的推销作用。

二、医药产品包装引导消费行为的功能

古代有买椟还珠这一经典的故事，说的就是一个郑国人从楚国商人那里买了一颗珍珠，装这颗珍珠的木盒子非常精美，最后那个商人将包装盒子留下，而把珍珠还给了卖家。为什么商人留下了包装盒，却归还了珍珠，究其原因，原来是因为放珍珠的包装盒非常的精美，非常的豪华，这个包装盒“为木兰之柜”即用高贵的木兰木制作，再“熏以桂椒”即用名贵的香料熏过，又“缀以珠玉”，即用闪亮的珠宝玉器镶嵌，结果这个过于豪华的包装盒夺走了盒中宝物的光泽。难怪这个郑国的商人要包装盒不要珍珠了。从这个经典的历史小故事中我们可以看到消费者选购产品的时候，产品包装的重要性，虽然消费者取舍产品的时候注重的是产品的本身和实质，但是包装也是一个无声的推销员，它对消费者购买产品有一定的刺激和引导作用。

（一）激发消费者对产品的购买动机

包装是产品的外在表现，等同于人的脸面和衣着。它作为产品的第一印象进入消费者的视野，冲击着消费者购买与否的心理。很多消费者在选购产品的时候，往往是受到包装的吸引而购买的。一些轻巧、便利的包装造型，新、奇、特的包装形式，或者包装上别致独特的图案，简洁悦目的文字、和谐宜人的色彩，都能给消费者以较好的视觉刺激，产生心理上美的感受，从而唤起消费者浓厚的兴趣和强烈的购买欲望。比如儿科用药的包装，往往色彩鲜艳，选用小白兔、小熊猫等可爱的动物卡通图像，以此迎合小朋友的消费心理。通过包装的可爱吸引人，从而减少小朋友对服药的抗拒心理。

（二）促进消费者对产品的认知

包装是产品的显示窗口。医药消费者在选购医药产品时，首先看到的、接触到的就是产品的外包装，而不是产品本身。特别是在医药产品的陈列中，消费者往往看到的是产品的中包装，即销售包装，它能启发人们对产品本身的认知。因为医药产品的包装形式多样，包装上的通用名、商品名、文字、图案等能直接或者间接反映产品的形象和特征，尤其是医药产品包装上有关医药产品的成分、构造、使用方法、注意事项以及生产企业等信息，能使消费者迅速了解该产品的特点，并区别于其他厂家的产品。

（三）形成消费者对产品的印象

包装的好坏常常影响着医药消费者对产品本身的印象和评价。比如将同样的中药材分别放置在一个古色古香的木质盒子里和一个普通的塑料盒子里，请消费者品鉴它们的质量优劣。结果绝大多数的消费者会认为塑料盒子里的中药材的质量要比木质盒子里的中药材的质量差很多，这显然是消费者的心理作用。因为参与品鉴的消费者对不同容器内的中药材已经有了一个先决印象，认为古色古香的木质盒子里的中药材一定更正宗，质量更有保证，而用普通的塑料盒子装的中药材的质量显得马马虎虎，不被信赖。

因此在医药产品的销售过程中，要注意产品的特点和产品的包装相匹配，也要通过包装提升产品给消费者的印象，不能出现一流质量、二流包装，最终导致三流价格的情况。比如早些年，我国出口的名

贵药材——人参，用麻袋或木箱包装，这种“稻草包珍珠”的包装方式，不能不让人对其产品的真实性表示怀疑，同时也极大地降低了人参的身价，结果价格低、销路差。后来改用小包装，配上绸缎锦盒，这雅致大方的“装束”使人参的稀有珍贵充分被表现出来了，利润倍增。

三、医药消费者对包装设计的要求

医药产品除了一些不需要包装的原材料类型的中药材和体积特别庞大的产品，如医疗仪器等大包装产品外，大众类的医药产品都需要不同形式、不同类型的包装。面对品种繁多、性质各有差异的医药产品，在进行不同的包装设计的时候，需要掌握化学、物理学、材料学、人体工程学等多种知识，还需要运用美学、心理学、市场营销学、广告学等经管类的理论知识，通过不断改进包装的形式和材料，美化包装形象，来满足消费者对包装美感的心理需求，同时又符合包装的行业要求。

（一）注重实用功能

保护好产品是包装最基本的功能。由于医药产品的特殊性，其存在气、液、固、粉、胶、糊等物理状态和易潮、易碎、怕光、易挥发、腐蚀等化学性质，因此医药产品的包装设计首先要考虑选择合理的包装材质和包装结构及包装形式，有效地保护好产品，确保产品不变质，并保证消费者在购买、携带、储运、保管、使用医药产品的过程中的安全性与便利性。药品的剂型有片剂、胶囊剂、注射剂、贴剂、粉针剂等多种形式，对于温度、潮湿度、光照等都有不同的要求，医药企业在进行药品包装的时候应该采取防潮、防热、防冷、防污染、防光照等防护措施，以保证药品的质量。

有些药品不适合用塑料瓶包装，并且遇光容易变质，那就需要用棕色的玻璃瓶进行包装，而玻璃瓶属于易碎易损的材料，这时候就需要做好中包装和内包装之间的缓冲保护，使用充气颗粒塑料纸、瓦楞塑料垫纸、弹性塑料等材料，做好防压、防震的措施。又比如中药饮片具有易串味、易吸附异味的特点，在对中药饮片进行包装的时候应该选择不带气味的包装材质和方式，最好能真空包装。此外，一些产品，比如双氧水，家用的包装为50~100ml小瓶，而医院用双氧水则需要更大的容量包装。又比如一些喷雾剂产品，易挥发，需要采用喷雾装置配合密闭灌装，这样方便消费者使用，均匀喷雾。所以医药产品的种类多种多样，非常讲究包装的方式方法，需要具体产品采取具体的包装措施。

知识拓展

药品包装材料

药品包装材料的分类可以有多种标准。①按化学成分分为五类：玻璃、塑料、橡胶、金属和复合材料；②按所使用的形状分为四类：容器（口服固体药用高密度聚乙烯瓶等），片、膜、袋（聚氯乙烯固体药用硬片、药用复合膜、袋等），塞（药用氯化丁基橡胶塞），盖（口服液瓶撕拉铝盖）。

药品包装材料要有好的力学性能（弹性、强度、塑性、韧性、脆性）、物理性能（密度、吸湿度、阻隔性、导热性、耐热性和耐寒性）、化学性能、加工（成型）性能、生物安全性（卫生性）、无污染、能自然分解和易于回收利用的性能。

药品包装材料的管理分类主要有：①实施Ⅰ类管理的药包材产品。药用丁基橡胶瓶塞、药品包装用PTP铝箔、药用PVC硬片、药用塑料复合硬片、复合膜（袋）、塑料输液瓶（袋）、固体、液体药用塑料瓶、塑料滴眼剂瓶、软膏管、气雾剂喷雾阀门、抗生素瓶铝塑组合盖、其他接触药品直接使用药包材产品。②实施Ⅱ类管理的药包材产品。药用玻璃管、玻璃输液瓶、玻璃模制抗生素瓶、玻璃管制抗生素瓶、玻璃模制口服液瓶、玻璃管制口服液瓶、玻璃（黄料、白料）药瓶、安瓿、玻璃滴眼剂瓶、输液瓶天然胶塞、抗生素瓶天然胶塞、气雾剂罐、瓶盖橡胶垫片（垫圈）、输液瓶涤纶膜、陶瓷药瓶、中药丸塑料球壳、其他接触药品便于清洗、消毒灭菌的药包材产品。

③实施Ⅲ类管理的药包材产品。抗生素瓶铝（合金铝）盖，输液瓶铝（合金铝），铝塑组合盖，口服液瓶铝（合金铝）、铝塑组合盖，除实施Ⅱ、Ⅲ类管理以外其他可能直接影响药品质量的药包材产品。

未来药品包装材料使用的趋势主要有：①使用可被降解的高分子材料，倡导低碳绿色；②使用防水防光材料，保证较高的阻隔性；③使用小剂量包装形式，流行少量保护和微包装；④使用高强度抗菌自洁净材料，保证药品质量减少细菌污染；⑤推行纳米包装材料，将纳米高科技融入医药包装。

（二）显示医药产品的特色和风格

为了使消费者更好地认识、了解医药产品实体，医药产品的包装设计中应力求直接或简洁地反映出产品形象，准确传递产品信息，起到锦上添花的作用。中药类产品可以设计得古朴典雅，如某川贝枇杷膏包装以红色、黄色为主题，装饰古色古香的花纹，包装整体非常契合产品的特色，恰如其分。化学药品、生物制剂则可以设计得新颖一些，体现时代科技力量。又比如中药饮片可以采用透明式或者开窗式包装，直接显露中药饮片的形状、色泽、品质等，让消费者可以看到饮片本身，从视觉上判断饮片的质量。

在医药产品的包装物上选用效果逼真、构图精美的产品实体或者使用摄影或绘画效果好的图片来间接反映产品的形象。同时，各种包装设计，无论在造型、体积、重量、色彩、图案等方面，应该力求与产品的特点、价值和使用者的个性心理相吻合，取得包装与产品在消费心理上的协调，能给消费者某种意象去认识产品的特质。比如女性医药产品的包装可以选择颜色柔和温馨、造型雅致的设计方案，从而体现女性柔美细腻的消费心理。广州白云山明兴制药厂生产的清开灵口服液的药盒上，清开灵的“清”字用草书，书写得特别大，突出了该药清热解毒的功效，包装采用的颜色为青绿色，结人以清爽、悦目的感觉，包装盒的整体效果大方得体，清新脱俗。

不同的医药产品包装要尽可能和产品的特色和风格相符合，突出医药产品本体的情况下，使包装和产品格调气氛和谐一致，促进产品的销售。

（三）美观大方、富有艺术魅力

俗话说“人靠衣装，佛靠金装”，好的包装，特别是精致的产品，包装具有美化作用，通过造型、图案、色彩以及整体的综合协调，能给消费者以美的享受，刺激消费者的购买欲望，因此在包装设计上要求外形新颖、美观、大方，体现美学要求，富有艺术魅力。

包装如果能有很强的艺术魅力，不仅能给消费者以美的享受，引起其对产品的好感，而且能够使消费者潜在的购买心态变为现实的购买行动，甚至成为长久性或习惯性购买。因而，包装设计应充分调动装饰艺术的表现手法，力求以美观大方的造型、生动别致的图案、鲜明宜人的色调，给人以健康向上的艺术美感。

例如，在医药产品包装的图案设计上，既可选择花草树木、动物人物等艺术素材，也可以采用抽象的图形、不规则的线条、夸张变形和艺术摄影等艺术手法；在包装色彩的运用上，要充分利用各种色彩给予消费者有益意象和美好的联想。比如，红色象征生命的健康血液，有的心脏类、补血类药物使用红色的包装；绿色给人以清新、充满生机之感，用在药品产品的包装上，给人以“生命之树常青”的联想；蓝色常常被赋予清洁、安静的感觉，也可以用在医药产品的包装上，比如三精葡萄糖酸钙的瓶子使用的是蓝色的瓶子，标志着三精葡萄糖酸钙是纯净的钙，从而映射三精葡萄糖酸钙是好喝的钙。又比如白内障滴眼液的包装，在白底上两条弧线构成了上下眼睑，一个椭圆表示治愈后的瞳孔，线条虽然很简洁，但鲜明地突出了产品的主题，让消费者印象深刻。所以根据不同色彩的象征和联想意义，恰当地为医药产品附上颜色，有利于提高产品在消费者心中的感受。

但是需要注意的是，不同国家、民族和地域的消费者对颜色、事物的感受有心理上和习惯上的差异，如美国人不喜欢黑色，因为黑色会使人联想到死亡；埃及人不用蓝色，他们认为蓝色是恶魔象征；瑞典人不用红色，他们认为它代表凶兆等各种特别禁忌。从事医药产品出口的企业，更是要在包装上注意，减少禁忌，符合出口国的审美。

（四）反映医药产品的多种信息

医药消费者，尤其是缺乏医药专业知识的消费者，在选购医药产品的时候，特别是在开放式货架的药店购买医药产品的时候，往往会对各类医药产品感到茫然、不知所措。比如所选购的医药产品质量是否可靠、是否可以对症治疗、是否可以达到预期的效果、是否具副作用和不良反应等，消费者往往存在许多疑虑和担忧。而这些疑虑和担忧的消除，往往可通过研读医药产品包装上的信息来解除。

医药产品的生产企业在进行包装设计的时候，要通过包装充分地、实事求是地反映出有关医药产品本身和生产企业的多种信息，比如药品成分、主治功能、用法用量、不良反应、禁忌证、贮藏方式、有效期限、生产批号等，通过包装上的这些信息，可以消除消费者不安、疑惑的消费心理，便于进行比较和选择。同时，包装上标识了企业名称、商标、地址等，这些信息增强了消费者对产品和企业的信任，促进消费者安心地购买。

知识拓展

药品包装上的追溯码

药品包装上的追溯码是药品生产厂家与药品销售企业之间建立的联系。每类药品都有专属的二维码，“一物一码、一码同追”，药品追溯制度实现药品最小包装单元可追溯、可核查。对于药品的流行全程记录，药品追溯系统记录保存相关追溯信息，并上传企业、产品基本信息，以及流向等追溯信息，确保信息完整和安全。通过这个溯源码可以精准定位药品流向，能查到末端的消费者，万一出现问题可以及时精准地召回，做到了风险可控。同时药品上市许可持有人和生产企业要能及时、准确获得所生产药品的流通、使用等全过程信息，可以清晰了解环节中的错误并进行追查，做到责任可究。药品追溯暂时只满足国家药品集中采购中选品种、麻醉药品、精神药品、血液制品等重点品种可追溯。

（五）符合相关法律法规、倡导绿色包装

医药企业对于药品包装的相关法规，比如国家和行业颁布的《中华人民共和国药品管理法》《药品说明书和标签管理规定》等，都需要严格遵守。比如直接接触药品的包装材料和容器，必须符合药用要求，保障安全健康；药品的包装上标识信息必须完备、准确，不得印有各种不适当做宣传产品的文字和标识，如“国家级新药”“获奖产品”“现代科技”“名贵药材”等，不得误导消费者。

包装虽然非常重要，但是还是要节约包装耗材的使用，节约社会资源，严格控制废弃包装对环境的污染，实施绿色的节能环保包装。

知识链接

《中华人民共和国药品管理法》对药品包装材料和标签的规定

2019年修订的《中华人民共和国药品管理法》中涉及药品包装、标签的法条主要有：

第四十六条　直接接触药品的包装材料和容器，应当符合药用要求，符合保障人体健康、安全的标准。

对不合格的直接接触药品的包装材料和容器，由药品监督管理部门责令停止使用。

第四十八条 药品包装应当适合药品质量的要求，方便储存、运输和医疗使用。

发运中药材应当有包装。在每件包装上，应当注明品名、产地、日期、供货单位，并附有质量合格的标志。

第四十九条 药品包装应当按照规定印有或者贴有标签并附有说明书。

标签或者说明书应当注明药品的通用名称、成分、规格、上市许可持有人及其地址、生产企业及其地址、批准文号、产品批号、生产日期、有效期、适应证或者功能主治、用法、用量、禁忌、不良反应和注意事项。标签、说明书中的文字应当清晰，生产日期、有效期等事项应当显著标注，容易辨识。

麻醉药品、精神药品、医疗用毒性药品、放射性药品、外用药品和非处方药的标签、说明书，应当印有规定的标志。

第七十五条 医疗机构配制制剂，应当有能够保证制剂质量的设施、管理制度、检验仪器和卫生环境。

医疗机构配制制剂，应当按照经核准的工艺进行，所需的原料、辅料和包装材料等应当符合药用要求。

四、医药产品包装的策略

根据医药消费者的消费水平、使用习性和心理特点，以及医药产品本身的特性，通常采用的包装方式主要有八种。

（一）类似包装策略

类似包装策略是指企业对其生产的不同产品，在包装上采用相似的图案、相近的色彩和共同的特征。采用该策略进行产品包装，可以使消费者很容易识别出本企业的产品，形成对企业产品统一、深刻的印象，有利于培养顾客的忠诚度，增加信任感和购买的欲望，达到促销的作用。此外，采用这种策略有利于企业新产品的上市，带动新产品销售，还可以减少包装的设计成本，节约宣传费用。但类似包装策略只适宜于质量水平相当的产品，对于品种差异大、质量水平悬殊的产品则不宜采用。国际上的大型制药企业和中外合资制药企业常采用这种策略。

马应龙药业集团股份有限公司专注于生产痔疮类药物，其生产的麝香痔疮膏、金玄痔科熏洗散、麝香痔疮栓等产品功效相近、质量相当，它们的包装都采用同款色彩、同款风格的包装，这样容易被消费者所识别，形成统一的产品外观形象，促进宣传，增加销售量。

（二）组合包装策略

组合包装策略，又称系列包装策略，就是企业将不同类型、不同规格但又有相互联系、发挥同一用途的产品组合成套包装置于同一包装中。比如医药产品中的家庭日常小药箱，里面有创可贴、绷带、风油精、感冒药、棉签、跌打损伤喷雾等医药产品，这些医药产品都是家庭日常用药，以备不时之需。这种包装策略便于消费者购买、使用和携带，并且节约包装的空间，同时还可扩大产品的销售，也能增加产品的新鲜感和名贵感。在组合包装的套装产品中如果加入某种新产品，还可以使消费者不知不觉地习惯使用新产品，有利于新产品上市和普及。但是组合包装也有其缺点，即只能适应一些最基本的产品包装要求，满足基本的需求。

（三）再用包装策略

再用包装策略，又称双重用途包装策略或复用包装策略，是指包装内的产品使用完后，空的包装物还可以周转使用，发挥其他的用途，以此给予消费者额外的消费福利。如各种形状的药瓶、药盒可以用作再次盛装其他物品的工具，装蜂蜜、药茶的容器可以当茶杯使用。这种包装策略实用性强，可以让消费者一物多用、环保低碳，而且也容易引起其购买欲望，此外包装物上有企业的标记，重复使用也起到对产品的广告宣传和消费提示作用，刺激消费者重复购买，无形中起到了一定的促销作用。在使用该包装策略的时候，企业应该避免因包装成本加大而引起产品价格过高，从而影响产品销售的情况。

（四）附赠品包装策略

在包装容器中增加附赠物品，特别是和医药产品本身相关的附赠物品，很容易引起消费者的兴趣，激发消费者的兴趣，驱动消费者的购买行为。比如在冲剂药品袋内附赠勺子、止咳糖浆包装内附赠带有刻度的药杯，都能方便消费者精准地、方便地服药。还有一种附赠品包装策略是产品包装本身可以换取礼品，吸引顾客的惠顾效应，形成连续、长期、重复购买。比如高血压、高血糖、高血脂、维生素类等药品，患者需要长期服药，企业可以以几个空瓶包装换一盒药的赠送形式，让利消费者，从而形成消费者长期的购买习惯。

（五）等级包装策略

等级包装策略，是指根据产品的质量档次或消费者购买目的的不同来决定产品的包装。具体有两种情况：一是按照产品的档次决定产品的包装，即高档产品采用精美的包装，突出其优质优价的形象；中档产品采用普通包装，突出其大众消费的形象，而低档产品则采用简单包装，突出其经济实惠的形象，做到产品的价值设计与包装相称，以迎合不同层次的消费需要。比如不同档次的中药饮片，高档的可以采用丝绸锦缎的木制礼盒包装，而普通档次的可以采用纸盒真空袋包装甚至可以在药店零散称重购买。二是根据消费者购买医药产品的目的决定产品的包装，自己使用或者馈赠他人，在包装上会有所不同。比如维生素、钙片等营养类药品，消费者自己使用的话，普通简装即可，经济实惠、简单便利，而用于送礼佳品时，可以采用大包装、礼盒装，这样显得体面又美观。

（六）改变包装策略

改变包装策略是指企业改变和放弃原有的产品包装，改用新的包装。一般来说，主要有以下三种情况。第一，企业随着市场需求的变化，采用新的包装技术、包装材料、包装设计，对原有的产品进行重新包装，满足消费者不断变化的偏好，弥补原包装的不足，这种策略可以使顾客产生新鲜感，从而扩大产品销售。当然企业在改变包装的同时必须配合好宣传工作，以消除消费者认为产品质量下降或其他的误解。第二，改变包装策略有利于企业进行产品防伪。一个产品在市场上持续销路好，需求量大，获利多，就比较容易被仿冒，所以必须防伪，通过改变包装，及时淘汰容易被仿冒的旧包装，也是一个非常好的方法。第三，医药产品的包装材料、包装技术或者包装的要求不断提升，企业为了更好地与时俱进，更新产品的包装，提高包装品质，更好地符合国家的相关规定和行业的趋势。比如为了增加药品的溯源性，追踪药品流向，把好质量关、责任关，药品的外包装先后经历了添加药品电子监管码和药品追溯码两个阶段，这就要求制药企业根据规定，改变药品包装上的相关印刷内容。

（七）惯用包装策略

惯用包装主要是指某些产品长期采用相对固定不变的包装造型或材质。这些惯用包装已为消费者所熟悉和习惯，其包装不宜轻易改动，以免使消费者感到生疏和不习惯，而拒绝购买和使用。比如上海医药集团有限公司中华药业的龙虎牌清凉油的包装，历经百年，出口到世界 80 多个国家和地区，占据着相关市场的头把交椅，享有“东方魔药”的荣誉。龙虎牌清凉油的包装，始终都是红色为底色的圆形的扁铁盒，盒面上黄色的一龙一虎相对，这经典的包装已经为消费者所接受，广受欢迎。

（八）不同容量包装策略

不同容量包装策略是指根据医药产品的性质、产量、体积，或者按照顾客购买力大小和顾客使用、购买习惯，设计多种不同大小的包装，以此来方便购买，促进销售的包装策略。比如面对药店终端销售的创可贴，往往设计成6~10片的小包装，供消费者居家备用或者临时急需使用。而面对医疗机构终端销售的创可贴，往往是成盒的大包装，这样方便临床大量使用，又节约包装材料、简单方便。

本章小结

产品的命名、商标、包装是三个非常重要的影响消费者行为的产品因素。这三者都是产品整理概念中的形式产品，它们经常被称为无声的推销员，代表着产品的形象，为消费者所识别，对医药消费者的消费心理和消费行为有着重要而又深远的影响。所以医药企业要重视产品的命名、商标和包装。

医药产品的命名体现了认知功能、联想功能、情感功能，这三大功能，让消费者从名字入手，获得产品的第一印象，了解产品的属性、激发积极的产品使用情感，促进消费者购买的欲望和购买行为的达成。在医药产品的命名中要注意名实相符、易于认识、便于记忆、启发联想、诱发情感、引人注意、避免禁忌的原则和符合社会价值观、积极向上的原则。

医药产品的命名要从医药消费者的心理需求出发，掌握好产品命名的技巧。医药产品的命名可以选择以主要效用命名、主要成分命名、产地命名、人名命名、制作方法或制作过程命名、外形或者色泽命名、形容词或褒义词、外文译音命名等方法。

医药产品的商标是它的标记，一般由文字、符号和图案组合而成，商标不仅可以体现产品的属性、价值、利益、文化价值和个性，还可以体现产品的使用者形象与价值。医药产品的商标可以引导消费行为，主要体现有利于促进消费者识别产品，有利于产品在市场上的传播和促销，有利于产品的强化和提示功能，有利于保护产品，并且发挥标准统一功能。

医药产品商标的设计需要做到独特新颖、别出心裁；简洁明快、好读好记；美感美意、富有艺术；入乡随俗、避免禁忌；遵纪守法、诚实守信等策略。在商标使用的策略上，医药企业会对产品是否选择使用商标、用制造商还是中间商的商标、用统一商标还是个别商标进行决策，必要的时候还对商标进行延伸、是否与其他商标进行合作以及进行商标的重新定位等情况进行决策。

医药产品的包装是产品不可分割的一部分。包装可以激发消费者对产品的购买动机、促进消费者对产品的认知、形成消费者对产品的印象。在对医药产品进行包装的时候，要注重实用功能，显示医药产品的特色和风格，美观大方、富有艺术魅力，反映医药产品的多种信息，并且符合相关法律法规、倡导绿色包装。在医药产品的包装上可以采用类似包装策略、组合包装策略、再用包装策略、附赠品包装策略、等级包装策略、改变包装策略、惯用包装策略和不同容量包装策略。这样可以让包装呈现更丰富的形态，为消费者所接受，促进医药产品的销售。

练习题

参考答案　更多习题

一、名词解释题

1. 产品命名
2. 商标
3. 包装

二、选择题

1. 包装属于产品整体概念中的（　　）

A. 核心产品　B. 形式产品　C. 附加产品　D. 潜在产品

2. “华佗再造丸”这一产品的命名，使用的命名方法是（　　）

A. 以产品的产地命名　B. 以产品的主要成分命名

C. 以产品的外形或者色泽命名　D. 以人名命名

3. 信奉伊斯兰教的人忌（　　），在进行产品命名、商标设计或者包装图案的过程中要避开，尊重当地消费者

A. 狗　　B. 猫　　C. 猪　　D. 羊

4. 家庭医药急救箱非常方便实用，属于（　　）

A. 类似包装策略　　B. 组合包装策略　　C. 等级包装策略　　D. 不同容量包装策略

5. 可以不使用商标的医药产品有（　　）

A. 初次采摘的中药材　　B. 医院药房发药给消费者的处方药

C. 药店里出售的家用血压计　　D. 商品市场上流通非处方药

三、判断题

1. 商标的设计为了凸显奇特新颖，甚至可以设计得有悖于社会风尚。（　　）
2. 产品包装的耗材越贵越好、包装越多越好。（　　）
3. 使用个别商标策略，可以促进企业内部各个产品部门之间的竞争，增加企业的整体销售业绩。（　　）
4. 商标、包装的设计要注重各国、各地区的风俗习惯和禁忌。（　　）
5. 给产品命名的时候，可以选择一些生僻字，以此让消费者对产品印象更深刻。（　　）

四、思考题

1. 医药产品命名的消费者行为要求有哪些？
2. 医药产品命名的策略有哪些，请举例说明？
3. 医药产品商标设计的策略有哪些？
4. 使用统一商标策略有何利弊？

五、技能训练题

1. 请去药店进行实地走访，观察下医药产品的命名都具有什么样的特点？请举例进行具体分析。

2. 观察一件药品的包装，分析其包装的特点以及包装上提供的各种信息要素对于消费者购买行为的影响。

3. 选择某一药品，在班级内开展商标设计大赛，并且运用幻灯、短视频等方式阐述商标设计理念和创意过程。

4. 从有关出版物或网站找到某一医药产品商标策略使用失败的案例，分析失败的原因和可以吸取的教训。

六、案例分析题

案例

红桃K的新装

红桃开集团是中国医药市场上开拓健康事业、耕耘补血市场的热门企业，其热门产品“红桃K”创造了辉煌的市场销售业绩，获得无数市场荣誉。但是在其销售火热的时候，遇到了康富来牌血尔口服液的攻击，“红桃K”不畏挑战、施计反攻，其中包装也是其重要一计，获得了不错的反响。

“新贵”血尔，以很高的姿态出现在消费者面前，其包装鲜明精美，在沿海一带的大中城市的大商场、药店内陈列，让消费者的眼睛一亮。显然在包装设计方面，血尔是更胜一筹。

因为血尔一进入市场，就专注大中城市的都市女性市场，而这一消费人群为了显示消费产品的消费者价值和归属，更喜欢选择有气质、颜值高的补血产品，所以血尔精美优雅的包装很快吸引了消费者的眼球，也吸引了消费者购买。

由于在补血市场上的所向无敌，多年来红桃K一直没有在包装上更新和做改变。而此时血尔的出现，让红桃开集团警惕起来，着手在包装、品牌、目标市场等方面进行改进，保住“王座”，并且更好地拓展市场。

红桃开集团从国外引进一次性塑料瓶的生产设备与技术，并迅速向市场上推出新包装。新包装也根据城市不同消费群体，推出礼品装、关怀装、状元装等。特别是精美的礼品装，正好迎合了当前的“送礼送健康”的潮流。通过对包装的改进，“红桃 K”打好了补血市场保卫战的第一枪。

（资料来源：https：//www. globrand. com/2006/17403. shtml）

分析：

1. 血尔的进入，为什么让红桃 K 感受到压力？
2. 结合案例，分析下包装在产品营销中的地位和作用？

第十章 影响医药消费者行为的市场因素

PPT

学习导引

知识要求

1. **掌握** 医药商品价格的心理功能、调价策略；商业广告的要素及广告诉求；商品陈列的原则和基本方法。

2. **熟悉** 医药商品定价策略；药品广告的内涵、策略和广告媒体的选择；药店选址、色彩选择、货架布置的原则。

3. **了解** 药品价格的构成与定价影响因素；医药广告的类型及基本原则；POP 广告特点和形式。

能力要求

1. 能够掌握消费者价格的心理功能，运用正确的调价策略；结合商业广告的要素及广告诉求进行广告设计和策划；熟练利用商品陈列的原则和基本方法开展药品陈列。

2. 能够正确分析定价影响因素来调整药品价格；能够利用医药广告的心理功能开展广告策划和购物情境设计。

素质要求

1. 遵守医药产品广告政策和法律法规，维护消费者权益。

2. 具备药品销售陈列设计审美素质，合理开展橱窗设计和药品陈列，促进药品销售。

案例导入

斯达舒——广告“恶俗”有效果

【案例】1998 年斯达舒上市，第一粒中西药结合的胃药诞生；1999 年 8 月，斯达舒获吉林省政府授予的吉林名牌产品证书；2005 年 6 月，国家工商总局授予斯达舒为“中国胃药驰名商标”。2009 年，新剂型斯达舒分散片上市销售，治疗胃痛、胃酸、胃胀。1999 年，不管是产品的特点，还是品牌的基础，斯达舒都无法在强手众多的市场中占有优势。由于斯达舒名字难记，在广告创意之初，如何能快速让消费者记住产品的名字、扩大知名度成为中心目的。于是有了那个令人感到“恶俗”的广告：紧张的鼓点节奏下，一位年轻的母亲焦急地翻找着抽屉，原来丈夫胃病又犯了，找不到胃药，年轻的母亲急忙让儿子去找斯达舒，结果儿子却找来了一个自己的四大叔。妈妈拿出真正的斯达舒胶囊纠正了儿子的错误。该广告很快在央视大量投播，一时间“四大叔”家喻户晓，成为人们茶余饭后的“幽默”话题，而斯达舒的品牌知名度不知不觉的在全国范围内建立起来，在完成了知名度的提高之后，斯达舒立马转向诉求症状，将胃病总结为“胃酸、胃胀、胃痛”三大症状，告诉人们胃酸、胃胀、胃痛要用斯达舒，表达比较平实。可就是这朴实无华的诉求却简单、直接、实用。新一版主打广告《胃篇》。通过丰富的想象力、幽默的人物形象、夸张的动作设计来重新诠释斯达舒的卖点："胃痛、胃酸、胃胀"。分"两步走"的策略，成就了"斯达舒"，使其曾一跃位居国内胃肠药销售排名第一，近几年来与西安杨森的吗丁啉及江中制药的健胃消食片成为胃药市场的前三名。斯达舒的成功，再一次验证了："消费者讨厌广告和讨厌产品是两码事"。广告很"恶俗"，但产品销量很好。虽然修正药业认为：斯达舒的知名度得益于广告，"非常有创意的广告才有非常的销量"，这已被公认的OTC类产品市场销售的金科玉律，在斯达舒身上得到充分体现。修正药业在消费者心中牢牢地建立起"胃痛、胃酸、胃胀，快用斯达舒"的概念。

【问题】

1. 结合本案例分析医药产品广告创意。
2. 分析医药广告媒体的特征与选择依据。

第一节　影响医药消费者行为的价格因素

微课 1

影响医药消费者购买行为的因素有很多，产品价格是影响消费者购买行为的最直接因素。

一、医药产品价格的功能

医药商品价格是一个客观营销因素，影响消费者的购买心理，并在一定程度上影响消费者的购买行为，这种影响作用即价格的功能。

1. 衡量产品尺度　又可以称为比值比质功能。消费者在选购医药产品时，把商品价格当作衡量商品价值高低和品质优劣的尺度，认为价格高的商品价值高、品质优秀；价格低的商品价值低、品质也差。这样就让价格具有了衡量商品价值和品质的功能，价格的比值比质心理功能是导致"一分钱，一分货""好货不便宜，便宜没好货"等购物心理现象的主要原因。

2. 自我意识比拟　消费者在购买行为中，通过联想把购买商品的价格同个人的愿望、情感、人格特点联系起来，让价格成为反映其经济实力、社会地位、文化水平、生活情趣和艺术修养的工具，价格所具有的这种自我意识比拟功能，又称为价格的认同功能；当这种功能发挥作用时，可能会使消费者忽略商品价格与价值、品质的关系，也可能会同时起作用。例如，有些人选择高价药品，可能是单纯为显示自身经济实力强，让旁观者觉得自己"不差钱"，也可能同时伴有追求生活高品位、高质量的心理，而购买低价药品的则认为是自身具有购买经验、看重药品性价比的象征。

知识拓展

凡勃伦效应

凡勃伦效应是指消费者对一种商品需求的程度因其标价较高而不是较低而增加。它反映了人们进行挥霍性消费的心理愿望。商品价格越高消费者反而越愿意购买的消费倾向，最早由美国经济学家凡勃伦（1857—1929）注意到，因此被命名为"凡勃伦效应"。这种消费的目的并不仅仅是获得直接的物质满足与享受，而在更大程度上是为了获得一种社会心理上的满足。由于消费者可能是想要通过使用价格高昂、优质的商品来引人注目，具有一定的炫耀性，所以这种现象又被称为"炫耀性消费"。

3. 调节消费需求 在一般情况下，价格上涨需求量下降，价格下降需求量会上升。但是，价格与需求量之间这种向相反方向变化的现象也不是普遍的、绝对的。价格影响需求的变化幅度，受到商品需求弹性的影响，一般来讲，消费者日常生活必需品的需求弹性小，非必需品的需求弹性大。一般认为，药品需求的价格弹性较小。比如，在消费者购买时的紧张心理或购买前的迫切期待心理影响下，价格与需求量之间这种反向变化的倾向也会出现例外，即出现涨价抢购、降价观望不买的现象。前者是怕价格再涨，后者是期望价格再降。怕再涨价而抢购，期望再降价所以袖手旁观，等待价格到最低点。

根据需求的价格弹性原理，需求按照与价格相反的方向变动，如果价格跌落，需求就增加，价格提高，需求就减少。但药品作为一种特殊商品，兼奢侈、必需、普通消费品于一身，不同药品其需求价格弹性不同，同一药品对不同消费者而言需求价格弹性也不同。当药品作为奢侈品时，其价格下降，需求会有所上升，反之亦然。

医药商品价格调节消费需求的功能，还要受到心理需求强度、紧迫性和价格预期的影响。消费者对某种医药产品需求越强烈，对这种产品价格的变动就越敏感，结果价格对该产品需求调节的力度就越大；如果消费者预期该药品价格会持续上涨，这时就会出现“越涨越买”的现象，反之亦然。价格对药品的调节作用表明，对属于奢侈品的药品及服务，应适时调整价格，以把握机会，寻找药品价格对供求关系的最佳调节点；对属于必需品和普通消费品的药品及服务，价格竞争并不会使药品总体需求量获得提高，在这种情况下，医药企业应从消费者的深层次需要出发，引导和开发消费者未知的需求。

二、影响价格判断的主要因素

医药产品价格主要由生产成本、流通费用、国家税金及企业利润等方面构成。医药产品的价格形成及变动是比较复杂的，除了价值这个形成价格的基础因素外，还受其他多方面因素的影响和制约。

（一）医药产品价格的构成要素

1. 生产成本 医药产品定价成本是价格主管部门制订价格所依据的合理成本，是医药企业生产或者经营同种医药产品的社会平均合理费用。在市场经济条件下，生产成本决定其最低价格。医药企业要使简单再生产顺利进行，医药产品的价格必须至少等于生产经营成本。医药企业生产成本是医药企业生产过程中所支出的全部生产费用，包括原料、辅料、包装材料、燃料动力、直接工资、制造费用和其他直接支出。

2. 流通费用 指商品流通过程中所支出的各种费用。流通费用是不能直接归属于某个特定产品成本的费用。医药产品的流通费用包括促进费用、销售机构费用、市场费用、医学费用、储运费用等。

3. 国家税金 指国家按规定的税率征收取得的财政收入。企业必须遵守国家税法义务缴纳税金。

4. 企业利润 指企业在一定时期内生产和经营的财务成果。影响企业利润的因素主要有产品的价格、产品的单位变动成本、产品的销售量、产品的固定成本。

（二）影响医药产品价格判断的主要因素

医药产品的价格形成及变动是十分复杂的，除了受产品价值基础因素影响外，还受其他多方面因素的影响和制约。

1. 市场需求 生产成本决定医药产品最低价格，而市场需求决定其上限。经济学上把商品的需求量对该商品价格变动反应的敏感程度称之为需求价格弹性。市场需求主要受人口、购买力和购买动机三方面因素的影响。

2. 竞争环境 成本因素和需求因素决定了价格的下限和上限，医药产品在确定具体市场价格时，则很大程度上要考虑市场的竞争状况。在缺乏竞争的情况下，医药企业可以依照消费者对价格变化的敏感性来预期价格变化的效果，然而，由于同类产品的生产企业往往有多家，这些竞争企业的反应甚至可完全破坏原有企业的价格预期，从而影响医药产品实际销售价格的制订，为了获得市场，争取更多的客户，往往会制定比竞争企业低的实际价格。

3. 医药产品的国家价格政策 政府对有关国计民生的重要产品规定了企业的定价权限。我国医药产品的价格制定方法有政府定价、指导价和市场调节相结合的政策，这些政策既可以抑制药价虚高、减少患者药费负担和医保支出，同时又保证企业合理盈利、促进医药行业健康发展。随着我国医疗体制改革的不断深化，国家的医药产品价格政策也会做相应的调整。

4. 消费者心理　人们在消费过程中会因个人条件和购买或者使用环境不同而产生相应的消费心理，反映在商品价格的态度上就是价格心理，医药产品的价格功能就体现了消费者的心理。因此，研究分析消费者对医药产品价格的反应和心理预期是医药企业价格策略中的重要环节。

5. 医药产品因素　①医药产品的价值：包括疗效和品牌价值。医药产品的疗效价值是其预防、治疗和诊断疾病的实际效果，是决定医药产品价格最基本的因素；品牌价值是该产品在消费者使用过程中长期积累的信赖和利益的反映。②医药产品的研发费用：创新药物研发时间长、成本高、风险大，企业收回投资的压力最终将体现在新药的上市价格上。③高额的促销费用：特别是新产品上市，需要大量的广告或者推广费用，这是医药营销领域的一个显著特点，也是造成药品价格偏高的重要因素之一。

三、价格心理与支付行为

价格心理是指人们购买商品时对价格高低及其变化所产生的思想反应。其表现复杂，常见的类型也比较多，特征明显。

（一）医药消费者的价格心理类型

影响人们价格心理的因素非常复杂，例如：消费者的收入水平、社会地位、性别、年龄、民族、职业、文化程度、认识水平、社会风尚、宣传、舆论等。消费者价格心理类型主要有以下几种。

1. 价格习惯心理　消费者以往反复的购买活动或者对价格的认可，会使消费者对某些商品的价格形成大致的概念，这种价格心理称为价格习惯心理。

2. 价格预期心理　价格预期心理是指在一定的经济与市场环境条件下，消费者对未来某时期内市场商品价格高低变动趋势、变动幅度的一种心理预测。消费者往往会根据目前的社会经济发展、顾客消费心理发展变化状况和价格波动情况对产品价格走势的主观推测与判断。如果社会公众出现通货膨胀的价格预期，会引发人们超前购买，导致抢购风潮；反之，若出现通货紧缩的价格预期，将促使人们减少购买，降低社会有效需求，引起市场萧条、萎缩。

3. 对连续涨价的恐慌心理　消费者对连续涨价的产品经常会出现恐慌心理，担心产品继续涨价，需要尽早购买，“买得快就是省得多”的心理。2020 年新冠肺炎疫情期间，消费者对口罩的抢购就反映了消费者对口罩连续涨价的恐慌心理，造成大量采购囤积现象。

4. 物美价廉心理　即人们在消费过程中寻求获得价格低廉而质量又较为满意的商品的消费倾向。这是一种十分普遍的消费心理，在中低收入的消费者中尤其普遍。物美价廉心理的消费者主要寻求以较低的价格获得使用价值较大的产品。

5. 高价炫耀心理　高价炫耀消费心理的消费者在寻求获得特定商品的使用价值的同时，还希望通过购买活动，满足自身归属于某一特定群体的精神需要。在这里，购买和消费既是一个获取商品、使用商品的过程，也是一个向社会展示自身价值或其所归属的群体特征的过程。

6. 价格攀比心理　在正常情况下，消费者满足自己消费需要的程度，取决于他们的经济收入水平。但有时由于受消费者本人“面子消费”心理的影响，消费者的消费行为互相激活，导致互相攀比，将消费行为导入误区。脱离自己实际收入水平而盲目攀高的消费心理。

7. 价格风险心理　价格风险是指一种物品市场价格发生变动的风险。由于产品的成本经常变化，往往会导致产品最终价格的变化，特别是资源紧张或者需求旺盛的产品，价格经常会上涨，对消费者形成较大的价格风险。

8. 价格分档心理　消费者根据消费经验，会把同类产品分成几个等级，不同等级的产品其价格有所不同，从而使顾客感到产品的货真价实、按质论价。利用价格分档心理，把商品分为不同的档次，每个档次确定一个价格。这种价格分档心理体现商品的质量差价，给顾客以定价比较认真、准确的感觉，同时又避免一种规格一种价格的繁琐。

进行价格改革或从事商业经营活动、企业定价决策等，都必须认真研究人们的价格心理，并确定对策，加强宣传引导，去弊趋利。

（二）医药消费者价格心理特征

研究消费者对医药商品价格感知的特征，有助于帮助企业和消费者对价格形成较为客观的认识，以做出更合理的营销策略或购买决策。医药消费者价格心理特征主要如下。

1. 敏感性 对价格的敏感性，是指医药消费者对医药产品及服务价格高低的感知程度。一般来说消费者对商品价格的心理反应程度的强弱与该商品价格变动幅度的大小通常按同方向变化。但是，有些商品即使价格调整幅度很大，消费者也不会产生强烈的心理反应。造成这种差异的原因是消费者对各种商品价格变动的敏感性不同。一般情况下，医药消费者对需要经常购买的日用医药产品价格变动很敏感，对购买次数少的高档保健品或者贵的药品价格变动则比较迟钝。

2. 习惯性 消费者通过反复多次的购买实践活动会对某种医药产品价格形成认可的浮动区间，这种价格也叫习惯价格。医药消费者往往从习惯价格中去联想和对比医药产品价格的高低和涨落，以及产品质量的优劣差异，由此刺激或抑制着自身的购买行为。在习惯价格以内的价格，就认为是合理的、正常的，价格超过上限则认为太贵，价格低于下限会对质量产生怀疑。医药消费者对某种医药产品消费习惯性心理一经形成要改变是比较困难的。

3. 感受性 消费者对商品价格高低的判断不完全以绝对价格为标准，还受其他因素的影响，主要有商品轻重、大小、商标、包装、色彩；商品的使用价值和社会价值；货位摆布、服务方式、售货场所的气氛等。由于刺激因素造成的错觉，有的商品绝对价格相对高一些，消费者会觉得便宜；有的商品绝对价格相对低一些，消费者会觉得很贵。

4. 倾向性 消费者对商品价格的选择倾向或为高价，或为低价。有的喜欢高价位的，有的喜欢价格适中的，有的则喜欢低价位的。倾向性心理与消费者的经济条件有一定关系，但并不完全受经济条件影响。一般情况下，经济条件好的消费者，倾向高价位的商品。但也有相当数量的消费者，虽然经济条件不错，却倾向物美价廉的商品。喜欢高中位价格的多为经济状况较好，怀有求名、显贵动机及炫耀心理的消费者；喜欢低位价格者多属经济状况一般，怀有求实惠动机的消费者。

医药消费的价格心理与行为，必将随着人们生活水平的提高，越来越明显地表现出来。因此医药企业应注意针对消费者的不同价格倾向来确定销售价格，使各类药品及服务都能较大程度地足消费者的需要。

知识链接

首批高值医用耗材集中带量采购

2020 年 11 月 5 日，国家组织首批高值医用耗材集中带量采购，心脏支架成为首个集采品种。经过集采，10 个产品中选，平均价格从 1.3 万元降到了 700 元左右，降幅超过 90%。其中一款刚上市 3 年的药物涂层支架系统（雷帕霉素），报出了 469 元的全场最低价，降幅达到 96%。2021 年 1 月 1 日凌晨 1 时 37 分，76 岁的向女士用上了价格 798 元的国家集采的心脏支架，成为湘潭市第一个享受到心脏支架集采降价实惠的患者。心脏支架植入手术总体费用进一步降低，加上医保报销，患者的费用负担将进一步减轻。

今后，更多的高值医用耗材将纳入集采，惠及更多的患者。近日，国家组织高值医用耗材联合采购办公室发布《国家组织人工关节集中带量采购公告（第 1 号）》，对初次置换人工全髋关节、初次置换人工全膝关节开展集采。药品和高值医用耗材的集中带量采购，大大减轻了患者的看病用药费用负担。国家组织协调医保、卫生、药监等多部门共同发力，确保集采中选价格落到实处，让百姓真正用上优质优价的产品。

（三）医药消费者的支付行为

支付又称付出、付给，多指付款，是发生在购买者和销售者之间的金融交换，是社会经济活动所引起的货币债权转让的过程。支付包括交易、清算和结算。目前医药消费者的支付方式主要有以下两种。

1. 现金支付 方便快捷，一手交钱一手交货，当面钱货两清。价格中低的医药消费中这种方式可行，而价格较高的医药消费不适宜，需要零钱的消费场合也不方便。

2. 刷卡支付 随着互联网与金融系统的深度结合，刷卡消费变得十分方便和普及，不用携带大量现金，也不需要担心货币真假，解决了现金支付中存在的重要问题，另外消费者对数字转移感受性不敏感，刷卡消费容易接受较大的金额。刷卡支付方式很多，例如刷银行卡、医保卡，扫微信、支付宝等。

此外，根据支付医药消费的主体不同，医药消费者的支付还可以分为：个人支付和医保支付。个人支付（自费），消费者自行承担花销经费，在全民医保的情况下，只有在特殊情况下医药消费者才会考虑选择自费。目前我国基本实行了全民医保，应保尽保，很多临床急需的较贵的药品也列入医保报销范围，消费者在就医过程中往往首先选择医保品种，医生需要使用非医保品种需要征得患者同意。

四、医药商品定价的策略

医药新产品的定价是营销策略中一个十分重要的问题，它关系到新产品能否顺利地进入市场，能否站稳脚跟，能否获得较大的经济效益。定价策略是指医药企业根据产品的具体情况，运用心理学原理，针对消费者在购买过程中的心理状态，确定医药商品价格。

1. 撇脂定价策略 又称高价法或吸脂定价，即在产品刚刚进入市场时将价格定位在较高水平，在竞争者研制出相似的产品以前，尽快地收回投资，并且取得独家的利润。这是利用消费者“求新”“猎奇”心理的定价方法。对于全新产品、受专利保护的产品、需求的价格弹性小的产品、流行产品、未来市场形势难以测定的药品等，可以采用撇脂定价策略。

2. 渗透定价策略 渗透定价方法与撇脂定价法相反，即在新产品进入市场初期将价格定位在较低水平，主要迎合消费者“求实”“求廉”的心理，给消费者以物美价廉、经济实惠的感觉，从而刺激消费者的购买欲望；待产品打开销路、占领市场后，企业再逐步提价。市场竞争激烈的产品多采用次方法。

3. 满意定价策略 也称反向定价，指企业制定不高不低的价格，既能对消费者产生一定的吸引力，又能使企业弥补成本后还有盈利，以达到企业和消费者双方都满意的效果。在价格上得到了消费者的好感，因此有利于树立一定的信誉。同时，由于价格定得不太高，这为以后调高价格留有余地，使消费者容易接受。

4. 竞争定价策略 竞争定价也就是随行就市定价，即在新产品刚进入市场的时候，使用与竞争者相同或相近的价格。这种方法比较简单易行，但有可能在定价时忽视消费者的需求或产品成本中的某个或全部因素。但对于规模相对较小的企业来说，根据竞争定价可能是企业长期发展的最安全策略。我国很多制药企业采用此定价策略。

5. 招徕定价策略 零售商利用人们在购买中的求廉心理，特意将某种或某几种商品或服务的价格定得较低以吸引顾客，有的提供免费服务，如测量血压、免费咨询、免费讲座等。还有的零售药店会随机推出一些降价商品，有的限时降价，每天、每时都有一两种商品降价出售，吸引顾客经常来购买廉价商品，同时带动其他正价商品的销售。招徕定价策略是利用人们的好奇心，以高价招客。随着人们生活水平的逐步提高，这种方式可能越来越能发挥作用。

6. 尾数定价策略 尾数定价方法是指保留价格尾数，采用零头标价，也称非整数定价策略。尾数定价策略的应用较为广泛，大多数医药产品采用尾数定价法。尾数定价法并非在任何情况下都适用，比如对于高档商品消费者更乐意接受整数价格。

7. 整数定价策略 与尾数定价法相反，整数定价法是采用合零凑整的方法。此法针对消费者“求高”“求方便”的心理，适用于价格特别高或特别低的商品。

8. 声望定价策略 声望定价是利用消费者的“求名”心理制定高价的策略。采用声望定价策略需要注意：产品的性能优良、品质上乘；价格与产品的形象相匹配。多数消费者购买名牌产品不仅仅看重其一流质量，更看重其名牌所蕴含的社会象征意义。在一定意义上，高价格是名牌效应的重要组成部分，消费者经常借购买高价商品显示自己的社会地位。声望定价策略是名牌产品和著名企业常用的定价策略。

9. 习惯性定价策略 又称固定或者便利定价策略。某些商品在市场上销售多年，消费者需要经常、重复地购买，因此这类商品的价格在消费者的心理上已经“定格”，成为一种习惯性的价格。对这些商品的定价，一般应依照习惯确定，否则易引起消费者反感。

10. 折扣定价策略 折扣定价方法是指在特定的条件下，为了鼓励消费者购买商品，以低于原定价格的优惠价格销售给消费者。条件不同，折让价格的形势也不同，主要有下面几种。

（1）数量折扣 即根据消费者一次或累计购买的商品数量或金额给予价格优惠。

（2）季节折扣 即为了鼓励消费者在淡季购买季节性商品而给予的价格折扣。

（3）促销折扣 即为了鼓励对新产品的宣传，鼓励中间商积极促销该产品而制定的价格折扣，如减价或津贴。

（4）现金折扣 即为了加速资金周转，迅速支付账款，减少财务风险，对在规定的时间内提前付款或用现金付款者所给予的一种价格优惠。

课堂互动

请举例说明还有哪些折扣策略。

五、医药商品调价的心理策略

在营销实战中，企业应该根据市场环境对医药产品进行调价，包括降价和提价。医药企业的变价行动无论是降价还是提价对消费者都会产生一定的影响，医药消费者在价格变化后往往会产生一些疑惑，为了增强医药消费者心理承受能力，企业应注意以下几点。

（一）调价幅度

一般情况下，当商品价格降低10%~30%时，有利于消费者购买，降价幅度过小，不能激发消费者的购买欲望；幅度过大，尤其超过50%时，消费者则会对商品产生疑虑，企业也可能亏本经营。当消费者清楚降价不是因为质量、功效、安全卫生等方面的问题时，大幅降价会大大刺激消费者购买。

提价时，应注意以下几点。

1. 提价幅度尽量小 主要避免引起消费者的抱怨和不满。提价幅度小于消费者最小差别感觉阈限，商品提价应循序渐进，让消费者有一个接受、适应的过程。

2. 一次提价的品种种类不宜过多 每一次价格调整应该选择少数销量较好的品种进行。

3. 价格不同的产品调价幅度不同 价格较低产品提价幅度可稍大，因为大多数消费者在购买过程中关心的是货币绝对数量支出的多少。对于高档消费品的提价幅度要小，因为高档消费品一般价格相对较高，如价格上调幅度过大，则容易使人产生价格暴涨的心理，消费者就可能难以接受。

（二）调价频度

企业对医药产品进行调价，有主动因素也有被动因素，企业应该根据企业目标、生产成本、竞争情况、国家政策等进行。产品调价过于频繁，消费者会对降价或提价产生不切实际的心理预期，甚至对产品的正常价格产生不信任感，所以要注意保持调价频度的合理性。

（三）调价时机

1. 医药企业降价时机 医药企业降价的时机很多：①制药企业在生产能力过剩的情况下，企业通过及时降价来扩大产品销售；②在强大竞争者的压力下，制药企业市场占有率下降，通过降价对抗竞争者的威胁；③在具有成本优势的情况下，制药企业试图通过主动降价来提高市场占有率；④对于政府定价药品，国家强制降价，企业必须执行降价政策。

2. 医药企业提价时机　医药企业提价的时机主要有两个：一是通货膨胀导致产品成本费用提高；二是医药产品市场供不应求。提价的时机一般是产品需求过旺、货源短缺、流行开始等时期。

3. 采用暗调策略　暗调策略，即通常所说的变相降价或涨价。一般情况下，价格明降会招致同行的不满或者攻击，甚至会引发价格大战。价格暗降既可以避免此类不利情况的发生，又维护了企业产品的形象，还扩展了市场占有率，促进了产品销售。医药企业采取的某些变相提价措施，尽管可以缓解企业的价格压力，但会损害企业的声誉与形象，给企业的长远发展带来不利影响。总之，无论出于何种原因进行提价，总会引发消费者的一些不满情绪，为此医药企业在提价时应尽可能向有关方面说明提价的原因，要做好宣传解释工作，且提供更热情周到的服务，以求得各方的理解和支持。

第二节　影响医药消费者行为的广告因素

微课 2

一、医药商业广告概述

在市场营销活动中，商业广告已经逐渐成为企业专门传递商品信息的最有效的工具和手段。广告作用于受众的心理过程首先是引起注意，然后开始对注意到的广告发生兴趣，这种兴趣能使人们产生继续了解有关内容的热情和耐心，接着形成占有广告产品的心理渴求和欲望，当欲望积累到一定程度，最后将引导顾客采取行动购买该产品。

1. 商业广告的概念　从汉语的字面意义理解广告，就是“广而告之”，即向公众通知某一件事，或劝告大众遵守某一规定。广告有广义和狭义之分。狭义的广告特指经济广告，即商业广告。医药商业广告是指医药企业或者医疗机构通过付费给媒体，以一定的形式向人们宣传医药商品、医疗服务或观念，以达到销售目的的活动。

可以从以下方面理解商业广告的含义：①商业广告是企业开拓市场、进行营销的一种有目的的手段；②商业广告是企业作为广告主进行的一种付费宣传方式；③商业广告是通过大众传播媒体进行的；④广告传播的信息既可以是有形商品，也可以是服务和观念等；⑤广告的对象是群体而非个体，是面向大众的传播。

2. 商业广告的要素　①广告主：广告活动的发起者和广告信息的来源，也是广告活动的经费提供者；②广告内容：广告所包含的信息，是广告活动的核心，包括有关商品、服务和观念等的信息；③广告媒介：是信息传递的中介。具体形式包括报纸、杂志、路牌、信函等印刷媒介，以及广播、电视、电子显示屏、互联网等电子媒介；④广告受众：是广告信息的接收者，包括目标顾客和一般公众，广告受众对广告信息的接受和反馈情况决定着广告活动的成败；⑤广告费用：是从事广告活动要支付的必要费用，如市场调查、广告策划、制作、发布、效果测定和代理费用等。

3. 医药商业广告的类型　了解医药广告的分类，有助于人们更深层次地理解医药广告的内涵，从而更加有效地实现广告目标。不同的分类标准，可以将医药广告分成许多不同的类型。常见的有以下几种分类方法。

（1）按医药广告媒体形式分类　根据媒体形式，可以分为广播广告、电视广告、网络广告、报纸广告、杂志广告、电台广告、户外广告、售点广告等。处方药可以在国家相关部门指定的医学、药学专业刊物上发布广告，但不得在大众传播媒介发布广告或者以其他方式进行以公众为对象的广告宣传。不得以赠送医学、药学专业刊物等形式向公众发布处方药广告。医药企业要根据产品类别合理选择广告媒体，一方面可以充分利用专业媒体具有针对性更强的优势宣传处方药；另一方面可以通过大众媒体宣传非处方药，树立良好的企业品牌形象（表 10-1）。

表 10-1 主流广告媒体优缺点

媒体	优点	缺点
报纸	弹性大、及时，对区域市场的覆盖率高，易被接受和被信任	时效短，读者少
杂志	可选择适当的地区和对象，可靠且有名气，时效长，读者多且稳定	广告购买前置时间长，不同杂志读者覆盖面差别大
广播	大量使用，可选择适当的地区和对象，成本低	仅有声音效果，不如电视吸引人
电视	视、听、动作紧密结合且引人注意，送达率高	绝对成本高，展露瞬间即逝，对观众无选择性
直接邮寄	沟通对象已经过选择，而且媒体形式灵活	成本比较高，容易造成滥寄的现象
户外	比较灵活，展露重复性强，成本低、竞争少	不能选择对象，创造力受到局限等
互联网	覆盖范围广、费用低廉、迅捷、互动性强	效果评估困难、创意受局限、易被过滤

（2）按医药商品生命周期分类　医药商品在市场销售过程中，一般都会经历导入期、成长期、成熟期和衰退期四个阶段。根据医药商品的生命周期，可分为市场开拓期广告、市场竞争期广告、市场维护期广告。

（3）按医药广告目的分类　广告是有明确目的的，根据企业广告的目的不同可以将广告分为产品广告、品牌广告、企业广告等。

（4）按广告诉求不同分类　依据广告不同诉求，商业广告分为理性广告和感性广告，前者主要以摆事实讲道理的方式传播信息，后者主要以情感的要素来表达信息。

课堂互动

当代大学生接触最多的媒体有哪些？其中药品广告媒体主要有哪些？

二、影响医药消费者行为的广告因素

医药商业广告对消费者心理和行为能够产生影响，影响医药消费者行为的广告因素，具体表现在以下几个方面。

1. 广告内容　医药广告可以借助不同媒体，打破时间和空间范围的限制，将信息广泛渗透到不同的消费者。医药广告的主要功能之一是传递产品和企业等方面的信息，是沟通企业与消费者的桥梁。当医药消费者或医生需要解决健康问题时，他们会首先搜索相关信息，信息来源主要是商业广告，途径主要包括广告、医药代表、零售机构、互联网等。实现消费行为需要以下几个方面的信息：①解决健康问题的恰当评价标准；②存在多种解决方案和办法；③每一备选方案在评价标准上的表现或特征。例如糖尿病患者在做购买决定时，首先患者或医生希望达到的治疗效果就是解决健康问题的恰当标准。其次，患者或医生需要了解有多少种控制糖尿病的医药产品或治疗方案，即有解决健康问题的备选方案存在。最后，这些备选的医药产品或治疗方案在控制血糖方面的表现或特征如何。随着获得信息的增多，医药消费者对医药产品的知识会不断增加，这些信息会帮助他们将一些医药产品从备选方案中剔除出去。因此，医药市场营销者必须谨慎地识别消费者的信息内容，权衡每种信息内容的重要性，并据此制定营销策略，使消费者了解产品，顺利实现消费行为。如广告语“治疗感冒，黑白分明”“白天服白片，不瞌睡；晚上服黑片，睡得香”，就十分明确地向公众传递了药品的名称、品牌、用法、功效和优点等。医药广告通过各种媒体，及时、反复地传递商品及企业等真实准确、客观实在的信息，便于消费者搜集有关资料，从而利用较少时间选择适合自己需要的信息或商品。

2. 广告诱导力　广告的诱导力主要体现在以下两个方面：一是唤起消费者美好的联想，给消费者某种美的享受，从而改变其对商品的态度，激发其购买的欲望；二是能迅速有效地吸引消费者的注意力，进而激发其对新商品的兴趣和向往，形成新的消费需求。广告诱导力的大小取决于信息的诱导性强弱的程度。策划制作广告的一切努力几乎都同提高广告诱导力有关，所以提高诱导力被人们视为指导广告策划、制作传播的重要依据。诱导力越大的广告越容易影响消费者的购买，实现广告的销售效果，反之亦然。为了提高医药广告的诱导力，医药商业广告应该是传播医药经济信息的艺术作品，运用美学原理，融合构图、美工、音乐等表现形式，使医药商业广告主题的表达兼具趣味性和欣赏性，给广告受众以美的享受，增强消费者的印象。

3. 广告媒体　医药广告媒体种类繁多，包括报纸、杂志等印刷媒体；电视、广播等视听媒体；户外广告、橱窗广告等其他广告媒体。它们各自的可信度、接触面、影响力、传播信息的效果千差万别，医药消费者在众多的广告媒体中将做出消费选择，选择最可信广告媒体。例如消费者更信赖国家级别的广告媒体，而对地方性的广告媒体持怀疑态度。各种商品的性能特点、使用价值和流通范围都不尽相同，因此媒体选择也有所不同。如生产资料、耐用消费品等须向消费者作详细的文字说明，以便告知产品的结构、性能、使用规范等，可选用报纸、杂志等平面媒体；品种规格繁多的时装、日用品等则宜采用图文并茂、声像并举的电视、网络、售点广告等媒体，向消费者直接展示产品的性能、效果和用途，以求立体、直观、形象。实力强的医药企业要选择覆盖范围广、级别高广告媒体，也可以充分利用专业媒体进行宣传医药产品；实力弱的医药企业则可以选择覆盖范围小、级别较低广告媒体，在特定区域开展广告宣传，影响另外的消费球体。

4. 广告促销与教育能力　医药企业利用广告的最直接目的是促销，医药广告通过对商品、服务和企业的宣传，把药品有关信息传递给广大消费者，从而引起消费者注意，深化消费者对药品的认识，增强其购买信心，加速购买决策。需要指出的是，不是所有的医药广告都有促销功能，消费者对那些虚假、夸大疗效、自卖自夸或者毫无创意的广告会产生抵触心理，从而形成“高知名度+低美誉度=臭名昭著”的效果。广告能够从消费者的内心影响人们的消费观念、欣赏水平、价值观和社会道德等。随着社会的进步和消费者文化水平的提高，内容与形式健康、情趣高尚、文明健康的广告，更加有利于扩大消费者知识领域、陶冶消费者情操、丰富其精神生活，对引导消费者树立正确的消费观、价值观，养成科学的生活习惯、培养消费者的社会公德和美德等起着潜移默化的作用。这种教育能力的高低影响着消费者的认知和消费决策，从而在深层次影响消费者的消费行为。

三、医药产品的广告策略

医药企业为了达到理想的信息宣传、传播和促销的效果，广告形式应该具有艺术性，内容应该真实准确、简洁明快、重点突出，给广大消费者留下深刻印象，医药产品广告设计主要有以下策略。

（一）医药商业广告的合法性策略

合法性医药商业广告必须要遵守国家的法律法规，既要受《中华人民共和国广告法》的规制，也要符合《中华人民共和国药品管理法》的要求。药品广告监管部门校对较多，违反相关法律法规的广告将受到有关部门的严厉打击。

知识链接

我国药品广告禁止出现的内容和形式

根据《中国人民共和国药品管理法》《广告管理条例》，药品广告不得含有下列内容和表现形式：

（一）有淫秽、迷信、荒诞语言、文字、画面的；

（二）贬低同类产品或与其他药品进行功效和安全性对比评价的；
（三）违反科学规律，表明或暗示包治百病的；
（四）有“疗效最佳”“药到病除”“根治”“安全预防”“完全无副作用”等断言或隐含保证的；
（五）有“最高技术”“最高科学”“最进步制法”“药之王”等断言的；
（六）说明治愈率或有效率的；
（七）利用医药科技单位、学术机构、医院或儿童、医生、患者的名义和形象作为广告内容的；
（八）专用于治疗性功能障碍的；
（九）标明获奖内容的。

（二）医药广告主题策略

医药企业必须首先明白什么样的广告信息才能引起消费者的注意并使之产生共鸣。医药广告设计的核心是要突出广告的基本主题。常用的广告主题选择策略有USP策略、品牌形象策略、感性诉求、理性诉求策略四种。

1. USP策略　USP（unique selling proposition）策略是罗瑟·瑞夫斯（Rosser Reeves）在20世纪50年代提出的一种广告构思策略，强调产品的“独特销售主张”。其策略思路就是通过广告向客户介绍自己产品较其他同类产品所独有的特点，并集中展示这种特点，让客户了解该产品可以给自己带来的利益。当医药市场上具有相同功能的产品很多时，广告必须强调差异性。USP理论内涵主要有三个基本要点：①每一则广告必须向消费者说一个主张；②必须让消费者明白；③购买广告中的产品可以获得什么具体的利益。所强调的主张必须是竞争对手做不到的或无法提供的，必须说出其独特之处，在品牌和说辞方面是独一无二的，强调人无我有的唯一性。所谓的主张必须是强而有力的，必须聚焦在一个点上，集中打动、感动和吸引消费者来购买相应的产品。采用USP策略，要以商品分析为基础，并以广告商品在功能上有明显差异为前提。然而，在商品市场极度繁荣的时代，产品大量仿制，使得产品的独特性消失，要告诉消费者购买你的产品与购买他人的产品有什么不同，即提出独特的销售主张，已经越来越难了，所以，USP策略并非适用于所有商品。

2. 品牌形象策略　医药产品广告目的从短期看着眼于促进销售、提高销量，从长期看应该为今后产品线的延伸和新产品的推出做好准备。企业往往产品种类繁多，在广告中不可能对其产品逐一介绍，消费者在选择水平时，品牌影响成为关键。品牌是企业独占的，受到法律的保护，他人无法模仿，品牌形象传播也就成为广告主题必然之选。同时，品牌形象宣传也能够吸引合作伙伴，促成交易，所以医药产品广告主题应该着眼于宣传品牌上。市场竞争已进入了同质化时代，USP策略达不到预期效果时，企业之间的竞争就在于品牌的竞争。医药企业可以通过不同的定位等手段来在第一时间树立起自己的品牌，形成品牌忠诚，建立起自己的消费群，积累品牌资产。

（三）医药广告诉求策略

广告诉求，又称“卖点”，是要解决向目标受众“说什么”和“怎样说”的问题，即诉求点和诉求形式。广告的诉求主题是对本产品最具竞争力的优势进行提炼和挖掘后得出的，通常广告诉求可以分为感性诉求和理性诉求。

1. 感性诉求策略　感性诉求是指广告设计者通过极有人情味的诉求表达方式，激发消费者产生强烈的感情、温馨的感觉等来满足需要，使其萌发购买动机，实现购买行为。感性诉求不是要告诉消费者产品的特性，而是通过激发消费者的情绪或情感，使消费者对产品产生好感。因为“以情动人”的医药产品广告往往比单纯宣传产品功效的广告更容易吸引人，通过情感纽带更有可能真正建立起消费者的品牌忠诚度。例如采用：①以充满情感的语言、形象、背景气氛作用于消费者需求的兴奋点；②增加产品的心理附加值；③利用"晕轮效应"；④利用暗示，倡导流行等方法进行感性诉求表达。通过幽默谐趣、恐惧、夸张、设计情节等感性诉求的表现手法使消费者认知并感受产品，从而接受广告意向。

2. 理性诉求策略　理性诉求是直接向消费者说明该产品的特性或使用该产品带来的利益，比如"胃痛、胃酸、胃胀，请用斯达舒"，直接说明了产品的功效，直观且理性。理性诉求策略主要通过真实、准确、公正地传达企业、产品、服务的客观情况，直接地表达非人性化的产品逻辑，强调产品功能性与功利性的诱导及说服，通过向消费者宣传产品能给其带来的最大及额外利益或产品间功能比较等，使消费者经过概念、判断、推理等思维认知过程，理智地做出决定。由于医药消费者往往不能始终保持理性，从心理学角度看，理性诉求广告要达到预期的最佳效果，须为消费者提供购买的充足理由，运用双向信息交流，增加可信度。医药企业可以采用哲理性诉求、劝诱、告白，对比、类比、证明等理性诉求方式向医药消费者表达医药产品信息，实现购买行为。

（四）医药广告媒体策略

国家的相关法律法规要求，不允许在未成年人出版物和广播电视频道、节目、栏目上发布医药产品广告。因此，医药企业要根据产品类别合理选择广告媒体，一方面可以充分利用专业媒体针对性更强的优势宣传处方药，另一方面可以通过大众媒体宣传非处方药，树立良好的企业品牌形象。

1. "多媒体"立体传播策略　针对特定目标市场，在一段时间内，同时选用多种广告媒体，利用各种媒体的特性进行互补组合，造成立体的宣传声势，使得目标顾客与广告接触机会增多，更容易引起消费者关注。如"汇仁肾宝"的广告采用立体"轰炸"，既有电视媒体进行高密度传播，也在报纸上做广告，还在零售药店做促销。这种策略一般耗资巨大，适合实力比较雄厚的医药企业采用。

2. 变换媒体交替传播策略　即定期交换或交替使用不同媒体进行广告宣传。仅仅使用一种媒体，容易漏掉一部分顾客。因为即使同一类型的顾客，经常接触的媒体也存在差别。医药企业若能以大致相同的广告费用，选择某种媒体为主，交替使用其他几种媒体进行广告宣传，也可以扩大广告的覆盖面。这种策略比较适用于实力有限的中小医药企业。

第三节　影响医药消费者行为的情境因素

微课3

消费者对营销刺激的反应并不是孤立或凭空而来的，总是基于某种特定的背景或情境，了解消费者情境具有积极的营销意义。为了使消费者情境融入企业营销策略，需要分析影响医药消费者情境因素的发生、作用力度和影响效应。

一、情境的构成因素

1. 情境概念　情境指在一定时间内各种情况的相对的或结合的境况。购物情境是指消费者进行消费时所面临的短暂的环境因素，如购物时的气候、购物场所的拥挤程度以及消费者的心情，等等。消费者行为学中的情境或消费者情境，是指那些独立于单个消费者和单个刺激客体（如一种产品，一类电视广告等）之外，并且能够在某一具体时间和地点影响消费者购买行为的一系列暂时的环境因素。

2. 消费者情景的构成　目前广大学者对消费者情境构成要素的确定仍存在较大的分歧，较为流行的观点是贝克观点，贝克认为，情境由五个变量或因素构成，分别是物质环境、社会环境、时间、任务和先行状态。

（1）物质环境　指有形的物质因素，如商店的地理位置、背景音乐、气味、灯光、店内布置等。物质因素会对消费者的情绪和感受产生重要影响，如暗淡的光线、浑浊的空气、狭窄的过道、嘈杂的声音可能会使消费者望而却步，改变购物计划。

（2）社会环境　通常涉及购物或消费活动中他人对消费者的影响，如是否有他人在场，彼此如何互动等。一个人独自购物和接受服务与有朋友在场时相比，行为会发生变化。

（3）时间　指事件或活动发生的时机和消费者可支配时间的充裕程度。它是消费者的重要资源，时间的充裕或紧张影响消费者行为，如当消费者看到众人在排队等待时，可能会放弃计划好的购买活动。

（4）任务　指消费者购物的具体理由、目的或产品的使用场合，为送礼而购买的行为与为自己消费而购买的行为明显不同。

（5）先行状态　指消费者带入购买和消费情境中的暂时心情、情绪或状态。先行状态会导致消费者对问题的认识，并通过改变消费者的情感来影响其行为。如焦虑、兴奋、饥饿、疲劳等。一般来说，在积极的情绪下，消费者对事物正面的评价很多，消极的情绪则相反。先行状态对个体行为产生的影响不同于刺激引起的反应，也不同于个人具有的持久性特征如个性产生的影响。

上述五个因素不仅能够单独影响消费者行为，而且它们往往是相互作用，共同影响消费者。在情境的构成因素中，物质环境情境最客观，且与医药企业主动营销最密切，本章主要介绍影响医药消费者行为的物质环境。

二、情境的类型

消费者所面临的情境是所有那些依赖于时间和地点且与个人或刺激物无关，但对消费者现实消费行为具有显著和系统的影响的因素。情境主要有以下几种类型。

1. 沟通情境（communication situation）　消费者接受和反馈信息的具体环境或背景。不管是通过销售人员与消费者之间面对面的沟通，还是通过售点海报、宣传册等非人员性的沟通，要达到理想效果均与消费者当时的接受状态及在购物时自身所处的消费情境有关，例如是否有购物的动机、当时的心情、商品信息对他们的吸引力等，都有着密切的关系。

2. 购物情境（purchase situation）　消费者购买或获取产品时所处的环境或背景，如购物环境、时间压力或心情状态等。通常涉及做购买决定和实际购买时所处的信息环境、零售环境和时间压力。信息的可获得性、信息量与被选品的数量参数以及属性个数、信息的形式与格式、商店的布局、过道的空间、商品的陈列、店堂内气氛、音乐、拥挤程度等都属于购物情境。

3. 使用情境（usage situation）　指产品使用场合会影响消费者对产品种类和品牌选择的情境。使用情境可以被认为是一种双向的相互作用：消费者情境与个人因素（情境—人的相互作用），或者是与产品或服务类型（情境—服务的相互作用）。使用情境结合产品、服务、环境等因素影响消费者行为。

4. 处置情境（disposition situation）　消费者处置产品或包装物的具体环境，如以旧换新、循环使用或环保法规要求等。

三、影响医药消费者行为的物质情境

物质情境能够对消费者的情绪、行为、评价产生影响。物质情境是指那些以实物形式存在的，能够唤起人的感觉的环境因素。消费者的消费过程不仅都是在一定的物质情境中进行的，而且都要在不同程度上受物质情境因素的影响。影响医药消费者行为的物质环境主要有店址、外部设计、内部设计、商品陈列、售点广告等。

（一）店址位置

药店店址所选取的地段对于药店的营业量有着至关重要的影响。有人认为，药店选址对开店成败的影响力至少占70%以上。

1. 商店集聚性影响　商业经营中有“马太效应”，即当消费者在一处营业环境购买商品或消费时，可能同时会在附近的营业场所浏览、观光或消费，并可能产生购买行为。很多消费者有浓厚的从众心理，药店集聚的区域购物人多，所以更愿意前往购买。营业环境形成马太效应的条件一般是营业单位的地理位置接近、营业性质接近或相互兼容，促使消费者在这个营业圈内保持持续消费的动机。消费者为了便于货比三家，更愿意到药品销售密集的商区购买。

2. 购买便捷性影响　购买便捷性主要是指消费者希望购物场所周围的交通条件方便、快捷的要求。公共交通条件无疑是影响营业环境最重要的外部因素。交通条件越方便，消费者购买商品越方便，否则，购买难度越大。步行就可到达的药店最受欢迎。当前，很多经营企业已拓展了网上购物或免费送货上门的服务，使消费者足不出户就能买到所需商品，这极大地满足了消费者求便捷的心理。

（二）药店外部设计

药店外部形象对企业起着广告宣传的作用，也是商业企业的经济实力、企业形象和识别标志。药店外部形象是形成消费者感受的第一印象，会影响消费者进入店铺的意愿及进入后的情绪和行为。药店外部设计既要美化店容、提升药店形象，又要特色明显、便于顾客辨认。

1. 药店招牌、门面设计　药店招牌是用来指示店铺名称的牌子，主要包括文字内容和招牌形象设计两部分，是顾客借以区别药店的标志。在繁华的商业街区，消费者往往被大大小小、各式各样的商店招牌所包围，成功的招牌具有引起注意、激发兴趣、目标引导、方便顾客和反映特色等作用。招牌能否达到应有的效果，与多种因素有关，包括招牌命名与招牌设计的其他基本要素。药店招牌主要从以下几方面影响医药消费者：引导与方便消费者、引起消费者的注意与兴趣、反映经营特色与服务传统、加强记忆与易于传播。

2. 橱窗设计　通过橱窗药品的摆放，药店能招徕对价格敏感型顾客；通过对药品陈列进行艺术化处理，药店能吸引行人注意，并显示高雅的格调；通过提供公共服务信息，药店能显示其对社会的价值。药店橱窗设计主要激发消费者兴趣、促进消费者购买欲望、增强消费者信心。药店橱窗设计是药店员工在药店沿街的玻璃橱窗内，把所经营的重要商品，按照巧妙的构思设计，通过布景道具和装饰画面的背景衬托，并配合灯光、色彩和文字说明。

（三）药店内部设计

实践证明，药店的氛围在很大程度上会影响消费者的购买行为，所以药店除了提供药品等商品外，还要有愉快的购买环境、周到的服务等。通过店堂布局、环境卫生、店员仪表、音乐灯光等方面的精心安排，从视觉、听觉、嗅觉和触觉等角度为顾客营造一个温馨舒适、宽松和谐、赏心悦目的购物环境和氛围。

1. 灯光照明　是药店的“软包装”，体现着药店在一定时期的经营理念，好的照明设计既可以向顾客传递信息，还可以增加药品的魅力，增强药店的气氛，吸引顾客注意，方便顾客浏览商品，激发顾客的购买欲望，促进消费。光线是营造展示陈列效果最重要的因素。照明能增强商品的色彩与质感，添加商品的精致与高贵，经过精心设计的投射光束，使商品与背景分离，从而产生空间感，使得商品从周围的环境中凸现出来。顾客的注意力集中在特定的商品上，从而达到了视觉引导的作用。适合的照射角度和受光正面与背面的明暗可以营造美妙的照明效果，完美地展现展品的形象。

2. 色彩　视觉是人占支配地位的一种感觉，无论走到哪里首先感觉到的就是色彩。不同的色彩会让人感到舒畅或是沉闷。在药店内部恰当地运用和组合色彩，调整好店内环境的色彩关系，对形成特定的氛围空间能起到积极的作用。各种颜色给人不同的感觉：暖色给人温暖、快活的感觉；冷色给人以清凉、寒冷和沉静的感觉；暖色向外扩张、前移；冷色向内收缩、后退。红色、黄色、橙色给人们温暖的感觉，被认为是“暖色”；绿色、蓝色和紫色通常用来创造雅致、洁净的气氛，被认为是“冷色”。第二章对色彩影响医药消费者的感性认识作了介绍，了解了这些规律，可以对药店购物环境设计中药品陈列、陈列器具、天花板、壁面、地板及照明设施的色彩进行处理，使色调均衡协调，营造一个舒适的购物环境。色彩可以在时间、空间和情绪上对消费者造成影响。因此，色彩的设计应符合主题的需要并且要与顾客的视觉和心理反映保持平衡，可在一定程度上给他们带来精神上的快感，从而提高顾客的观赏兴趣。

药店的色彩布置，以让顾客感到舒适、轻松为前提，不同的药品可以用不同的颜色做背景。如将妇女保健品专区设计成粉红色，将儿童用药区设计成绿色，将中药饮片和部分中药材布置成金黄色的背景等。而将注射剂等药品柜布置成浅蓝色背景，让顾客身临其境，勾起强烈的购买欲望。应该注意的是药店的色彩应以淡色调为主，若药店的面积不大，就不应用太多的色彩。相反，若面积较大甚至有多层，则可视药品、楼层的不同而采用不同的色彩。

3. 药店的空间 一般情况下，药店的空间类型有三种：①药品空间，是指药品陈列的场所，摆放货架、柜台的空间；②顾客空间，是指顾客参观、选择和购买药品的地方，以及顾客休闲的区域；③店员空间，是指店员接待顾客和从事相关工作所需要的场所。目前，药店空间格局的形态主要有封闭型药店和环游型药店两种，后者居多。环游型药店顾客可以自由、漫游式地选择药品，实际上是开架销售。顾客可在不受打扰的情况下，悠闲地在店内选购。药店空间格局可以依据药品数量、种类、销售方式等情况，将上述三个空间有机组合。合适的温度令人感到舒服，中高档商业中心都安装了空调设备来保证舒适的温度；过于拥挤的环境会激发部分消费者消极、烦躁的情绪，降低购买的满意度，并经常以逃避的方式减少购买，而过于松散的环境也不利于调动消费者的情绪，因此控制消费环境的拥挤度显得非常重要。

（四）医药商品陈列

商品陈列是指以产品为主体，运用一定的艺术方法和技巧，借助一定的道具，将产品按相关要求有规律地摆设、展示，以促进顾客购买。陈列是“不说话的售货员”之一，是提高销售效率的重要宣传手段。药品陈列包括药品陈列位置的选择、排列方式的设计以及陈列的装饰衬托等方面。一个好的药品陈列要从经营者、顾客需求和相关法律与法规等多种角度考虑，以全面达到药品陈列的目的。据统计，药店如能正确运用商品的配置和陈列技术，销售额可以在原有基础上提高10%左右。

1. 药品陈列的基本要求 合理地陈列药品可以起到展示药品、刺激销售、方便购买、节约空间、美化购物环境等各种作用。

（1）陈列高度适宜 消费者走进商店后，一般都会无意识地环视陈列药店商品，对货架上的商品获得一个初步印象。因此，药品摆放，首先应注意在高度方面与消费者进店后无意识的环视高度相适应。据瑞士学者研究发现，消费者进店后往往无意识地展望与视线轴大约形成30°角范围内的物品，即高度在0.7~1.7米，上下幅度为1米左右的商品最容易被人们感受，也被称为“黄金位置”。男女平均身高不同，所以男性用品比女性用品的黄金位置高10厘米左右。

（2）适应购买习惯 对品种繁多的药品实行分组摆布时，应按照消费者的购买习惯进行，包括药品类别、购买习惯、行进路线等，并相对固定下来。相对固定的位置便于消费者寻找、选购。例如，对于消费者经常购买的、挑选余地小的方便商品，消费者的购买需求主要是方便、快速，应摆放在商店的低层、主要通道两旁、出入口附近、付款处附近等。而对于交易次数不多、挑选性较强的选购商品，消费者往往需要认真、仔细地比较，才能做出购买决定，应摆放在店里较宽敞、光线较好的位置。对于一些特殊商品，应摆放在商店最里面或较僻静的地方，或设立专门的销售区域，便于消费者进行较长时间的比较和评价。在实际的调查中发现，90%以上的顾客总是有意无意地按照逆时针方向进行选购，一些经营品种较多的药店，通常把日常生活用品陈列在商店入口的逆时针方向，便于顾客很快地找到自己需要的商品。

（3）突出药品特点 商品摆布要运用各种形式，充分展示药品的优点、性能和用途等特征，突出商品的美感和质感，增强对消费者的吸引力和说服力。新产品、名牌产品要以最大的展示方式，摆放在显要地段和醒目之处，并利用灯光等手段强调其色彩和造型，增强药品的吸引力。

（4）药品陈列须符合《药品经营质量管理规范》（GSP）规定 GSP对药品陈列要求做到：药品与非药品分开陈列；处方药与非处方药分开陈列；处方药不得开架自选销售；特殊管理药品，按国家有关规定存放；危险品不陈列，如需要必须陈列时，只能陈列代用品或空包装；拆零药品集中存放于拆零专柜，保留原包装标签；中药饮片，装斗前需复核，不得错斗、串斗，斗标应用正名正字。

（5）陈列丰满 把商品在货架上陈列得丰满有量感，俗话说“货卖堆山”。药品要有丰满感，这是药品陈列的基础，缺少丰满感顾客就会感到药品品种单薄，没有什么可买的；还要做到让顾客从远处近处、正面侧面都能看到药品的全貌。

（6）易见易取 为方便顾客寻找和拿取药品，要求药品正面面向顾客，不被其他商品挡住视线；货架最低层不易看到的商品要倾斜陈列或前进陈列，整箱商品不要上货架，中包装商品上架前必须全部打码，否则不能上架。对卖场主推的新品突出陈列，可以陈列在端架、堆头或黄金位置，容易让顾客看到商品，从而起到好的陈列效果。

（7）先进先出 大多数商品都有有效期和保质期，特别是药品更要注意其有效期，必须保证在有效期和保质期内销售完这些药品。因为顾客习惯于拿货架前面的药品，所以每次将上架药品放在原有药品的后排或把近有效期药品放在前排以便于销售。先购进的药品要先卖出去，防止过期。

2. 药品陈列的基本策略 掌握药品陈列的基本要求和方法，并能够熟练地运用，对提高药品的销售量和竞争力、加强对购买者的视觉冲击力、最终实现提高整体销售量的目的都具有重要作用。

（1）分类陈列法 是指根据经营药品的性能、品牌、档次、特点或不同的消费对象，将其划分成不同的类别，分别进行展示陈列的方法。例如，药店内陈列分为感冒类药、风湿骨疼药、营养保健药、儿童用药和中药饮片等。

（2）主次陈列法 也称主辅陈列法、中心陈列法、突出陈列法，是指根据经营商品品种的重要程度，分别进行陈列的方法。商业企业的经营品种众多，不可能都进行重点陈列，因此要选择企业经营的重点商品，突出陈列。例如，将主力药品用艺术手法着重渲染烘托气氛、占用较大比例的陈列空间、陈列于比较显眼的位置上，并附带其他商品。这种以主带次、以畅销带滞销的陈列方法，是商业企业常用的方法。开放式药店药品种类很多，高周转率、高毛利率的药品，属于主力药品。高周转率、低毛利率的药品和低周转率、高毛利率的药品属于辅助产品；主次陈列主要是用高周转率的药品带动低周转率的药品销售。一些卖场的销售额很高，但毛利却很低，和药品的陈列有很大关系。

（3）关联陈列法 药品开架式的陈列，尤其是自选区（OTC 区和非药品区）非常强调药品之间的关联性，例如，感冒药区常和清热解毒消炎药相邻或止咳药相邻；皮肤科用药和外用药相邻；妇科药品和儿科药品相邻；维生素类药和钙制剂在一起等。这样在顾客消费时产生连带性，既方便了顾客购药，也便于进行连带销售，从而提高销售额。

（4）垂直陈列法 是指将同一类药品，沿上下垂直方向陈列在货架的不同高度的层位上。这种陈列遵循了顾客在选择商品时往往视线的上下移动比横向移动方便的规律。一个品牌的系列药品一般选择垂直陈列，也叫纵向陈列。垂直陈列能使系列药品体现出直线式的系列化，使顾客一目了然，可以看清楚整个系列药品。实践表明，系列药品垂直陈列会提高20%~80%的销售量。垂直陈列使得同类药品平均享受到货架上各个不同的段位，不至于产生由于横向陈列而使同一种药品都处于一个段位上，因而带来药品的销售状况不是好就是差的问题，也解决了与其他品牌的公平陈列问题。

（5）特写陈列法 即通过各种引人注目的形式，突出宣传某种药品。在药品种类繁多的店铺，不少药品都被埋没在药品的海洋中，要突出推销某种药品，就需要以特写的方式来引起顾客的注意。特写陈列的具体方式很多，例如，线形陈列法、梯形法、悬挂法和堆叠法等。

（6）季节陈列法 是指针对不同季节消费的药品，按照季节的变化进行陈列的方法。将当季药品陈列在醒目的位置（端架或堆头陈列），其药品陈列面、量较大，并悬挂售点广告。例如，春天的感冒药、夏天的防暑药、秋天的肠胃药和冬天的滋补药等。季节性陈列必须在季节到来之前1个月预先陈列出来，向顾客介绍，才能起到应季宣传的作用。

（7）专题陈列法 是指企业结合特定事件、时间或节日，集中陈列应时适销的连带性药品的方法。或者根据药品的用途在一特定环境中陈列某种系列药品的方法。对于短期促销可以采取专题陈列，如用手推车、专设展台或场外货架陈列等方式。采用专题陈列应该注意的是：陈列要简单方便，不要过多地设置小道具，以免影响消费者的购买；要留有足够的陈列空间，对于短期促销一般都会吸引大量消费者前来购买，所以要留出足够的陈列空间以便顾客选购；因为短期促销通常会调整展柜，故在药品陈列时要配有足够的销售人员等。

在实践中，上述方法经常可以灵活组合，综合运用。同时要适应环境的需求变化，不断调整，使静态的商品因为灵活的陈列而充满生机和活力。

（五）售点广告

售点广告即购买点广告，简称POP（point of purchase advertising）广告。凡是在商业空间、购买场所、零售商店的周围、内部以及在商品陈设的地方所设置的广告物，都属于POP广告。POP广告形式多样、特点鲜明、作用广泛，成为各药店卖场的主要促销手段，在设置POP广告时需注意以下几个问题。

1. 文字要简洁明了、书写醒目 因为POP广告的使用一般都意味着降价销售和优惠，应使用短语和简单字符，在最显著的位置上突出重点，注意色彩的差别与对比，但应该控制在三种颜色以内。如果字体的颜色太多，反而会令顾客眼花缭乱，不容易看清。应该尽量将药品的特点总结成条目，并且至多三条，如果文字太小，顾客看不清内容，索性根本不去看。

2. 广告材料的选择要恰当 根据药品不同的档次、消费的群体，正确选择POP广告材料。高档次药品避免选择便宜的材料制作POP广告，影响药品品牌和形象，高档次药品POP广告的制作应有其特色，可以饰以图形并配以灯光以展示其高贵。日常消费药品避免使用昂贵的POP广告材料，这样会增加药品成本。

3. 放置位置应不影响显示产品 POP广告的最终目的是销售药品，其放置不能影响药品的真实形象。较大的POP广告应放在客流量相对小的地方，也可以配以一些流动货架帮助消费者挑选，还可以在店堂通道摆设一些堆头陈列协助药品的展示和销售。POP广告的面积还应该根据药品的大小、书写的内容而发生变化。对于成堆摆放的特价药品，应该采用大型的POP广告，而对于货架摆放的小型药品，在制作POP广告时则要注意用纸的大小，不要将药品全部挡住为好，不同大小的POP广告都要准备，同时要避免POP广告遮挡卖场光源，影响消费者视觉，更不能随意悬挂，影响卖场的整体形象。

4. 经常更换POP广告 随着季节的变化，要及时变换POP广告的材料、内容和形式。在开展促销活动时，对于一些POP广告的使用要做到常用常新，避免一种材料一直使用，否则会影响药店的形象，甚至是药品销量。

课堂互动

举例你所见过的印象特别深刻的售点广告，并分析原因。

POP广告直接与顾客接触，顾客一边选购，一边受到POP广告的冲击，这有助于唤起顾客潜意识中对药品品牌的认知记忆。POP广告起着刺激顾客回忆、唤醒过去形象的作用，可以快速缩短顾客与药品之间的距离，同时POP广告也是美化营业环境的一种手段。关注POP广告对医药消费者购买行为的影响意义重大。个性化的POP广告以其强烈的色彩、美丽的图案、突出的造型、准确而生动的广告语言，以及优美舒缓的广告音乐，营造出强烈的终端销售气氛，这些都会带给人们视觉和听觉上的愉快享受，激发他们产生购买冲动，促成购买。

医药消费的物质环境影响医药消费者的消费行为是多方面的，各个因素之间也是相互作用的。医药消费者的消费过程不但都是在一定的物质情境中进行的，而且都要在不同程度上受物质情境因素的影响。

本章小结

影响医药消费者购买行为的市场因素主要有产品价格因素、药品广告因素和消费者所面临的情境因素。

商品价格的功能具有衡量产品尺度、自我意识比拟、调节市场需求等功能。生产成本、流通费用、国家税金及企业利润等构成了医药产品基本价格，而市场需求、竞争环境、国家医药政策、消费者心理和医药产品因素是影响医药产品价格判断的主要因素。医药消费者价格心理特征主要有：感受性、习惯性、敏感性和倾向性；医药新产品的定价策略要根据消费者的价格心理特征来进行。医药产品价格的调整应该注意价格调整的幅度、频度、时机，并做好宣传解释。

医药商业广告以一定的形式向人们宣传医药商品、医疗服务或观念，以达到销售目的的活动。商业广告的要素主要包括广告主、广告内容、广告媒介、广告受众。医药商业广告传播的信息内容、广告诱导力、广告媒体、广告促销与教育能力几个方面对消费者心理和行为能够产生积极影响。广告形式应该具有艺术性，内容应该真实准确、简洁明快、重点突出，给广大消费者留下深刻印象。医药产品广告设计主要有独特销售主张策略、品牌形象策略、医药广告诉求策略、医药广告媒体策略。

消费者情景主要由物质环境、社会环境、时间、任务和先行状态构成。医药消费者所面临的情境主要有沟通情境、购物情境、使用情境和处置情境。消费者消费过程的物质环境主要有店址、外部设计、内部设计、商品陈列、售点广告等。药店外部形象、药店内部布局等消费情境都影响医药消费者的购买行为。

练习题

参考答案　　更多习题

一、名词解释题

1. 自我意识比拟
2. 商业广告
3. 广告诉求
4. 消费者沟通情境
5. 消费者物质情境
6. 垂直陈列法
7. POP 广告

二、选择题

1. 在多种商品经济的企业中，有时对某些商品定价很低，从而带动其他商品的销售，这种定价方法是（　　）
   A. 声望定价　B. 招徕定价　C. 习惯定价　D. 撇脂定价
2. 在定价时，一般尾数取“8”而忌“4”，主要是考虑消费者对数字的（　　）心理
   A. 联想　B. 感知　C. 想象　D. 记忆
3. 采取渗透定价法的目的，是为了（　　）
   A. 尽快收回成本　B. 突出产品优点　C. 迅速打开销路　D. 获取较大利润
4. 企业最常采用的折扣价格策略是（　　）
   A. 季节折让　B. 数量折让　C. 推广折让　D. 现金折让
5. 企业给予能够一次性付清货款的顾客的减价属于（　　）折扣
   A. 现金　B. 数量　C. 功能　D. 季节
6. 在强大竞争者的压力之下，企业的市场占有率将下降，在这种情况下就需要考虑将产品的价格（　　）
   A. 适当提价　B. 保持不变　C. 大幅降价　D. 适当降价
7. 在消费者进行购物时，一家店的陈列、色彩会感染你，同时在你进行决策时，也会受到朋友、销售员等的建议，这些属于消费者情境的哪一阶段（　　）
   A. 传播阶段　B. 购买情境　C. 使用情境　D. 处置情境

8. “越降越不买”是（　　）因素在影响价格判断
A. 商品的类别
B. 消费者的价格心理
C. 对商品需要的紧迫度
D. 消费者的经济收入
9. 留价格尾数，采用零头标价，如 9.98 元而非 10 元，这种定价方法是（　　）
A. 渗透定价
B. 整体定价
C. 尾数定价
D. 撇脂定价
10. 具备传递灵活，传播中形、声兼备，使消费者在美的享受中了解商品特点的广告媒体是（　　）
A. 广播广告
B. 报纸广告
C. 杂志广告
D. 电视广告
11. “借声望定高价、以高价扬声望”的定价方法是（　　）
A. 撇脂定价
B. 增值折价
C. 渗透定价
D. 声望定价
12. 一则药品的广告中说道“有病治病，无病强身”，体现了不良广告的（　　）
A. 广告宣传与服务脱节
B. 部分失实
C. 完全失实
D. 制作低劣
13. 企业产品提价的主要原因有（　　）
A. 通货膨胀，物价上涨
B. 企业市场占有率下降
C. 产品供不应求
D. 企业成本费用比竞争者低
E. 产品生产能力过剩
14. 价格折扣主要有（　　）
A. 现金折让
B. 数量折让
C. 功能折让
D. 季节折让
E. 价格折让
15. 产品价格的构成主要有以下因素（　　）
A. 生产成本
B. 流通费用
C. 国家税金
D. 企业利润
E. 产品损耗
16. 消费者对商店外观的心理感受有（　　）
A. 追求环境美化的心理
B. 追求店面建筑造型风格的适宜性
C. 追求店面风格的心理认同性
D. 讲究店外照明与色彩的心理指引
E. 以上都不是
17. 降价的技巧主要有（　　）
A. 商品降价应具备相应条件
B. 商品降价时机
C. 降价幅度
D. 商品降价种类
E. 相应的降价宣传

三、判断题

1. “一分钱一分货”反映了商品价格具有衡量商品价值的功能。（　　）
2. 撇脂定价策略是制定相对较低的价格以便进入大众市场，然后再慢慢地提高价位。（　　）
3. 药品是需求价格弹性小的商品，所以降价对其没有促销作用。（　　）
4. 新药定价一般适合采用撇脂定价策略。（　　）
5. 渗透定价法对减少竞争压力、树立本企业形象具有得天独厚的作用。（　　）
6. 在市场经济环境下，供求关系对产品定价有着最直接的影响。（　　）
7. 消费者会通过同一售货场所中不同商品的价格来判断某商品价格的高低。（　　）
8. 价格是消费者衡量商品价值和品质的直接标准。（　　）
9. 习惯定价法多用于服务商品的定价。（　　）
10. 消费者对价格的判断同时具有主观性和客观性。（　　）
11. 医药广告的最终目的是促进医药产品销售。（　　）

12. 凡是设在商业街、购物中心、商店内及周围的广告都可以称为 POP 广告。（　）
13. 对于文化程度较低的消费者和女性公众，应该用理性的广告表现手法。（　）
14. 定位的基本原则并不是创造新奇和不同，而是要用智慧去连接广告与受众者头脑中的那些或明或暗的线。（　）
15. 广告定位是实施广告制作的依据，是广告的“灵魂”。（　）
16. 药店选址其实就是选择药店目标市场。（　）
17. 药店地点选择的最佳参考点是大型综合性商场附近。（　）
18. 药店的照明一般采用多色光源，有利于激发消费者的兴趣。（　）
19. 店标属于店铺外部设计的范畴，是药店招牌的一种补充形式，也是广告的一种。（　）
20. 橱窗布置可起到介绍药品、指导消费、促进销售的作用。（　）
21. 顾客流动线是指店内顾客的流动方向，实质上就是药店通道，也把顾客动路线称为“客导线”。（　）
22. GSP 规定，药店经营的药品要与非药品分开销售，处方药与非处方药可分开货架开架销售。（　）
23. 现在看来，我国古代酒店外面挂的酒葫芦、酒旗可以称为 POP 广告。（　）
24. 交通干道边的药店指示牌也属于 POP 广告。（　）
25. POP 广告又称为“卖场广告”“购买点广告”，是一个无声的推销员。（　）
26. 撇脂定价法是指迎合消费者求实求廉的心理，给消费者以物美价廉、经济实惠的感觉，从而刺激消费者购买欲望的定价方法。（　）
27. 广告的教育功能就广告的形式和内容而言，可以对刺激对象起到正反两方面的教育作用。（　）

四、思考题

1. 医药消费者价格心理特征有哪些方面？
2. 医药产品价格的构成要素包括哪些方面？
3. 医药商品定价的策略是什么？
4. 影响医药消费者行为的广告因素有哪些？
5. 情境的类型有哪些方面？
6. 药品陈列的基本要求包括哪些方面？

五、技能训练题

1. 收集一些医药产品广告，分析哪些广告对你影响大？该广告满足了消费者怎样的诉求？如何影响消费者行为的？

2. 调研 2~3 家药店（规模有明显差别），每店至少访问 2 位店员，了解他们所接触到的医药消费者对不同类型药品（保健品）价格的心理，做出归纳分析；同时请店员谈谈消费者对药店陈列和销售沟通的期望，对改善其销售绩效方面起多大作用？分析怎样起作用？并与店员讨论相关问题，提出改进建议。

六、案例分析题

案例 1

药品定价谈判实现了医保、企业、参保人“三赢”的目标

2017 年 7 月 19 日，人力资源和社会保障部发布通知，第一次将 36 种谈判药品纳入了《国家基本医疗保公、工伤保险和生育保险药品目录（2017 年版）》乙类范围，医保支付标准中这 36 种药品的价格平均降低 44%。第一次参与谈判的药品品种共有 44 个，其中谈判成功的有 36 个，成功率达到 81.8%，谈判成功的药品统一纳入药品目录乙类范围。谈判确定的支付标准与 2016 年平均零售价相比，平均降幅达到 44%，降幅最高的达到 70%，明显减轻了参保人员药费负担，同时也有效控制了医保基金支出。此

次谈判成功的36个药品中包括了31个西药和5个中成药。

1. 谈判准入，降低创新药、专利药价格 “再降4分钱行不行?”2019年，一段国家医保谈判现场的视频火了，视频中提到的谈判药物为治疗2型糖尿病的达格列净片（安达唐），最终由第一次报价的5.62元降到4.36元。大量的大牌新药、贵药通过谈判降到全球最低价，如进口丙肝药物降价幅度超过80%，降至全球最低。

自从2018年国家医保局成立，我国开展了3次医保目录准入谈判。2018年开展抗癌药专项谈判，17个药品谈判成功，平均降幅达到56.7%；2019年，共计97个药品谈判成功，其中70个新增谈判药品价格平均下降60.7%，27个续约谈判药品，价格平均下降26.4%；2020年，119种药品谈判成功，平均降价50.6%，药品支付标准同步确定，患者支出减免近70%。

2. 药品集采，累计减少支出1500亿元 从2018年12月，国家组织“4+7”11个城市试点开展药品集中带量采购以来，我国已组织开展5批药品集中带量采购，共成功采购218种药品。大量药品通过集采降低了价格，平均降幅均超过了50%，累计节约药费已超过1500亿元。第五批国家集采中标结果于2021年9月15日开始执行，开展的第五批集采更是创下了采购药品数量、金额历次之最，外资中选企业数也是历次国家药品集采最高的一次。

（资料来源：编者根据相关资料整理）

分析：

1. 通过本案例理解药品价格居高不下的原因。
2. 请结合本案例理解医保谈判定价的优点。

案例2

瑞士药店情境设计

你听说过魔法药店吗？如果你是“哈迷”（哈利波特），那你就会有冲进去体验这奇幻场景的冲动。会不会有魔法书？会不会有稀奇古怪的魔法材料？会不会也有一只能送信的聪明猫头鹰？也许你觉得这一切都是虚幻，但它却真实存在。初见到这只猫头鹰是在网上，那位网友没说店名和地址，只知道这家店在瑞士的琉森，你真的很难想到这是一家药店。这么靠谱的猫头鹰和旧书已足够惊喜，难不成是施内普教授（《哈利波特》中魔法学教授）的魔法药房？到了琉森问当地人：“您知不知道有家药店，橱窗里有只猫头鹰，迷人……魔法……哈利波特……”只需要破碎单词，对方就立刻恍然：“啊！有的有的！”地方其实是有点儿偏的：从火车站出来不过桥，沿湖往左走几分钟，找到这条短短的小巷子，在尽头那个式样奇特的老房子就是“魔法药房”了！让笔者不禁想到《哈利波特》中那神秘的对角巷。亲爱的魔法药房你果真就在这儿！我们先不进店里，直奔那个橱窗。慢慢看过“魔法药房”所有橱窗、侧门、外观装饰的种种细节。精雕的花纹，古朴中彰显出一种华丽……仿佛面对一个美味无比的蛋糕，迟迟不动勺子，只用手指慢慢按了散落的糖霜来吮。当你面对真正的好东西，前奏有时候是一种下意识。终于推门进去，店堂是二进式的两间，外间大，药品为主；里间则是以护肤品等个人护理品。柜台后面是药房的储存室，这些可爱的小抽屉看着眼熟，多么像我们中国的中药房啊。“魔法药房”中看似古老的雕花老木柜摆放很多现代时尚的药妆产品，而且是琳琅满目，错落有致的商品摆放让我们也感受到了现代管理的痕迹。最里面看到的那些老壁画和瓶瓶罐罐真是迷死人，是我们现代人的药品？还是巫师的神奇药水呢？这个奇怪名字的药店，再结合新奇的店牌设置，同时辅以魔法的橱窗和奇特的店堂布置，吸引了不少体验这奇幻场景的顾客，令消费者记忆犹新。

（资料来源：http://www.liansuo.com/news/73917.html，有改动）

分析：

情境环境对医药消费者行为产生怎样的影响？

PPT　微课

第十一章 营销沟通与医药消费者行为

学习导引

知识要求

1. **掌握**　沟通的概念、要素与沟通渠道。
2. **熟悉**　销售服务售前、售中和售后服务的主要内容。
3. **了解**　沟通的原则与方式。

能力要求

1. 能够运用沟通的相关知识分析和解决营销中出现的冲突。
2. 能够运用销售服务售前、售中和售后的心理策略进行服务沟通。

素质要求

树立正确的营销伦理观，用合适的方法与技巧与消费者沟通，帮助其产生适当合理的购买行为。

案例导入

一次成功的药品销售

【案例】 成都某连锁药店，走进一位老大爷，店员小周赶紧上前接待。

店员小周："大爷，您好！需要些什么呢？"

顾客："买一瓶维生素 B_2。"

店员小周："大爷，您是不是有口腔溃疡？"

（根据长期药店销售的经验，来购买维生素 B_2 的顾客，多数是因为口腔溃疡。针对其进行有效沟通。）

顾客："是啊，最近嘴里老是长溃疡。"

店员小周："大爷，现在是夏秋交替之际，气候突变时口腔溃疡容易复发。维生素只能作为保健用药，短期内不能快速有效地治疗口腔溃疡引起的蜇痛、刺痛。"

（分析顾客指定产品的药理作用，告知病情病症，取得客户的信任，为用药指导做好铺垫，以便进行后续推荐用药。）

顾客："哦，那你给我推荐一个效果比较快的药，这口腔溃疡害我好几天没吃好饭了。"

店员小周："大爷您可以用绿袍散。它里面含有的9种中药材成分，具有清热解毒、杀菌消炎、祛腐生肌的功效；更重要的是它还可以保护并修复黏膜，这是绿袍散这个药所特有的药效。"

顾客："是嘛，这个药还有修复黏膜的作用呢？"

店员小周："大爷您看，用的时候把药粉直接涂抹在上面就可以了。5分钟就能起效，有消除蜇痛的感觉。一般1天的时间，口舌溃疡就基本愈合了；大概7天左右时间，口腔溃疡就基本痊愈。这个药标本兼治，效果和口碑都是比较好的。"

顾客："这药效果这么快呢，给我拿一盒绿袍散，试试吧。"

店员小周："好的，大爷。另外，您还要注意饮食要清淡、多喝水。"

顾客："行，谢谢你。"

评价：由于医药知识丰富，在顾客说要买维生素B_2的时候，小周就敏锐地意识到顾客可能是患有口腔溃疡。在得到顾客肯定的答复后，小周针对病症推荐了绿袍散并做了详细的介绍，通过绿袍散的特点打动了顾客，这才有了一次成功的推荐用药。

【问题】

1. 药店销售人员是怎样打动及说服顾客产生了新的购买？
2. 药店销售人员是怎样实现有效沟通的？

第一节　营销沟通概述

沟通，简而言之，就是信息的传递与理解，是有效营销的重要途径和关键条件。沟通对营销人员非常重要，它在营销的全过程中，不能缺少，任何营销环节都必须以有效沟通作为前提。

一、沟通的概念

营销沟通是指企业或营销人员通过一定的媒介，将企业和商品信息、思想和情感传递给消费者的过程，并寻求信息的反馈以达到相互理解，达成共同的协议，进而实现商品买卖的过程。医药营销沟通就是医药企业或营销人员通过与顾客进行双向的信息交流建立共识而达成价值交换的过程。

要正确理解沟通的含义，可以从以下几点来把握。

（一）沟通是信息的传递与交流

如果信息和想法没有传递到接受者，那么也就没有沟通的发生。沟通中传递的信息包罗万象，不仅包括一般事实，而且还包括思想、情感、价值观、意见和观点等。沟通过程中发送者把传递的信息"编码"成符号传递给接收者，接收者则在收到后进行相反的"解码"过程。传递信息要完整，既要传递事实，又要传递发送者的价值观及个人态度，只有这样才能达到有效的沟通。

（二）沟通成功的关键在于信息被充分理解

有效的沟通，意味着信息不仅要被传递，而且要被理解。现实生活中，由于信息是一种无形的东西，是一些符号，人们对同一符号的理解和认识可能不同，从而导致不少的沟通问题和障碍。因此，在沟通过程中，只有传递的信息被充分理解，才能达到沟通的目的。

（三）有效的沟通在于双方能准确理解彼此的意图

在现实生活中，不少人认为，有效的沟通就是让别人接受自己的观点。实际上，沟通并不一定要使别人接受自己的观点，但一定要使别人明白自己的观点。沟通双方能否达成一致意见，对方是否接受你的观点，并不仅仅取决于沟通过程中信息的传递，它还涉及双方根本利益是否一致、价值观念是否相似等其他关键因素。只要沟通过程中双方能准确理解彼此的意图，就是有效沟通。

（四）沟通是一个双向动态的反馈过程

每天我们都在与他人进行各种各样的沟通，但并不能说每个人都是成功的沟通者，也并不是每一次沟通都能成功。这是因为沟通不是一项单向的活动，即使你已经告诉对方你所要表达的信息，但这不意味着对方已经跟你沟通好。如果接受者并未对你发出的信息做出反馈，那么就没有达成沟通。所以，有效沟通必然是一个双向互动的反馈过程。这种反馈并不一定要用语言表达出来，接受者还可以用其表情或目光、身体姿势等形式将信息反馈给传递者，从而使发送者得知接受者是否接受与理解其所发出的信息，并了解接受者的感受。

二、沟通的要素

沟通过程就是一个信息双向传播的过程。这个过程中包含一些基本的要素和隐含的要素，要顺利实现信息的传播与沟通，必须考虑这些要素的影响。

（一）沟通的基本要素

沟通的基本要素是信息传播沟通的“硬件”，缺少其中任何一个要素，沟通都无法实现。

1. 信源　即信息源，是指信息的发布者，沟通过程中信息的发起人。信息源可以是个体，如同事、朋友、销售人员等，也可以是组织，如制药企业、零售商等。

2. 信息　即要传播的内容，是经过信息源编码的东西。例如，人们说话的时候，说的话是信息；写字的时候，写出的内容是信息；绘画的时候，图画是信息；企业做广告的时候，有关产品的形象、文字说明、背景音乐等就是信息。

3. 编码　编码就是将发送者的构想和意向转换成信息，通常采用文字和标记的形式。编码的目的就是要设计出易于被接受者理解的有关信息的含义，即发送者如何成功地把信息传递给接受者。影响这一过程的因素很多，包括技能、态度、知识、信念和价值观等。

4. 信道　即信息传播的渠道，是指传递信息的媒介物。传递信息的媒介物很多，包括各种媒体、零售商店、当地的新闻发布等。在人与人之间的面对面沟通中，人体本身也可以作为信息渠道。

5. 译码　在信息被接收之前，接受者必须先将信息渠道中加载的信息翻译成自己理解的形式，这就是对信息的译码（或解码）。与编码者相同，接受者同样受到自己的技能、态度、知识、价值观等因素的限制。也就是说，一个人的知识、态度和文化背景等不仅影响着其传递信息的能力，同样也影响着其理解信息的能力。因此，营销人员必须确保所传递的信息与目标市场的态度、文化背景等相互匹配。

6. 信宿　信息的接受者，即信息指向的客体。信息的接受者一般是个体。

7. 反馈　信息接受者对信息发布者发出信息的反应。沟通过程的最后一环就是反馈，即信息最后又返回到信息源。反馈能够对信息的传送是否成功进行核实，可以确定信息是否已被理解。反馈可以用语言表达，也可以借助非语言的动作表达，如点头、打手势、皱眉等。

8. 噪声　沟通过程中无法控制的干扰。噪声的存在使信息在发送、编码过程中都有被歪曲的可能性，而且解码和接受过程中也有误解的可能。

信息沟通过程如图 11-1 所示。

（二）沟通的隐含要素

沟通的隐含要素是构成沟通的“软件”。每一个要素都对沟通的效果产生一定的影响。

1. 时空环境　包括时间和空间两方面。不同的时空环境下，沟通的效果不同。例如，上午人们精神饱满，情绪高昂，下午四五点钟由于工作的疲劳，人们的情绪相对较低落，沟通的效果就会受到影响；在一个嘈杂或炎热的环境里，人们比较容易发生冲突。

2. 心理因素　不同的情绪状态下，人们对信息的理解和接受程度是不同的。心理学研究表明，愉快的情绪体验能使活动强化，而不愉快的情绪体验会使活动受到抑制。因此，如果不能让信息接受者产生愉快的情绪体验，则沟通的效果是极为有限的。

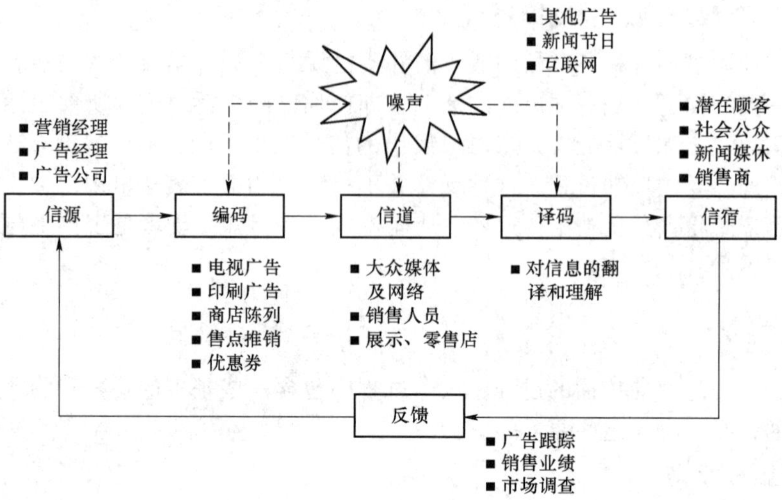

图 11-1　信息沟通过程

3. 文化背景　在沟通过程中，不同文化背景的沟通双方有可能对同一信息产生不同的主观感受，因此在沟通时要充分考虑双方的文化背景因素，以避免由于文化差异而产生的误解。

4. 信誉意识　包括信息的可靠性和信息传播者被信赖的程度。传播者的权威性和信息的可靠性越高，沟通的效果越好。

三、沟通的原则

沟通是一种相互作用，沟通的相互作用不仅包括身体方面，也包括心理方面：印象是在沟通参与者的头脑中形成的，人们对另一个人的态度和评判直接影响他们的沟通效果。

相互作用的沟通包括三个重要的原理：第一，进行沟通的人连续同步地发出信息。第二，沟通事件有过去、现在和未来。第三，沟通的参与者扮演相应的角色。

为了达成有效沟通，在沟通的过程中必须遵循下列原则。

（一）诚信度原则

诚信是沟通的基础和前提，作为一个信息发布者必须具有足够的诚信，才能够取得他人的信任。这对保持良好的沟通具有重要影响。试想，一个名声不好的人，在沟通中要求别人相信他的观点是不太可能的。因此，在沟通时一定要拿出足够的诚信才行。

（二）明确性原则

当沟通所用的语言和传递方式使对方能够理解时，我们就认为它是明确的信息。明确的信息才能起到沟通的效果。所以，沟通过程中要尽量运用通俗易懂的语言，用别人能够理解的语言和口气来表达自己想传递的信息。要熟悉针对专业性顾客和非专业性顾客，应分别使用怎样的语言表达。如果企业传递的信息是符号，那么要保证这个符号的意义是确定的，是被大众所熟知且没有歧义的。

（三）良好氛围原则

沟通是否可以成功，在什么样的氛围中沟通是重要的影响因素之一。积极良好的沟通氛围，可以促进沟通双方在良好的情绪下更好更深入地交流，可以互相激发，使双方用更开放的心态来沟通，获得高效的沟通成果。而消极的沟通氛围，会让沟通双方进入对抗的情绪，使沟通陷入僵局，从而导致沟通失败。

（四）适当性原则

有效沟通必须将有意义的信息，通过适当的沟通渠道，由一个主体传送给另一个主体。有了真实的信息需要沟通，也有一些渠道可以将信息传送给他人，但这还不能完全保证沟通的有效性。其原因在于不同的信息对于沟通渠道的选择有要求，真实的信息如果选择了不恰当的渠道进行传递，就会产生信息扭曲，导致沟通受阻。

（五）完整性原则

信息由适当的发送者发出，通过适当的渠道传递，并且也由适当的人接受了，沟通是否就一定能保证有效完成呢？答案是不一定的。这是因为，由于各种原因和各种因素的干扰，信息在传递的过程当中会人为的变形或损耗。如果这种情况发生，接收到的信息已经不是发送者所发出的同一信息，那么就有可能发生沟通失误或误解信息。

（六）互动原则

沟通是互动的，需要双方共同参与，共享说话权利是互动的前提。互动的形成和建立需要承认沟通对象的存在，甚至在了解他人特征需求的基础上才能有效地互动。有时候互动的效果不好，就是因为没有建立在了解沟通对象的需求和特征上，没有针对他人的需求和特征进行有效地互动。

（七）技巧原则

沟通是问与答的统一体。问是一门艺术，答也需要高超的技巧。

四、沟通的方式

在营销活动中，营销人员与顾客之间经常不断地进行各种各样的信息交流。这种沟通方式主要有两种：语言沟通与非语言沟通。

（一）语言沟通

营销中的语言表达，要注意以下几个方面。

1. 准确　准确、恰当地表达自己的思想是与顾客进行顺利沟通的首要一环。“言不在多，达意则灵”。交谈时要慎重地斟酌措辞，不要造成歧义，使顾客误解。同时语言沟通还要符合特定的沟通环境，包括沟通的对象、时间、地点、心理情绪等，语言要适应不同对象的特点。对营销人员来说，尤其要弄清顾客的年龄、身份、职业、文化修养等条件，针对不同的对象，在准确表达自己意图的基础上让对方正确地理解所沟通的信息，避免误解，顺利实现沟通目标。

2. 清晰　在沟通过程中，清晰、流畅的语言不仅给人以舒适感，而且也是顺利沟通的基本要求之一。虽然营销人员不必像播音员一样有悦耳的声音，但也要努力提高自己的语言表达能力，吐字要清晰，表达要有条理，避免方言和口音带来的负面影响。

3. 专业化　营销人员在工作中代表着一个组织，其身份是一个专业人员，因此在沟通中应注意体现其专业能力，用专业的方式与顾客沟通。专业化的沟通方式要求带有强烈的角色意识，避免个人情感影响工作，同时用积极的方式与顾客沟通，沟通用语也应当尽量选择体现正面意思的词汇。例如，要感谢顾客的等候，用“非常感谢您的耐心等待”比“很抱歉让你久等”更合适。再如，“如果您今天能完成，我将非常感激”就比“你今天必须做好!”效果更好。

4. 使用礼貌用语　销售服务中的礼貌用语是相当丰富的，常用的有“对不起”“别客气”“谢谢”“再见”“欢迎再来”等。如“对不起”包含着道歉、赔礼的意思。营销人员与顾客双方在服务与被服务的过程中不够默契的时候，营销人员就应主动地表示歉意。“别客气”体现了营销人员的虚心和谦逊。优秀的营销人员常常赢得客户的赞誉，面对这样的情况，营销人员要更虚心，以示再接再厉。“谢谢”是常常向客户说的语言。这是因为在服务过程中，如果没有被服务者的光顾和配合，就没有了服务对象，也达不到服务的目的，更谈不上企业的经济效益和社会效益。

（二）非语言沟通

非语言沟通是人们通过使用语言之外的方式来沟通感情、交流信息的过程，通常包括身体动作、面部表情、穿着打扮和交往距离等内容，上述因素也被称作身体语言。非语言沟通有很重要的作用。有研究显示，在两个人的交往过程中，大约有65%的“含义”是通过非语言沟通的方式传递的。身体语言有直接的表意作用，人的思想、感情等也会从身体语言中反映出来。在营销服务中，身体语言的内容主要包括以下几个方面。

1. 面部表情 面部表情是人们思想感情的流露，有时可起到语言所起不到的作用。面部的眼睛、眉毛、鼻子、嘴、脸颊肌肉，都是传达感情的工具。例如，人生气时会拉长了脸，肌肉下沉；人高兴时会"喜笑颜开"，肌肉松弛。再如，人惊异时张嘴、愤怒时闭嘴、蔑视时撇嘴、不高兴时翘嘴等。

眼睛是最重要的表情工具。人们常说："眼睛是心灵的窗户"。眼睛与有声言语协调，可以表达千变万化的思想感情。眼睛凝视时间的长短、眼睑睁开的大小、瞳孔放大的程度和眼睛的其他一些变化，都能传递最微妙的信息。一般来讲，每一种目光都有其特定含义。例如，视线频频乱转，给人的印象是心不在焉；视线向上，表示沉思高傲；视线向下，表示害羞、胆怯、悔恨等。在营销活动中，要达到最佳的交流效果，就要学会巧妙地使用目光。例如，要给顾客一种亲切感，你就应让眼睛闪现热情而诚恳的光芒；要给顾客一种稳重感，你就应送出平静而诚挚的目光；要给顾客一种幽默感，你就应闪现一种俏皮而亲切的眼光。总而言之，自然得体的眼神是语言表达的得力助手。

微笑是基本的服务表情。因为微笑是美的表达，是自信的表现，是礼貌的表示，是心理健康的标志。微笑能给顾客以亲切与愉快的感受。在营销活动中，营销人员若能以微笑面对客户，必将消除客户的陌生感、恐惧心。营销人员以专业化的服务，配以文明的语言、微笑的表情，必将产生最理想的效果。

2. 姿势动作 人的动作与姿势是人的思想感情和文化修养的外在体现，也反映着对他人的态度。手势是语言交流的辅助手段。手势有情绪性的，如恼怒时握拳、恐惧时掩鼻等；有指示性的，如招手示意人过来、挥手示意人走开等；有描述性的，如可以用手比画东西的大小、方圆等。

3. 服饰 人的服饰、发型、化妆、饰物等，可以反映一个人的身份、地位、性格、爱好等。由于营销服务工作的特殊性，营销人员一般穿着工作服装，而不宜穿戴得过于高贵、华丽，这既表明了自己专业人员的身份，也表明了对客户的尊重。

4. 空间距离 人与人之间存在着一条看不见但实际存在的界限，这就是个人领域的意识。每个人都需要有属于自己的一定空间，并且每个人都会维护它，使之不受侵犯。在个体空间内，人会产生安全感、舒适感和自由感。当然，个体空间具有伸缩性，不同的人需要个体空间的范围也不同，这与人们的心理、文化、地位及人与人之间的关系等因素有关。

了解人际交往中的空间距离，对营销人员在与顾客的交往中把握好交际的分寸是十分重要的。要尊重顾客对"空间距离"的意识，随时注意顾客对空间距离的反馈信号，并根据顾客的信号调节自己的言行，时刻与顾客保持合理的距离。

知识链接

个人距离的四种类型

人际距离通常用身体之间的空间距离来测量。人类学家爱德华·T. 霍尔曾经对此进行了广泛而深入的研究。他提出了一种理论，认为个人距离有四种基本类型，每种类型的距离又都有其自己的活动和关系特征。人们选择特定的距离进行互动。这四种距离分别如下。

（1）亲密距离　大约45厘米内，另一个人的出现会让人不知所措。在这个距离内，一方可以感觉到对方的气息，并能详细地看到对方的身体。这就是求爱、安慰和保护的距离。尽管可以经常看到一些孩子们在各种公共场合保持这种距离，但是对于许多成年人而言，在公众场合保持这种距离是不合适的。

（2）个人距离　45~122厘米，一般是与密友和相爱者进行互动。

（3）社会距离　122~365 厘米，可以处理一些非个人事务。除非受到空间限制，人们在偶然的交际场合也保持这种距离。

（4）公众距离　3.66 米以上的距离。知名人士在给别人做演讲时，一般保持这个距离。

有必要指出的是，上述距离只对爱德华·T. 霍尔所研究的人群（美国东北部中产阶级中的健康成年人）适用，而并非适用所有人群。不同文化背景下，人们的距离感是有差异的。

第二节　医药营销沟通的渠道及要素

一、医药营销沟通的渠道

营销沟通的信息必须通过传播渠道或者媒介来传递。从广义上说，市场营销组合中的各个因素都可以纳入市场营销沟通渠道的范畴，诸如药品的式样、包装的颜色和外观、价格等都可看作是在进行某些信息的沟通。从狭义上说，营销沟通渠道只包括具有沟通性质的市场营销工作，主要指各种形式的广告、人员推销、销售促进、公关宣传、赞助营销、售点、直接营销和网络营销等。这里主要介绍常用的几种类型。

（一）广告

在当今社会，企业为了有效地促进销售，通过公开宣传的形式，将其产品和服务的信息利用适当的营销信息沟通方式传递给消费者，广告是其中最主要的一种方式。广告可在短时间内以鲜明有效的手段迅速向受众群体传递医药信息。

广告的目的是引起广告受众的注意，对其心理产生影响。首先，广告利用图像、声音、文字等方式刺激受众的感官，引起注意进而激发兴趣，产生联想、记忆等进一步的认识活动。接着，受众根据自身价值观、偏好对接受的信息进行思考、评价，如果广告满足受众需求，激发其购买动机，产生积极情绪，受众最终会做出购买决策，产生购买行为。在医药领域，要注意相关法律法规对医药广告的约束。

（二）人员推销

人员推销是企业通过销售人员与消费者的口头交流来传递信息，说服消费者购买的一种促销活动。推销人员可以与消费者进行双向式的沟通，保持密切的联系，对消费者的意见做出及时的反应。作为一种营销人员与消费者之间面对面的销售活动，从消费心理角度分析具有心理互动的直接性、心理反应的及时性以及心理影响的复杂性等特点。

医药领域有代表性的人员推销方式是医药代表推广，主要通过专业的医药代表向医生群体进行医药产品性能、使用禁忌、临床数据、不良反应、药品治疗新应用等信息的宣传推广，并积极向药品企业反馈，是医药企业与医生间进行信息沟通的重要渠道之一。

（三）销售促进

鼓励购买或者销售商品或劳务的短期刺激都可纳入销售促进的范畴。针对经销商和消费者采用不同销售促进的方式，对消费者可以采用发放优惠券、赠送礼品、现场活动等多种方式；针对中间商的方式有折扣优惠、展销会活动和销售激励等。通过销售促进在短期内能有效激发受众对药品的关注，激励其获取相关信息，迅速做出购买决策。但是规模较大的价格促销活动，也会让顾客形成对药品价值的负面联想，往往不利于企业品牌形象的建立。

（四）公共关系

公共关系是指企业从事市场营销活动中，利用各种公关媒体来传播有关信息与公众沟通，提升企业品牌认知度与知名度，建立良好的企业形象与信誉，以便与公众之间建立良好的信任关系与依赖感，以此为基础进行产品销售。这种营销活动，一般通过公共报道来传播，传播的内容带有新闻性，因而消费者的一般感觉是有权威性、公正可靠的，比较容易相信和接受。

公关的主要工具是新闻，最具有权威性、准确性，有利于营造产品和企业的知名度，树立企业形象；另一个普遍应用的公关工具是特别活动以及各种展览会等，能引起消费者注意，关注企业及产品。企业也可以准备宣传企业形象的书面材料，如年度报告、宣传册、公司杂志、纪念品等，这些能帮助创立企业的形象地位。企业还可以通过各种公益活动来提高其在公众中的声誉。各种主要营销沟通渠道的优缺点见表 11-1。

表 11-1　各种营销沟通渠道的优缺点

营销沟通渠道	主要优点	主要缺点
大众沟通媒体广告	建立和维持品牌知名度，帮助品牌定位，大众市场产品使用十分经济，可控制广告内容与时间	公众信任度低，高观众接触率的浪费，信息多而纷乱，通常被认为是强迫性接受信息，效果测试困难
销售促进	增加有形的价值，具有时效性，刺激行为（如试用、参加促销讲座），可以测量	会使客户依赖价格决定是否购买，制造零售业绩假象，大大降低产品价格
产品文字宣传	通过第三者佐证可增加产品的可信赖度，可以接触到难以接触的目标对象，成本低廉（只要制作与后勤支援的费用，没有媒体的花费），可以传达广告商因受法律限制不能传达的宣传内容	难以控制宣传内容与时间，必须经过相关单位审核，难以测量效果
直接营销	可测量度高，可自由选择观众，信息内容可高度个性化，可在不公开的情形下有效地测试产品或优惠，互动性高	成本昂贵，大多数人认为直销邮件是垃圾邮件，电话推销不胜其烦，引发隐私权的争议
一般性活动	鼓励参与及互动，观众有自由选择权，帮助品牌定位，可增加品牌的戏剧性	目标对象接触率与次数偏低，接触成本高
赞助性活动	帮助品牌定位，观众有自由选择权	难以测量效果，市场上赞助活动太多
人员推销	最有效的销售工具，双向沟通可以立即解决问题，消除抗拒心理，测量度高	成本昂贵，有时难以控制品牌信息

（五）创新媒体沟通渠道

创新媒体沟通渠道即充分发掘营销及营销投放工具、投放方式和新媒介，利用一切可与消费者接触的通路进行营销沟通。

新兴媒体正以前所未有的速度增长，其中最引人关注的是互联网的发展。互联网的发展带动了数字媒体的发展，如以手机为代表的移动媒体、以网络为基础的自媒体和社交媒体等。这些新兴的交互性极强的媒体使得沟通实现了双向传播的目标，即企业与顾客之间不再是企业对顾客的信息传递，而是企业与顾客、顾客与顾客的多重交互和影响。消费者不仅是药品的购买者、使用者和决策者，也可以是信息的生成者或者信息的发布者。

在此基础上，新沟通渠道与新媒体不断出现，也被不断实现。例如，地推——街边扫二维码模式；KOL 转发——专业意见领袖，即某个行业或领域里的权威人士，利用其公众号发布信息；KOC 发布——关键意见消费者，在某个领域的发烧友，在某些平台有影响能力和促进销售能力。所以在数字化时代，以互联网为基础，利用数字化的信息和网络媒体的交互性，来与消费者进行更有效的沟通，辅助营销目标的实现。

知识链接

借助新媒体进行医患沟通

新媒体的平台、医生自媒体的发展正在改写着患者获取信息的途径。由清华大学健康传播研究所联合赛诺菲和丁香园共同发起的“医生媒体使用习惯”调查显示：新媒体正成为医生传播和获取各类医疗信息的主要途径，新媒体的使用可以为医生做科普赋权，再造权威，促进医患沟通。研究样本1002例，涵盖5大类型医疗体系（三级医院、二级医院、社区医院、乡镇医院、疾控系统等）。研究结果显示：40%以上的医生会在新媒体上，发布健康科普信息；50%以上的医生看到领域内的谣言，会主动辟谣；70%的医生会主动转发自己认可的专业信息；50%以上的医生会在第三方平台上进行在线问诊；10%以上的医生表示所在医院已建立医患互动交流平台；50%以上的医生认可医疗自媒体和网红医生；50%以上医生有尝试在互联网上打造个人品牌。

二、医药营销沟通的要素

如何策划和执行一个营销沟通活动？1942年，传播学家拉斯维尔提出的5W1H模型是一个非常好的思路。

5W1H：是指“对谁说”（to whom）、“说什么”（say what）、“谁来说”（who）、“怎么说”（how）、“在哪说”（in which channel）、“效果如何”（with what effect）。

（一）对谁说

对谁说，这个问题的回答涉及品牌目标顾客的定义问题。作为营销人员，需要非常清晰地知道自己的目标顾客是谁，具有什么样的属性（消费者的画像如何）。

通常来说，目标顾客的信息是品牌产生之初就有的。它对应着企业的市场细分（segmentation）及目标市场选择（targeting）策略。而消费者画像主要是从人口统计学变量（包括年龄、性别、职业、教育、地域等）、兴趣爱好、生活方式等维度对消费者进行的刻画。

此外，消费者的角色是分层次的，有使用者、决策者、购买者、影响者、提议者之分。营销沟通活动的对象不一定总是使用者，其他角色也是可选的“攻击”对象。对消费者角色的理解意义重大。例如儿童药品市场，儿童去药店自主购买药品是不存在的，我们不可能直接影响“使用者”，这时只能转换思路，去影响“决策者”或“购买者”，家长往往充当了这样的角色。因此，我们要针对家长来进行沟通活动。

（二）说什么

“说什么”即营销沟通的内容，是由品牌的定位/卖点和语境共同决定的。品牌提供给消费者的利益点往往是多个，而在当下的沟通中，宣传哪个点取决于语境中消费者表达的需求。还要考虑自身的竞争优势，独特的价值主张，传递出来的内容要能影响消费者，使他们形成鲜明的印象。

（三）谁来说

“谁来说”的回答，涉及发言人的选择。营销沟通中，可发言的角色有：消费者、专家、企业自身、明星等，不同的场景中，需要的发言人不同。如危机公关时，企业自身开诚布公的沟通以及专家的证言是比较通用的方式，而此刻让企业的代言明星来说，可能就不太合适。

再者，明星虽然有光环形象，可以带来额外的品牌曝光和注意，但与此同时，我们需要清楚明星自身也是一个品牌，也存在形象和个性。如果我们的品牌形象和明星的形象不匹配，甚至存在冲突，那么消费者感知到的将是品牌的错乱和企业的不专业。

（四）怎么说

“怎么说”是内容表达样式的问题，在电视广告中，映射的是创意的问题。一个好的创意可以极大地提高营销沟通的效果。但营销者不可本末倒置，一味地追求创意形式，而忘记自己品牌本该表达的内容。

品牌沟通如同谈恋爱，十四行诗句一般会比简单的三个字效果更佳，但前提是诗句中充分地表达了三个字的含义，让受众可以感知到。说对话是沟通的第一要素，其次，才是说话的形式。

（五）在哪说

“在哪说”对应着企业的媒体组合决策。

广义的媒体可以理解为一切能够传递信息的载体。不仅包括我们熟知的传统媒体。如电视、广播、杂志等，还包括一些分众媒体，如电视剧、卫生间、汽车，甚至瓶盖。媒体在不断地扩展，有些人把这些沟通的介质称为接触点。

为了加深对这些接触点的理解，我们需要对它们进行分类。一个简单的分类方法是：消费者主动获取信息和被动获取信息。消费者主动获取信息的通道往往有更积极的传播效果。企业如何选择媒体，如何进行媒体组合？品牌利用媒体的目的是为了与消费者进行沟通，因此营销人员需要研究目标消费者的媒体接触习惯。在目标消费者经常“出没”的地方，捕获他们，与他们建立对话。

（六）效果如何

当我们按以上思路策划并执行营销活动之后，将进入效果评估的环节。这需要回到我们的目标上，回到我们起初想解决的商业问题上。实质是现实效果与目标的一个比对。

对于品牌建设导向的营销活动，主要评估品牌知名度、美誉度、忠诚度是否提升；而效果类营销沟通主要评估购买意向是否提升、销售线索的数量、订单数量等。

营销沟通的效果是分层次的，作为营销人员应该明晰，营销沟通必须有助于销售，但不一定在短期内直接带来销售。我们需要为了长期的盈利性，进行品牌建设的活动。

知识链接

百事可乐也是媒体

小小的可乐瓶蕴含着巨大的媒体价值。如果用互联网的术语UV/PV来评估可乐瓶的“流量”，我们可以想象百事可乐的可乐瓶一天的曝光量绝对相当于一个大网站。如此，不禁引发我们思考，该如何将这些流量变现呢？

最笨的办法可能是：把家乐福大白菜的推广内容贴到可乐瓶上。但这会影响百事可乐的品牌形象。那么，应该如何“体面”地变现呢？

为此，百事可乐推出了一个活动叫玩转百事淘宝。流程大致是：购买百事可乐的消费者可以通过瓶盖上的一组数字到百事淘宝店获取购买商品的一定优惠。百事淘宝店内销售的商品并不仅限于饮料，还有联想电脑、服装、鞋等产品。当用户下单后，百事不会直接发货，而是由供应商来发货。这样，百事就成了品牌商的订单来源，成为一个效果营销平台。而这个平台的流量输入是百事可乐瓶巨大的“PV”。

第三节　医药营销中的沟通技巧

一、销售服务中的沟通技巧

消费者已有的购买需求与决策，也能因为销售服务而放弃购买或转换品牌。因此，在销售过程中，应把握消费者的购物心理，采用合适的服务，实现商品转移。

医药产品的销售服务是指产品在流通过程中，医药企业为保证产品的正确使用而进行的各种服务性工作。这里提到的服务侧重于在药品销售过程中，销售人员对顾客提供的各种服务。

在现今买方市场条件下，销售服务的核心理念应该是使顾客满意。所谓顾客满意，是指顾客对购买的药品和服务的评价超过了心理预期并产生了愉悦感。从纵向的层次看，顾客满意包括三个方面：一是物质层次的满意，顾客对提供的销售服务的内容所产生的满意；二是精神层次的满意，包括服务态度、服务场所的气氛和企业形象等；三是社会层次的满足，即顾客在接受服务过程中所体会到的社会利益维护的程度，例如，服务是否符合公益的要求，传播了优良文化。从横向角度来看，顾客满意有两层含义：一是全方位的满意，主要是指优秀的服务状态、简便的服务程序、快捷的服务行为和完整的服务内容等；二是全过程的满意，主要是指售前、售中、售后满意。

（一）售前服务与医药消费者行为

1. 售前服务的含义　是指药品从生产领域进入流通领域，但还没有与顾客见面的这段时间里的各种服务，主要包括货源组织、药品的运输、储存保管、再加工、零售部门的广告宣传、拆零分装、柜台摆布、橱窗陈列和药品卫生等。在这一过程中，为顾客服务的工作主要体现在为顾客买好、用好商品所做的准备与预先控制方面。顾客购买药品的心理活动，首先总是从对药品或药店的注意开始的，进而逐步对药品产生兴趣，产生购买欲望。而售前服务的心理影响正是要达到引起顾客注意，并对药品产生兴趣和购买欲望的目的。

2. 售前顾客的心理分析

（1）顾客认知药品的欲望　售前，顾客对药品的认知欲望强烈。他们需要了解药品的品质、规格、性能、价格、使用方法，以及售后服务等内容，这是决定是否购买的基础。

（2）顾客的价值取向和审美情趣　随着社会经济的发展，人们的价值取向和审美情趣往往表现出社区消费趋同的现象。所以，通过市场调研了解社区消费者的价值取向和审美情趣，并以此作为标准来细分市场，对销售大有帮助。药品虽然是专业性产品，但一些 OTC 药品同质性强，那么独特的包装设计及外观可使自己从竞争产品中凸显出来，也更容易促成购买。

（3）顾客的期望值　顾客在购买以前，往往对自己要购买的药品有所估量。这种估量可能是品牌，可能是价格，可能是性能，也可能是其他因素，这种估量就是所谓的期望值。随着时代的发展，人们对药品的要求越来越高，企业生产与销售医药产品，一方面要满足顾客的物质需要，另一方面要满足顾客的心理需要。因此，服务除了要考虑药品的质量、功效等各项功能外，还要考虑人们引申的需求。营销人员在售前服务中应根据顾客的心理特征，准确地把握他们的期望值，进行有效的药品推荐。

（4）顾客的自我意识　自我意识并非与生俱来，它是个体在社会生活过程中与他人相互作用、相互交往、逐渐发展所形成的。消费者往往倾向于购买与自我意识相一致的产品，所以，要了解顾客的自我意识，为进一步开展营销活动奠定基础。

3. 售前服务的心理策略

（1）建立目标市场服务档案，把握顾客心理需要　企业可以通过市场调研建立数据库，储存目标市场顾客的心理特征、购物习惯等方面的信息，为做好针对性的服务提供依据。

（2）最大限度地满足顾客的相关要求　顾客感受到超值的附加服务，会让其产生一种意外惊喜的感觉，从而促进其购买。

（3）帮助顾客认知和接受药品　顾客认知和接受产品需要一个过程，消除顾客的戒备心理，使其认知该药品，可以通过以下三个途径来解决：①引领改变顾客的消费观，使其接受消费新药品；②以多种手段吸引顾客对特定药品的注意；③认真检查，确保药品质量。

课堂互动

你在购买一个 OTC 药品前，是如何获得它的相关信息的?

（二）售中服务与医药消费者行为

1. 售中服务的含义 是指在商品买卖过程中，直接或间接地为销售活动提供的各种服务。服务的好坏不但直接决定买卖成交与否，更重要的是为顾客提供了好的购买体验，从而增加了顾客购买的欲望，在买卖者之间形成相互信任、融洽而自然的气氛。售中服务在更广泛的范围内被企业家们视为商业竞争的有效手段。售中服务主要包括介绍商品、充当参谋、交货与结账。

2. 售中顾客的心理分析

（1）希望获得详尽的药品信息 顾客希望营销人员能对顾客所选购的药品提供尽可能详细的信息，使自己准确了解药品，解决选购的疑惑与困难。期望主要表现在：营销人员提供的信息是真实可靠的，不能为了推销而搞虚假信息；提供的信息够用、具体、易于掌握。这对于药品销售尤为重要，药品的使用关系着人们的生命健康，专业药品知识的正确传递才有助于顾客选择合适的药品。

（2）希望寻求决策帮助 当顾客选购药品时，营销人员是他们进行决策的重要咨询者和参与者。特别是在顾客拿不定主意时，非常希望营销人员能提供参谋建议，帮助顾客做出正确的购买决策。期望主要表现在：营销人员能站在顾客的角度，从维护其利益的立场出发帮助其做出决策；能提供令顾客信服的决策分析；能有针对性地解决顾客的疑虑与难题。当顾客缺乏药品知识不知道该如何选择时，销售人员应该站在顾客的立场，从其需要的药品品质、价位、品牌等方面来给予决策指导，而不是仅仅站在药店盈利的角度，随意推荐利润高的小厂药。这也是当下药店销售买卖双方矛盾爆发的关键点。

（3）希望受到热情的接待与尊敬 顾客对售中服务的社会心理需要，主要是能在选购过程中受到营销人员的热情接待，能使受人尊敬的需要得到满足。这种期望主要表现在：受到销售人员的以礼相待；销售人员满怀热忱，拿递药品不厌烦，回答问题耐心温和；在言谈话语之间，使顾客的优势与长处得到自我表现。

（4）追求方便快捷 顾客对售中服务期望的一个重要方面是追求方便、快捷。这种期望主要表现在：减少等待时间，尽快受到接待，尽快完成购物过程，尽快携带药品离店；方便挑选，方便交款，方便取货；已购药品迅速包装递交，大件药品能送货上门。

3. 售中服务的心理策略

（1）积极有效地推荐商品，多渠道地提供顾客所需信息 为满足顾客对医药产品信息的需要，企业和销售人员要做好以下工作：①通过多种途径了解顾客所需信息，并对这些信息进行搜集和整理，进而掌握；②多渠道地向顾客提供信息，包括各种广告宣传、药品陈列与展示，也包括顾客使用后的信息反馈等，要确保顾客对信息的有效接收；③要以诚恳的态度，提供真实的信息，并使顾客确信所提供的信息真实可靠。

（2）细心观察顾客的购买心理，适时提供咨询建议 通过对顾客外表服饰、言行举止的观察，大致判断出其职业、阶层、个性特点等。继而观察和分析他（她）的购买目标、期望与偏好，对所选商品的满意程度或者是尚存的疑虑。在适宜的时机以适宜的方式，真诚耐心地提供咨询，强化顾客满意感，帮助排除其疑虑，提出适宜的决策建议。在这个过程中，绝不可操之过急，不宜开门见山的询问顾客所患疾病，令其反感。不宜不顾顾客需求，一味推荐某一款药品，令顾客产生“强卖”之感，而应站在顾客的角度，帮助其分析并谋求顾客利益最大化。在药品销售过程中，特别要注意，顾客的需求有时是显著的，也有潜隐的，有经验的销售人员应通过顾客行为判断出是不是有难言之隐或不便说出的需求，而采用合适的方法给其提供服务。

（3）充分尊重顾客，热情周到为其服务 销售人员要树立“顾客至上”的理念，在顾客购买过程中，通过热情周到的服务使其满意。要注意与顾客交流过程中的言谈举止，保持礼貌，以示尊敬，使顾客在购买过程中获得受人尊重的满足感。

（4）提高销售人员的业务素质，为顾客提供高效便捷的服务 销售人员要提高自身业务技术素质，为便捷服务提供技术支持；销售组织要改革和完善服务规范与方法、程序体系，实现高效便捷服务，确保顾客满意。

课堂互动

当一个顾客踏入药店，怎么能观察出是随机购买还是经常性购买？游离的眼神会不会有潜在的不便说出来的需求？

（三）售后服务与医药消费者行为

1. 售后服务的含义 是指生产企业或零售企业为已购药品的顾客提供的服务。在市场经济条件下，药品到达顾客手中，进入消费领域以后，企业还必须继续提供一定的服务。因为这样可以有效地沟通与顾客的感情，获得顾客宝贵的意见，以顾客亲身感受的事实来扩大企业的影响。售后服务也是减少退货率、提高顾客忠诚的关键环节之一。

售后服务作为一种服务方式，内容极为广泛，目前越来越受到企业的重视，服务的范围也在不断扩大。售后服务主要有两个方面：一是提供知识性指导及咨询服务，通过实行“三包”服务使顾客树立安全感和信任感；二是帮助顾客解决运输大件药品服务等常常使顾客感到为难的问题，为顾客提供方便。

2. 售后顾客的心理分析

（1）评价心理 顾客在购买药品后，会自觉不自觉地进行关于购买药品的评价，即对所购药品是否满意进行评估，进而获得满意或后悔等心理体验。

（2）试探心理 由于主观和客观的多种因素，顾客对所购药品的评价在购买的初期可能会出现不知是否合适的阶段，消费者多为非专家购买，购买时缺乏自信颇多疑虑，甚至有些顾客买错后希望退换。但他们向零售商提出要求退换商品的问题时，往往具有试探的心理状态。先来试探商店的态度，以便进一步做出判断。

（3）求助心理 顾客在询问使用方法和要求退换药品的时候，多会表现出请求零售商给予帮助的心理状态。

（4）退换心理 当购买的药品被顾客确定为购买失误或因药品质量出现问题时，顾客就会产生要求退换药品的心理状态。

3. 售后服务的策略分析 根据顾客的种种心态和要求，医药产品的售后服务工作，可以有多样的策略应用。

（1）网络服务策略 售后服务过程中，要强调便利性。特别是医药产品，专业性较强，消费者因缺乏足够的知识很难形成科学购买，所以只好借助其他重要因素作为一个分析比较的标准。例如医疗设备和医疗器械，售后维修是关系产品使用的一个重要因素，因此消费者在进行产品选择时会考虑维修点的设置，需要企业建立较便捷的售后维修网点。

（2）特殊服务策略 药品的售后服务是药学服务的重要内容，做好药品售后服务，能更好地服务于临床，促进临床用药的安全性、经济性、有效性和合理性。医药企业、医疗机构可以拓宽服务模式：①药品生产企业应广泛征求患者对药品质量的意见和建议，设立售后服务部门，还应主动监测及上报药品的不良反应，及时主动召回问题药品；②医疗机构药学服务应由被动服务向主动服务转变，建立“以患者为中心”的新型服务模式，积极开展有效的药物咨询门诊；③不断丰富和发展切实可行的药品售后服务方式，例如开设免费热线、药物咨询门诊、定期电话回访、及时公布药物警戒、举办药品知识讲座、回收家庭过期药品、建立退药换药制度等。

（3）赔偿策略 当产品质量和使用出现了问题，对消费者可能会产生严重的健康和安全影响。例如，假药或药品不良反应等。当医药产品出现质量问题，对患者造成身心损伤时，医药企业在积极面对问题、解决问题的同时，要根据患者受损失的程度给予相应的补偿。

总而言之，医药企业必须重视商品的售后服务工作，加深顾客对商品以及零售店的好感，树立良好企业形象，获取持续发展。

课堂互动

如果顾客在药店购买到不符合安全标准的药品，是否可以向商家索赔十倍赔偿？

二、营销人员沟通技巧

（一）营销人员接待顾客的步骤与方法

在销售过程中，营销人员和顾客发生互动，良好的沟通是销售活动顺利进行的一个有利条件。若存有沟通障碍，不仅会阻碍交易达成，甚至还会产生人际冲突。因此，加强营销人员与顾客之间的沟通，在销售服务过程中尤为重要。

顾客购买心理的发展过程分为六个阶段，即寻找目标→感知商品→诱发联想→判定比较→选择购买→购后体验。销售服务过程中营业员的接待步骤是与顾客在购买过程中的心理阶段相适应的，大体可以分为以下六个步骤，如图 11-2 所示。

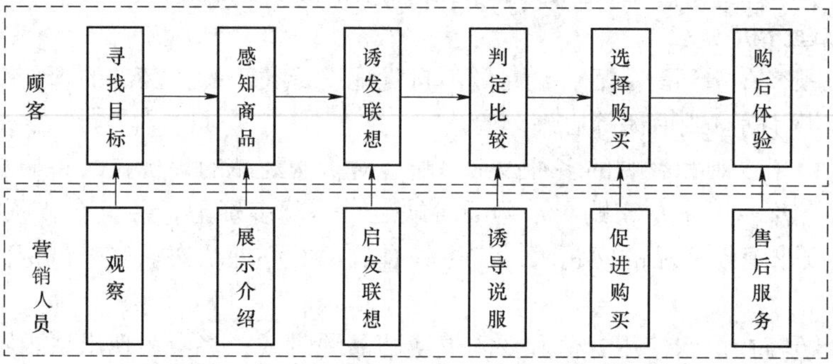

图 11-2　顾客购买心理的发展过程及营销人员的接待步骤

1. 观察　观察分析进店顾客的特征，判断其购买意图。①根据顾客的衣着打扮，判断其身份爱好。不同顾客从事不同职业，在每一职业中处于不同地位，而且有着独特的个性特征，这些都能从衣着打扮中略显端倪。营销人员根据经验判断并做出符合顾客身份的迎合，能起到事半功倍的效果。②善于从顾客的言行举止，分析判断其性格特征。性格特征会影响顾客在购物过程中对营销人员的态度。性格外向的顾客，进入店铺后对待营销人员的推荐，会采取积极的态度，喜欢评论，反应灵活。对这类顾客，营业员应热情主动，积极向他们展示他们所有兴趣的药品，发表自己的意见为顾客当好参谋。而性格内向、表现平淡的顾客，对外在推荐反应冷淡甚至持反对态度。此时，营销人员应端正而自然地站在自己负责的商品区域内，以“欢迎光临”等词语问候顾客，或只注意观察顾客动向，随时准备解答问题。特别提示，除了顾客明确表示，尽量少发表或不发表自己的见解。若急于接触搭话，容易引起顾客戒备，甚至马上离开柜台。

2. 展示介绍　根据顾客的购买目标，展示介绍产品。不同的展示方法，可以从不同方面向顾客传递信息，引起顾客不同的积极反应。常用的展示方法有两个方面：①根据药品的性能、特点展示产品。功能、属性作为药品的工具性绩效，是顾客最关心的问题。围绕药品的功效及独特的利益进行展示，往往能传递最直观的信息，帮助顾客做出选择。②根据顾客的特点，展示介绍药品。顾客的性别、年龄、职业及个性特征不同，对药品的选择标准也不同，因此营销人员有所针对性地展示药品，突出其利益、适应证、制造厂商信息等能取得积极的效果。另外，展示药品时还要考虑顾客的自尊心，一般从低档向高档逐步展示，使顾客在价格方面有考虑的余地，又不伤害其自尊心。

3. 启发联想　启发顾客的兴趣与联想，刺激其购买。在顾客进行联想，甚至产生购买欲望和动机的阶段，营销人员应该力求将有关产品的功能、价格、使用效果等，全面清晰地介绍给顾客，并力求诉诸多种感观刺激，强化顾客的心理感受，促使其产生丰富的想象，进而诱发购买欲望。一般情况下，营销人员采用以下方法诱导消费者：①启发法。当营销人员看到顾客在选择药品拿不定主意时，可以提示消费者，解释他们的疑虑或者强化对某种药品的好感，从而形成购买动机。②比较法。这是一种常用的引导消费者的方法，当顾客在几个品牌间犹豫不决时，需要营销人员帮助顾客分析不同品牌的特点，权衡利弊，促使其早下购买决定。③实际操作法。这是指通过营销人员的操作表演，也可以是让顾客进行操作试用，以加深顾客实际的感觉体验，消除顾客对药品的不信任感，促进销售。

4. 诱导说服　顾客在比较评价阶段，会根据评价标准进行药品的选择。在此时，营销人员充当顾客的参谋和顾问，增强顾客的购物信心，加速和帮助其实现购物决策。在这个过程中一定要根据不同的情境和顾客特性采取不同的策略。而且，在劝导过程中，一定要站在顾客的角度出发，符合顾客的利益，使其感觉推荐的药品确实符合自己的购买要求，能帮助顾客实现利益，从而对营销人员形成好感，接受其说服。

5. 促进购买　通过营销人员的努力，顾客对药品有了较深刻的体会，会形成自己的购买决策，在此时便进入了实施购买行动和进行购买体验的最后阶段。顾客虽有明确的购买意向，但仍需要营销人员巧妙把握时机，促进交易形成。例如，帮助顾客挑选、结账、进行药品的包装，以及给顾客适时的赞美，加深他（她）对购买决策的肯定感。

6. 售后服务　提供各种售后服务，促发重复性购买行为。在前面已提到售后服务的重要性，营销人员应提供各种优质的售后服务。营销人员可以通过种种努力打动顾客，加深其满意，争取其重复性购买。

课堂互动

当顾客进入药店的时候，是否需要立即迎接询问顾客的病情来推荐药品？

（二）营销人员与顾客的冲突

在为顾客服务的过程中，营销人员可能会与顾客发生冲突。对营销人员与顾客之间的冲突处理，是销售服务环节的重要内容。在处理各种矛盾冲突时，要把握两大原则：一是顾客至上，永远把顾客的利益放在第一位。二是迅速补救，确定把顾客的每次抱怨看作提升销售服务的机会。只有这样才能获得顾客信赖，提升经营业绩。

1. 冲突产生的原因　在销售过程中，冲突产生的原因多种多样，下面几种是最常见的引起顾客纠纷的原因。

（1）药品品质问题引起的冲突　药品的质量、价格、包装、品牌，企业形象方面出现问题，都可能导致冲突的发生。药品品质不佳、标示不全等问题，虽是制造商的问题，但销售商并非完全没有责任，因为销售商负有监督商品的责任。为了保证药品质量，各类销售渠道应严把质量关，在运输、储存、陈列时注意对药品的保护；在销售时详细向顾客解释药品的使用方法，避免顾客因使用不当而引起药品损坏，甚至引发事故。

（2）服务过程不当引起的冲突　服务方式是指营销人员接待顾客时的服务方式。服务方式的好坏，直接关系到顾客对企业的信任程度和购物时的情绪体验。①买卖双方关系的不对称性而引发的冲突。一方面，销售人员希望多多销售药品，价格高，利润好，而顾客想买到物美价廉的药品，从而导致冲突的发生；另一方面，生产厂家和营销人员对产品的生产、销售、使用和维修有着较全面的理解，而大多数顾客掌握不了足量的信息，因为信息不对称，从而导致冲突的发生。②顾客和营销人员情绪影响而产生的冲突。因为营销人员的态度不佳，引起顾客反感。营销人员不能正确对待并积极反馈顾客提出的意见，可能会造成矛盾冲突。营销人员出现了工作失误后，没有及时采取补救措施，会让顾客产生不满。而有时，营销人员并未犯错，但顾客因为对营销人员及其提供的服务持某种主观的否定态度，也会产生不满情绪。各种不满都会容易导致冲突的产生。

（3）销售过程中出现的其他问题　有时，顾客需要的服务超出了营销人员的能力，顾客的要求太高，营销人员无法满足，在此种情况下，沟通不畅矛盾便会激化。有时是营销人员无法控制的客观环境导致冲突产生，例如，特定的节假日或者大规模促销时，卖场过于拥挤，顾客没有得到最好的购买体验等。

2. 冲突的排除和预防　营销人员要尽力防止和避免冲突，一旦冲突不可避免时，又要设法使冲突降到最低程度。为此，营销人员要采取积极措施，尽量避免和消除购买行为中的矛盾和冲突。

（1）站在顾客的立场上想问题　营销人员要站在顾客的立场上，表达对顾客的充分理解和尊重。当顾客提出自己的想法和意见时，可能会有些激动或烦躁，营销人员要充分认同其心理感受，并在言语表达上体现出对其的理解和尊重。当顾客感受到营销人员对其真心实意地关怀，才会排解负面情绪，有效交流沟通，可避免冲突的发生或者有效解决矛盾。

（2）保持良好的态度　对待顾客，特别是有不满情绪的顾客，营销人员要保持平和、冷静、自信和礼貌的态度。在沟通过程中，要保持微笑、善于倾听、尊重顾客，确认顾客不满意背后的问题是什么，并积极沟通。针对不满的原因找到有效的解决方案。

（3）提升营销人员的素质水平　一方面要提升营销人员的业务能力。对所销售的药品掌握比较全面的知识，并积极传递给顾客，帮助其做出合理的购买决策，引导其正确使用药品，避免后续问题的产生。在销售服务过程中，也要减少自身的工作失误。另一方面营销人员要提升自身素质，增强自我情绪控制能力，熟悉岗位工作的各项要求，能灵活、正确处理顾客各种不同的反对意见。有助于消除购买冲突，缓和购买气氛，促进交易达成。

（4）妥善补救处理及既定事实的赔偿　出现服务失误后，营销人员要采取有效措施补救处理，否则，时间越长对顾客的伤害越大。在顾客反映属实的情况下，找出事实责任方，提出解决方案。如果自身有过错，应向顾客道歉，并根据顾客受损程度给予相应的补偿。诚恳地解决问题，消除冲突。

（三）医药消费者拒绝购买态度的形成与转化

在销售过程中，因为各种原因，顾客会形成拒绝购买的态度。对待此种情况，医药营销者应积极主动地采取措施尽量改变顾客态度，促进交易达成。

1. 顾客拒绝购买态度的含义　是由于顾客对产品或服务持有一种否定或不满意的态度，进而形成拒绝购买的行为倾向。

拒绝购买的态度形成是受多方面因素影响的。可能是来自于顾客内在的刺激因素，例如，需要、动机、情感、意识，或者是消费习惯、消费水平、消费趋向等；也可能是来自于外部环境要素的刺激，例如，卖场环境、销售方式、服务态度、药品品质等。

2. 顾客拒绝购买态度产生的原因

（1）意愿差异　顾客对营销人员推荐的药品没有需求，进而没有购买意愿；亦或受购买能力的影响，顾客虽然对药品有兴趣，却没有支付能力，继而没有支付意愿，都会使其对药品产生拒绝的态度。

（2）利益差异　药品未能达到顾客的利益期望，让顾客感受不到药品能给自身带来的利益满足，也会使其无法产生购买欲望，从而对药品形成拒绝的态度。

（3）信息差异　由于信息不对称，顾客没能掌握充足的药品信息帮助自己对药品形成正面评价。或者由于负面信息的误导，例如关于药品不利信息的谣传，均会使顾客无法对药品形成好感，从而产生拒绝态度。

（4）心理情绪影响造成的差异　在购物过程中，顾客自身的情绪不佳，或者由于销售人员的服务不当，让顾客产生不好的情绪状态，都会让顾客忽视药品本身因素，对购买产生拒绝态度。

（5）销售工作原因造成的差异　销售工作中出现的跟顾客沟通不畅，因为各种客观因素，例如节假日，购买环境过于嘈杂拥挤，顾客过高的要求得不到满足等，均会让顾客产生不满情绪，继而形成拒绝态度。

3. 顾客拒绝购买态度的类型 按态度的虚实来分，顾客拒绝购买态度有三大类别，需要仔细分辨，才能对症下药予以解决。

（1）表面拒绝 是指顾客没有经过深思熟虑，只是出于本能的自我保护而拒绝购买某一药品，是带有随意性的初步决定。常见的有两种情况：一是顾客找借口敷衍营销人员，目的是拒绝诚意交谈，不想继续介入销售活动。例如用“没时间”或“家人反对”作为借口。二是顾客提出很多异议，但这些异议并不是他们真正在意的，而是用来搪塞销售人员，例如顾客说：“这个感冒药的牌子听起来不响亮”等。

（2）真正拒绝 是指顾客拒绝购买药品，这是经过认知、情感、想象、思维等一系列心理活动而采取的最终决定。这种情况往往是顾客目前“不需要”或者对产品“不满意”。例如顾客抱怨到：“我感觉这个药效果不好。”

（3）隐藏拒绝 是指顾客拒绝购买某一药品时，由于某种心理需要说出的拒绝购买理由并不真实，甚至是违心的，而真正拒绝的原因则被隐藏起来了。例如顾客原本希望降价，但不提价格，而是提出诸如药品品质、外观、颜色等方面的异议，通过贬低药品的价值，达到成交前杀价的目的。

4. 顾客拒绝购买态度的转化方法 转化顾客拒绝购买的态度，有两个目标：一是转变购买态度的方向，也即为由拒绝购买转变为同意购买。二是转变购买态度的强度，例如由坚决反对购买转变为可以尝试购买。

（1）表面拒绝购买态度的转化 表面拒绝购买态度的转化，可以采用以下推销技巧：①加强消费教育与引导，传授药品新知识，提高药品的吸引力；②引导顾客认识药品，强调药品能给顾客带来的利益；③利用合适的时机刺激顾客。

（2）真正拒绝购买态度的转化 真正拒绝购买态度的转化，可以采用以下推销技巧：①宽宏大量，面带微笑；②倾听、多问，找到顾客形成偏见的真正原因；③转移其注意力，引导消费，创造新的需求与兴趣；④尊重顾客，不争论；⑤热情周到的服务，给顾客留下一个良好印象。

（3）隐蔽拒绝购买态度的转化 隐蔽拒绝购买态度的转化，可以采用以下推销技巧：①分析顾客拒绝的真正原因；②客观传递药品及企业信息；③利用给消费者个人和团体的作用间接改变顾客态度；④保持真诚合作的态度，尽量使顾客的心理需要得到满足。

知识拓展

“顾客利益优先原则”与“FAB”说服技巧

顾客在听营销人员解释药品的过程中，更关注药品会给自己带来什么“好处”，而不是药品有哪些“特性”。这就要求营销人员要善于把“产品特性”转化为“顾客利益”，这种方法被称为“FAB说服技巧”。FAB即Feature（特性）、Advantage（优势）、Benefit（利益），三者之间构成递进式因果关系。表述的常用句式是：这种药具有什么特性，因此它的优势如何，所以您用这种药能带来什么好处。在三个因素中，就具体药品来说，其“特性”和“优势”因素往往有多个，且表述说辞一般都是固定不变的，但在现场推荐和改变顾客态度时，往往根据顾客特征选择不同的“特性”和“优势”来引申出不同的“顾客利益”。

本章小结

营销沟通传递信息、思想和情感，是双向、互动的反馈和理解过程。沟通过程中包含一些基本的要素和隐含的要素，要顺利实现信息的传播与沟通，必须考虑这些要素的影响。沟通方式主要有两种：语言沟通与非语言沟通。

营销沟通的信息必须通过传播渠道或者媒介来传递。营销沟通常见的渠道有广告、人员推销、公共关系和营业推广。在当下，要关注以互联网为基础，利用数字化的信息和网络媒体的交互性，来与消费者进行更有效的沟通，辅助营销目标的实现。在营销沟通活动中，可以利用5W1H模型实现有效沟通，达成营销策划推广活动的目标。

销售服务是指各类企业为支持核心产品销售所提供的服务，是由售前、售中和售后服务构成的体系。分析这三个环节顾客的心理，销售人员要针对性地提供相应的服务。在为顾客服务的过程中，营销人员可能会与顾客发生冲突。要分析冲突产生的原因，有针对性地予以解决，并采取合适的策略促进消费者拒绝态度的转化。

练习题

参考答案　　更多习题

一、名词解释题

1. 营销沟通
2. 医药营销沟通
3. 非语言沟通
4. 售中服务
5. 顾客拒绝购买态度

二、选择题

1. 在沟通中信息的发布者是指（　　）
   A. 信源　B. 信息　C. 信宿　D. 信道
2. 电视广告的创意，属于营销沟通5W1H要素中的（　　）
   A. 对谁说　B. 说什么　C. 怎么说　D. 谁来说
3. 售后服务消费者的心理状态有（　　）
   A. 希望获得详细的药品信息　B. 寻求决策帮助
   C. 希望得到热情接待和尊重　D. 求助及退换
4. 顾客不想介入销售活动而找借口敷衍营销人员，称自己对产品不感兴趣，这是属于（　　）
   A. 表面拒绝　B. 真正拒绝　C. 隐藏拒绝　D. 潜在拒绝

三、判断题

1. 营销沟通是一种单向传递方式，由营销人员把信息传递给消费者。（　　）
2. 沟通成功的关键在于信息被传递。（　　）
3. 沟通往往是通过多种渠道完成的。（　　）
4. 对于逛逛或看热闹的顾客，没必要接待。（　　）
5. 办理成交手续是柜台接待的最后一步，营销人员只需要把产品包装好交给顾客即可，没必要交代产品相关的使用事项。（　　）
6. 真正拒绝购买的态度通常都是最后的决定，是没办法改变的。（　　）
7. 营销人员与顾客之间发生冲突是在所难免的。（　　）

四、思考题

1. 什么是营销沟通，营销沟通的渠道有哪些？
2. 在售中阶段，顾客的心理特点是什么？可以采取哪些服务的心理策略？
3. 营销人员在与顾客沟通过程中发生冲突的原因是什么？如何排除和预防？
4. 营销过程中，顾客的拒绝购买态度有哪几种？

五、技能训练题

1. 想一想，下面的表达方式是否妥当，有没有更好的表达方式？

（1）我们的药不贵，我们是连锁公司，价格是总部制定的啊！

（2）你吃这个药没效果，是你吸收的问题吧？

（3）你错了，我们的进货渠道很正规，药的质量很有保证！

（4）连这你也不懂！

（5）你做得不正确……

（6）药品售出是绝对不能退货的。

（7）当然你会收到换的药品，但你必须把名字和地址给我。

（8）你没有弄明白，这次听好了。

2. 去药店访问医药消费者，询问他们什么样的药品导购是他们信任且欣赏的。了解医药消费者最希望从药店导购那里获取哪些信息。

3. 从新媒体平台上，去搜寻医药科普类文章。分析你最喜欢的医药科普类公众号是怎样传递专业医药知识，并且提供哪些相应的服务。

六、案例分析题

案例1

无力的回答

某药店，顾客手里拿着两种解热镇痛药，仔细比较，并问："这两种药的成分看起来完全一样，可价格却相差十多元，到底差在哪儿？"营业员一脸迷惑："这个……"，把两盒药拿在手上翻来覆去看了一阵子："嗯，我想价格高的质量应该更好些"。说完，满脸通红。

顾客并未得到满意答案，继续问道："我知道，质量好的价格一定要更高，可我想知道它的优点在哪？"营业员满面窘态，不知如何应对。

顾客摇了摇头，放下手中的药品，离开了药店。

分析：

1. 顾客和营业员之间产生了怎样的冲突？产生的原因是什么？

2. 你对这位店员的服务怎样评价？有何建议？

案例2

沃尔格林成功的秘诀

沃尔格林对于在全世界内的药店来说，可以说是"龙头老大"般的存在，自从1901年创立至今，它就连年盈利，创造了连续100年连续盈利的业界神话。其仅美国就拥有多达8000家的连锁店！那么，究竟是什么原因致使它能如此成功呢？对于沃尔格林来说其成功并不是偶然，而是必然。

1. 注重顾客店内的体验活动

目前，沃尔格林共有8200余家实体店铺，每天到访的消费者超过600万人次。实体店多了是好事，不过如果不能提升顾客的店内体验的话，那么即使是形如沃尔格林这种顶尖医药类零售商离衰败也只有一天的距离。所以，为了避免这一情况的发生，沃尔格林选择的解决方法是：通过APP的方式来为消费者提供更好的服务。

就APP上线后的效果而言，反响还不错，在iOS和Google Play的生活类软件排名中全部进入前10。同时，在iOS系统的七万余个评分中，其平均分达到4.5；在Google Play的九万余个评分中，其平均分也达到了4分。同时，根据第三方数据的测算，沃尔格林APP下载量在零售业榜单中排名第三，而在医药方面则排名第一。

这样来看，沃尔格林APP大作战是成功的，因为它为沃尔格林引来了许多移动互联公司合作的本钱——

足够多的用户数和较强的用户黏度。可以说，有了这两样，不愁那些移动健康巨头不向你伸出橄榄枝。

2. 是药店还是其他

走进沃尔格林，你会怀疑自己是不是走错了地方，因为进入到沃尔格林你会发现它与其他超市就没什么不同。因为沃尔格林药房的布局不是传统的一排排的死板的药品货架。走入药店，首先映入眼帘的是即时制作的健康餐食，现场加工的新鲜水果和寿司，甚至还提供新鲜榨汁和手磨咖啡供顾客享用。

3. 一切以消费者便捷为主

沃尔格林考虑不同国家顾客的需求，药店提供了多至15种语言的药品说明在线翻译，只要你选择特定的语言，它就可以自动打印翻译，最后会将打印好的说明书随着药品一起送到顾客手中。也就是说，他们要做的不是一般的药店，而是要做最了解顾客的药店，一切以顾客的满意为主！夸张点说，沃尔格林要比到店购买药品的患者本人更加了解自己。

沃尔格林是成功的，它清楚的意识到其顾客不仅仅是传统的零售顾客，更是“患者”，只要抓住“患者”的需求，那才是成功的核心。

也就是说，买药只是最浅层需求，其核心诉求是未病时用更好的生活习惯避免生病，得病后尽快治好，而对于慢性疾病要避免病情恶化。沃尔格林正是根据这些诉求，才开发了“健康之选”“服药提示”“购买提示”“医药沟通”等服务项目，可以说每一个都是针对消费者的痛点来设计的。按照沃尔格林的观点，这就叫做“在顾客到店前，就让他们可以心满意足”！

（资料来源：公众号“市场部网”，2016.9.7）

分析：

1. 在沃尔格林的经营过程中，营销沟通的重要性是如何体现的？

2. 沃尔格林的成功主要是重视了销售服务的哪个环节？

参考文献

[1] 王明旭．医药消费者行为学［M］．北京：人民卫生出版社，2006.
[2] 陈晶．医药消费者行为学［M］．2 版．北京：清华大学出版社，2018.
[3] 保罗·彼得．消费者行为与营销战略［M］．韩德昌，译．大连：东北财经大学出版社，2000.
[4] 德尔·I. 霍金斯，戴维．L. 马瑟斯博．消费者行为学：12 版［M］．符国群，译．北京：机械工业出版社，2014.
[5] 秦美娇．医药消费者行为学［M］．上海：上海交通大学出版社，2007.
[6] 迈克尔·所罗门，卢泰宏，杨晓燕．消费者行为学［M］．北京：中国人民大学出版社，2014.
[7] 刘万兆，赵曼，陈尔东．消费者行为学［M］．北京：中国经济出版社，2018.
[8] 白玉苓．消费者行为学［M］．北京：人民邮电出版社，2021.
[9] 江林．消费者心理与行为学［M］．4 版．北京：中国人民大学出版社，2011.
[10] 王长征．消费者行为学［M］．北京：武汉大学出版社，2003.
[11] 荣晓华．消费者行为学［M］．大连：东北财经大学出版社，2018.
[12] 李捷．消费者行为学［M］．北京：北京理工大学出版社，2020.
[13] J. 布莱思．消费者行为学精要［M］．北京：中信出版社，2003.
[14] N. K. Malhotra，A Scale to Measure Self-Concepts，Person Concepts，and Product Concepts［J］．Journal of Marketing Research，1981，11：462.
[15] William D. Wells and Douglas. Tigerl，Activities. Interests. and Cpinions［J］．Journal of Advertising Research，1971，11：27-35.
[16] 毛惠文．现代消费心理学［M］．杭州：浙江大学出版社，2014.
[17] 刘军，邵晓明．消费心理学［M］．北京：机械工业出版社，2016.
[18] 肖涧松．消费心理学［M］．北京：电子工业出版社，2017.
[19] 赵冰．消费心理与行为学［M］．北京：中国人民大学出版社，2018.
[20] 王曼．消费行为学［M］．北京：机械工业出版社，2014.
[21] 张雁白，张建香，赵晓玲．消费行为学［M］．北京：机械工业出版社，2016.
[22] J. 布莱思．消费者行为学精要［M］．于亚斌，郑丽雀燕，译．北京：中信出版社，2003.
[23] 李晓霞，刘剑，赵仕红．消费心理学［M］．北京：清华大学出版社，2018.
[24] 马斯洛．自我实现的人［M］．北京：生活·读书·新知三联书店，1987.
[25] Pham M T. T Avent. Ideas and Outhis and the Reliance on Afert Vorus Substance in Persuasian［J］．The Journal of Consumer Research，2004，30：503.
[26] 周斌．消费心理学［M］．北京：清华大学出版社，2017.
[27] 俞以平．消费者行为学［M］．大连：东北财经大学出版社，2017.
[28] 卢泰宏．消费者行为学：洞察中国消费者［M］3 版．北京：中国人民大学出版社，2018.
[29] 冉陆荣，李宝库．消费者行为学［M］．北京：北京理工大学出版社，2020.
[30] 肖旭．社会心理学［M］．成都：电子科技大学出版社，2013.
[31] 孙时进．社会心理学导论［M］．上海：复旦大学出版社，2011.
[32] 全国 13 所高校《社会心理学》编写组．社会心理学［M］．天津：南开大学出版社，2013.

［34］季骅．医药市场营销［M］．上海：上海交通大学出版社．2007.
［34］侯胜田．医药市场营销学［M］．北京：中国医药科技出版社．2009.
［35］官翠玲．医药市场营销学［M］．北京：中国中医药出版社．2010.
［36］吴建安．市场营销学［M］．3版．北京：高等教育出版社．2006.
［37］符国群．消费者行为学［M］．北京：高等教育出版社，2018.
［38］罗臻，刘永忠．医药市场营销学［M］．北京：清华大学出版社，2018.
［39］王淑霞．沟通能力训练［M］．成都：四川大学出版社．2017.